"十四五"职业教育国家规划教材

高等职业教育校企"双元"合作开发教材

icve 智慧职教 高等职业教育在线开放课程配套教材

审计基础与实务

（第二版）

SHENJI JICHU YU SHIWU

新准则 新税率

主编 李 凤
副主编 李 迪 查金莲 陈雅檀

新形态教材

本书另配：智慧职教在线开放课程
课程标准
教学课件
教　案
动画视频
微课视频

中国教育出版传媒集团
高等教育出版社·北京

内容提要

本书是"十四五"职业教育国家规划教材。

本书根据教育部最新制定的高等职业教育财经大类专业教学标准和财政部最新颁布的审计法规编写而成。全书包括九个项目，分别为审计职业认知、接受审计业务委托、编制审计计划、评估与应对审计风险、审计销售与收款循环、审计采购与付款循环、审计生产与存货循环、审计货币资金、撰写审计报告，层层递进，充分展现审计工作的全貌。为了利教便学，部分学习资源（如微课视频、动画视频、知识卡片）以二维码形式提供在相关内容旁，可扫描获取。此外，本书另配有学习指导与习题、教学课件、教案、动画视频、习题参考答案、审计工作底稿等教学资源，供教师教学使用。

本书可作为高等职业教育财务会计类专业教学用书，也可作为广大财会人员培训自学用书。

图书在版编目（CIP）数据

审计基础与实务 / 李凤主编. —2版. —北京：高等教育出版社，2023.8（2024.5重印）
ISBN 978-7-04-059804-9

Ⅰ. ①审… Ⅱ. ①李… Ⅲ. ①审计学-高等职业教育-教材 Ⅳ. ①F239.0

中国国家版本馆CIP数据核字（2023）第060701号

| 策划编辑 | 毕颖娟 | 责任编辑 | 钱力颖 张雨亭 | 封面设计 | 张文豪 | 责任印制 | 高忠富 |

出版发行	高等教育出版社	网　　址	http://www.hep.edu.cn
社　　址	北京市西城区德外大街4号		http://www.hep.com.cn
邮政编码	100120	网上订购	http://www.hepmall.com.cn
印　　刷	上海叶大印务发展有限公司		http://www.hepmall.com
开　　本	787mm×1092mm　1/16		http://www.hepmall.cn
印　　张	20.25	版　　次	2019年2月第1版
字　　数	516千字		2023年8月第2版
购书热线	010-58581118	印　　次	2024年5月第3次印刷
咨询电话	400-810-0598	定　　价	46.00元

本书如有缺页、倒页、脱页等质量问题，请到所购图书销售部门联系调换
版权所有　侵权必究
物　料　号　59804-00

第二版前言

随着时代的发展,审计已从单位的经济监督上升为党和国家监督体系的重要组成部分,对审计专业人才知识和能力的要求也日益加深。因此,课程应与时俱进,适应时代发展需要。

"审计基础与实务"是一门有难度的课程,具有较强的理论性、综合性和技术性,但又是会计、审计专业学生从事专业工作的入门课程,对提高学生的职业核心能力有举足轻重的作用。因此,编写一本满足教学需要、适合学生学习的教材,显得尤为重要。

本书根据党的二十大精神所提出的就业优先战略,以审计工作流程为导向,以培养学生实践能力和职业能力为目标,选用长沙超世服饰有限公司的业务为载体,以湖南仲桥会计师事务所的审计流程为依据,按照审计工作过程构造了九个审计项目,使教学目标可量化,教学内容有条理,从而使学生能够清晰把握审计的工作方法,获得足以满足用人单位需求的知识与技能。

本书具有如下特点:

1. 内容新颖,与时俱进

本书结合新审计准则的要求,合理设计和编排核心内容,充分体现了行业的发展动向与改革新成果,有助于培养学生的职业能力。

2. 突出实务,层层递进

本书按照审计业务处理的工作流程,由简单到复杂,建立了一系列相对独立、分层递进的项目,充分展现审计工作的全貌,有助于培养学生的专业逻辑思维,提高其分析问题、解决问题的能力。

3. 任务驱动,赛证融合

本书以项目、任务为节点,以审计岗位技能训练为载体,利用完整的教学案例,融入智能审计职业技能等级证书和业财税融合大数据审计等赛项的相关内容,引导学生进入真实的审计环境,实现"做中学、做中教",助力学生快速适应工作岗位的需求。

4. 校企合作,双元开发

本书主编李凤是一位来自企业一线的教师,具有17年企业财务工作经验和事务所审计工作经验,书中案例系其多年实务工作积累的案例脱敏而来。天健会计师事务所湖南分所合伙人黄源源、上海海欣集团股份有限公司财务总监朱锡峰对教材内容尤其是脱敏处理的审计案例及其相关审计工作底稿进行了深入审核、修订,保证了教材内容深度对接行业、企业标准,有很强的职业性和前沿性,有效助力学生"上学即上班,毕业即就业"。

5. 资源丰富,利教便学

为方便教师教学和学生自学,本书提供了丰富的资源,如微课视频、动画视频、知识卡片等提供在相关教学内容旁,学生可扫描获取,解决学习过程中的难点和疑点。本书另配有学习指导与习题、教学课件、教案、动画视频、习题参考答案、审计工作底稿等教学资源,供教师教学使用。

　　本书由长期从事教学与科研的骨干教师和行业专家共同编写,由具有企业财务工作经验和会计师事务所审计经验的长沙商贸旅游职业技术学院李凤担任主编;湖南外贸职业学院李迪和安庆职业技术学院查金莲、邵阳职业技术学院陈雅檀担任副主编;长沙商贸旅游职业技术学院刘丰一、魏友友、黄仕英、龙伟光,衡水职业技术学院李倩,天健会计师事务所(特殊普通合伙)湖南分所合伙人黄源源,上海海欣集团股份有限公司财务总监朱锡峰参编。编写分工如下:李迪编写项目一;龙伟光编写项目二;李凤编写项目五、项目六、项目七;魏友友、黄仕英编写项目三;刘丰一、李倩编写项目四;查金莲编写项目八;陈雅檀编写项目九;全书案例由李凤编写。全书(含案例)由天健会计师事务所黄源源、上海海欣集团股份有限公司朱锡峰审核。

　　由于编者水平有限,加之审计理论及方法处在不断发展和完善中,审计规范也在随环境变化而陆续修改,本书难免存在疏漏之处,敬请广大读者批评指正。

编　者

目　录

001　**项目一　审计职业认知**
001　　思政案例导入
001　　学习目标
002　　初级考试考点提醒
002　　任务一　了解审计的概念
010　　任务二　了解审计准则
012　　任务三　掌握审计职业道德和法律责任
018　　习题与实训

022　**项目二　接受审计业务委托**
022　　思政案例导入
022　　学习目标
022　　初级考试考点提醒
023　　任务一　开展初步业务活动
033　　任务二　签订审计业务约定书
038　　习题与实训

042　**项目三　编制审计计划**
042　　思政案例导入
042　　学习目标
043　　初级考试考点提醒
043　　任务一　制订审计计划
047　　任务二　确定审计目标
055　　任务三　确定审计重要性与审计风险
063　　任务四　认识审计证据与审计工作底稿
070　　习题与实训

078　**项目四　评估与应对审计风险**
078　　思政案例导入
078　　学习目标

079	初级考试考点提醒
079	任务一　识别和评估风险
089	任务二　了解内部控制
096	任务三　应对审计风险
101	任务四　认识审计抽样
115	习题与实训

123　项目五　审计销售与收款循环

123	思政案例导入
123	学习目标
124	初级考试考点提醒
124	任务一　了解销售与收款循环
148	任务二　了解销售与收款循环的内部控制及执行控制测试
152	任务三　审计营业收入
155	任务四　审计应收账款
162	习题与实训

169　项目六　审计采购与付款循环

169	思政案例导入
169	学习目标
170	初级考试考点提醒
170	任务一　了解采购与付款业务循环
187	任务二　了解采购与付款循环的内部控制及执行控制测试
189	任务三　审计应付账款
192	任务四　审计固定资产
195	习题与实训

200　项目七　审计生产与存货循环

200	思政案例导入
201	学习目标
201	初级考试考点
201	任务一　了解生产与存货循环
224	任务二　了解生产与存货循环的内部控制及执行控制测试
227	任务三　审计存货
232	任务四　审计营业成本
235	习题与实训

项目八　审计货币资金

- 242　思政案例导入
- 243　学习目标
- 243　初级考试考点
- 243　任务一　了解货币资金
- 260　任务二　了解货币资金内部控制及执行控制测试
- 265　任务三　审计库存现金
- 267　任务四　审计银行存款
- 273　习题与实训

项目九　撰写审计报告

- 279　思政案例导入
- 279　学习目标
- 280　初级考试考点
- 280　任务一　完成审计工作
- 289　任务二　形成书面声明
- 292　任务三　撰写审计报告
- 305　任务四　管理会计师事务所审计档案
- 308　习题与实训

主要参考文献

313

资源导航

002	1-1	审计的定义(微课)
003	1-2	谢霖简介(知识卡片)
015	1-3	中国注册会计师职业道德守则第2号(审计准则更新)
033	2-1	审计业务约定书(微课)
034	2-2	中国注册会计师审计准则第1111号(审计准则更新)
037	2-3	签订审计业务约定书(动画)
043	3-1	中国注册会计师审计准则第1201号(审计准则更新)
055	3-2	审计重要性水平(微课)
066	3-3	中国注册会计师审计准则第1131号(审计准则更新)
090	4-1	了解内部控制(微课)
096	4-2	应对审计风险(微课)
124	5-1	了解销售与收款循环(微课)
156	5-2	审计应收账款明细应关注的问题(知识卡片)
170	6-1	了解采购与付款循环(微课)
202	7-1	了解生产循环(微课)
204	7-2	了解存货循环(微课)
286	9-1	审计复核(动画)
292	9-2	中国注册会计师审计准则第1501号(审计准则更新)
298	9-3	撰写非无保留意见审计报告(微课)

项目一　审计职业认知

思政案例导入

中信国安事件

2021年3月3日,中信国安信息产业股份有限公司(以下简称"中信国安")收到中国证监会《行政处罚事先告知书》,告知书称中信国安2009—2015年财务报告均存在虚假记载,涉及利润总额逾10亿元、投资收益多计3 347.98万元,包括董事长、总经理在内的9名高管因此受罚。

中信国安的造假主体是一家远在青海的子公司青海中信国安科技发展有限公司(以下简称"青海国科"),后者在11年前定下了10亿元的销售目标,而正是为了完成这一目标,青海国科成为"造假工具"。通过青海国科,中信国安获得了不菲的利润。根据证监会披露的处罚文件,2009—2014年,青海国科账面虚增利润总额分别占到中信国安当年利润总额的30.95%、51.54%、47.24%、154.23%、189.66%、6.56%。

引人注意的是,中信国安20年一直聘用同一审计机构,期间该审计机构虽经多次更名,但对中信国安的年度财务报告均发表"无保留意见",其中涵盖了连续造假的7年。同时,签字注册会计师也高度聚焦,有一人有10年在中信国安年报上签字。

探索与讨论:

什么是审计?注册会计师在审计中扮演着怎样的角色?需要遵循怎样的职业道德?

学习目标

【知识目标】
1. 了解中外审计的产生与发展和我国的审计监督体系。
2. 掌握审计的定义、职能、作用及分类。
3. 了解审计准则和注册会计师执业准则体系。
4. 掌握注册会计师职业道德和法律责任。

【技能目标】
1. 能鉴别三种类型的审计组织及其人员。
2. 能以审计入门者的角色解读审计。

【素质目标】
1. 通过对中国审计悠久历史的回顾,坚定学生的文化自信,激发学生的爱国情怀。
2. 通过对审计职业的了解,培养学生自觉维护国家利益、社会利益、集体利益的职业意识。

3. 通过对审计职业道德原则的学习，倡导崇尚诚信、践行诚信的社会新风尚，大力弘扬中华民族积极向善、诚实守信的传统文化和现代市场经济的契约精神，提高个人道德修养，进而培养良好的审计职业道德。

4. 通过对法律责任的学习，强化法制观念，牢固树立法律遵从意识。

初级考试考点提醒

1. 审计的产生与发展。
2. 审计产生和发展的基础。
3. 审计的含义与分类。
4. 审计的职能、地位与作用。
5. 审计准则及审计职业道德。

任务一　了解审计的概念

工作任务
判断湖南仲桥会计师事务所执行的审计业务类型。

知识储备

一、审计的产生与发展

（一）中国审计的产生与发展

中国审计的最初形态是政府审计，也叫国家审计，它产生于人类社会发展的奴隶社会末期。中国是世界上审计产生最早的国家之一，也是政府审计发展成就最高的国家之一。中国审计的发展过程大致分为以下几个时期。

1. 西周时期（萌芽阶段）

早在三千多年前的西周，中国审计发展就进入了萌芽阶段。根据《周礼》一书中的记载，西周国家的财计机构分为两大系统：掌管财政收入的"地官司徒"系统和掌管财政支出、会计核算、审计监督的"天官冢宰"系统。在"天官冢宰"系统中设立了较为科学的原始财计牵制制度，并且设有行使稽查权的审计职能的官职——宰夫，宰夫在"天官冢宰"系统下，相对独立于"地官司徒"系统。它的设立，标志着中国审计的诞生。

2. 秦汉时期（确立阶段）

秦汉时期，审计的发展成就主要体现在以下三点：❶ 初步形成了统一的审计模式。秦汉时期社会经济的发展，促进了国家审计机构与监察机构的相互结合，封建法制与审计监督制度逐步统一。秦朝时期，国家设"三公""九卿"以辅佐政务。御史大夫为"三公"之一，执掌弹劾、纠察之权，负责全国民政、财政等方面的审计事项，协助丞相处理政事。汉承秦制，仍由御史大夫执掌审计大权。❷"上计"制度日趋完善。所谓"上计"制度是指皇帝亲自参加听取和审核各级地方官吏的财政会计报告，并根据报告情况的好坏来决定赏罚的制度。这种制度始于周朝，至秦汉时期日趋完善。❸审计地位提高，职权扩大。秦汉时期的御史大夫不仅行使政治、军事的监察职权，还行使经济的监督权，控制和监督财政收支活动。

3. 隋、唐、宋时期——健全阶段

隋、唐、宋时期是中国封建经济发展的鼎盛时期。隋唐时期，政府设比部，与司法监督相并列。比部的设立是审计监督走向专业化、独立化和司法化的开始。北宋时期，政府除设比部之外，还设立了内部专职审计机构，主要是三部勾院，都磨勘司。南宋时期，又出现了第一个以"审计"命名的审计机构——审计司。从此，"审计"便成为财计监督的专用名词，对后世中外审计建制均具有深远的影响。

4. 元、明、清时期（中衰阶段）

元、明、清时期，审计虽然有所发展，但总体上停滞不前。

5. 中华民国时期（演进阶段）

中华民国时期，审计进入了近代演进阶段。1912年，中华民国临时政府在国务院下设审计处。1914年，北洋政府将其改为审计院，同年还颁布了《审计法》，这是中国正式颁布的第一部审计法。1925年中华民国国民政府成立后，在检察院下设审计部，各省（市）设审计处，进行审计监督。中华民国国民政府还于1928年颁布了《审计法》及实施细则，1929年又颁布了《审计组织法》，进一步完善了审计法规体系。

辛亥革命之后，为了维护民族的利益和尊严，以谢霖为代表的一批爱国会计人士积极倡导创建中国的注册会计师事业。1918年初，谢霖向当时的北洋政府农商部、财政部递呈了执行会计师业务的呈文和章程，同年9月，北洋政府农商部核准了该章程，颁布了我国第一部注册会计师法规——《会计师暂行章程》，并批准谢霖先生为我国第一位注册会计师。与此同时，谢霖在北京创办了中国第一家会计师事务所——正则会计师事务所。此后，上海、南京、杭州等大城市相继成立了会计师事务所。

6. 中华人民共和国成立以后（振兴阶段）

中华人民共和国成立后，最初没有设立独立的审计机构。对企业的财税监督和货币管理工作，主要通过不定期的会计检查进行。20世纪80年代，为适应改革开放和经济建设的需要，实施了一系列的加强审计工作的改革措施。1980年12月，财政部颁发了《关于成立会计顾问处的暂行规定》，1981年1月在上海成立了恢复注册会计师制度后的第一家会计师事务所——上海会计师事务所，随后，全国各地纷纷成立会计师事务所和审计师事务所。1982年《中华人民共和国宪法》明确规定国家实行审计制度，建立政府审计机构，进行审计监督。1983年9月，中国成立了最高政府审计机关——中华人民共和国审计署（以下简称"审计署"），在县以上各级人民政府设立审计机关。1985年，注册会计师审计被载入《中华人民共和国会计法》。1991年，举办全国注册会计师统一考试。1993年10月，颁布了新中国第一部注册会计师法律——《中华人民共和国注册会计师法》。1995年1月《中华人民共和国审计法》（以下简称《审计法》）正式实施，从法律上进一步确立了审计的地位，为其进一步发展奠定了良好基础。1995年12月，正式颁布第一批独立审计准则，以后陆续又颁布了5批；2006年2月，财政部颁布了48项新的《中国注册会计师执业准则》。这些改革措施，大大推动了我国审计事业的发展。

目前，我国形成了国家审计、注册会计师审计（又称民间审计）和内部审计三位一体的审计监督体系，三者各自独立、各司其职。审计监督体系的构建和完善，对我国市场经济体制的有

序运行乃至整个社会的良性发展都起到了积极的促进作用。

(二) 西方审计的产生与发展

西方审计最早产生于意大利的地中海沿岸,并在西方资本主义国家得到快速发展。其发展过程大致经历了起源、形成和发展三个阶段。

1. 起源阶段

西方审计起源于意大利的合伙企业制度。16世纪意大利的商业城市威尼斯出现了最早的合伙企业。在合伙企业中,有的合伙人不参与经营管理,客观上希望能有一个独立的第三者对合伙企业的经营情况进行监督和检查,于是就产生了对民间审计的最初需要。1581年,一批具有良好的会计知识、专门从事查账和公证工作的专业人员,在威尼斯创立了威尼斯会计协会,成为世界上第一个会计职业团体。

2. 形成阶段

意大利虽然是西方审计的发源地,但它对后来西方审计事业的发展影响不大。英国在创立和传播西方审计职业的过程中发挥了重要作用。

工业革命开始后的18世纪下半叶,资本主义的生产力得到了迅速发展,生产的社会化程度大大提高,企业的所有权与经营权逐渐分离。企业主希望有外部独立的会计师来检查他们所雇用的管理人员是否忠诚,是否存在舞弊行为。于是,英国出现了第一批以查账为职业的独立会计师。但此时的审计尚为任意审计,独立会计师受企业委托,对企业会计账目进行逐笔检查,检查的目的是查错防弊,检查的结果也只向企业业主报告。

股份公司的兴起使企业的所有权与经营权进一步分离,大多数股东已完全脱离经营管理过程。股东及潜在的市场投资者非常关心企业的经营成果,以便能作出是否继续持有或购买公司股票的决定。对公司经营成果等方面情况的了解主要是依据会计报表信息。1721年英国的"南海泡沫事件"成了民间审计产生的"催产剂"。对南海公司进行审计的查尔斯·斯奈尔(Charles Snell)成为世界上第一位注册会计师,他以"会计师"的名义提出了"查账报告书",从而宣告了注册会计师的诞生。

1844年英国颁布的《合股公司法》规定,股份公司的账目必须经董事以外的人员审计,极大地促进了独立审计的发展。1853年,世界上第一个注册会计师的专业团体爱丁堡特许会计师协会成立,标志着注册会计师职业的诞生。

3. 发展阶段

西方审计的发展大致经历了以下几个比较典型的历史时期:

(1) 自1884年至20世纪初——英式详细审计。

英式详细审计的主要特点包括:❶民间审计由任意审计转向法定审计;❷审计的目的在于查错防弊,保护企业资产的完全性和完整性;❸审计的方法是对会计账目进行逐笔审计;❹审计报告使用人主要为企业股东等。详细审计的精华一直沿用至今。

(2) 自20世纪初至20世纪30年代初——美式资产负债表审计。

这一时期,由于全球经济发展的重心由欧洲转向美国,民间审计发展的重心也由英国转向了美国。由于金融资本对产业资本的渗透和企业规模的扩大,企业对银行的依赖性越来越强,银行也越来越需要了解企业财务状况和偿债能力方面的信息。美式资产负债表审计的主要特点包括:❶审计对象由会计账目扩大到资产负债表;❷审计的主要目的是通过对资产负债表数据的审查判断企业的信用状况;❸审计方法从详细审计初步转向抽样审计;❹审计报告使用人除企业股东外,还包括了债权人。

(3) 20世纪30—40年代——会计报表审计。

1929年到1933年,资本主义世界经历了历史上最严重的经济危机,客观上促使企业利益相关者从只关心企业财务状况转变为更加关心企业盈利水平,于是这一时期审计模式从资产负债表审计转为会计报表审计。其主要特点包括:❶审计对象转为以资产负债表和收益表为中心的全部会计报表及相关财务资料;❷审计的主要目的是对会计报表发表审计的意见,以确定会计报表的可信度,而查错防弊转为次要目的;❸审计的范围已扩大到测试相关的内部控制,并广泛采用抽样审计;❹审计报告使用人扩大到股东、债权人、证券交易机构、税务、金融机构及潜在投资者;❺审计准则开始确立,审计工作向标准化、规范化过渡;❻注册会计师资格考试制度广泛推行,注册会计师专业素质普遍提高。

(4) 20世纪40年代以后——管理审计与国际审计。

这一时期审计竞争日益激烈,事务所之间的合并加剧,先是十二大会计师事务所整合形成了"八大"国际会计师事务所,后又逐步合并为"六大""五大""四大"国际会计师事务所。今天,"四大"国际会计师事务所分别是普华永道(PWC)、安永(EY)、毕马威(KPMG)和德勤(DTT)。与此同时,审计的技术也在不断地发展,例如,抽样审计方法得到广泛采用,制度基础审计方法得到推广,计算机辅助审计技术得到广泛采用。注册会计师业务扩大到代理纳税、会计服务、管理咨询等领域。

二、审计产生的基础

社会经济环境决定着审计的产生与发展。当社会经济发展到一定程度,经济组织规模的扩大,经济活动过程的复杂化,经济组织管理层次的增多,致使财产所有者无法亲自掌管全部资产的运营,只好委托他人代为经营管理,财产所有权与经营管理权发生分离,形成了受托责任关系。为了监督经营管理者的经济行为和受托责任的履行情况,财产所有者就授权或委托专业的机构与人员(独立的第三者)代替自己进行监督检查,于是就产生了审计。

在审计实施过程中,财产所有者是审计的授权人(委托人),财产经营管理者是被审计者,专业机构与人员是审计行为的执行者,即审计者。这三者形成了最初的审计关系。在这种审计关系中,审计主体是第一关系人,被审计者是第二关系人,审计的授权人(委托人)是第三关系人。这三个方面的关系人形成的审计关系如图1-1所示。

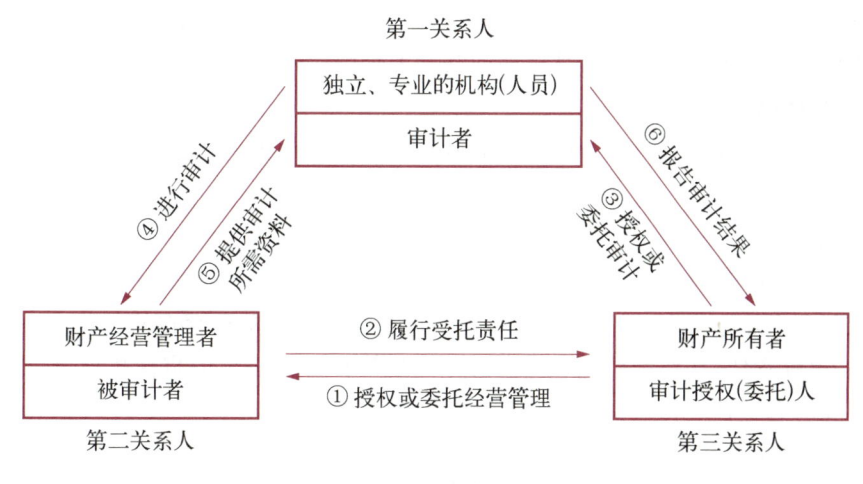

图1-1 审计关系

可见,审计是社会经济发展到一定阶段的产物,在财产所有权与经营权相分离而形成的受托责任关系下,基于监督的客观需要而产生。受托责任关系是审计产生的基础。

三、审计的特征、职能、作用和对象

审计是由独立的第三者,依法对被审计单位的经济活动与既定标准符合程度进行审查,并用书面报告的形式将审查结果传达给相关使用者的活动。

(一)审计的基本特征

独立性是审计的灵魂,审计的独立性体现在审计关系中。审计者作为独立的第三者,接受财产所有者的委托或授权对财产经营管理者执行审计。审计者的审计监督权是审计授权人或委托人(财产所有者)所赋予的。同时,审计者不参与被审计者(财产经营管理者)的经营管理活动,与被审计者没有任何联系。因此,相对于被审计者而言,审计者始终处于独立的地位。在民间审计中,审计者不仅独立于被审计者,还独立于审计委托人。审计独立性是保证审计结论客观、公正的前提和基础,因此,独立性是审计最基本的特征。

(二)审计的职能

审计职能是指审计能够完成任务、发挥作用的内在功能。审计职能是审计自身固有的属性,但并不是一成不变的,它随着社会经济的发展、经济关系的变化、审计对象的扩大、人类认识能力的提高而不断深化和扩展。它的基本内涵包括监督、鉴证、评价三个方面。

1. 监督

监督是审计最基本的职能。监督就是监察和督促被审计单位的经济活动在规定的范围内,遵循正常的秩序运行。

2. 鉴证

鉴证是指审计人员通过审计,对被审计单位的财务报表及其他经济资料进行检查和验证,确定其财务状况和经营成果的真实性、公允性、合法性,并出具证明性审计报告,为审计授权人或委托人提供确切的信息。例如,注册会计师接受委托对财务报表审计后出具的审计报告就体现了审计的鉴证职能;国家审计机关经授权提交的审计结果报告也体现了审计的鉴证职能。

3. 评价

评价是审计人员对被审计单位的经济活动进行审计后,就其预算、计划、方案和经济决策的可行性、执行情况、经济效益以及内部控制有效性等作出评价,并有针对性地提出合理的意见和建议。评价职能也是在传统审计职能的基础上扩展而来的。

(三)审计的作用

审计作用是在审计实践中履行审计职能所产生的客观影响和实际效果。审计作用是由审计职能决定的。

1. 防护性作用

防护性作用,即制约作用,是指完成审计工作任务对社会主义财产和经济建设所起的维护、保护、保证和保障等作用。例如,通过审计可以揭露被审计单位存在的各种违法违规、损失浪费等问题,追究责任,从而确保党和国家的方针政策和财经法纪的贯彻执行,保护国有资产的安全完整和所有者合法权益不受侵犯。

2. 建设性作用

建设性作用,即促进作用,是指在审计工作过程中,通过监督、鉴证和评价对被审计单位存

在问题提出改进的建议与意见,从而使其经营管理水平与状况得到改善与提高。

(四) 审计的对象

审计对象是指审计客体,就是被审计单位的经济活动。具体来说,审计对象包含以下三层含义:

(1) 从审计对象的空间范围来看,政府审计的对象主要是各级政府机关、国有企业和事业单位;内部审计的对象为本组织;注册会计师审计的对象主要是委托人指定的单位。

(2) 从审计对象涉及的具体内容来看,审计对象主要指被审计单位的财政收支、公共资金的收支、财务收支及其相关的经济活动。

(3) 从审计对象的载体来看,审计对象是指被审计单位的会计资料及其相关资料。

四、审计的主体

审计主体是指审计的执行者,包括审计组织和审计人员两个层次。

审计组织一般分为三类:包括政府审计机关、内部审计机构和民间审计组织。相应地,审计人员也分为三类,即政府审计人员、内部审计人员和民间审计人员。

(一) 政府审计机关和人员

1. 政府审计机关

政府审计机关是代表国家依法行使审计监督权的国家机关。政府审计机关按照隶属关系不同分为立法模式、司法模式、行政模式、独立模式四种。

我国的政府审计机关属于行政模式,分为两个层次。

(1) 最高审计机关。最高审计机关是审计署。审计署隶属于国务院,负责组织领导全国的审计工作,对国务院各部门和地方各级政府的财政收支、国有金融机构和企事业组织的财务收支以及公共资金的收支进行审计监督。

(2) 地方审计机关。地方审计机关受双重领导,在业务上受上一级审计机关的领导,在其他方面受本级人民政府的领导。地方审计机关负责本级审计机关范围内的审计工作,对上级审计机关和本级人民政府负责并向人民代表大会报告工作。

2. 政府审计人员

我国政府审计人员属于国家公务人员,政府设有审计的专业技术职务,包括高级审计师、审计师、助理审计师,审计人员通过全国统一的专业技术资格考试获得相应任职资格。

(二) 内部审计机构和人员

1. 内部审计机构

内部审计机构是指本组织内部设立的从事审计业务的专门的审计机构,是组织内部经营管理机构的组成部分。

内部审计机构设置的主要模式如下:

(1) 接受组织总会计师或主管财务的副总经理领导。

(2) 接受组织总经理领导。

(3) 接受组织董事会领导或审计委员会领导。

从审计的独立性和有效性看,领导层次越高,内部审计工作就会越有成效。

2. 内部审计人员

在我国,内部审计人员是组织内部依照相关法律法规要求专门从事内部审计工作的专业人员。从事内部审计的人员必须具备业务工作所需的专业技术和能力。

(三) 民间审计组织和人员

1. 会计师事务所

民间审计组织是指依法设立，接受委托从事鉴证业务、咨询等相关服务业务的专业中介组织，在我国民间审计组织的主要形式是会计师事务所。

(1) 会计师事务所的组织形式。

会计师事务所的组织形式与责任类型如表1-1所示。

表1-1　　　　　　　会计师事务所组织形式与责任类型

组 织 形 式	责 任 类 型
独资会计师事务所	无限责任
普通合伙会计师事务所	无限连带责任
有限责任会计师事务所	有限责任
特殊的普通合伙会计师事务所	无过失合伙人承担有限责任，过失合伙人承担无限责任

(2) 会计师事务所的业务范围。

当前，会计师事务所的业务范围越来越广泛，触及社会经济生活的各个方面，并呈现多元化发展趋势。我国会计师事务所的业务范围包括鉴证业务和相关服务业务两个方面。

❶ 鉴证业务。鉴证业务是指注册会计师对鉴证对象信息作出结论，以增强除责任方之外的预期使用者对鉴证对象信息信任程度的业务。鉴证业务旨在增进某一鉴证对象信息的可信性。鉴证业务包括审计业务、审阅业务和其他鉴证业务。

审计业务，是指注册会计师综合运用审计方法，对所审计的历史财务信息是否存在重大错报提供合理保证，并以积极方式得出结论，如财务报表审计。审计业务是注册会计师的法定业务，其他组织和个人不得承办。

> **小资料**
>
> **什么是合理保证？**
>
> 合理保证是指注册会计师将鉴证业务风险降至该业务环境下可接受的低水平，并对鉴定后的信息提供高水平保证。需要注意的是，合理保证是低于百分之百的保证，并不是绝对保证。这是由于审计中存在的固有限制（如大量的职业判断、审计抽样的运用）影响了注册会计师发现重大错报的能力，注册会计师不能对财务报表整体不存在重大错报作出绝对保证。

审阅业务，是指注册会计师主要使用询问和分析程序，对所审阅的历史财务信息是否不存在重大错报提供有限程度的保证，并以消极方式提出结论，如财务报表审阅。

> **小资料**
>
> **什么是有限保证？**
>
> 有限保证是指注册会计师将鉴证业务风险降至该业务环境下可接受的水平（高于

审计中的低水平),对审阅后的信息提供低于审计中的高水平的保证。当然,这个有限保证要有意义,要做到审阅了就比不审阅要好。

其他鉴证业务,是指注册会计师执行的除了审计业务与审阅业务以外的鉴证业务,根据鉴证业务的性质和业务约定的要求,其保证程度可能是合理保证也可能是有限保证。

❷ 相关服务业务。相关服务业务是非鉴定业务,主要包括代编财务信息、对财务信息执行商定程序、税务咨询和管理咨询等。相关服务通常不像鉴定业务那样对注册会计师提出独立性要求。在提供相关服务时,注册会计师不能提供任何程度的保证。

2. 注册会计师

民间审计人员主要是注册会计师。注册会计师是指取得注册会计师资格并在会计师事务所执业的人员。要想取得注册会计师资格,相关人员必须通过注册会计师全国统一考试。

五、审计的分类

按审计主体的不同,审计分为政府审计、内部审计和注册会计师审计。

(一)政府审计

政府审计,在我国又称为国家审计,是指由政府审计机关代表国家依法对各级政府及其部门、事业单位、国有企业的财政、财务收支及公共资金的收支与运用情况所实施的审计。其突出特点表现为审计的法定权威性和强制性。

(二)内部审计

内部审计是指由组织内部独立的审计机构对本组织经营活动的真实性、合法性和效益性及内部控制的有效性进行的一种客观确认和咨询活动,旨在改善组织运营和提高经济效益。

小资料

政府审计、注册会计师审计和内部审计的区别

(1)政府审计与注册会计师审计都是外部审计。

(2)注册会计师审计独立性最强,是双向独立的。其审计主体既独立于被审计单位,又独立于审计委托人;政府审计与内部审计一般均为单向独立,审计主体只独立于被审计单位。

(三)注册会计师审计

注册会计师审计又称独立审计或民间审计,是指由会计师事务所接受委托依法对委托人指定的被审计单位进行的审计。委托是注册会计师审计的显著特点,其审计意见具有法律效力和鉴证作用。

工作任务资料

湖南仲桥会计师事务所(普通合伙)成立于 2018 年 7 月,其基本信息如下:

注册资金:500 万元(人民币)。

法定代表人:江和平。

注册地址：湖南省长沙市雨花区中天大厦19楼。

经营范围：企业会计报表审计；企业资本验证；企业合并、分立、清算事宜审计；会计咨询、会计服务等法律法规规定的业务。

统一社会信用代码：91430122770130693P。

任务二　了解审计准则

工作任务

了解湖南仲桥会计师事务所在执行审计业务过程中遵守的审计准则。

知识储备

一、审计准则的含义及分类

审计准则是审计人员实施审计工作时应遵循的行为规范，是衡量审计工作质量的标准。

按照审计主体和准则作用范围的不同，审计准则分为国家（政府）审计准则、内部审计准则和注册会计师执业准则。这三部分构成了审计准则体系。

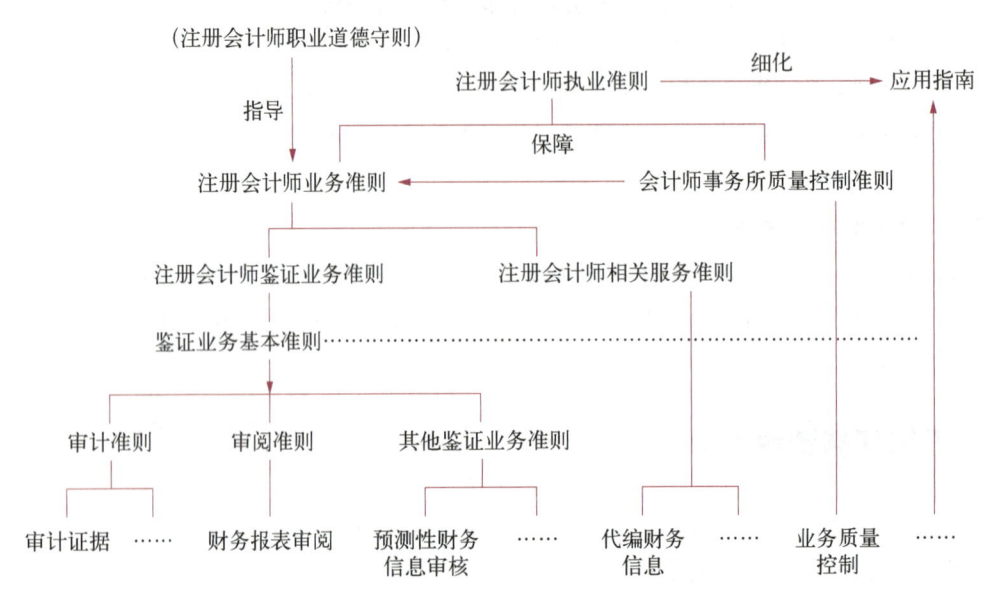

本书重点阐述注册会计师执业准则。

二、注册会计师执业准则体系

现行的中国注册会计师执业准则体系包括注册会计师业务准则和会计师事务所质量控制准则，共计53项。中国注册会计师执业准则体系如图1-2所示。

图1-2　中国注册会计师执业准则体系

（一）注册会计师业务准则

注册会计师业务准则是注册会计师执行各类业务所遵循的行业标准。

1. 注册会计师鉴证业务准则

注册会计师鉴证业务准则是整个执业准则体系中最主要的部分，分为两个层次：

第一层次是起统领作用的鉴证业务基本准则，它是规范注册会计师执行鉴证业务，明确鉴证业务的目标和要素，确定审计准则、审阅准则和其他鉴证业务准则适用的鉴证业务类型的准则。

第二层次分为审计准则、审阅准则和其他鉴证业务准则。

（1）审计准则。审计准则用来规范注册会计师执行历史财务信息（主要是财务报表）审计业务。审计准则是整个业务准体系的核心，共45项，分为六大类。

❶ 一般原则与责任，包括：注册会计师的总体目标和审计工作的基本要求；就审计业务约定条款达成一致意见；对财务报表审计实施的质量控制；审计工作底稿；财务报表审计中与舞弊相关的责任；财务报表审计中对法律法规的考虑；与治理层的沟通；向治理层和管理层通报内部控制缺陷；前任注册会计师和后任注册会计师的沟通等9项。

❷ 风险评估以及风险应对，包括：计划审计工作；通过了解被审计单位及其环境识别和评估重大错报风险；计划和执行审计工作的重要性；针对评估的重大错报风险采取的应对措施；对被审计单位使用服务机构的考虑；评价审计过程中识别出的错报等6项。

❸ 审计证据，包括：审计证据；对存货、诉讼和索赔、分部信息等特定项目获取审计证据的具体考虑；函证；分析程序；审计抽样；审计会计估计（包括公允价值会计估计）和相关披露；关联方；持续经营；首次审计业务涉及的期初余额；期后事项；书面声明等11项。

❹ 利用其他主体的工作，包括：对集团财务报表审计的特殊考虑；利用内部审计人员的工作；利用专家的工作等3项。

❺ 审计结论与报告，包括：对财务报表形成审计意见和出具审计报告；在审计报告中发表非无保留意见；在审计报告中增加强调事项段和其他事项段；在审计报告中沟通关键审计事项；比较信息：对应数据和比较财务报表；注册会计师对其他信息的责任等6项。

❻ 特殊领域审计，包括：审计特殊目的财务报表的特殊考虑；验资；审计单一财务报表和财务报表特定要素的特殊考虑；对简要财务报表出具报告的业务；商业银行财务报表审计；银行间函证程序；与银行监管机构的关系；财务报表审计中对环境事项的考虑；衍生金融工具的审计；电子商务对财务报表审计的影响等10项。

（2）审阅准则。审阅准则用来规范注册会计师执行历史财务信息（主要是财务报表）审阅业务。目前审阅准则只有一项，即《注册会计师审阅准则2101号——财务报表审阅》。

（3）其他鉴证业务准则。其他鉴证业务准则用来规范注册会计师执行除历史财务信息审计和审阅以外的非历史财务信息鉴证业务。其他鉴证业务准则目前包括：历史财务信息审计或审阅以外的鉴证业务和预测性财务信息的审核两项。

2. 注册会计师相关服务准则

相关服务准则用来规范注册会计师执行除鉴证业务外的其他相关服务业务。相关服务准则目前包括对财务信息执行商定程序和代编财务信息两项。

（二）会计师事务所质量控制准则

会计师事务所质量控制准则是规范会计师事务所执行历史财务信息审计和审阅业务、其他鉴证业务及相关服务业务时应当遵守的质量控制政策和程序,明确会计师事务所及其人员的质量控制责任的准则。会计师事务所根据质量控制准则来制定质量控制制度,以约束会计师事务所与注册会计师在执业时遵守法律法规、职业道德规范及相应的业务准则,合理保证业务质量。会计师事务所质量控制准则目前有两项,即业务质量管理和项目质量复核。

(三)注册会计师执业准则应用指南

为了帮助注册会计师正确理解和运用中国注册会计师执业准则,中国注册会计师协会针对每项准则都拟定并发布了相应的应用指南,与中国注册会计师执业准则同步施行,两者共同构成了完整的注册会计师执业规范体系。应用指南对注册会计师执业准则的要求提供了进一步解释,并为如何执行这些要求提供了指引。应用指南更加清楚地解释了执业准则要求的确切含义或所针对的情形,并举例说明适合具体情况的程序,指导注册会计师正确运用程序和具体方法,具有很强的可操作性与实用性。

任务三 掌握审计职业道德和法律责任

> **工作任务**
> 湖南仲桥会计师事务所在执行审计业务过程中,要遵守哪些职业道德守则?

知识储备

一、审计职业道德

审计职业道德是审计人员在从业过程中应当遵守的各种行为规范的总和,它通过指导审计人员的行为,使审计工作满足社会需要,承担社会责任,履行社会义务。审计职业道德作为社会职业道德的组成部分,在实际生活中发挥着约束个人行为、调整人们在审计工作中所形成的社会关系、促进社会主义市场经济的繁荣和市场秩序的良好运转等其他职业道德无法替代的作用,包括职业道德、职业纪律、专业胜任能力及职业责任等行为标准。

我国政府审计、内部审计和民间审计的规范对审计人员的职业道德行为都作了相应的规定,审计人员应按照职业道德规范的要求开展审计工作,本书只介绍民间审计(注册会计师审计)职业道德。

二、注册会计师职业道德基本原则

中国注册会计师协会 2020 年 12 月 17 日修订了《中国注册会计师职业道德守则》(以下简称职业道德守则),并于 2021 年 7 月 1 日施行。职业道德守则包括五个部分:职业道德基本原则、职业道德概念框架、提供专业服务的具体要求、审计和审阅业务对独立性的要求、其他鉴证业务对独立性的要求。

注册会计师应当遵守职业道德守则,履行相应的社会责任,维护公众利益。为了维护公众利益,注册会计师应当持续提高职业素养。

（一）职业道德基本原则

注册会计师应当遵循下列职业道德基本原则：

1. 诚信

诚信是指诚实、守信。也就是说，一个人言行与内心思想一致，不虚假；能够履行与别人的约定而取得对方的信任。诚信原则要求注册会计师在所有的职业活动中，应当保持正直和诚实守信的原则。例如，在财务报表审计中，注册会计师如果认为被审计单位业务报告、申报资料、沟通函件或其他方面的信息存在下列问题：❶ 含有虚假记载、误导性陈述；❷ 含有缺乏充分根据的陈述或信息；❸ 存在遗漏或含糊其辞的信息，而这种遗漏或含糊其辞可能会产生误导时，就不应该为其出具无保留意见审计报告，即不能发表意见声称被审计单位的财务报表合法、公允，否则就违反了诚信原则。

2. 客观公正

客观，是指按照事物的本来面目去考察，不添加个人的偏见；公正，是指公平、正直、不偏袒。注册会计师应当遵循客观公正原则，公正处事，实事求是，不得由于偏见、利益冲突或他人的不当影响而损害自己的职业判断。如果存在对职业判断产生过度不当影响的情形，注册会计师不得从事与之相关的职业活动。例如，注册会计师面临客户解除业务约定的威胁，这一情形可能损害职业判断的客观性，被迫同意客户不恰当的会计处理，从而违反客观公正原则。

3. 独立性

独立性，是指不受外来力量控制、支配，按照一定之规行事。独立性原则要求注册会计师在执行鉴证业务时，应当从实质和形式上保持独立，不得因任何利害关系影响其客观公正。

会计师事务所在承接审计和审阅业务、其他鉴证业务时，应当从会计师事务所整体层面和具体业务层面采取措施，以保持会计师事务所和项目团队的独立性。

（1）实质上的独立性。实质上的独立性是一种内心状态，它使得注册会计师在作出结论时不受损害职业判断因素的影响，诚信行事，遵循客观公正原则，保持职业怀疑。

（2）形式上的独立性。形式上的独立性是一种外在表现，它使得一个理性且掌握充分信息的第三方，在权衡所有相关事实和情况后，认为会计师事务所或审计项目团队成员没有损害诚信原则、客观公正原则并保持职业怀疑。

> **小资料**
>
> **实际业务中，对独立性的要求有哪些？**
>
> 在中国注册会计师协会非执业会员以及注册会计师执行非鉴证业务时，没有独立性要求。
>
> 实质上独立与否很难界定。即使实质上独立，形式上不独立也会造成审计报告丧失可信度，从而使审计变得毫无意义。因此，通常以比较容易把握的"形式上的独立性"作为独立性评价的依据。

4. 专业胜任能力和勤勉尽责

注册会计师应当遵循专业胜任能力和勤勉尽责原则。

（1）专业胜任能力原则。

注册会计师应当获取并保持应有的专业知识和技能，确保为客户提供具有专业水准的服务。专业胜任能力可分为两个阶段：一是专业胜任能力的获取；二是专业胜任能力的保持。

注册会计师应当通过教育、培训和执业实践获取和保持专业胜任能力。注册会计师应当持续了解并掌握当前法律、技术和实务的发展变化,将专业知识和技能始终保持在应有的水平,在运用专业知识和技能时,注册会计师应当合理运用职业判断。

如果注册会计师缺乏专业胜任能力而提供专业服务,则构成欺诈,因为这可能给客户乃至社会公众带来危害。当注册会计师在会计或审计以外的领域不具有专长时,可以利用项目组内有关专家的优势,使项目组具备应有的专业胜任能力。

(2)勤勉尽责原则。

注册会计师应当勤勉尽责,即遵守职业准则的要求并保持应有的职业怀疑,认真、全面、及时地完成工作任务。注册会计师应当采取适当措施,确保在其授权下从事专业服务的人员得到应有的培训和督导。在适当时,注册会计师应当使客户或专业服务的其他使用者了解专业服务的固有局限。

例如,某人欲注册一家装潢公司,他找到一家会计师事务所验资,并提供了一张银行进账单的复印件,该会计师事务所注册会计师并未索要进账单原件,就出具了验资报告。该会计师事务所注册会计师不索要进账单原件,也未向银行函证,表明其没有做到勤勉尽责。

5. 保密

注册会计师应当遵循保密原则,对职业活动中获知的涉密信息保密。根据该原则,注册会计师应当遵守下列要求:❶ 警觉无意中泄密的可能性,特别要警觉无意中向关系密切的商业伙伴或近亲属泄密的可能性,近亲属包括主要近亲属(配偶、父母或子女)和其他近亲属(兄弟姐妹、祖父母、外祖父母、孙子女、外孙子女);❷ 对所在会计师事务所内部的涉密信息保密;❸ 对职业活动中获知的涉及国家安全的信息保密;❹ 对拟承接的客户向其披露的涉密信息保密;❺ 在未经客户授权的情况下,不得向会计师事务所以外的第三方披露其所获知的涉密信息,除非法律法规或职业准则规定注册会计师在这种情况下有权利或义务进行披露;❻ 不得利用因职业关系而获知的涉密信息为自己或第三方谋取利益;❼ 不得在职业关系结束后利用或披露因该职业关系获知的涉密信息;❽ 采取适当措施,确保下级员工以及为注册会计师提供建议和帮助的人员履行保密义务。

在下列情况下,可以披露涉密信息:

(1)法律法规要求披露,例如为法律诉讼准备文件或提供其他证据,或者向适当机构报告发现的违反法律法规行为;

(2)法律法规允许披露,并取得了客户的授权;

(3)注册会计师有职业义务或权利进行披露,且法律法规未予禁止,主要包括下列情形:❶ 接受注册会计师协会或监管机构的执业质量检查;❷ 答复注册会计师协会或监管机构的询问或调查;❸ 在法律诉讼、仲裁中维护自身的合法权益;❹ 遵守职业准则的要求,包括职业道德要求;❺ 法律法规和职业准则规定的其他情形。

6. 良好职业行为

注册会计师应当遵循良好职业行为原则,爱岗敬业,遵守相关法律法规,避免发生任何可能损害职业声誉的行为。

注册会计师在向公众传递信息以及推介自己和工作时,应当客观、真实、得体,不得夸大宣传提供的服务、拥有的资质或获得的经验;不得贬低或无根据地比较他人的工作。

(二)职业道德基本原则与职业怀疑

根据中国注册会计师审计准则、中国注册会计师审阅准则、中国注册会计师其他鉴证业务准则的规定,注册会计师在计划和执行审计和审阅业务、其他鉴证业务时应当保持职业怀疑。

职业怀疑,是指注册会计师执行审计业务的一种态度,包括采取质疑的思维方式,对可能表明由于舞弊或错误导致错报的情况保持警觉,以及对审计证据进行审慎评价。

职业怀疑与职业道德基本原则是相互关联的。在财务报表审计中,遵循职业道德基本原则与保持职业怀疑是一致的。例如,保持独立性能够增强注册会计师保持职业怀疑的能力。

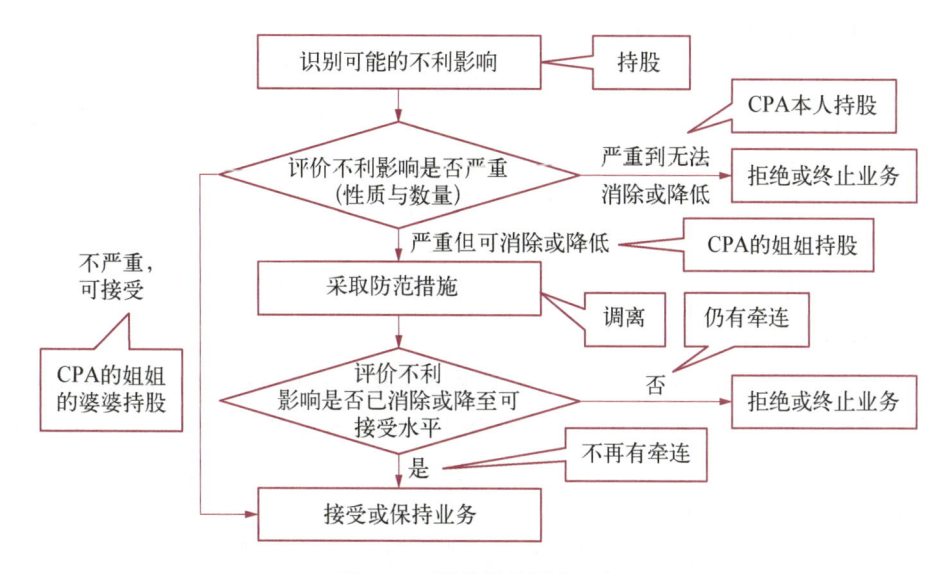

三、职业道德概念框架

职业道德概念框架,是指解决职业道德问题的思路与方法,用以指导注册会计师识别对职业道德基本原则的不利影响;评价不利影响的严重程度;必要时采取防范措施消除不利影响或将其降低至可接受的水平。职业道德概念框架的内容及运用如图1-3所示。

1-3 中国注册会计师职业道德守则第2号(审计准则更新)

图1-3 职业道德概念框架

(一)识别对职业道德基本原则产生的不利影响

注册会计师对职业道德基本原则的遵循可能受到多种因素的不利影响,可能对职业道德基本原则产生不利影响的因素包括自身利益、自我评价、过度推介、密切关系和外在压力。

(1)自身利益。如果某项经济利益或其他利益对注册会计师的职业判断或行为产生不当影响,将产生自身利益导致的不利影响。

例如,注册会计师持有客户的股份,可能因担心自身利益受损而同意客户虚增利润的不当会计处理;会计师事务所的收入过分依赖某一客户;会计师事务所与客户鉴证业务达成或有收费的协议等。

(2)自我评价。如果注册会计师对其(或者其所在会计师事务所的其他人员)以前的服务结果进行评价,将产生自我评价导致的不利影响。

例如,会计师事务所为客户设计或运行财务系统后,又对该财务系统运行的有效性出具鉴证报告;注册会计师为客户代编财务报表,又对该财务报表进行审计等。

(3)过度推介。如果注册会计师倾向客户的某种立场,使其客观公正原则受到损害,将产生过度推介导致的不利影响。

例如,在审计客户与第三方发生诉讼或纠纷时,注册会计师担任该客户的辩护人等。

（4）密切关系。如果注册会计师与客户存在长期或密切的关系，而过于偏向他们的利益或过于认可他们的工作，将产生密切关系导致的不利影响。

例如，注册会计师的近亲属担任客户的董事或高级管理人员；客户的董事、高级管理人员或所处职位能够对鉴证对象施加重大影响的员工；最近曾担任该会计师事务所的项目合伙人；注册会计师与客户存在长期业务关系等。

（5）外在压力。如果注册会计师迫于实际存在的或可感知到的压力而无法客观行事，将对审计工作产生不利影响。

例如，注册会计师因对专业事项持有不同意见而受到客户解除业务关系或被事务所解雇的威胁；由于客户对所沟通的事项更具有专长，注册会计师面临服从其判断的压力；注册会计师接受了客户赠予的重要礼品，并被威胁将公开其收受礼品的事情等。

（二）评价不利影响的严重程度

如果识别出对职业道德基本原则的不利影响，注册会计师应当评价该不利影响的严重程度是否处于可接受的水平。可接受的水平，是指注册会计师针对识别出的不利影响实施理性且掌握充分信息的第三方测试之后，很可能得出其行为并未违反职业道德基本原则的结论时，该不利影响的严重程度所处的水平。在评价不利影响的严重程度时，注册会计师应当从性质和数量两个方面予以考虑，如果存在多项不利影响，应当将多项不利影响组合起来一并考虑。注册会计师对不利影响严重程度的评价还受到专业服务性质和范围的影响。

（三）应对不利影响

如果注册会计师确定识别出的不利影响超出可接受的水平，应当通过消除该不利影响或将其降低至可接受的水平来予以应对。注册会计师应当通过采取下列措施应对不利影响：❶ 消除产生不利影响的情形，包括利益或关系；❷ 采取可行并有能力采取的防范措施将不利影响降低至可接受的水平；❸ 拒绝或终止特定的职业活动。

在某些情况下，产生不利影响的情形无法被消除，并且注册会计师也无法通过采取防范措施将不利影响降低至可接受的水平，此时，不利影响仅能够通过拒绝或终止特定的职业活动予以应对。

防范措施是指注册会计师为了将对职业道德基本原则的不利影响有效降低至可接受的水平而采取的行动，该行动可能是单项行动，也可能是一系列行动。在特定情况下可能能够应对不利影响的防范措施包括：❶ 向已承接的项目分配更多时间和有胜任能力的人员；❷ 由项目组以外的适当复核人员复核已执行的工作或在必要时提供建议；❸ 向鉴证客户提供非鉴证服务时，指派鉴证业务项目团队以外的其他合伙人和项目组，并确保鉴证业务项目组和非鉴证服务项目组分别向各自的业务主管报告工作；❹ 由其他会计师事务所执行或重新执行业务的某些部分；❺ 由不同项目组分别应对具有保密性质的事项。

适当复核人员，应当具备复核所需的知识、技能、经验和权威，以客观地复核项目组已执行的工作或已提供的服务。

四、注册会计师法律责任

注册会计师法律责任是指注册会计师在履行审计职责的过程中因损害法律上的义务关系所应承担的法律后果。

近年来，注册会计师被指控民事侵权的事情越来越多，注册会计师承担的法律责任也越来越大。导致注册会计师可能承担法律责任的原因可归结为两大方面：一是注册会计师自身审计失败；二是受到被审计单位经营失败的牵连。

（一）审计失败

审计失败是指注册会计师在执业时没有遵守职业道德规范和审计准则，而发表了不恰当的审计意见。

当发生审计失败时，可能导致对他人权利的损害，注册会计师理应为其未能恪守应有的职业谨慎承担相应的法律责任。

（二）经营失败

经营失败是指企业在经营过程中由于经济或经营条件的变化（如经济衰退、不当的管理决策或出现意料之外的行业竞争等）而无法满足投资者的预期。经营失败的极端情况是导致企业破产。

从理论上讲，注册会计师是否承担法律责任最终取决于注册会计师自身是否有过错，被审计单位的经营失败不应是注册会计师承担法律责任的根本原因。

> **小资料**
>
> **为什么注册会计师会因为被审计单位经营失败而受到牵连承担法律责任？**
>
> 注册会计师可能因被审计单位经营失败受到牵连而承担法律责任。之所以出现这种现象，是因为社会公众对注册会计师期望过高，将注册会计师看作是财务报表的保证人。当被审计单位发生经营失败使投资者遭受损失时，由于投资者们对审计失败与经营失败的误解，将经营失败归责为审计失败，或者是寻找替罪羊的心理，希望从注册会计师那里获取补偿，因而状告注册会计师。法院倾向于扩大注册会计师的法律责任，对注册会计师作出比较严厉的判罚。因此，注册会计师败诉的案例也日益增多。

五、注册会计师法律责任的认定

由于审计固有的局限性，不能期望注册会计师发现财务报表中所有的由于错误或舞弊导致的错报。但如果注册会计师执业时没有遵循注册会计师职业道德规范和执业准则，存在下列行为时，可能要承担相应的法律责任。

（一）违约

违约是指注册会计师未能按照合同的要求履行义务。当违约给他人造成损失时，注册会计师应承担责任，比如，注册会计师未能在约定的时间内出具审计报告，或者违反了为客户保密的规定。

（二）过失

过失是指在一定条件下注册会计师未能保持应有的职业谨慎。应有的职业谨慎是以一个胜任的注册会计师在相同条件下可做到的谨慎为标准。通常将过失按其程度不同分为一般（普通）过失和重大过失。

1. 一般过失

一般过失，又称普通过失，是指注册会计师没有完全遵循执业准则的要求执业而存在的过失。比如，注册会计师对存货执行了监盘程序，但抽点检查的数量规模不足，一直未能对存货取得充分、适当的审计证据。

2. 重大过失

重大过失，是指注册会计师执业时完全没有遵循执业准则的要求而存在的过失。比如，注册会计师没有对存货执行监盘程序，就认可了被审计单位的存货账面数量。

（三）欺诈

欺诈又称舞弊，是指为了达到欺骗或坑害他人的目的，注册会计师明知已审计的财务报表有重大错报，却进行虚假的陈述，发表不恰当的意见。

值得说明的是，如果财务报表存在重大错报，而注册会计师通过审计未能发现，注册会计师可能承担过失或欺诈的责任，但不能因为财务报表已经过注册会计师审计这一事实而减轻管理层和治理层对财务报表的责任。

六、注册会计师法律责任的类型

注册会计师法律责任可分为行政责任、民事责任和刑事责任三种，这三种责任可单处，也可并处。

（一）行政责任

对于注册会计师个人来说，追究行政责任包括警告、没收违法所得、罚款、暂停执业、吊销有关执业许可证、吊销注册会计师证书等；对于会计师事务所而言，追究行政责任包括警告、没收违法所得、罚款、暂停执业、吊销有关执业许可证、撤销会计师事务所等。

（二）民事责任

民事责任是指依法承担赔偿经济损失的法律责任，主要包括赔偿经济损失、支付违约金等。

（三）刑事责任

注册会计师可能承担的刑事责任主要有拘役、有期徒刑、罚金等。

习题与实训

一、判断题

1. 审计的职能不是一成不变的，它是随着经济的发展而发展变化的。（   ）
2. 审计是社会经济发展到一定阶段的产物，是在财产所有权与经营权相分离而形成的受托责任关系下，基于监督的客观需要而产生的。（   ）
3. 注册会计师审计的审计主体既独立于被审计单位，又独立于审计委托人。（   ）
4. 审计准则是注册会计师实施审计工作时应遵守的行为规范，但它不是衡量审计工作质量的标准。（   ）
5. 注册会计师若与被审计单位的某位员工具有近亲属关系，就不得执行该客户的审计业务。（   ）
6. 如果注册会计师拥有被审计单位的少量股票，不影响独立性，注册会计师不需要回避。（   ）

7. 如果注册会计师未查出被审计单位财务报表中的错报，则注册会计师应当承担法律责任。（　　）

8. 注册会计师只要按照执业准则进行审计，应当能够发现被审计单位财务报表中存在的所有错误或舞弊导致的错报。（　　）

9. 会计师事务所在任何情况下不得对外泄露审计档案所涉及的商业秘密等内容。（　　）

10. 在审计过程中，当注册会计师在会计或审计以外的领域不具有专长时，可以利用有关专家的工作，使项目组具备应有的专业胜任能力。（　　）

二、单项选择题

1. 审计的本质特征是（　　）。
   A. 权威性　　　　B. 监督　　　　C. 独立性　　　　D. 建设性

2. 所谓（　　），是指注册会计师将鉴证业务风险降至该业务环境下可接受的低水平，并对鉴证后的信息提供高水平保证。
   A. 无任何保证　　B. 有限保证　　C. 合理保证　　　D. 绝对保证

3. （　　）是审计产生的基础。
   A. 受托责任关系　B. 会计　　　　C. 经济监督　　　D. 独立性

4. 会计师事务所和注册会计师无法消除损害独立性的因素的影响或将其降至可接受的低水平时，会计师事务所应当（　　）。
   A. 不予理睬，照常承接业务　　　　B. 不予理睬，继续按原计划进行审计
   C. 出具无法表示审计意见的审计报告　D. 拒绝承接业务或解除业务约定

5. 会计师事务所如果无法胜任或不能按时完成审计业务，应该（　　）。
   A. 减少审计收费　　　　　　　　　B. 转包给其他会计师事务所
   C. 拒绝接受委托　　　　　　　　　D. 聘请其他专家帮助

6. （　　）是指注册会计师没有完全遵循执业准则的要求进行执业。
   A. 普通过失　　B. 重大过失　　C. 欺诈　　　　　D. 违约

7. 在注册会计师鉴证业务准则中，起统领作用的是（　　）。
   A. 鉴证业务基本准则　　　　　　　B. 审计准则
   C. 审阅准则　　　　　　　　　　　D. 鉴证业务准则指南

8. 下列各项中，不属于保密例外情形的是（　　）。
   A. 法律法规允许披露，并取得了客户的授权
   B. 法律法规要求披露，例如为法律诉讼准备文件或提供其他证据
   C. 接受、答复注册会计师协会或监管机构的质量检查、询问和调查
   D. 另一客户提出查看的要求

9. （　　）是遵守执业准则的要求，并保持应有的职业怀疑，认真、全面、及时完成工作任务。
   A. 独立原则　　B. 勤勉尽责　　C. 保密原则　　　D. 客观原则

10. （　　）是一种内心状态，它使得注册会计师在提出结论时不受损害职业判断的因素的影响，诚信行事，遵循客观公正原则，保持职业怀疑。
    A. 实质上独立　B. 经济上独立　C. 形式上独立　　D. 组织上独立

三、多项选择题

1. 审计的职能包括（　　）。
   A. 监督　　　　　B. 鉴证　　　　　C. 评价　　　　　D. 制约性

2. 审计主体有（　　）。
   A. 政府审计机关　　B. 内部审计机构　　C. 公司经理　　D. 注册会计师

3. 注册会计师鉴证业务可能提供的保证程度包括（　　）。
   A. 合理保证　　　　B. 有限保证　　　　C. 绝对保证　　D. 无保证

4. 审计对象的三层含义包括（　　）。
   A. 被审计单位
   B. 被审计单位的经济活动
   C. 被审计单位的会计资料及其相关资料
   D. 被审计单位的财务报表

5. 下列业务类型中，注册会计师能够以积极方式得出结论的有（　　）。
   A. 财务报表审计业务
   B. 财务报表审阅业务
   C. 内部控制鉴证
   D. 会计政策选用咨询服务

6. 注册会计师执业准则体系包括（　　）。
   A. 注册会计师业务准则
   B. 注册会计师职业道德规范
   C. 会计师事务所质量控制准则
   D. 企业会计准则

7. 注册会计师职业道德基本原则包括（　　）。
   A. 诚信与独立性
   B. 客观公正
   C. 专业胜任能力和勤勉尽责
   D. 保密与良好的职业行为

8. 对注册会计师遵循职业道德基本原则可能导致不利影响的情形有（　　）。
   A. 自身利益　　　B. 自我评价　　　C. 过度推介　　　D. 密切关系

9. 根据注册会计师的专业胜任能力和勤勉尽责的要求，注册会计师（　　）。
   A. 即使不能胜任业务，也可承接
   B. 应当持续了解并掌握当前法律、技术和实务的发展变化，将专业知识和技能始终保持在应有的水平
   C. 应当保持职业怀疑
   D. 不得按服务成果的大小收取各项费用

10. 存在下列行为时，注册会计师可能需要承担法律责任的有（　　）。
    A. 违约　　　　　　　　　　B. 过失
    C. 欺诈　　　　　　　　　　D. 出具无法表示意见的审计报告

四、案例分析题

1. 仲桥会计师事务所审计职业道德分析

仲桥会计师事务所首次接受委托，承办中大公司2022年度财务报表审计业务，并于2022年年底与中大公司签订审计业务约定书。假定存在以下6种情况：

（1）仲桥会计师事务所以明显低于前任审计人员的收费承接了业务，并且，通过与前任审计人员和当地相同规模的其他会计师事务所进行比较，向中大公司保证，在审计中能够遵循审计准则，审计质量不会因降低收费而受到影响。

（2）在签订审计业务约定书后，仲桥会计师事务所的审计人员李芳受聘担任中大公司独

立董事。按照原定审计计划,李芳为该审计项目的外勤审计负责人。为保持独立性,仲桥会计师事务所在执行该审计业务前,将李芳调离审计小组。

(3) 仲桥会计师事务所聘用律师协助开展工作,要求该律师书面承诺按照中国审计人员职业道德规范的要求提供服务。

(4) 中大公司要求仲桥会计师事务所在出具审计报告的同时,提供正式纳税鉴证意见。为此,双方另行签订了业务约定书。

(5) 前任审计人员对中大公司 2021 年度财务报表出具了标准无保留意见审计报告,仲桥会计师事务所在接受委托后对中大公司的情况相当了解,所以决定不再提请中大公司与前任审计人员联系。

(6) 中大公司在某国设有分支机构,该国允许会计师事务所通过广告承揽业务,因此,仲桥会计师事务所委托该分支机构在该国媒体进行广告宣传,以招揽该国在中国设立的企业的审计业务。相关广告费已由仲桥会计师事务所支付。

分析:上述 6 种情况,仲桥会计师事务所是否违反中国审计人员职业道德规范的要求?为什么?

2. 正旺会计师事务所审计独立性分析

正旺会计师事务所长期以来主要开展对银行、保险公司等金融机构的年报审计业务。2023 年 3 月初,事务所的负责人邹平正在考虑与下列客户的具体情况,以保持审计业务的独立性:

(1) A 保险公司于 2021 年 10 月聘请正旺会计师事务所为其设计一套具有针对性的规章制度。注册会计师章晓长期参与 A 保险公司报表的审计业务,同时是上述制度的主要设计者。2022 年,章晓担任 A 保险公司报表审计的项目负责人。

(2) 正旺会计师事务所已连续 3 年承办 A 保险公司的财务报表审计业务。为保证审计的独立性,正旺会计师事务所决定自 2023 年起停止执行 A 保险公司年度财务报表审计业务,改为参与 A 保险公司的投资业务策划。

(3) 注册会计师李平 2023 年 3 月接受正旺事务所指派,参加 W 银行 2022 年度财务报表的审计项目。李平的妹妹在该银行担任财务助理。

(4) 为解决员工住房问题,正旺会计师事务所与 W 银行经批准共同投资兴建了职工住宅楼,双方共同聘请物业公司进行日常管理。

(5) 注册会计师王清 2022 年从 Z 银行贷款 20 万元购买了一辆轿车。按贷款协议约定,王清每月需要向 Z 银行偿还贷款 3 500 元。由于王清在 2022 年底购买了房屋,无力按时向 Z 银行支付借款本息。2023 年以来,已累计 3 个月没有偿还贷款。

(6) 注册会计师张可 2021 年来一直是 M 银行年度财务报表审计业务的项目组成员。得知张可于 2023 年 3 月 1 日举办婚礼后,M 银行行长将该行的 10 辆高级轿车借给张可作为婚礼用车。

分析:正旺会计师事务所接受相关的审计业务是否损害独立性?有什么消除影响的措施?

项目二　接受审计业务委托

思政案例导入

草率的"审计业务约定书"

凌宇科技文化有限公司(以下简称凌宇公司)是一家上市公司,主要负责儿童益智玩具的研发和生产,天浩会计师事务所已连续三年审计凌宇公司的财务报表,2022年12月,天浩会计师事务所开始审计凌宇公司2022年的财务报表,注册会计师李宏为项目负责人。在签订审计业务约定书的过程中,相关事项的处理如下:

(1) 凌宇公司近几年的主营业务均未发生变化,仅在2022年5月总经理职位发生人事变动,李宏认为需要考虑致送新的审计业务约定书,同时根据本年审计情况,在业务约定书中列明利用专家工作及内部审计人员工作的安排。

(2) 总经理上任后,要求在审计业务约定书中修改管理层的责任,其仅对2022年5月以后的相关重大事项负责,上任之前的相关事项责任应由原总经理承担,审计项目组同意了该要求。

探索与讨论:
审计项目组的处理是否恰当?会计师事务所在接受业务委托时,应该注意什么?

学习目标

【知识目标】
1. 了解初步业务活动的目的和内容。
2. 熟悉审计业务约定书的基本内容。

【技能目标】
能在开展初步业务的基础上编制审计业务约定书。

【素质目标】
1. 通过对初步业务活动的学习,促使学生积极履行社会责任,树立更好地服务国家和社会的理想信念。
2. 通过学习业务约定书的内容和对案例的思考,培养审计业务委托工作中的谈判意识、责任意识及契约精神。

初级考试考点提醒

初步业务活动的内容。

任务一　开展初步业务活动

工作任务
对长沙超世服饰有限公司开展初步业务活动,并编制相应的审计工作底稿。

知识储备

一、初步业务活动的目的

初步业务活动主要是对被审计单位的情况和注册会计师自身的情况进行了解和评估,确定是否接受或保持审计业务。这是控制审计风险的第一道屏障。

二、初步业务活动的内容

(一)初步了解被审计单位及其环境

了解被审计单位的业务性质、经营规模、组织结构、经营状况和财务状况、以前年度接受审计的情况、所在行业的市场竞争状况与发展趋势、技术变动、行业适用的法律法规、环保问题等。

通过对上述内容的了解,会计师事务所确定是否接受或保持审计业务。如果被审计单位已陷入财务困境,就要审慎决策。如果决定接受或保持审计业务,这种了解又为计划审计工作奠定了基础。

(二)评价被审计单位的治理层、管理层

选择诚信的被审计单位是有效控制审计风险和避免法律后果的重要措施。会计师事务所不应与不诚信的被审计单位签约,因为如果治理层、管理层缺乏诚信,该公司财务报表容易出现舞弊导致的重大错报。

(三)评价会计师事务所与注册会计师遵守职业道德的情况

评价会计师事务所与注册会计师遵守职业道德的情况,重点包括评价独立性、专业胜任能力以及必要的时间和资源。若不独立、专业胜任能力欠缺或时间与资源不足,会计师事务所就要拒绝承接审计业务。

(四)签订或修改审计业务约定书

在做出接受或保持审计业务的决策后,在审计业务开始前,注册会计师应与被审计单位商定审计收费,就审计业务约定条款达成一致意见,及时签订或修改审计业务约定书,以避免双方对审计业务的理解产生分歧。

特别提醒
初步业务活动中的前三项活动贯穿于审计业务全过程。

工作任务资料

湖南仲桥会计师事务所拟接受委托对长沙超世服饰公司2022年财务报表进行审计,湖南仲桥会计师事务所项目合伙人周建,组建长沙超世服饰公司审计项目团队。项目负责人:李若楠;项目组成员:孙艳春、林子怡、陈志华、胡小平、彭小川。项目组开展了初步业务活动,确定被审计单位管理层诚信,不存在影响注册会计师独立性的因素,注册会计师熟悉服装业,能够胜任服装业审计任务。

一、被审计单位基本情况

长沙超世服饰有限公司(以下简称"超世公司")成立于2017年12月1日,其基本信息如下:
注册资金:4 000万元(人民币)。
法定代表人:侯泽华
注册地址:湖南省长沙市雨花区韶山中路81号。
经营范围:西服、西裤的生产和销售。
电话号码:0731-85537584。
邮政编码:410007。
企业在银行的预留印鉴为"财务专用章+法人章",银行开户资料如表2-1所示。

表2-1　　　　　　　　　　　银行开户信息表

开 户 银 行	账　　号	账 户 性 质
中国工商银行长沙东塘支行	105045872859401	基本账户
中国建设银行长沙东塘支行	43050175553600100535	一般账户
中国工商银行长沙东塘支行	105045872858143	定期存款

二、被审计单位组织架构和部门职责

超世公司一共有6个部门,分别是总经理室、行政部、财务部、采购部、销售部、生产部(下设生产车间和仓储部),如图2-1所示。

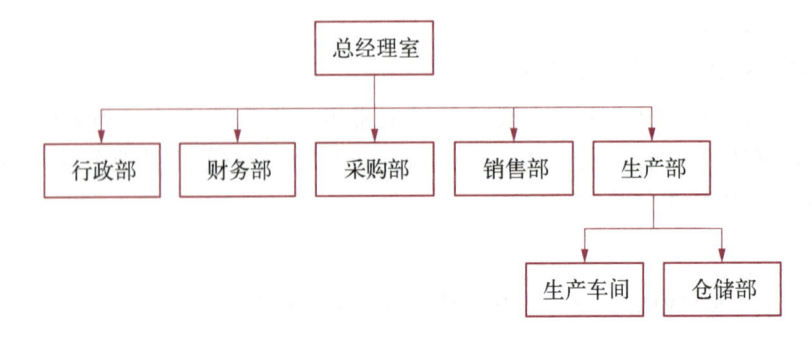

图2-1　公司组织架构图

公司各部门职责如下：

（1）总经理室。根据提出的战略目标，组织制定公司中长期发展战略与经营方案，并推动实施；审定公司工资奖金分配方案和经济责任挂钩办法并组织实施；审核签发以公司名义（盖公章）发出的文件；主持公司的全面经营管理工作；推进公司企业文化的建设工作，树立良好的企业形象；从事经营管理的全局开创性工作，为公司发展做出艰巨的探索和尝试；总结工作、听取汇报，检查工作、督促进度和协调矛盾等。

（2）行政部。负责企业行政管理、日常事务、企业策划、安全保卫、后勤服务等工作。

（3）财务部。公司单独设置财务部门，划分为会计主管、总账会计、成本会计、出纳四个工作岗位。负责组织和领导公司的会计工作、进行全面预算、短期经营决策、长期投资决策、成本分析；审核记账凭证、对账、编制财务报表、编制纳税申报表；组织财产清查；保管公章及财务专用章；负责编制科目汇总表；组织会计档案的整理和保管等。

（4）采购部。负责原材料、固定资产等的采购。

（5）销售部。负责公司营销策划及产品销售。

（6）生产部。负责公司产品生产及储存保管工作。下设生产车间和仓储部，其生产车间负责西服、西裤的生产，仓储部负责原材料和产成品的储存保管工作。

三、被审计单位会计岗位的设置依据及职责

（一）会计岗位的设置依据

按照《中华人民共和国会计法》（以下简称"《会计法》"）、《会计基础工作规范》《企业内部控制规范》的有关规定，企业应根据规模大小、会计业务量的多少和实际需要来设置会计工作岗位，要求既要满足经济管理的需要，又要避免与实际脱节，应当实事求是，讲求实效。会计岗位设置的基本原则如下：

（1）会计岗位设置要与企业的类型和性质、管理体制、组织结构、经营规模及会计工作组织形式相适应，要体现精简高效的原则。

（2）按照不相容职务相分离的原则，合理设置会计及相关工作岗位，明确职责权限，形成相互制衡机制。不相容职务主要包括授权批准、业务经办、会计记录、财产保管、稽核检查等。

（3）指定会计机构负责人或会计主管人员，负责领导和办理本单位的会计工作。

（4）会计机构内部应当建立稽核制度。指定专人对本单位的会计凭证、账簿、报表及其他会计资料进行审核，包括事前审核和事后复核，保证会计核算的合法性、合理性、准确性和保护公共财产，防止会计核算工作上的差错和经手人员的舞弊。

（5）会计机构内部的钱账分管制度。指凡涉及货币资金和财物的收付、结算及其登记的任何一项工作，规定由二人或二人以上分工掌管，以起到相互制约作用的一种工作制度。如支付现金，由出纳付款、稽核员审核、记账员登记，不得由一人兼办。其目的主要是为了加强工作人员间的互相核对，互相牵制，防止差错，防止失误，及时纠正差错。一旦发生舞弊行为，也易于发现。

出纳人员不得兼任稽核、会计档案保管和收入、支出、费用、债权和债务账目的登记工作。

（二）会计岗位的主要职责

会计工作岗位可以一人一岗、一人多岗或一岗多人，各单位可以根据本单位的会计业务量和会计人员配备的实际情况具体确定。长沙超世服饰有限公司配备了4名会计人员，分别为会计主管（财务经理担任）、总账会计、成本会计和出纳，具体的工作职责如下：

(1) 会计主管的职责。负责组织和领导公司的会计工作、进行全面预算、短期经营决策、长期投资决策、成本分析；负责审核记账凭证、对账、编制财务报表、编制纳税申报表；负责组织财产清查；负责保管公章及财务专用章；负责编制科目汇总表并登记总分类账；负责组织会计档案的整理和保管等。

(2) 总账会计的职责。负责编制除产品成本业务之外的其他业务的记账凭证；负责保管发票专用章；登记存货明细账、往来明细账等。

(3) 成本会计的职责。负责产品成本核算、填制成本计算原始凭证，编制成本业务记账凭证，登记"生产成本""制造费用"明细账、编制成本报表、进行成本分析等。

(4) 出纳的职责。负责办理库存现金、银行存款收款、付款业务；保管库存现金、有价证券等；登记库存现金、银行存款日记账；配合清查人员进行库存现金、银行存款清查，同时负责保管法人章。

四、被审计单位会计工作组织情况

根据《会计法》及有关财经、税收法规制度，并结合公司实际，制定长沙超世服饰有限公司内部会计制度如下：

(1) 公司以人民币为记账本位币（核算中金额计算保留至分位），记账文字为中文。会计核算采用科目汇总表账务处理程序。每15天编制科目汇总表并登记总账，明细账根据记账凭证逐笔登记。

(2) 记账方式采用借贷记账法，使用通用记账凭证，会计凭证按月连续编号。

(3) 公司开设总分类账、明细分类账及日记账。总分类账、日记账均采用三栏式账簿，明细账根据需要分别采用三栏式、多栏式、数量金额式账页格式。

(4) 公司按照规定编制资产负债表、利润表、现金流量表和所有者权益变动表。

(5) 公司为增值税一般纳税人，企业统一社会信用代码为：91430100585715036Q。税种、计税依据及税率如表2-2所示。

表2-2　　　　　　　　　　　税种、计税依据及税率

税　种	计税依据	税率
增值税（销项税）	产品、原材料销售收入	13%
增值税（进项税）	原材料采购价	13%
企业所得税	应纳税所得额	25%
城市维护建设税	应缴纳流转税额	7%
教育费附加	应缴纳流转税额	3%
地方教育附加	应缴纳流转税额	2%

企业所得税的核算采用资产负债表债务法。企业所得税缴纳采用按季预缴，按年汇算清缴的方式，公司以前年度的企业所得税已进行汇算。除上述税费外无其他税费。

五、被审计单位2022年财务报表及其部分附注

长沙超世服饰有限公司2022年财务报表如表2-3、表2-4和表2-5所示。

表 2-3　　　　　　　　　　　　　　　　资产负债表　　　　　　　　　　会企 01 表

编制单位：长沙超世服饰有限公司　　2022 年 12 月 31 日　　　　　　　　单位：元

资　产	年初数	期末数	负债和所有者权益	年初数	期末数
流动资产：			流动负债：		
货币资金	7 621 177.53	23 999 196.79	短期借款	3 650 000.00	11 650 000.00
交易性金融资产			应付票据		
应收票据			应付账款	465 961.41	5 107 730.00
应收账款	1 502 672.00	41 051 381.00	合同负债		
预付款项			应付职工薪酬	2 112 129.78	3 630 919.45
其他应收款			应交税费	5 120 104.10	2 697 481.07
存货	63 436 590.66	31 937 095.73	其他应付款	19 836 759.00	17 670 472.85
一年内到期的非流动资产			一年内到期的非流动负债		
其他流动资产			其他流动负债		
流动资产合计	72 560 440.19	96 987 673.52	流动负债合计	31 184 954.29	40 756 603.37
非流动资产：			非流动负债：		
债权投资			长期借款	17 000 000.00	12 000 000.00
其他债权投资			递延所得税负债		
长期应收款			非流动负债合计	17 000 000.00	12 000 000.00
长期股权投资			负债合计	48 184 954.29	52 756 603.37
固定资产	26 656 658.10	24 359 921.70	所有者权益：		
在建工程			实收资本	40 000 000.00	40 000 000.00
无形资产			资本公积	6 566 206.00	6 566 206.00
开发支出			其他综合收益		
长期待摊费用			盈余公积	1 660 174.00	5 171 943.57
递延所得税资产			未分配利润	2 805 764.00	16 852 842.28
非流动资产合计	26 656 658.10	24 359 921.70	所有者权益合计	51 032 144.00	68 590 991.85
资产总计	99 217 098.29	121 347 595.22	负债和所有者权益总计	99 217 098.29	121 347 595.22

表 2 - 4　　　　　　　　　　　　　　　　利润表　　　　　　　　　　　　　　　　会企 02 表

编制单位：长沙超世服饰有限公司　　　　　　2022 年 12 月　　　　　　　　　　　　　　单位：元

项　目	行次	本年数	上年数
一、营业收入	1	506 616 000.00	426 125 000.00
减：营业成本	2	426 029 940.75	356 012 830.00
税金及附加	3	5 769 266.83	5 104 852.51
销售费用	4	1 584 518.00	1 881 510.00
管理费用	5	23 733 946.01	24 012 816.10
研发费用			
财务费用	6	826 803.79	1 801 055.00
其中：利息费用	8	930 000.00	
利息收入	9	103 196.21	
加：其他收益	10		
投资收益（损失以"－"号填列）	11		
其中：对联营企业与合营企业的投资收益	12		
以摊余成本计量的金融资产终止确认收益（损失以"－"号填列）			
公允价值变动收益（损失以"－"号填列）	13		
信用减值损失（损失以"－"号填列）		－2 076 865.00	－3 210 293.00
资产减值损失（损失以"－"号填列）	14		
资产处置收益（损失以"－"号填列）	15		
二、营业利润（亏损以"－"号填列）	16	46 594 659.62	34 101 643.39
加：营业外收入	17	0.00	1 000 000.00
减：营业外支出	18	5 000 000.00	3 000 000.00
三、利润总额（亏损总额以"－"号填列）	19	41 594 659.62	32 101 643.39
减：所得税费用	20	6 476 963.92	5 107 371.46
四、净利润（净亏损以"－"号填列）	21	35 117 695.70	26 994 271.93
五、其他综合收益的税后净额			
六、综合收益总额		35 117 695.70	26 994 271.93
七、每股收益			
（一）基本每股收益			
（二）稀释每股收益			

表 2-5　　　　　　　　　　　　2022 年部分财务报表附注

……
四、重要报表项目的说明
……

11. 长期借款：

项目	期末数	期初数
抵押借款	12 000 000.00	2 000 000.00
保证借款	无	15 000 000.00
信用借款	无	无

……

六、被审计单位 2022 年 1—12 月会计科目发生额及余额表(部分)

长沙超世服饰有限公司 2022 年 1—12 月会计科目发生额及余额表如表 2-6 所示。

表 2-6　　　　　　　2022 年 1—12 月科目发生额及余额表(部分)　　　　　　单位：元

科 目 名 称	方向	年初余额	本年借方发生额	本年贷方发生额	年末余额
库存现金(1001)	借	9 379.80	213 528.00	213 296.60	9 611.20
银行存款(1002)	借	7 611 797.73	86 306 570.85	69 928 782.99	23 989 585.59
工商银行(100201)	借	7 411 797.73	75 406 570.85	59 128 782.99	23 689 585.59
建设银行(100202)	借	200 000.00	10 700 000.00	10 800 000.00	100 000.00
工商银行(100203)	借	0	200 000.00	0	200 000.00
应收账款(1122)	借	1 586 406.00	76 649 440.00	35 023 866.00	43 211 980.00
利达公司(112201)	借	120 000.00	2 330 000.00	1 100 000.00	1 350 000.00
天健实业(112202)	借	67 776.00	5 986 600.00	3 039 646.00	3 014 730.00
联盛科技(112203)	借	123 870.00	12 173 400.00	5 900 000.00	6 397 270.00
市十四中(112204)	借	140 000.00	8 655 800.00	5 455 000.00	3 340 800.00
湖南联通(112205)	借	34 760.00	4 007 000.00	3 182 080.00	859 680.00
昇通科技(112206)	借	0.00	14 474 440.00	5 185 640.00	9 288 800.00
湘楚集团(112207)	借	947 700.00	18 383 000.00	10 091 600.00	9 239 100.00
友谊宾馆(112208)	借	152 300.00	5 548 400.00	999 900.00	4 700 800.00
安邦制药(112209)	借	0.00	0.00	70 000.00	(70 000.00)
新印汽贸(112210)	借	0.00	4 700 800.00	0.00	4 700 800.00

(续表)

科 目 名 称	方向	年初余额	本年借方发生额	本年贷方发生额	年末余额
辉达公司(112211)	借	0.00	390 000.00	0.00	390 000.00
坏账准备(1231)	贷	83 734.00	0.00	2 076 865.00	2 160 599.00
应收账款(123101)	贷	83 734.00	0.00	2 076 865.00	2 160 599.00
其他应收款(123102)	贷	0.00	0.00	0.00	0.00
预付账款(123103)	贷	0.00	0.00	0.00	0.00
材料采购(1401)	借	11 630 715.00	145 127 427.83	156 758 142.83	0.00
丝绵(140101)	借	5 520 960.00	69 275 357.83	74 796 317.83	0.00
无纺布(140102)	借	3 151 005.00	32 182 530.00	35 333 535.00	0.00
精纺呢绒(140103)	借	2 773 890.00	37 249 210.00	40 023 100.00	0.00
贡丝锦(140104)	借	184 860.00	6 420 330.00	6 605 190.00	0.00
原材料(1403)	借	17 612 520.00	135 562 320.00	142 428 060.00	10 746 780.00
丝绵(140301)	借	4 370 000.00	62 134 500.00	61 364 000.00	5 140 500.00
无纺布(140302)	借	8 448 000.00	29 710 200.00	35 790 000.00	2 368 200.00
精纺呢绒(140303)	借	4 704 000.00	37 590 000.00	39 564 000.00	2 730 000.00
贡丝锦(140304)	借	90 520.00	6 127 620.00	5 710 060.00	508 080.00
材料成本差异(1404)	借	615 537.44	21 195 822.83	20 718 907.15	1 092 453.12
丝绵(140401)	借	536 818.00	12 661 817.83	12 810 095.20	388 540.63
无纺布(140402)	借	76 976.00	5 623 335.00	5 339 130.02	361 180.98
精纺呢绒(140403)	借	924.00	2 433 100.00	2 125 929.88	308 094.12
贡丝锦(140404)	借	819.44	477 570.00	443 752.05	34 637.39
库存商品(1405)	借	22 380 430.00	414 263 594.09	424 132 974.73	12 511 049.36
西裤(140501)	借	10 225 810.00	190 625 195.97	194 987 158.08	5 863 847.89
西服(140502)	借	12 154 620.00	223 638 398.12	229 145 816.65	6 647 201.47
低值易耗品(1411)	借	91 050.00	0.00	0.00	91 050.00
文件柜(141101)	借	16 500.00	0.00	0.00	16 500.00
办公桌(141102)	借	17 000.00	0.00	0.00	17 000.00
办公椅(141103)	借	8 500.00	0.00	0.00	8 500.00

（续表）

科目名称	方向	年初余额	本年借方发生额	本年贷方发生额	年末余额
工作服(141104)	借	49 050.00	0.00	0.00	49 050.00
固定资产(1601)	借	31 826 680.00	0.00	0.00	31 826 680.00
房屋及建筑物(160101)	借	14 910 680.00	0.00	0.00	14 910 680.00
机器设备(160102)	借	13 176 000.00	0.00	0.00	13 176 000.00
办公设备(160103)	借	1 740 000.00	0.00	0.00	1 740 000.00
运输设备(160104)	借	2 000 000.00	0.00	0.00	2 000 000.00
累计折旧(1602)	贷	5 170 021.90	0.00	2 296 736.40	7 466 758.30
房屋及建筑物(160201)	贷	1 379 237.90	0.00	447 320.40	1 826 558.30
机器设备(160202)	贷	2 951 424.00	0.00	1 264 896.00	4 216 320.00
办公设备(160203)	贷	459 360.00	0.00	344 520.00	803 880.00
交通设备(160204)	贷	380 000.00	0.00	240 000.00	620 000.00
固定资产减值准备(1603)	贷	0.00	0.00	0.00	0.00
应付账款(2202)	贷	465 961.41	4 700 272.46	9 342 041.05	5 107 730.00
泰州吉泰(220201)	贷	100 000.87	502 177.87	842 877.00	440 700.00
阳光集团(220202)	贷	98 830.94	369 430.94	4 705 850.00	4 435 250.00
株洲商贸(220203)	贷	36 600.83	388 371.78	696 450.95	344 680.00
高诚布业(220204)	贷	202 806.07	2 620 166.07	417 360.00	−2 000 000.00
南通海盟(220205)	贷	6 880.00	340 280.00	1 214 800.00	881 400.00
通达布业(220206)	贷	0.00	386 803.00	1 392 503.00	1 005 700.00
南华物流(220207)	贷	20 842.70	93 042.80	72 200.10	0.00
应交税费(2221)	贷	5 120 104.10	126 605 583.53	124 182 960.50	2 697 481.07
应交增值税(222101)	贷	0.00	65 860 080.00	65 860 080.00	0.00
销项税额(22210101)	贷	—	—	65 860 080.00	—
进项税额(22210102)	借	—	20 630 732.70	—	—
转出未交增值税(22210107)	借	—	45 229 347.30	—	—
未交增值税(222102)	贷	4 508 447.59	47 383 100.51	45 229 347.30	2 354 694.38
应交企业所得税(222103)	贷	0.00	6 476 963.91	6 476 963.91	0.00

(续表)

科 目 名 称	方向	年初余额	本年借方发生额	本年贷方发生额	年末余额
应交城镇土地使用税(222104)	贷	0.00	162 000.00	162 000.00	0.00
应交房产税(222105)	贷	0.00	167 745.15	167 745.15	0.00
应交车船税(222106)	贷	0.00	12 000.00	12 000.00	0.00
应交城建税(222107)	贷	315 591.33	3 316 817.03	3 166 054.31	164 828.61
应交教育费附加(222108)	贷	135 253.43	1 421 493.02	1 356 880.42	70 640.83
应交地方教育附加(222109)	贷	90 168.95	947 662.01	904 586.95	47 093.89
应交个人所得税(222110)	贷	70 642.80	857 721.90	847 302.46	60 223.36
应付利息(2231)	贷	0.00	818 375.00	930 000.00	111 625.00
短期借款利息(223101)	贷	0.00	115 875.00	137 500.00	21 625.00
长期借款利息(223102)	贷	0.00	702 500.00	792 500.00	90 000.00
应付股利(2241)	贷	13 497 135.97	13 497 135.97	17 558 847.85	17 558 847.85
长期借款(2501)	贷	17 000 000.00	15 000 000.00	10 000 000.00	12 000 000.00
生产成本(5001)	借	11 106 338.22	410 653 019.12	414 263 594.09	7 495 763.25
西裤(500101)	借	4 753 232.66	189 259 585.24	190 625 195.97	3 387 621.93
西服(500102)	借	6 353 105.56	221 393 433.88	223 638 398.12	4 108 141.32
主营业务收入(6001)		0.00	504 556 000.00	504 556 000.00	0.00
西裤(600101)		0.00	240 500 000.00	240 500 000.00	0.00
西服(600102)		0.00	264 056 000.00	264 056 000.00	0.00
其他业务收入(6051)		0.00	2 060 000.00	2 060 000.00	0.00
丝绵(605101)		0.00	560 000.00	560 000.00	0.00
精纺呢绒(605103)		0.00	1 500 000.00	1 500 000.00	0.00
主营业务成本(6401)		0.00	424 132 974.73	424 132 974.73	0.00
西裤(640101)		0.00	194 987 158.08	194 987 158.08	0.00
西服(640102)		0.00	229 145 816.65	229 145 816.65	0.00
其他业务成本(6402)		0.00	1 896 966.02	1 896 966.02	0.00
丝绵(640201)		0.00	494 768.74	494 768.74	0.00
精纺呢绒(640203)		0.00	1 402 197.28	1 402 197.28	0.00

(续表)

科 目 名 称	方向	年初余额	本年借方发生额	本年贷方发生额	年末余额
财务费用(6603)		0.00	826 803.79	826 803.79	0.00
短期借款利息(660301)		0.00	137 500.00	137 500.00	0.00
长期借款利息(660302)		0.00	792 500.00	792 500.00	0.00
利息收入(660303)		0.00	−103 196.21	−103 196.21	0.00
手续费(660304)		0.00	0.00	0.00	0.00
盈余公积(4101)	贷	1 660 174.00	0.00	3 511 769.57	5 171 943.57

任务二　签订审计业务约定书

工作任务

与长沙超世服饰有限公司签订审计业务约定书。

知识储备

一、审计业务约定书的内容

审计业务约定书的具体内容和格式，可能因被审计单位的不同而存在差异，但应当包括下列主要方面：

(1) 审计范围与审计目标。
(2) 管理层的责任。
(3) 注册会计师的责任。
(4) 指出用于编制财务报表所适用的财务报告编制基础。
(5) 收费计算基础和收费安排。

特别提醒

实务操作中，在专业服务得到良好的计划、监督及管理的前提下，通常以合理估计的每一专业人员审计工时和适当的小时费用率为基础计算收费。

(6) 提及注册会计师拟出具的审计报告预期形式和内容。
(7) 违约责任。
(8) 解决争议的方法。

（9）签约双方法定代表人或其授权代表的签字盖章以及签约双方加盖的公章。审计业务约定书一式两份，任何一方如需修改、补充审计业务约定书，应以适当方式获得双方的确认。

签订审计业务约定书的特别提醒事项包括下列主要方面：

（1）在某些情况下，注册会计师可能考虑在审计业务约定书中列明：❶ 在某些方面利用专家工作的安排；❷ 与审计涉及的内部审计人员工作的协调；❸ 在首次接受审计委托时对与前任注册会计师沟通的安排。

（2）对于连续审计，会计师事务所可以与被审计单位签订长期审计业务约定书，而不必每次审计都重新签订审计业务约定书。但是，注册会计师应当考虑是否需要根据具体情况修改业务约定的条款，以及是否需要提醒被审计单位注意现有的业务约定条款。

（3）如果被审计单位不是委托人，在签订审计业务约定书前，注册会计师应当与委托人、被审计单位就审计业务约定相关条款进行充分沟通，并达成一致意见。但仍然要与被审计单位而不是委托人签约，因为审计需要被审计单位提供审计所需要的资料和条件。

2-2 中国注册会计师审计准则第1111号（审计准则更新）

二、审计业务约定书范例

在实务中，审计业务约定书可以采用合同式或信函式两种形式，尽管形式不同，但其实质内容是相同的。合同式审计业务约定书范例如下：

审计业务约定书

编号：×××

甲方：×××公司

乙方：××会计师事务所

兹由甲方委托乙方对_____（填列被审计单位）_____年度财务报表进行审计，经双方协商，达成以下约定：

一、审计的目标和范围

1. 乙方接受甲方委托，对甲方按照企业会计准则（本项条款应视情况修改）编制的_____年_____月_____日的资产负债表，_____年度的利润表、_____年度的现金流量表和_____年度的所有者权益（或股东权益）变动表以及_____年度财务报表附注（以下统称财务报表）进行审计。

2. 乙方审计工作的目标是对财务报表整体是否不存在由于舞弊或错误导致的重大错报获取合理保证，并出具包含审计意见的审计报告。合理保证是高水平的保证，但并不能保证按照审计准则执行的审计在某一重大错报存在时总能发现。错报可能由于舞弊或错误导致，如果合理预期错报单独或汇总起来可能影响财务报表使用者依据财务报表作出的经济决策，则通常认为错报是重大的。

3. 乙方通过执行审计工作，对财务报表的下列方面发表审计意见：❶ 财务报表是否在所有重大方面按照企业会计准则的规定编制；❷ 财务报表是否在所有重大方面公允反映了被审计单位_____年_____月_____日的财务状况以及_____年度的经营成果和现金流量。

4. 当涉及合并报表审计时，本审计业务约定书所约定的需要单独出具审计报告的被审计单位名单附后，以双方盖章确认为准。

二、甲方的责任

1. 根据《中华人民共和国会计法》及《企业财务会计报告条例》，甲方及甲方负责人有责任保证会计资料的真实性和完整性。因此，甲方管理层有责任妥善保存和提供会计记录（包括但不限于会计凭证、会计账簿、会计报表及其他交易资料、会计资料），这些记录必须真实、完整地反映甲方的财务状况、经营成果和现金流量。

2. 按照企业会计准则的规定编制和公允列报财务报表是甲方管理层的责任。这种责任包括：❶ 按照企业会计准则的规定编制财务报表,并使其实现公允反映;❷ 设计、执行和维护必要的内部控制,以使财务报表不存在由于舞弊或错误而导致的重大错报。

3. 在编制财务报表时,甲方管理层负责评估甲方的持续经营能力,必要时披露与持续经营相关的事项,并运用持续经营假设,除非管理层计划清算、终止运营或别无其他现实的选择。甲方治理层负责监督甲方的财务报告过程。

4. 及时为乙方的审计工作提供与审计有关的所有记录、文件和所需的其他信息(在_____年_____月_____日之前提供审计所需的全部资料,如果在审计过程中需要补充资料,亦应及时提供),并保证所提供资料的真实性和完整性。

5. 确保乙方不受限制地接触其认为必要的甲方内部人员和其他相关人员。

6. 甲方管理层对其作出的与审计有关的声明予以书面确认。

7. 为乙方派出的有关工作人员提供必要的工作条件和协助,乙方将于外勤工作开始前提供主要事项清单。

8. 按照本约定书的约定及时足额支付审计费用以及乙方人员在审计期间的交通、食宿和其他相关费用。

9. 乙方的审计不能减轻甲方及甲方管理层的责任。

三、乙方的责任

1. 乙方按照中国注册会计师审计准则(以下简称审计准则)的规定进行审计工作。审计准则要求注册会计师遵守中国注册会计师职业道德守则,在执行审计的过程中,乙方需要运用职业判断,保持职业怀疑。

2. 乙方识别和评估由于舞弊或错误导致的财务报表重大错报风险,设计和实施审计程序以应对这些风险,并获取充分、适当的审计证据,作为发表审计意见的基础。由于舞弊可能涉及串通、伪造、故意遗漏、虚假陈述或凌驾于内部控制之上,未能发现由于舞弊导致的重大错报的风险高于未能发现由于错误导致的重大错报的风险。

3. 乙方了解与审计相关的内部控制,以设计恰当的审计程序,但目的并非对内部控制的有效性发表意见。

4. 乙方评价管理层选用会计政策的恰当性和作出会计估计及相关披露的合理性。

5. 乙方对甲方管理层使用持续经营假设的恰当性得出结论。同时,根据获取的审计证据,就可能导致对甲方持续经营能力产生重大疑虑的事项或情况是否存在重大不确定性得出结论。如果乙方得出结论认为存在重大不确定性,应当在审计报告中提请报表使用者注意财务报表中的相关披露;如果披露不充分,乙方应当发表非无保留意见。乙方的结论基于截至审计报告日可获得的信息。然而,未来的事项或情况可能导致甲方不能持续经营。

6. 乙方评价财务报表的总体列报、结构和内容(包括披露),并评价财务报表是否公允反映相关交易和事项。

7. 乙方从与甲方治理层沟通过的事项中,确定对本期财务报表审计最为重要的事项(关键审计事项),并在审计报告中描述这些事项(如适用)。这些事项的应对以对财务报表整体进行审计并形成审计意见为背景,乙方不对这些事项单独发表意见。

8. 在审计过程中,乙方若发现甲方存在乙方认为值得关注的内部控制缺陷,应以书面形式向甲方治理层或管理层通报。但乙方通报的各种事项,并不代表已全面说明所有可能存在的缺陷或已提出所有可行的改进建议。甲方在实施乙方提出的改进建议前应全面评估其影响。未经乙方书面许可,甲方及或被审计单位不得向任何第三方提供乙方出具的沟通文件,除非法律法规另有要求。

9. 由于审计和内部控制的固有限制,即使按照审计准则的规定适当地计划和执行审计工作,仍无法避免财务报表的某些重大错报可能未被乙方发现的风险。

10. 按照约定时间完成审计工作,出具审计报告。乙方应于_____年_____月_____日前出具审计报告。

11. 除下列情况外,乙方应当对执行业务过程中知悉的甲方信息予以保密:❶ 法律法规允许披露,并取得甲方的授权;❷ 根据法律法规的要求,为法律诉讼、仲裁准备文件或提供证据,以及向监管机构报告发现的违法行为；❸在法律法规允许的情况下，在法律诉讼、仲裁中维护自己的合法权益；❹接受注册会计师协会或监管机构的执业质量检查，答复其询问和调查；❺向注册会计师协会或监管机构进行报备；❻法律法规、执业准则和职业道德规范规定的其他情形。

12. 审计报告签发日之后，乙方无直接责任去考虑或查明可能影响该期间的会计报表的期后事项。但是，甲方应将在审计报告签发日之后可能影响会计报表的任何重大事项的发生或任何重大事实的发现通知乙方。

四、审计收费

1. 本次审计服务的收费是以乙方各级别工作人员在本次工作中所耗费的时间为基础计算的。乙方预计本次审计服务的费用总额为人民币_____元整（人民币_____）。

2. 甲方应于本约定书签署之日起_____日内支付_____%的审计费用，于审计报告草稿完成日支付_____%的审计费用，其余款项于提交正式审计报告或电子报告时结清（以提交时间先者为准）。（本项条款应视情况修改）

3. 如果由于无法预见的原因，致使乙方从事本约定书所涉及的审计服务实际时间较本约定书签订时预计的时间有明显的增加或减少时，甲乙双方应通过协商，相应调整本部分第1条所述的审计费用。

4. 如果由于无法预见的原因，致使乙方人员抵达甲方的工作现场后，本约定书所涉及的审计服务中止，甲方不得要求退还预付的审计费用；如上述情况发生于乙方人员完成现场审计工作，并离开甲方的工作现场之后，甲方应另行向乙方支付人民币_____元（人民币_____）的补偿费，该补偿费应于甲方收到乙方的收款通知之日起_____日内支付。

5. 与本次审计有关的其他费用（包括交通费、食宿费及向第三方询证的费用等）由甲方承担。

五、审计报告和审计报告的使用

1. 乙方按照中国注册会计师审计准则规定的格式和类型出具审计报告。

2. 乙方向甲方交付审计报告一式_____份。审计报告的交付方式为甲方自行至乙方住所领取。乙方通知甲方领取审计报告或将电子报告发送至甲方，则视为甲方可以至乙方处领取审计报告。如因乙方出具非无保留意见的报告或者其他任何原因而致使甲方拒绝或在收到通知后五日内未派人领取审计报告，则视为甲方放弃领取审计报告，则审计报告签发日后五个工作日视为乙方已经完整履行本协议的义务。且该放弃不影响本协议第四部分第2条乙方之权利的行使。

3. 甲方在提交或对外公布乙方出具的审计报告及其后附的已审计财务报表时，不得对其进行修改。当甲方认为有必要修改会计数据、报表附注和所作的重要说明时，应当事先通知乙方，乙方将考虑有关的修改对审计报告的影响，必要时，将重新出具审计报告。

六、本约定书的有效期间

本约定书自签署之日起生效，并在双方履行完毕本约定书约定的所有义务后终止。但其中第三部分第11条、第四、五、七、八、九、十部分并不因本约定书终止而失效。

七、约定事项的变更

如果出现不可预见的情况，影响审计工作如期完成，或需要提前出具审计报告时，甲、乙双方均可要求变更约定事项，但应及时通知对方，并由双方协商解决。

八、终止条款

1. 如果根据乙方的职业道德及其他有关专业职责、适用的法律法规或其他任何法定的要求，乙方认为已不适宜继续为甲方提供本约定书约定的审计服务，乙方可以采取向甲方提出合理通知的方式终止履行本约定书。

2. 在本约定书终止的情况下，乙方有权就其终止之日前对约定的审计服务项目所做的工作收取合理的审计费用。

九、违约责任

甲、乙双方按照《中华人民共和国民法典》的规定承担违约责任。

十、适用法律和争议解决

本约定书的所有方面均应适用中华人民共和国法律及其解释并受其约束。本约定书履行地为乙方出具审计报告所在地,因本约定书所引起的或与本约定书有关的任何纠纷或争议(包括关于本约定书条款的存在、效力或终止,或无效之后果),双方协商确定采取以下方式予以解决:

向乙方注册地人民法院提起诉讼。

十一、双方对其他有关事项的约定

1. 本约定书一式两份,甲、乙双方各执一份,具有同等法律效力。

2. 本业务约定书的通知均应当使用专人递交、挂号信、电报、电传、传真或电子邮箱的方式发送至对方。如该通知以口头方式发出,应尽快在合理的时间内以书面形式向对方确认。如果一方联系地址改变,则应当尽快书面通知对方;如未及时通知,对方按照原定的通信联络方式发送通知,通知视为送达对方。双方的通信联络方式如下:

通信联络方式	甲　方	乙　方
联络人		
手机		
电话		
传真		
电子邮箱		
QQ		
微信号		
地址		

3. 双方同意下列银行账户和纳税信息作为收款和付款以及发票之用

基本信息	甲　方	乙　方
企业名称		
开户行		
账号		
纳税人识别号		
电话		

甲方：　　　公司(盖章)　　　　　　乙方：　　　会计师事务所(盖章)
授权代表：　(签名并盖章)　　　　　授权代表：　(签名并盖章)
　　　　　年　月　日　　　　　　　　　　　　年　月　日

工作任务资料

2022年10月9日,项目合伙人周建与长沙超世服饰有限公司达成审计意向,并于当日签订审计业务约定书,约定2023年3月18日提交审计报告。湖南仲桥会计师事务所审计收费执行《湖南省会计师事务所服务收费管理实施办法》(湘价服〔2010〕183号),双方约定本次审计收费采用计件收费模式(审计费用为1 000元的整倍数),于审计约定书签署之日起2日内长沙超世服饰有限公司先支付50%的审计费用,剩余款项于审计报告交付日结清。湖南省会计师事务所审计服务收费标准,如表2-7所示。

表2-7　　　　　　　　湖南省会计师事务所审计服务收费标准

收费方式	计费额度及基准费率(‰)						
一、计件收费	100万元及以下	100万元～500万元	500万元～1 000万元	1 000万元～5 000万元	5 000万元～1亿元	1亿元～5亿元	5亿元以上
会计年报审计	2	1.5	1	0.4	0.2	0.1	0.05
清算审计合并、分立审计	5	3	2	1	0.4	0.2	0.08
验证资本	2	1	0.6	0.4	0.1	0.08	0.03

说明:(1)收费标准上下浮动幅度不得超过30%。
　　　(2)验证资本低于1 000元的按1 000元计;会计年报审计低于1 500元的按1 500元计;清算审计、经济责任审计低于5 000元的按5 000元计。
　　　(3)计费基数:验证资本金按注册资本,审计按资产总额。
　　　(4)涉及证券相关业务或与外国、港澳台地区事务所合作办理业务的收费,可与委托人协商按上述收费标准适当增加收费。
　　　(5)清产核资审计、经济责任审计收费按"清算审计、合并分立审计"标准收取,并按年度分别计算。
　　　(6)如果集团公司的子公司已单独计费,则集团公司计费时应扣除已计费的子公司资产。

二、计时收费	注册会计师(主任会计师)500元/小时,注册会计师(部门经理以上)300元/小时,注册会计师200元/小时

说明:(1)计时收费有效工作时间、计费的人日数及每人日收费标准须经委托人和付费人签字确认。
　　　(2)收费标准上下浮动幅度不得超过20%。

习题与实训

一、判断题

1. 审计业务错综复杂,即使归属于同一审计阶段的几项具体审计工作,有时也是难分先后的。　　　　　　　　　　　　　　　　　　　　　　　　　　　　　　(　　)
2. 如果被审计单位不是委托人,审计业务约定书是由注册会计师与委托人签订的书面协议。　　　　　　　　　　　　　　　　　　　　　　　　　　　　　　　(　　)
3. 审计业务约定书既可证明被审计单位管理层承担的责任,又可证明会计师事务所应履行的义务。　　　　　　　　　　　　　　　　　　　　　　　　　　　　(　　)
4. 初步业务活动主要是对被审计单位的财务报表及账户余额进行检查。　(　　)
5. 业务约定书是被审计单位与审计组织共同签订的。但也存在委托人与被审计人不是

同一方的情况,在这种情况下,签约主体通常还包括委托人。（　）

6. 审计业务约定书,既可以采用书面形式,也可采用口头形式。（　）

7. 审计收费方法可以采用计件收费和计时收费两种方法。从注册会计师业务发展趋势来看,计时收费应成为审计收费的基本方法。（　）

8. 会计师事务所无法胜任或不能按时完成某项业务时,如果能从其他会计师事务所临时聘请到相关专业人员,即可接受该项业务的委托。（　）

9. 由于审计业务约定书具有法律效力,因此它应按照经济合同法来规范。（　）

10. 如果在审计业务约定书中要求被审计单位及时提供注册会计师审计所需要的全部资料及必要的条件与合作等,则应适当降低审计收费。（　）

二、单项选择题

1. （　）是指会计师事务所与被审计单位签订的,用以记录和确认审计业务的委托与受托关系、审计目标和业务范围、双方的责任以及报告的格式等事项的书面协议。
   A. 审计计划　　　　　　　　　B. 审计业务约定书
   C. 总体审计策略　　　　　　　D. 具体审计计划

2. （　）主要用于对被审计单位的情况和注册会计师自身的能力进行了解和评估,确定是否接受或保持审计业务,它是控制审计风险的第一道屏障。
   A. 初步业务活动　B. 风险识别　C. 风险评估　D. 风险应对

3. 在签订审计业务约定书之前,应当对事务所的胜任能力进行评价,评价的内容不包括（　）。
   A. 执行审计的能力　　　　　　B. 事务所的独立性
   C. 保持应有谨慎的能力　　　　D. 助理人员

4. 在签订审计业务约定书之前,注册会计师应初步了解的被审计单位的基本情况不包括（　）。
   A. 业务性质、经营规模和组织结构　　B. 经营情况和经营风险
   C. 以前年度接受审计的情况　　　　　D. 控制活动

5. 下列情形中,会计师事务所不应与企业签约的是（　）。
   A. 事务所某一职员的子女为客户的员工　B. 事务所与客户之间有诉讼案件
   C. 事务所职员之一为客户的财务顾问　　D. 客户拥有较多的关联方

6. （　）一经签订,就具有法律约束力,委托与受托双方都必须严格遵守。
   A. 审计业务约定书　　　　　　B. 管理建议书
   C. 审计工作底稿　　　　　　　D. 审计计划

7. 下列项目中,属于审计业务约定书内容的是（　）。
   A. 所审计财务报表的内容　　　B. 审计报告种类
   C. 审计范围　　　　　　　　　D. 审计报告格式

8. 在下列有关审计业务约定书的内容中,（　）可随着被审计单位的不同而变化。
   A. 管理层对财务报表的责任
   B. 注册会计师对执业过程中获知的信息保密
   C. 执行审计工作的安排,包括出具审计报告的时间要求
   D. 财务报表审计的目标

9. 在下列审计业务约定书的内容中,( )是被审计单位与会计师事务所在签约时共同商定的。
   A. 注册会计师不受限制地接触任何与审计有关的文件、记录和所需的其他信息
   B. 被审计单位管理层对其作出的与审计有关的声明予以书面确认
   C. 违约责任、解决争议的办法以及审计收费的计算基础和收费安排
   D. 审计范围和在执行财务报表审计业务时遵循的中国注册会计师审计准则

10. 下列关于审计业务约定书的说法中,错误的是( )。
    A. 审计业务约定书是会计师事务所与被审计单位签订的
    B. 审计业务约定书的具体内容和格式不会因被审计单位的不同而不同
    C. 审计业务约定书具有经济合同的性质,它的目的是明确约定各方的权利和义务
    D. 会计师事务所承接任何审计业务,均应与被审计单位签订审计业务约定书

三、多项选择题

1. 审计业务约定书的具体内容包括( )。
   A. 财务报表审计的目标　　　　　　B. 管理层对财务报表的责任
   C. 执行审计工作的安排　　　　　　D. 确定审计收费

2. 下列关于审计业务约定书的说法中,正确的有( )。
   A. 审计业务约定书是会计师事务所与被审计单位签订的协议
   B. 审计业务约定书的具体内容和格式,可能因被审计单位的不同而存在差异
   C. 会计师事务所承接某些审计业务可以不与被审计单位签订审计业务约定书
   D. 审计业务约定书应由会计师事务所与被审计单位法人代表或授权代表签署,并加盖双方单位印章

3. 在实务中,审计业务约定书可以采用的形式有( )。
   A. 合同式　　　　B. 媒体公告式　　　　C. 口头约定式　　　　D. 信函式

4. 初步业务活动包括( )。
   A. 初步了解被审计单位及其环境
   B. 评价被审计单位的治理层、管理层是否诚信
   C. 评价会计师事务所与注册会计师遵守职业道德的情况
   D. 签订或修改审计业务约定书

5. 审计业务约定书应当包括( )。
   A. 重要性水平　　　　　　　　　　B. 会计责任与审计责任
   C. 审计收费　　　　　　　　　　　D. 审计范围

6. 注册会计师了解被审计单位的基本情况包括( )。
   A. 业务性质、经营规模、经营情况及经营风险
   B. 以前年度接受审计的情况
   C. 财务会计机构及工作组织
   D. 主要管理人员的经验和品性

7. 会计师事务所在签署审计业务约定书前,应评价自身的胜任能力,其内容包括( )。
   A. 评价执行审计的能力　　　　　　B. 评价审计的独立性
   C. 评价保持应有的谨慎能力　　　　D. 评价会计师事务所的质量控制情况

8. 审计业务约定书中应明确审计收费的(　　　)。
   A. 计费依据　　　B. 计费标准　　　C. 付费方式　　　D. 付费时间
9. 在审计实务中,注册会计师获取信息的来源主要包括(　　　)。
   A. 银行、监管机构　　　　　　　B. 前任注册会计师
   C. 工商管理部门　　　　　　　　D. 外部调查机构
10. 会计师事务所承接审计业务,应当重点考虑(　　　)等自身因素。
    A. 独立性　　　　　　　　　　　B. 专业胜任能力
    C. 廉洁性　　　　　　　　　　　D. 被审单位管理当局品行是否正直

项目三　编制审计计划

思政案例导入

"预则立，不预则废"

某会计师事务所对E公司（大型制造业企业）连续审计多年，由于该公司的内部控制一直是令人满意的，而且该公司所处的行业非常稳定，实施审计工作的结果表明，该公司的财务报表合法、公允，因此从未向其出具过非无保留意见审计报告。

今年，会计师事务所派一位新招募来的职员负责这项审计工作。主任会计师通知他，今年的时间预算应当与以前年度保持一致。审计期间他向会计师事务所报告了以下事项：❶ 该公司最近对存货系统实行自动化改造；❷ 总会计师在此期间辞职，其职位空闲两个月；❸ 控制测试发现许多控制缺陷。尽管如此，原定的时间预算并未作修改。由于时间预算紧迫，审计人员并未对自动化系统进行测试，没有执行债务周转率等分析程序。审计在时间预算内完成，最终发表了无保留意见。

几个月后E公司陷入严重的财务困境，无法偿还到期债务。随后的调查表明，由于计算机系统错误的存货定价，未考虑存货的过期贬值，导致存货价值高估。新任总会计师伪造发票，以维持以前年度的销售收入水平，由此高估销售收入和债权。此外，存货审计时，由于审计人员经验较少，只测试了很少的存货样本，且样本中存在的存货计价错报被认为不重要，因此没有扩大审计程序。这些情况导致了审计失败。

探索与讨论：
此次审计失败的根本原因是什么？该案例对我们有哪些启示？

学习目标

【知识目标】
1. 熟悉总体审计策略和具体审计计划的内容和编制。
2. 掌握财务报表审计的总目标，熟悉具体审计目标的内容。
3. 理解审计方法的概念和分类，掌握审计程序的定义和种类。
4. 理解审计重要性的含义及重要性水平的确定。
5. 掌握审计风险的组成要素及相互关系。
6. 理解重要性和审计风险的相互关系。
7. 熟悉审计证据的含义、特征与分类，掌握收集审计证据的方式。
8. 熟悉审计工作底稿的编制、复核和归档的要点。

【技能目标】
1. 能确定总体审计策略，并制订具体审计计划。

2. 根据被审计单位的认定确定具体审计目标。
3. 能运用正确的方法收集审计证据。
4. 能正确评价审计证据的充分性和适当性。
5. 能确定重要性水平并应用重要性和审计风险模型。
6. 能编制、复核、归档审计工作底稿。

【素质目标】
1. 通过对审计计划的学习,培养学生树立"凡事预则立,不预则废"的观念,养成制订计划的好习惯。
2. 通过学习审计目标,培养学生养成目标导向的思维模式。
3. 通过审计重要性的学习,培养学生善于抓住事物的主要矛盾,提高办事效率。
4. 通过审计风险的学习,培养学生的风险意识,引导学生养成勇于应对风险的职业精神。
5. 通过学习审计证据和审计工作底稿,培养学生坚持独立性,保持质疑的职业习惯以及爱岗敬业、吃苦耐劳的职业精神。

初级考试考点提醒

1. 审计目标和审计程序。
2. 审计证据的含义及分类。
3. 审计证据的特征和决策。

任务一　制订审计计划

工作任务
制订长沙超世服饰有限公司的总体审计策略和具体审计计划。

知识储备

一、计划审计工作的主要内容

计划审计工作的主要内容包括:
(1) 初步确定重要性水平。
(2) 初步识别可能存在的较高重大错报风险领域。
(3) 制定总体审计策略。
(4) 制订具体审计计划。

二、总体审计策略

总体审计策略用以确定审计范围、时间和方向,并指导制订具体审计计划。

3-1 中国注册会计师审计准则第1201号(审计准则更新)

(一)总体审计策略的主要内容

1. 审计范围

(1) 被审计单位编制财务报表所依据的财务报告基础(如企业会计准则、小企业会计准则等)。

(2) 特定行业的报告要求,如某些行业监管机构要求提交的报告。

(3) 预期的审计工作涵盖范围,包括所审计的集团内各组成部分的数量及所在地。

(4) 内部审计工作的可获得性及注册会计师对内部审计工作的拟依赖程度,如内部审计部门对各仓库的存货每半年至少盘点一次。在中期审计时,项目组已经对内部审计部门盘点步骤进行观察,若其结果满意,项目组将查阅其年底的盘点结果,并缩小存货监盘的范围。

(5) 需要阅读的含有已审计财务报表文件中的其他信息,如上市公司年报。

(6) 对应用计算机辅助审计技术以及数据采集方式等的考虑。

(7) 对利用在以前审计工作中获取的审计证据(如获取的与风险评估程序和控制测试相关的审计证据)的预期。

2. 审计时间安排

(1) 被审计单位对外报告的时间表。

(2) 执行审计的时间安排,包括:❶ 期中审计的执行时间;❷ 期末审计的执行时间。

(3) 沟通的时间安排。具体包括以下几个方面。

❶ 与管理层和治理层沟通,包括:讨论审计工作的性质、时间和范围;讨论注册会计师拟出具的报告的类型和时间安排及其他事项;讨论审计工作的进展等。

❷ 项目组成员之间预期沟通的时间安排、复核工作的时间安排。

❸ 与前任注册会计师沟通。

❹ 与对集团内各组成部分执行审计的其他注册会计师沟通。

❺ 预期是否需要和第三方进行其他沟通。

3. 审计方向

(1) 确定适当的重要性水平。

(2) 识别重要的组成部分和账户余额。

(3) 重大错报风险较高的审计领域。

(4) 评估的财务报表层次的重大错报风险对指导、监督及复核的影响。

(5) 项目时间预算。

(6) 以往审计中对内部控制运行有效性评价的结果及管理层重视内部控制的相关证据。

(7) 业务交易量规模。

(8) 影响被审计单位经营的重大变化,包括信息技术和业务流程的变化,关键管理人员变化以及收购、兼并和分立。

(9) 重大的行业发展情况,如行业法规变化。

(10) 会计准则及会计制度的变化。

4. 审计资源

(1) 向具体审计领域调配的资源,如向高风险领域分派有适当经验的项目组成员,就复杂的问题利用专家工作等。

(2) 向具体审计领域分配资源的数量,如分派对重要存货进行监盘的项目组成员的数量,对高风险领域分配的审计时间预算等。

（3）何时调配这些资源，如是在期中审计阶段还是在关键的截止日期调配资源等。

（4）如何管理、指导、监督这些资源，如预期何时召开项目组预备会和总结会，预期项目负责人和经理如何进行复核（是现场复核还是非现场复核），是否需要实施项目质量控制复核等。

总体审计策略的详略程度因被审计单位的规模及该项审计业务的复杂程度而异，比如，在小型被审计单位审计中，总体审计策略可以相对简单。注册会计师应当根据实施风险评估程序的结果对上述内容进行调整。

（二）总体审计策略范例（表3-1）

表3-1　　　　　　　　　　　　　　总体审计策略

一、审计工作范围

报 告 要 求	
适用的财务报告基础（会计准则等）	
适用的审计准则	
与财务报告相关的行业特别规定	
需要阅读的含有已审计财务报表文件中的其他信息	

二、审计业务时间安排

（一）对外报告时间安排：_____

（二）执行审计时间安排

执行审计时间安排	时　间
1. 期中审计	
（1）制定总体审计策略	
（2）制订具体审计计划	
……	
2. 期末审计	
（1）存货监盘	
……	

（三）沟通的时间安排

所 需 沟 通	时　间
与管理层及治理层的会议	
项目组会议（包括预备会和总结会）	
与专家或有关人士沟通	

（续表）

所 需 沟 通	时 间
与前任注册会计师沟通	
……	

三、影响审计业务的重要因素

（一）确定的重要性水平	索引号
……	
（二）可能存在较高重大错报风险的领域	索引号
……	
（三）重要的账户	索引号
……	

四、项目组人员安排

职　位	姓　名	主 要 职 责
……		

五、对专家或有关人士工作的利用（如适用）
（一）对内部审计工作的利用

主要报表项目	拟利用的内部审计工作	索引号
……		

（二）对其他注册会计师工作的利用

其他注册会计师名称	利用其工作范围及程度	索引号
……		

（三）对专家工作的利用

主要报表项目	专家名称	主要职责及工作范围	利用专家工作的原因	索引号
……				

三、具体审计计划

具体审计计划是依据总体审计策略制订的，比总体审计策略更加详细。具体审计计划包括项目组成员拟实施的审计程序的性质、时间安排和范围。

（一）具体审计计划的主要内容

具体审计计划的主要内容包括以下几个方面：

（1）风险评估程序。为了充分识别和评估财务报表重大错报风险，注册会计师计划实施的风险评估程序的性质、时间安排和范围。

（2）计划实施的进一步审计程序。针对评估的认定层次的重大错报风险，注册会计师计划实施的进一步审计程序的性质、时间安排和范围。

（3）计划实施的其他审计程序。注册会计师针对审计业务需要实施的其他审计程序，例如，寻求与被审计单位律师直接沟通等。

（二）具体审计计划的范例（表3-2）

表3-2　　　　　　　　　　　具体审计计划

审计计划项目	项目具体内容
一、风险评估程序	1. 风险评估程序 2. 针对特别项目的程序
二、了解被审计单位及其环境	1. 行业状况、法律环境与监管环境以及其他外部因素 2. 被审计单位的性质 3. 会计政策的选择和运用 4. 目标、战略及相关经营风险 5. 财务业绩的衡量和评价
三、了解内部控制	1. 控制环境 2. 被审计单位的风险评估过程 3. 信息系统与沟通 4. 控制活动 5. 对控制的监督
四、对风险评估及审计计划的讨论	
五、评估的重大错报风险	1. 评估的财务报表层次的重大错报风险 2. 评估的认定层次的重大错报风险
六、计划的进一步审计程序	1. 重要账户或列报的计划总体方案（综合性方案或实质性方案） 2. 进一步审计程序（单独编制一套包括具体程序的"进一步审计程序表"）
七、其他审计程序	

任务二　确定审计目标

工作任务

确定长沙超世服饰有限公司的总体审计目标和具体审计目标。

知识储备

一、管理层认定

管理层认定是指被审计单位管理层对财务报表各组成要素的确认、计量、列报和披露作出的明确或隐含的表达。例如：A 公司 2022 年 12 月 31 日资产负债表中货币资金列示的金额为 500 000 元，则其明确的认定包括：❶ 记录的货币资金存在；❷ 记录的货币资金的正确余额是 500 000 元。隐含的认定包括：❶ 所有应列报的货币资金都包括在财务报表中；❷ 记录的货币资金全部由本公司拥有；❸ 货币资金的使用不受任何限制。

（一）关于所审计期间各类交易、事项及相关披露的认定

关于所审计期间各类交易、事项及相关披露的认定通常分为下列类别：

（1）发生。记录或披露的交易和事项已发生且与本单位有关。例如，如果没有发生销售交易，但在销售账簿中记录了一笔销售交易，则该笔记录是不真实的，属于发生认定错报。发生认定主要与财务报表组成要素的高估有关。

（2）完整性。所有应当记录的交易和事项均已记录，所有应当包括在财务报表中的相关披露均已包括。例如，如果发生了销售交易，但没有在销售账簿中记录，则该笔发生的销售交易被漏记，属于完整性认定错报。完整性认定主要与财务报表组成要素的低估有关。

（3）准确性。与交易和事项有关的金额及其他数据已恰当记录，相关披露已得到恰当计量和描述。例如，销售交易中发出商品的数量与发票账单上的数量不符，或开具发票账单时使用了错误的销售价格，或发票账单中的乘积或加总有误，或在销售账簿中记录了不恰当的金额，则该笔记录的销售交易金额不准确。

（4）截止。交易和事项已记录于正确的会计期间。例如，如果本期交易推迟到下期记录，或下期交易提前到本期记录，均属于截止认定错报。

（5）分类。交易和事项已记录于恰当的账户。例如，将现销记录为赊销，或将出售经营性固定资产所得的收入记录为营业收入，或将应予资本化的利息计入财务费用，又或将应收账款计入其他应收款等，就会导致分类认定错报。

（6）列报。交易和事项已被恰当地汇总或分解且表述清楚，相关披露在适用的财务报告编制基础下是相关的、可理解的。

（二）关于期末账户余额及相关披露的认定

关于期末账户余额及相关披露的认定通常分为下列类别：

（1）存在。记录的资产、负债和所有者权益是存在的。例如，如果不存在某顾客的应收账款，但在应收账款明细表中却列入了对该顾客的应收账单，则属于存在认定错报。

（2）权利和义务。记录的资产由被审计单位拥有或控制，记录的负债是被审计单位应当履行的偿还义务。例如，将他人寄售商品计入本单位存货中，属于权利认定错报；将不属于本单位的债务登记入账，属于义务认定错报。

（3）完整性。所有应当记录的资产、负债和所有者权益均已记录，所有应当包括在财务报表中的相关披露均已包括。例如，如果存在某顾客的应收账款，但在应收账款明细表中却没有列入对该顾客的应收账单，则属于完整性认定错报。

（4）准确性、计价和分摊。资产、负债和所有者权益以恰当的金额包括在财务报表中，

与之相关的计价或分摊调整已恰当记录,相关披露已得到恰当计量和描述。例如,期末没有对应收账款计提坏账准备,从而高估应收账款金额,这就属于准确性、计价与分摊认定错报。

（5）分类。资产、负债和所有者权益已记录于恰当的账户。

（6）列报。资产、负债和所有者权益已被恰当地汇总或分解且表述清楚,相关披露在适用的财务报告编制基础下是相关的、可理解的。

二、审计目标

审计目标是指在一定环境中,审计主体通过审计活动所期望达到的境地或最终结果,分为审计总目标与具体审计目标两个层次。这里仅介绍注册会计师财务报表审计两个层次的目标。

（一）总体审计目标

财务报表审计的总目标是注册会计师对财务报表整体是否不存在由于舞弊或错误导致的重大错报获取合理保证,使得注册会计师对财务报表的合法性和公允性发表审计意见,侧重于提高会计信息质量,维护公众利益,服务于市场经济。

> **特别提醒**
> 审计意见旨在提高财务报表的可信度,并不是对被审计单位持续经营能力或管理层经营效率、经营效果提供的保证。

（二）具体审计目标

具体审计目标是审计总目标的具体化,是对审计总目标按照管理层认定来进行分解的。具体审计目标必须根据审计总目标和被审计单位管理层的认定来确定。注册会计师应当运用交易、账户余额及相关披露认定,来确定每个项目的具体审计目标,以便更好地评估重大错报风险以及设计和实施进一步审计程序。

将总体审计目标与管理层各项认定相对应,便形成了具体审计目标。

1. 与所审计期间各类交易、事项及披露相关的审计目标

（1）发生。由发生认定推导的审计目标是确认已记录的交易是真实的。发生认定所要解决的问题是管理层是否把那些不曾发生的项目列入财务报表。

（2）完整性。由完整性认定推导的审计目标是确认已发生的交易确实已经记录,所有应当包括在财务报表中的相关披露均已包括。完整性认定所要解决的问题是管理层是否未把那些真实发生的项目列入财务报表。

> **特别提醒**
> 发生目标和完整性目标两者强调的是相反的关注点。发生目标针对虚记交易(高估),而完整性目标则针对漏记交易(低估)。

（3）准确性。由准确性认定推导出的审计目标是确认已记录的交易是按正确金额反映的,相关披露已得到恰当计量和描述。

（4）截止。由截止认定推导出的审计目标是确认接近于资产负债表日的交易记录于恰当的会计期间。通常,最可能出现截止错报的交易是那些资产负债日表前后的交易。

(5)分类。由分类认定推导出的审计目标是确认被审计单位记录的交易经过适当分类,记录于恰当的账户。

(6)列报。由列报认定推导出的审计目标是确认被审计单位的交易和事项已被恰当地汇总或分解且表述清楚,相关披露在适用的财务报告编制基础下是相关的、可理解的。

2. 与期末账户余额及披露相关的审计目标

(1)存在。由存在认定推导出的审计目标是确认记录的金额确实存在。

(2)权利和义务。由权利和义务认定推导出的审计目标是确认资产归属于被审计单位(拥有或控制),负债属于被审计单位的义务。

(3)完整性。由完整性认定推导出的审计目标是确认已存在的金额均已记录,所有应包括在财务报表中的相关披露均已包括。

(4)准确性、计价和分摊。资产、负债和所有者权益以恰当的金额包括在财务报表中,与之相关的计价或分摊调整已恰当记录,相关披露已得到恰当计量和描述。

(5)分类。资产、负债和所有者权益已记录于恰当的账户。

(6)列报。资产、负债和所有者权益已被恰当地汇总或分解且表述清楚,相关披露在适用的财务报告编制基础下是相关的、可理解的。

各具体审计项目的审计目标将在以后各项目中详细阐述,此处不展开论述。

三、审计方法

审计方法是为了达到审计目的,完成审计任务,在审计过程中获取审计证据,形成审计结论采取的措施、技术与手段。审计方法随着审计环境的变化而调整。审计方法主要有以下三种分类。

(一)按照取证顺序与会计核算顺序的关系来区分

审计方法按其取证顺序与会计核算顺序的关系可分为顺查法和逆查法。

1. 顺查法

顺查法是指按照会计核算过程的先后顺序,依次审查凭证、账簿和报表的一种审计方法。采用顺查法时,注册会计师首先审查原始凭证;其次审查记账凭证;再次审查各类账簿的记录是否正确,账证是否相符;最后,审查和分析财务报表,核对账表、表表是否相符。

顺查法的优点是审计比较全面系统,质量可靠,易于核对。其缺点是不易于及时抓住重点,工作量大,不利于提高审计效率。顺查法一般适用于规模小、业务少的被审计单位。

2. 逆查法

逆查法是指按照与会计核算过程相反的顺序依次进行审计的方法。采用逆查法时,注册会计师首先审查和分析财务报表及其各个项目,从中找出增减变动异常或数额较大、容易出现错误或舞弊的项目,从而确定下一步审计的重点项目;其次,按照所确定的重点和可疑账项,追溯审查会计账簿,发现可能存在的问题;最后,通过审查凭证来确定被审计事项的真伪。

逆查法的优点是易于抓住审计重点,节约审计时间,提高审计效率;其缺点是审查不够详尽,容易遗漏问题。逆查法一般适用于规模较大、业务多、内部控制较好的被审计单位。

(二)按照审计业务的详略程度来区分

审证方法按照审计业务的详略程度可以分为详查法和排查法。

1. 详查法

详查法是指对审计对象审计期间的全部会计资料进行全面详细审查的一种审计方法。采用详查法时，注册会计师对会计凭证、会计账簿和财务报表都要详细地审查核对，以查找错弊为主要目标。

详查法的优点是能够收集到全面、完整的证据，保证审计质量；其缺点是审计工作量大，费时费力。详查法一般适用于规模小、业务少的被审计单位，或者在反腐倡廉审计时运用。

2. 抽查法

抽查法是指从审计对象审计期间的全部会计资料中选取部分资料进行审查，根据审查结果推断全部资料的正确程度的一种审计方法。

抽查法的优点是节约审计时间与成本，提高审计效率；其缺点是如果选取的测试项目不具备代表性，则会得出错误的结论。抽查法一般适用于规模较大、业务多、内部控制较好的被审计单位。

（三）按照财务报表一定的标准来区分

对财务报表审计时，应将财务报表按一定的标准划分为更小的部分，以便于审计。审计方法按照对财务报表的项目进行划分的标准不同，通常分为报表项目法和业务循环法。

1. 报表项目法

报表项目法是指按照财务报表的项目来组织财务报表审计的方法。

报表项目法的优点是与多数被审计单位账户设置体系及财务报表格式相吻合，操作方便。其缺点是将紧密联系的相关账户（报表项目）人为分割开，比如将同是产生于销售交易中的应收账款与主营业务收入分别进行审计，从而造成审计工作的脱节与重复；另外，由于对内部控制的了解与测试通常按照业务循环进行，报表项目法使实质性程序与控制测试脱节。

2. 业务循环法

所谓业务循环，是指处理某一类经济业务的工作程序和先后顺序。把紧密相连的报表项目及涉及的交易和账户归入同一业务循环，然后按业务循环来组织财务报表审计的方法称为业务循环法。

由于被审计单位的业务性质和规模各不相同，其业务循环的划分也有所不同。一般可将被审计单位全部的交易和账户按照相关的程度划分成若干个业务循环。例如，制造企业可以划分为以下几个业务循环：

（1）销售与收款循环。该业务循环包括向顾客收受订货单，核准购货方的信用，发运商品，开具销货发票，记录收入和应收账款，收款以及记录现金收入等。

（2）采购与付款循环。该业务循环包括请购存货、其他资产或劳务，编制与发出订货单，货物验收入库并填制验收单、入库单，记录应付账款，核准付款，支付款项以及记录现金支出等。

（3）生产与存货循环。该业务循环包括领取原材料及其他物料用品，投入生产，分摊费用，计算生产成本，产品完工入库，核算商品销售成本以及存货的存储管理等。

（4）工薪与人力资源循环。该业务循环包括聘用、辞退职工，制定职工薪酬等级标准，记录与核实实际工时，计算应付职工薪酬与代扣款项，发放职工薪酬，记录职工薪酬支出等。

（5）筹资与投资循环。该业务循环包括授权、核准、执行和记录有关资金筹措、资金运用及收益分配等措施。

业务循环法的优点是将交易与账户的实质性程序与按业务循环进行的控制测试直接联系在一起，加深审计小组成员对被审计单位经济业务的理解，而且便于审计的合理分工，将特定业务循环所涉及的财务报表项目分配给一个或数个审计小组成员，从而能够提高审计的效率与效果。因此在审计实务中，审计工作多采用业务循环法。

四、审计程序

审计程序是指获取审计证据的具体方法。

（一）审计程序的目的

审计程序的目的主要有以下三个方面：

(1) 风险评估程序。通过实施风险评估程序来了解被审计单位及其环境，以评估重大错报风险。

(2) 控制测试。通过实施控制测试以确定控制运行的有效性。

(3) 实质性程序。通过实施实质性程序以发现各类交易、账户余额、列报认定层次的重大错报。

（二）审计程序的类型

审计程序的类型包括检查、观察、询问、函证、重新计算、重新执行和分析程序。在审计过程中，这七种类型可以单独运用，也可以组合运用。

1. 检查

检查是指注册会计师对被审计单位内部或外部生成的，以纸质、电子或其他介质形式存在的记录和文件进行审查，或对有形资产进行实物审查。检查记录和文件包括检查原始凭证、记账凭证、会计账簿、财务报表以及其他文件。

检查记录和文件的目的是对财务报表所包含或应包含的信息进行验证。例如，检查被审计单位销售交易的顾客订单、发货单和销售发票，以验证被审计单位记录的销售交易及营业收入的正确性。

检查有形资产大多数情况下适用于库存现金和存货，也适用于固定资产和有价证券。检查有形资产可为其存在提供可靠的审计证据。它不仅是认定资产数量和规格的一种客观手段，在某些情况下，还是评价资产状况和质量的一种有用方法，比如确定存货数量的同时确定存货是否存在残次品、不热门或滞销的情况。但检查有形资产不能确定资产的权利和义务或计价认定。

2. 观察

观察是指注册会计师查看相关人员正在从事的活动或执行的程序。观察法适用于对财产物资的验证、内部控制的了解测试和经营管理活动的考察。例如，注册会计师对被审计单位执行的存货盘点或控制活动进行观察，或对被审计单位的固定资产使用状况进行观察。

通过观察获得的审计证据仅限于观察发生的时点，并且在已经知道被观察时，相关人员从事活动或执行程序可能与日常的做法不同，从而会影响注册会计师对真实情况的了解。因此，观察时点的情况并不能证明一贯的情况，注册会计师在使用观察程序获取证据的时候，要注意其本身固有的局限性，有必要获取其他的佐证。

3. 询问

询问是指注册会计师以书面或口头方式，向被审计单位内部或外部的知情人员调查获取财务信息和非财务信息,并对答复进行评价的过程。例如,询问被审计单位管理层持有资产的意图,让其对会计处理作出解释。

知情人员对询问的答复可能为注册会计师提供尚未获悉的信息或佐证,也可能提供与已获悉信息存在重大差异的信息。

尽管通过询问可以从被审计单位获得大量的证据(口头证据),但一般不能作为结论性证据,仅仅是提供一些重要线索,为进一步调查确认所用。也就是说,询问通常不足以发现认定存在的重大错报,也不足以用来测试控制运行的有效性,注册会计师还应当实施其他审计程序来获取充分、适当的审计证据。

4. 函证

函证是指注册会计师直接从第三方(被询证者)获取书面答复以作为审计证据的过程。

函证程序通常用于确认有关账户余额及其组成部分(如应收账款明细账)。审计实务中,函证适用的账户余额或信息包括:❶ 银行存款、借款及与金融机构往来的其他重要信息;❷ 交易性金融资产;❸ 应收账款;❹ 应收票据;❺ 其他应收款;❻ 预付账款;❼ 由第三方保管的存货;❽ 长期股权投资;❾ 委托贷款;❿ 应付账款;⓫ 预收账款;⓬ 保证、抵押或质押;⓭ 或有事项;⓮ 重大或异常的交易;⓯ 细节信息,如某项重大交易的细节,合同条款是否发生变化及变化细节,是否存在影响收入确认的背后协议等。

函证的方式有积极式和消极式两种。积极式函证也称肯定式函证,是指要求被询证者在所有情况下都必须回函,确认询证函所列示信息是否正确,或填列询证函要求的信息。消极式函证也称否定式函证,是指要求被询证者在不同意询证函列示信息的情况下才予以回函。

5. 重新计算

重新计算是指注册会计师以人工方式或使用计算机辅助审计技术,对记录或计算文件中数据计算的准确性进行核对。

6. 重新执行

重新执行是指注册会计师以人工方式或使用计算机辅助审计技术,对被审计单位内部控制组成部分的程序或控制重新独立执行。

例如,注册会计师利用被审计单位的银行存款日记账和银行对账单,重新编制银行存款余额调节表,并与被审计单位编制的银行存款余额调节表进行比较,验证被审计单位银行存款对账控制的执行情况。

7. 分析程序

分析程序是指注册会计师通过研究不同财务数据之间以及财务数据与非财务数据之间的内在关系,对财务信息作出评价。分析程序还包括调查已识别的与其他相关信息不一致或与预测数据严重偏离的重大波动或异常关系。

分析程序运用于整个审计过程中,其目的包括以下几个方面:

(1) 用于风险评估程序,以了解被审计单位及其环境,识别那些可能表明财务报表存在重大错报风险的异常变化,进而评估重大错报风险。在风险评估过程中使用分析程序是审计准则的强制要求。

(2) 用于实质性程序,收集审计证据,直接识别重大错报,以适当减少细节测试的工作量,节约审计成本,降低审计风险。实质性分析程序通常适用于在一段时期内存在稳定的可预期关系的大量交易,它不是必须实施的程序,并不适用于所有的财务报表认定。

案例 3-1

对销售收入执行实质性分析程序

远宏公司是一家生产和销售皮鞋的公司,其产品主要通过公司的销售部及加盟商进行销售。截至2021年年末,远宏公司近几年的销售一直维持10%左右的增长速度。2021年12月底,公司通过猎头公司将竞争对手××公司的销售总监大卫招至麾下,大卫将其原来公司的客户带到了远宏公司,使得公司2022年1月份的销售量增加了23%,且这些客户在2022年全年一直稳定地与远宏公司保持业务往来。远宏公司2021年的销售收入为1528万元,2022年的销售收入为2010万元。

注册会计师决定对2022年度的销售收入执行实质性分析程序。

由于大卫带来的影响,2022年年初远宏公司预计2022年度的销售收入比2021年度增加23%,2022年销售收入的预期值为1879万元[1528×(1+23%)]。然而2022年的实际销售收入为2010万元,比预期增加了131万元(2010-1879),注册会计师已经通过向客户函证的方式证实了这一销售收入的增长。

注册会计师确定的销售收入可接受的差异额为40万元,由于实际差异额超过了设定的可接受差异额,注册会计师决定做出进一步调查。

第一种情况:

注册会计师询问了被审计单位管理层及财务经理。财务经理做解释如下:2022年10月,公司与一个大型加盟商签订了代理合同,销售总监大卫也在2022年10月份争取了两个新的大客户,因此2022年第四季度的销售比以往有所增加,使全年销售收入比上年增加超出23%,是正常的情况。

针对上述解释,注册会计师检查了销售部门第四季度各个月的销售总结,发现销售部门确实在10月份采取了行动并取得了管理层所说的客户。注册会计师又对新增客户在2022年度的销售记录进行了检查,远宏公司2022年对新增客户的销售额为100万元。考虑这一因素的影响,远宏公司2022年度销售收入差异额将低于注册会计师设定的可接受的差异额,注册会计师决定不再进行进一步调查。

审计结论:对于销售收入,超过注册会计师设定的可接受的差异额的差异已经得到解释和证实。因此,销售收入未发现重大错报。

第二种情况:

注册会计师询问被审计单位管理层及财务经理,对方没有给出合理解释。

审计结论:远宏公司2022年度的销售收入存在重大错报(推断错报为91万元)。

(3)用于审计工作结束时对财务报表进行总体复核。总体复核时的分析程序往往集中在财务报表层次,主要解释财务报表项目自上个会计期间以来发生的重大变化,以证实财务报表中列报的所有信息与注册会计师对被审计单位及其环境的了解是否一致、与注册会计师取得的审计证据是否一致。在总体复核时使用分析程序也是审计准则的强制要求。

值得注意的是,分析程序由于需要计算金额、比率或趋势,以评价财务信息,所以不适用于内部控制的了解与测试。

任务三　确定审计重要性与审计风险

工作任务
1. 计算确定长沙超世服饰有限公司报表整体重要性及实际执行的重要性水平。
2. 确定可接受的审计风险水平。

知识储备

一、审计重要性

（一）审计重要性的含义

审计重要性是指在具体环境下，被审计单位财务报表错报（含漏报，下同）的严重程度。如果错报单独或汇总起来可能影响财务报表使用者依据财务报表作出的经济决策，则通常认为错报是重大的。这里的错报，包括财务报表表内列示的错报和财务报表附注披露的错报。

3-2 审计重要性水平（微课）

（二）理解和运用重要性需要注意的问题

1. 重要性的确定要站在财务报表使用者的视角

判断一项错报重要与否，应视其对财务报表使用者依据财务报表作出经济决策的影响程度而定。如果财务报表中的某项错报足以改变或影响财务报表使用者的相关决策，则该项错报就是重要的。

2. 重要性的确定离不开具体环境

由于不同的被审计单位面临不同的环境，不同的报表使用者有着不同的信息需求，因此对不同被审计单位或同一被审计单位的不同时期的财务报表确定的重要性也会各不相同。

3. 重要性的确定需要运用职业判断

重要性的确定是一个复杂的过程，影响重要性的因素很多。不同的注册会计师在确定同一被审计单位的重要性时，得出的结果可能不同。因此，注册会计师应当根据被审计单位面临的环境，并综合考虑其他因素，运用职业判断来合理确定重要性。

4. 重要性的确定要考虑数量和性质两个方面

（1）数量方面。所谓数量方面是指错报的金额。一般而言，金额大的错报比金额小的错报更重要；小额错报如果经常发生，其对报表的累计影响可能更重大。

（2）性质方面。所谓性质方面是指错报的性质。在有些情况下，某些错报从数量上看并不重要，但从性质上考虑，则可能是重要的。

对于某些财务报表附注披露的错报，难以从数量上判断是否重要，应从性质上考虑其是否重要。例如：

❶ 错报对遵守法律法规要求的影响程度，比如非法交易（洗钱）或舞弊。

❷ 错报对遵守契约(合同)要求或监管要求的影响程度,比如某项错报使流动比率从低于贷款合同的规定变为高于贷款合同的规定;错报导致提高净资产收益率,达到股票增发门槛。

❸ 错报掩盖收益或其他趋势变化的程度(尤其在联系宏观经济背景和行业状况进行考虑时),比如某项错报使亏损变为盈利;某项错报使利润由下降1%变为保持递增1%。

❹ 错报对用于评价被审计单位财务状况、经营成果或现金流量的有关比率的影响程度。

❺ 错报对增加管理层报酬的影响程度,比如管理层通过错报来达到有关报酬或其他激励政策规定的要求,从而获取高额报酬。

❻ 错报对某些报表项目之间错误分类的影响程度。比如经营收益和非经营收益之间的错误分类,影响到财务报表中应单独列报的项目。

案例 3-2

旺坤公司是一家服装生产公司,其2022年度利润表列示的净利润为23.52万元,经审计发现其通过伪造销售合同,虚开发票的手段虚增收入,从而影响(虚增)净利润24万元。

分析:

对于公司来说,这些错报从金额上看可能并不重要,但这些错报是由舞弊导致的,且使公司经营成果由亏变盈,所以错报的性质是严重的。

二、重要性的评估

(一)财务报表整体重要性

财务报表整体的重要性,即财务报表存在多大金额的错报时,注册会计师就会判断其可能影响财务报表使用者的经济决策,因此就不能认为财务报表是公允的。

注册会计师通常先选择一个恰当的基准,再确定一个适当的百分比,二者相乘,从而得出财务报表整体重要性。

1. 基准的选择

在实务中,有许多汇总性财务数据可以用作确定财务报表整体重要性的基准,例如,总资产、净资产、营业收入、费用总额、毛利、净利润等。适当的基准取决于被审计单位的具体情况,例如:

(1)对于以营利为目的且收益较稳定的企业而言,选择经常性业务的税前利润或税后净利润作为基准可能较为合适。

(2)对于近年来经营状况大幅度波动的企业,盈利和亏损交替发生,或由正常盈利变为微利或微亏,或本年度税前利润因情况变化而出现意外增加或减少,以过去3~5年经常性业务的平均税前利润或亏损(取绝对值)作为基准可能比较合适。或者实务中也可采用其他基准,例如营业收入等。

(3)对于国际企业集团设立的研发中心而言,主要为集团下属企业提供研发服务,并以成本加成方式向相关企业收取费用,选择成本与营业费用总额作为基准可能较为合适。

(4)对于新设企业来说,处于开办期,尚未开始经营,目前正在建造厂房及购买机器设备,选择总资产作为基准可能较为合适。

(5) 对于处于新兴行业的企业,目前侧重于抢占市场份额、扩大知名度和影响力,选择营业收入作为基准可能较为合适。

(6) 对于共同基金公司,选择净资产作为基准可能较为合适。

通常,营业收入和总资产相对稳定、可预测且能够反映被审计单位正常规模,注册会计师经常将其选作基准。针对选定的基准,审计所使用的财务数据可以是前期数据、本期最新数据、预算(预测)数据或者近几期数据的平均值。

2. 百分比的选择

下面举例说明百分比的参考值:

(1) 如果选择营业收入作为基准,则百分比可定为 1%。

(2) 如果选择总资产作为基准,则百分比可定为 0.5%。

(3) 如果选择费用总额作为基准,则百分比可定为 1%。

(4) 如果选择税前利润或税后净利润作为基准,则百分比可定为 5%。

(5) 对于共同基金公司,可定为净资产的 0.5%。

注册会计师执行具体审计业务时,应根据被审计单位的具体情况作出职业判断,对上述百分比进行调整。比如,被审计单位规模越大,这个比率可能就越小。

(二) 特定类别的交易、账户余额或披露的重要性

在某些情况下,特定类别的交易、账户余额或披露发生的错报金额虽然低于财务报表整体的重要性,但是仍然可能影响财务报表使用者依据财务报表作出的经济决策。此时,需要为特定类别的交易、账户余额或披露确定重要性。例如,财务报表使用者特别关注的关联方交易、管理层及治理层的报酬、新收购的业务等。

(三) 实际执行的重要性

实际执行的重要性,是指注册会计师确定的低于财务报表整体重要性的一个或多个金额,目的是将财务报表中未更正和未发现错报的汇总数超过财务报表整体的重要性的可能性降到适当的低水平。

如果存在特定类别的交易、账户余额或披露的重要性,注册会计师还需要确定特定类别的交易、账户余额或披露的实际执行的重要性。

通常,实际执行的重要性确定为计划财务报表整体重要性(或特定类别的交易、账户余额或披露的重要性)的 50%~75%。

> **特别提醒**
>
> 实务中,实际执行的重要性的选择标准如下:
>
> 1. 接近计划重要性 50% 的情况
>
> (1) 非连续审计;
>
> (2) 经常性审计,以前年度审计调整较多;
>
> (3) 项目总体风险较高(如高风险行业,经常面临较大市场压力,首次承接的审计项目,需要出具特殊目的审计报告等)。
>
> 2. 接近计划重要性 75% 的情况
>
> (1) 经常性审计,以前年度审计调整较少;
>
> (2) 项目总体风险较低(如低风险行业,市场压力较小的行业)。

由于实际执行的重要性对审计证据数量有直接的影响，因此，注册会计师应当合理确定实际执行的重要性，做到在保证审计效果的前提下，合理地降低审计成本，提高审计效率。

实际执行的重要性与计划重要性的关系如图 3-1 所示。

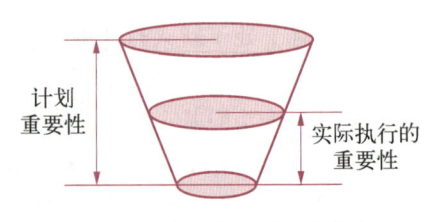

图 3-1 实际执行的重要性与计划重要性的关系

三、重要性的运用

审计重要性的运用贯穿于整个审计过程。

(一) 确定审计程序的性质、时间和范围

(1) 在审计计划阶段，注册会计师在确定审计程序的性质、时间和范围时，需要考虑重要性。因为设计的审计程序应合理保证发现重大错报，但不应浪费时间去查找并不影响报表使用者作出经济决策的非重大错报。

例如，50 000 元的重要性水平通常比 20 000 元的重要性水平高。如果重要性水平是 20 000 元，注册会计师需要设计执行有关审计程序合理保证能发现金额在 20 000 元以上的错报。如果重要性水平是 50 000 元，注册会计师需要设计执行有关审计程序合理保证发现金额高于 50 000 元的错报，而没有必要找出 20 000 元到 50 000 元之间的错报。显然，重要性水平是 20 000 元时比重要性水平是 50 000 元时需要获得更多的审计证据。

(2) 在审计实施阶段，注册会计师需要根据被审计单位具体情况的变化，或者获取的新信息，及时评价计划阶段确定的重要性是否仍然适当。如果认为不适当，则要修改重要性，进而修改进一步审计程序的性质、时间和范围。

(二) 评价错报的影响

错报是指某一财务报表项目的金额、分类、列报或披露，与按照适用的财务报告编制基础应当列示的金额、分类、列报或披露之间存在的差异。

1. 错报的分类(表 3-3)

表 3-3　　　　　　　　　错报的分类

错报种类		产生原因	举　例
已识别错报（审计差异）：注册会计师在审计过程中发现的，能够具体识别的错报	事实错报	收集和处理数据时出现的错误	购入存货的实际价值为 15 000 元，但账面记录的金额却为 10 000 元，则存货和应付账款分别被低估了 5 000 元
		遗漏	漏记销售费用 150 000 元
		舞弊行为	虚构销售收入 100 000 元
	判断错报	管理层对会计估计值的判断不合理	可能发生坏账损失 10 000 元，而计提坏账准备 4 000 元，则应收账款高估 6 000 元
		管理层对会计政策的选择和运用不恰当	发出存货计价采用后进先出法

(续表)

错报种类	产生原因	举例
推断错报(可能错报):注册会计师对不能明确、具体识别的错报的最佳估计数	运用抽样技术,测试样本后估计出的总体的错报减去在测试中发现的已经识别错报后的差额	应收账款总账年末余额为2 000万元,1 000个明细账户,注册会计师抽取100户样本(余额合计为500万元),发现金额有100万元的高估,高估部分为账面余额的20%,据此注册会计师推断总体的错报金额为400万元(即2 000×20%),那么上述100万元就是已识别错报,其余300万元即为推断错报
	通过实质性分析程序估计出的推断错报	注册会计师根据被审计单位的预算及行业趋势等,对其年度销售费用作出估计,并与账面金额比较,发现两者间有50%的差异。考虑到估计的精确性有限,注册会计师根据经验认为10%的差异通常是可接受的,而剩余40%的差异需要作进一步调查,结果注册会计师对其中15%的差异无法得到合理解释或不能取得佐证,则这15%的差异金额即为推断错报

2. 审计调整

注册会计师在审计过程中已识别的具体错报也称为审计差异。在任何情况下,注册会计师都应当建议管理层就已识别的所有错报调整财务报表,除非明显微小的错报。

> **特别提醒**
>
> 明显微小的错报是指无论单独或者汇总起来,无论从规模、性质或其发生的环境来看都是明显微不足道的。

审计差异调整在审计工作底稿中以审计调整分录的形式来反映。审计调整分录编制技巧如下:

(1)将需要调整的错报事项视同刚刚发生,直接调整报表项目,而不涉及调整账户,但可以备注影响的账户。

(2)错报导致报表项目多计,多多少冲多少;错报导致报表项目少计,少多少补多少。

(3)不一定满足账户对应关系,但要符合借贷平衡。

审计差异及其调整如表3-4所示。

表3-4　　　　　　　　　　　审计差异及其调整

审计差异情形	举例	审计调整	相应审计调整分录举例
会计核算错报:因被审计单位对交易与事项进行了不恰当的会计核算(确认、计量与记录)而引起的差异	如虚构销售收入10万元,被审计单位不仅需要调整财务报表项目,还需要调整相关账户记录	账项调整	借:营业收入/主营业务收入/ 　　A产品　　10万元 贷:应收账款/甲公司 　　　　　　　10万元

(续表)

审计差异情形	举　　例	审计调整	相应审计调整分录举例
重分类错报：因被审计单位未按适用的财务报告编制基础（如会计准则）编制财务报表而引起的差异	一年内到期的长期借款20万元在"长期借款"项目下列报，被审计单位只需调整财务报表项目，不需要调整账户记录	重分类调整	借：长期借款　　20万元　　贷：一年内到期的非流动　　　　负债　　20万元

3. 评价未更正错报的影响

被审计单位应更正所有错报，但实际上可能存在被审计单位未予更正或未更正所有错报的情形。在评价未更正错报的影响时，注册会计师应当考虑审计重要性，并据以确定审计意见类型。

四、审计风险

审计风险是指被审计单位的财务报表存在重大错报，而注册会计师审计后发表不恰当审计意见的可能性。

注册会计师审计意见的合理保证意味着审计风险始终存在。审计风险与合理保证之和应等于100%，比如1%的风险也就意味着有99%的保证。如果注册会计师将审计风险降到可接受的低水平，也就是其对财务报表不存在重大错报进行了合理保证。

审计风险取决于重大错报风险和检查风险。

(一) 重大错报风险

重大错报风险是指财务报表在审计前存在重大错报的可能性。

注册会计师在设计审计程序时应当识别风险与报表整体广泛相关，还是仅与特定认定有关，应该从下面两个层次考虑重大错报风险：

1. 财务报表层次重大错报风险

财务报表层次重大错报风险对财务报表整体产生广泛影响，可能影响多项认定，难以限于某类交易、账户余额、列报的具体认定，如经济危机、管理层缺乏诚信、治理层形同虚设可能引发的舞弊风险，与财务报表整体相关。

2. 认定层次重大错报风险

各类交易、账户余额、列报认定层次重大错报风险，与特定的某类交易、账户余额、列报的认定相关。例如，被审计单位存在复杂的联营或合资的情形，这一事项表明长期股权投资账户的相关认定可能存在重大错报风险；主要客户经营失败而陷入财务困境，则应收账款计价认定可能存在重大错报风险。

认定层次重大错报风险可以从固有风险和控制风险两个层面去理解：

(1) 固有风险，是指假定不存在相关的内部控制，某一认定存在重大错报的可能性。例如，没有设立复核控制，会计人员在记录金额时多写了一个零。

(2) 控制风险，是指某一认定存在重大错报，而未能被相关控制防止或发现并纠正的可能性。例如，会计记录的金额多写了一个零却没有被复核人员所发现。

（二）检查风险

检查风险是指某一认定存在重大错报，但注册会计师没有发现这种错报的可能性。例如，记录的金额多写了一个零，复核人员没有发现，注册会计师审计后也未能发现。

审计风险要素关系如图3-2所示。

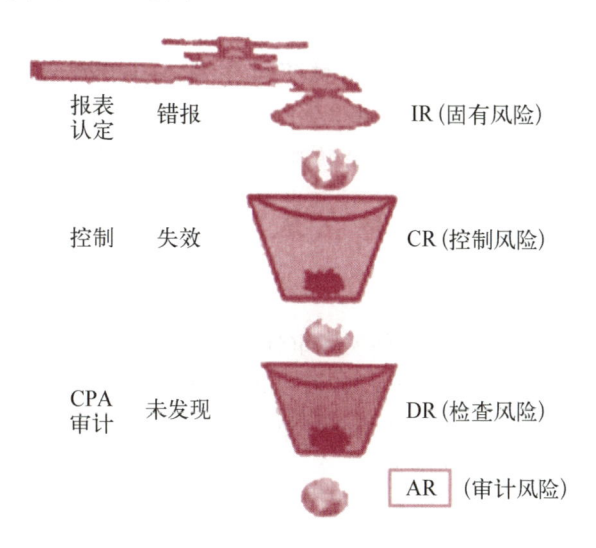

图 3-2 审计风险要素关系

五、审计风险模型

（一）审计风险模型的建立

认定层次的重大错报风险或检查风险水平越高，审计风险水平就越高。审计风险模型就是根据审计风险的各构成要素的相互关系建立的。现代审计风险模型如下：

$$审计风险(AR) = 重大错报风险 \times 检查风险(DR)$$
$$重大错报风险 = 固有风险(IR) \times 控制风险(CR)$$

即：

$$审计风险 = 固有风险(IR) \times 控制风险(CR) \times 检查风险(DR)$$

例如，注册会计师评估应收账款计价认定存在的重大错报风险水平为50%，估计检查风险水平为10%，则注册会计师对应收账款计价认定得出不恰当审计结论的可能性为5%(50%×10%)。

（二）审计风险模型的运用

1. 在计划阶段的运用

在计划阶段，运用审计风险模型确定可接受的检查风险水平。

审计风险模型可以演变为：

$$可接受的检查风险水平 = 可接受的审计风险 \div 重大错报风险$$

在既定的可接受的审计风险水平下，首先评估认定层次重大错报风险，然后利用上述审计风险模型来确定可接受的检查风险水平，并据以设计和实施进一步审计程序（性质、时间与范围），确定需要的审计证据数量，将检查风险控制在可接受的水平。

> **特别提醒**
>
> 在审计实务中，认定层次重大错报风险评估的要求包括：
>
> ❶ 重大错报风险的评估不能随心所欲。重大错报风险水平的评估不能偏离其实际水平，估计水平偏高或偏低都是不利的。偏高会导致审计成本加大，偏低则会导致审计风险加大。
>
> ❷ 重大错报风险的评估应以了解被审计单位及其环境时获取的审计证据为基础。
>
> ❸ 重大错报风险的评估水平可能会随着审计过程中不断获取新的审计证据而加以修正，即审计风险模型运用于整个审计过程当中。

2. 在终结阶段的运用

在终结阶段，运用审计风险模型评估实际审计风险水平，并将实际审计风险水平与可接受的审计风险水平相比较，若前者高于后者，就需要重新考虑所实施审计程序的性质、时间与范围，可能追加审计程序，或者建议被审计单位调整财务报表以降低审计风险，否则注册会计师应谨慎考虑准备发表的审计意见的类型。

> **特别提醒**
>
> 在审计实务中，审计风险难以精确地量化，所以通常采用高、中、低定性评估审计风险。也就是说，审计风险评估只是一种职业判断，而不是一种精确的计量。

（三）审计风险各要素的关系

从审计风险模型中，可以看出：

（1）在既定的重大错报风险水平下，审计风险与检查风险水平呈正向变动关系。

❶ 可接受的审计风险水平越高，可接受的检查风险水平就越高；可接受的审计风险水平越低，可接受的检查风险水平就越低。

❷ 实际的检查风险水平越高，实际的审计风险水平就越高；实际的检查风险水平越低，实际的审计风险水平就越低。

（2）在既定的审计风险水平下，可接受的检查风险水平与认定层次重大错报风险的评估结果呈反向变动关系。

评估的重大错报风险越高，可接受的检查风险水平就越低；评估的重大错报风险越低，可接受的检查风险水平就越高。

六、审计风险的控制

注册会计师应当保持职业怀疑，通过计划和实施审计工作，获取充分、适当的审计证据，将审计风险降到可接受的低水平。

（一）关于重大错报风险

重大错报风险是客观存在的，注册会计师无法改变其实际水平。注册会计师只能通过实施适当的审计程序（风险评估程序），了解被审计单位及其环境，包括内部控制，以评估重大错报风险,并根据评估的两个层次的重大错报风险分别采取相应的应对措施。

(二) 关于检查风险

检查风险是注册会计师可以控制的风险。注册会计师应执行恰当的审计程序,获取充分、适当的审计证据,以控制检查风险,从而保证以可接受的低水平审计风险对财务报表整体发表审计意见。对检查风险的控制取决于审计程序设计的合理性和执行的有效性。

注册会计师通常无法将检查风险降低为零,其原因有两点:一是注册会计师通常并不对所有的交易、账户余额和列报进行检查;二是注册会计师可能选择了不恰当的审计程序,或是审计程序执行不当,或是错误地评价了审计证据,或是错误解读了审计结论。

工作任务资料

湖南仲桥会计师事务所报表整体重要性及实际执行的重要性水平如表3-5所示。

表 3-5　　　　　　　　计划重要性水平和实际执行的重要性水平选择方案

方　案	计划重要性水平	实际执行的重要性水平
1. 基准:资产总额;比率:0.5%		
2. 基准:营业收入总额;比率:0.1%		
3. 基准:净利润;比率:2%		

任务四　认识审计证据与审计工作底稿

工作任务

收集长沙超世服饰有限公司的审计证据,编制审计工作底稿。

知识储备

要实现审计目标,就必须收集审计证据,审计必须凭证据说话。

一、审计证据

(一) 审计证据的含义

审计证据是指注册会计师为了得出审计结论、形成审计意见而使用的所有信息,包括构成财务报表基础的会计记录所含有的信息和其他信息。审计证据的内容如表3-6所示。

表 3-6　　　　　　　　　　　　　　　审计证据的内容

审计证据类型	信息来源	举　例
会计记录所含有的信息	原始凭证	支票、电子资金转账记录、发票
	记账凭证	记录销售交易的记账凭证
	总账和明细（日记）账	主营业务收入总账与明细账
	未在记账凭证中反映的对财务报表的其他调整	编制财务报表时的重分类调整编制合并财务报表时的内部交易抵销调整
	支持成本分配、计算、调节和披露的手工计算表和电子数据表	制造费用分配表
其他信息	从被审计单位内部或外部获取的会计记录以外的信息	被审计单位会议记录、内部控制手册、询证函的回函、分析师的报告、与竞争者的比较数据、合同等
	通过询问、观察和检查等审计程序获取的信息	通过检查存货获取存货存在性的证据等
	自身编制或获取的可以通过合理推断得出结论的信息	注册会计师编制的各种计算表、分析表

会计记录是编制财务报表的基础，是注册会计师执行财务报表审计业务需获取的审计证据的重要部分。但是，会计记录中含有的信息不足以提供充分的证据作为发表意见的基础时，注册会计师还需要获取其他信息，比如，巨额应收账款的存在认定，不能只凭内部会计记录，还需要函证来获得证据。没有前者，审计工作将无法进行；没有后者，可能无法识别重大错报，因此二者缺一不可。

（二）审计证据的类型

审计证据按其来源分为外部证据、内部证据两类。

1. 外部证据

外部证据是指在被审计单位以外的单位或人士所提供的证据，其证明力较强。外部证据又可以分为两类：

（1）由被审计单位以外的单位或人士出具的，并由注册会计师直接获得的审计证据，如应收账款函证的回函，被审计单位律师的证明函件，保险公司、证券经纪人的证明，证券分析师的报告，政府或民间机构发布的行业报告和统计数据等。

（2）由被审计单位以外的单位或人士出具的，但为被审计单位所持有并提交给注册会计师的审计证据，如银行对账单、购货发票等。

2. 内部证据

内部证据是指在被审计单位内部形成的审计证据，例如自制原始凭证、记账凭证、账簿、试算平衡表、汇总（明细）表；管理层声明、内部人员对询问的答复；重要的计划、合同、会议记录、内部控制手册等其他有关资料。这些内部证据可以进一步划分为两类：

（1）仅在被审计单位内部流转的证据，如出库单、入库单、期末存货盘点表等。

（2）由被审计单位产生，但获得外部确认或认可的证据，如销售发票、付款支票等。

（三）审计证据的特征

审计证据要具有较强的证明力，就必须具有充分性和适当性两大特征。

1. 充分性

审计证据的充分性是对审计证据数量的衡量，是指审计证据的数量能足以支持注册会计师的审计结论。也就是说，审计证据的充分性是注册会计师得出审计结论所需要的审计证据的最低数量要求。恰当的审计结论需要建立在充分的审计证据基础之上，但并不等于说审计证据的数量越多越好。收集审计证据要考虑成本效益原则，如果收集过多的审计证据，会增加不必要的审计成本、降低审计效率。

2. 适当性

审计证据的适当性是对审计证据质量的衡量，包括相关性和可靠性两层含义。

（1）相关性。

审计证据的相关性是指审计证据应与审计目标相关。例如，存货监盘表是和存货的存在这一目标相关的，但不能证明存货的所有权和价值。如果收集的证据与审计目标不相关，即使证据再可靠、数量再多，也起不到证明作用，只会浪费时间和增加审计成本。收集审计证据必须紧紧围绕审计目标来进行。

（2）可靠性。

审计证据的可靠性是指审计证据的可信程度。如果审计证据不可靠，数量再多、与审计目标再相关，也不能起到证明作用。

审计证据的可靠性取决于审计证据的来源和性质，并受取证环境的影响。在判断审计证据可靠性时通常会作如下考虑：

❶ 外部证据可能比内部证据更可靠。如银行对账单要比银行存款余额调节表可靠；从外部独立来源获取的审计证据比从其他来源获取的审计证据更可靠，如银行询证函回函比银行对账单可靠；获得外部确认或认可的内部证据可能比仅在被审计单位内部流转的证据要可靠，如付款支票要比被审计单位的期末存货盘点表可靠。

❷ 内部控制有效时内部生成的审计证据比内部控制薄弱时内部生成的审计证据更可靠。例如，如果与销售业务相关的内部控制有效，从销售发票和发货单中取得的审计证据就比相关内部控制无效时更加可靠。

❸ 直接获取的审计证据比间接获取或推论得出的审计证据更可靠。例如，注册会计师观察某项控制的运行得到的证据比询问被审计单位某项控制的运行得到的证据更可靠。

❹ 以文件、记录形式（无论是纸质、电子或是其他介质）存在的审计证据比口头形式的审计证据更可靠。例如，会议的同步书面记录比对讨论事项事后的口头表述更可靠。在一般情况下，口头证据往往需要得到其他相应证据的支持。

❺ 从原件获取的审计证据比从传真或复印件获取的审计证据更可靠。

❻ 从不同来源获取的审计证据或不同性质的审计证据能够相互印证，则相关的审计证据具有更强的说服力。从不同来源获取的审计证据或不同性质的审计证据相互矛盾，则审计证据不可靠。

> **特别提醒**
>
> （1）注册会计师考虑审计证据的可靠性，但并不意味着注册会计师需要鉴定文件记录的真伪，因为注册会计师不是鉴定文件记录真伪的专家。

> (2) 在保证获取充分、适当的审计证据的前提下,注册会计师应考虑控制审计成本。
> (3) 为了保证得出的审计结论、形成的审计意见是恰当的,注册会计师不应以审计证据获取难、成本高,作为减少不可替代的审计程序的理由。例如,存货监盘是证实存货存在认定的不可替代的审计程序,注册会计师在审计中不得以实施成本高和难以实施为由而不执行该程序。

(四) 审计证据的收集

收集审计证据是整个审计过程的核心工作。注册会计师收集审计证据可以采用检查记录或文件、检查有形资产、观察、询问、函证、重新计算、重新执行、分析程序等审计程序。

注册会计师应当时刻保持职业怀疑态度,运用职业判断,收集并评价审计证据的充分性和适当性。

(五) 重要性与审计风险和审计证据之间的关系

重要性与审计风险之间存在反向关系。重要性水平越高,审计风险越低;重要性水平越低,审计风险越高。这里所说的重要性水平高低指的是金额的大小。通常,4 000元的重要性水平比2 000元的重要性水平高。在理解两者之间的关系时,必须注意,重要性水平是审计人员从财务报表使用者的角度进行判断的结果。如果重要性水平是4 000元,则意味着低于4 000元的错报不会影响到财务报表使用者的决策,此时审计人员需要通过执行有关审计程序合理保证能发现高于4 000元的错报。如果重要性水平是2 000元,则金额在2 000元以上的错报就会影响财务报表使用者的决策。显然,重要性水平为2 000元时的审计风险,要比重要性水平为4 000元时的审计风险高。

重要性和审计证据之间也是反向变动关系。审计风险越高,越要求注册会计师收集更多更有效的审计证据,以将审计风险降低至可接受的低水平。因此,重要性水平越高,审计证据就越少;重要性水平越低,审计证据就越多。

但是,审计人员不能通过不合理地人为调高重要性水平,降低审计风险。因为重要性是依据重要性概念中所述的判断标准确定的,而不是由主观期望的审计风险水平决定。

二、审计工作底稿

(一) 审计工作底稿的含义

审计工作底稿是指注册会计师对制订的审计计划、实施的审计程序、获取的审计证据以及得出的审计结论作出的记录。审计工作底稿是审计证据的载体,它形成于整个审计过程,也反映了整个审计过程。

(二) 审计工作底稿的要素

审计工作底稿通常包括下列全部或部分要素:

1. 被审计单位名称

被审计单位名称即财务报表的编制单位,可以简称。

2. 审计项目名称

审计项目名称即某一财务报表项目名称(或会计科目名称),某一审计程序及实施对象的名称。

3. 审计项目时点或期间

审计项目时点或期间即某一资产负债表项目的报告时点或某一利润表项目的报告期间。

4. 审计过程记录

（1）记录实施审计程序的性质、时间和范围。

（2）记录特定项目或事项的识别特征，即测试项目或事项表现出的唯一标志。根据这一识别特征可以从总体中找到该项目或事项。例如，对被审计单位的销售发票进行测试时，注册会计师可以将销售发票的日期或编号作为识别特征；对库存现金日记账进行测试，可以将金额范围作为识别特征，测试一定金额以上的所有记录；对存货进行监盘，可以将存货存放的仓库作为识别特征。

（3）记录重大事项。重大事项是指对整个审计工作和审计结论会产生重大影响的事项。例如，无法对重要存货实施监盘。

5. 审计结论

审计结论体现注册会计师根据实施审计程序的结果和获取的审计证据，对被审计事项作出的职业判断，如"销售交易相关控制有效运行""营业收入没有发现重大错报"。

6. 审计标识及其说明

审计工作底稿中可使用各种审计标识，但应说明其含义，并保持前后一致。常用的审计标识及其含义，如表3-7所示。

表3-7　　　　　　　　　　　　审计标识及其含义

审计标识	含　　义	审计标识	含　　义
∧	纵加核对	<	横加核对
B	与上年结转数核对一致	T	与原始凭证核对一致
G	与总账核对一致	S	与明细账核对一致
C	已发询证函	C\	已收回询证函

7. 索引号

索引号就是按照一定的规律对工作底稿进行的编号。注册会计师可以按照所记录的审计工作的内容层次进行编号。例如，初步业务活动类为A，风险评估类为B，控制测试类为C，实质性程序类为D，完成审计业务类为E。以固定资产实质性程序底稿为例，固定资产审定表的索引号为DZ5，按类别列示的固定资产明细表的索引号为DZ5-1，列示单个固定资产原值及累计折旧的明细表索引号，包括房屋建筑物（索引号为DZ5-1-1）、机器设备（索引号为DZ5-1-2）、运输工具（索引号为DZ5-1-3）及其他设备（索引号为DZ5-1-4），固定资产盘点检查情况表的索引号为DZ5-2，其他底稿索引号以此类推。

每张审计工作底稿中所包含的信息可能来源于另一张底稿，因此需要在工作底稿中注明交叉索引号（引用的底稿的编号），使底稿之间保持清晰的勾稽关系，并便于复核。

8. 编制者姓名及编制日期

审计工作底稿应注明审计工作的执行人姓名及完成审计工作的日期。

9. 复核者姓名及复核日期、复核范围

10. 其他应说明事项

（三）审计工作底稿的格式

会计师事务所基于审计准则及在审计实务中的经验，统一制定审计工作底稿模板、范例，注册会计师再根据各具体业务的特点进行必要的修改，制定适用于具体项目的审计工作底稿。审计工作底稿格式与内容的示例，如表 3-8 所示。

表 3-8　　　　　　　　　　　　　营业收入审定表

被审计单位：×××公司　　　　　　　索引号：KS1
项目：营业收入　　　　　　　　　　　财务报表期间：2022 年 01 月至 12 月
编制：袁良成　　日期：2023 年 02 月 12 日　　复核：范思思　　日期：2023 年 02 月 18 日

项目类别	本期未审数	索引号	账项调整 借方	索引号	账项调整 贷方	索引号	本期审定数	上期审定数
一、主营业务收入								
×产品	5 390 000.00	KS1-1	270 000.00	KS1-5-1			5 120 000.00	3 580 000.00
小计	5 390 000.00		270 000.00				5 120 000.00	3 580 000.00
二、其他业务收入								
小计	530 000.00						530 000.00	170 000.00
营业收入合计	5 920 000.00		270 000.00				5 650 000.00	3 750 000.00

调整分录：

科　　目	金　　额	索引号
营业收入/主营业务收入/×产品	270 000.00	KS1-5-1
应交税费/应交增值税（销项税额）	35 100.00	
应收账款/L 公司	305 100.00	

审计结论：经审计调整后，营业收入发生额可以确认。

（四）审计工作底稿的形成

审计工作底稿形成于注册会计师执行财务报表审计的全过程，包括审计计划阶段、审计实施阶段和审计终结阶段。

审计工作底稿可以纸质、电子或其他介质形式存在。随着信息技术的广泛应用，审计工作底稿的形式从传统的纸质形式扩展到电子或其他介质形式。

形成审计工作底稿时的注意事项包括：

（1）对通过扫描复制等方式获取的资料，必须注明其来源，并实施必要的审计程序加以确认。

(2) 已被取代的审计工作底稿的草稿、不全面或对初步思考的记录、存在印刷错误或其他错误而作废的文本以及重复的文件记录,不能作为审计工作底稿。

(五) 审计工作底稿的复核

为了确保项目组执行的业务符合审计准则的要求,减少或消除人为的判断失误,使审计结论客观公正,以降低审计风险,保证审计质量,必须对审计工作底稿进行复核。

1. 项目组成员复核

(1) 复核人员与复核责任。

❶ 由审计项目组内富有经验的人员对经验较少的人员形成的审计工作底稿进行复核,由审计项目经理对其他人员的底稿进行复核。这一级的复核一般在现场实施,通常比较详细。

❷ 审计项目负责人应当在审计过程中的适当阶段及时实施复核,以使重大事项在出具审计报告前能够得到满意解决,否则不得签发审计报告。审计项目负责人的复核属于较高级别复核,一般针对重要领域。

审计项目负责人应对审计工作底稿负最终的复核责任。

(2) 审计工作底稿复核的内容。

审计工作底稿复核内容包括:

❶ 审计工作是否已按照法律法规、职业道德规范和审计准则的规定执行。

❷ 审计程序的目标是否实现。

❸ 是否需要修改已执行的审计程序的性质、时间和范围。

❹ 获取的审计证据是否充分、适当。

❺ 审计结论是否恰当。

2. 项目质量控制复核

对重大的审计项目(如上市公司财务报表审计),会计师事务所还应委派未参加该业务且有经验的人员实施项目质量控制复核,主要复核评价项目组作出的重大判断及在准备审计报告时得出的结论。但是,这种项目质量控制复核并不能减轻审计项目负责人的责任。

(六) 审计工作底稿的管理

1. 审计工作底稿的所有权

审计工作底稿的所有权属于会计师事务所。

2. 审计工作底稿的归档

注册会计师应当及时将审计工作底稿归整为最终审计档案。审计工作底稿的归档期间为审计报告日后 60 天内。审计工作底稿经过整理归档后就形成了审计档案。归档审计工作底稿只是一项事务性工作,不涉及实施新的审计程序,也不会得出新的结论。

3. 审计工作底稿的保管

自审计报告日起,审计工作底稿至少应保存 10 年。在保管期内会计师事务所应安全保管审计工作底稿并对审计工作底稿保密。当期归整的永久性档案作为本期档案的一部分,应视为当期取得并保存 10 年。如果永久性档案中的资料在某一个审计期间被替换,被替换资料可以从被替换的年度算起至少保存 10 年。

4. 审计工作底稿的保密

会计师事务所及其人员应对审计工作底稿包含的信息予以保密。

习题与实训

一、判断题

1. 总体审计策略的详细程度根据被审计单位的规模及该项审计业务的复杂程度的不同而变化。（　　）

2. 为了防止审计程序被管理层或治理层预见，注册会计师不可以同被审计单位的治理层与管理层就计划审计工作进行沟通。（　　）

3. 完整性认定可能存在的问题是把那些未曾发生的项目归入财务报表，它主要与财务报表组成要素的高估有关。（　　）

4. 若已入账的销售交易是对正确发出商品的记录，但金额计算错误，则这属于准确性认定错报，而发生认定没有错报。（　　）

5. 由分类认定推导出的审计目标是确认接近于资产负债表日的交易是否记录于恰当的期间。（　　）

6. 重新执行是指注册会计师查看相关人员正在从事的活动或执行的程序。（　　）

7. 正因为函证来自独立于被审计单位的第三方，所以它受到高度重视并被经常使用。（　　）

8. 消极式函证是指要求被询证者在所有情况下都必须回函，确认询证函所列示信息是否正确，或填列询证函要求的信息。（　　）

9. 注册会计师可以通过调高重要性来降低审计风险，因为重要性是注册会计师职业判断的结果。（　　）

10. 如果财务报表中的某项错报足以影响财务报表使用者依据财务报表作出的经济决策，则该项错报就是重大的。（　　）

11. 审计工作底稿因为都标注了审计项目名称，所以无须编号。（　　）

12. 审计证据只包括财务报表依据的会计记录所含有的信息。（　　）

13. 询问形成的口头证据并不能独立证明被审计事项的真相，但往往能够提供重要的审计线索。（　　）

14. 一般而言，财务报表使用者十分关心流动性较高的项目，但是基于成本效益原则，审计人员应当从宽确定重要性水平。（　　）

15. 分析程序是指审计人员通过研究不同财务数据之间以及财务数据与非财务数据之间的内在关系，对财务信息作出评价。（　　）

二、单项选择题

1. 最有可能出现（　　）错报的交易是那些资产负债表日前后的交易。
   A. 发生　　　　B. 截止　　　　C. 准确性　　　　D. 分类

2. 由准确性认定推导出的（　　）审计目标是确认已记录的交易是否按正确金额反映。
   A. 发生　　　　B. 分类　　　　C. 完整性　　　　D. 准确性

3. 下列项目中，不适用分析程序的是（　　）。

A. 主营业务收入的完整性　　　　　　B. 管理费用的真实性
C. 应收账款的合理性　　　　　　　　D. 存货内部控制的有效性

4. （　　）是注册会计师为了得出审计结论、形成审计意见而使用的所有信息,包括财务报表依据的会计记录中含有的信息和其他信息。
   A. 审计工作底稿　　B. 审计证据　　C. 审计准则　　D. 审计标准

5. 在获取的下列审计证据中,可靠性最强的是（　　）。
   A. ABC公司连续编号的采购订单　　B. ABC公司编制的成本分配计算表
   C. ABC公司提供的银行对账单　　　D. ABC公司管理层提供的声明书

6. 审计证据的相关性是指审计证据应与（　　）相关。
   A. 审计工作底稿　　B. 审计目标　　C. 审计标准　　D. 审计准则

7. 下列关于审计工作底稿的表述中,正确的是（　　）。
   A. 审计工作底稿只能由注册会计师亲自编制,不可从被审计单位获取
   B. 向委托人提交审计报告后,审计工作底稿可以立即销毁
   C. 审计工作底稿是审计证据的载体
   D. 由资深的注册会计师编制的审计工作底稿不必进行复核

8. 审计工作底稿自审计报告日起,至少保存（　　）年。
   A. 5　　　　　B. 10　　　　　C. 20　　　　　D. 50

9. 下列关于计划审计工作的说法中,正确的是（　　）。
   A. 计划审计工作前需要充分了解被审计单位及其工作环境,一旦确定,无须进行修改
   B. 计划审计工作通常由项目组中工作经验较多的人完成,项目合伙人审核批准
   C. 若被审计单位的规模较小,则可以不确定总体审计策略
   D. 项目合伙人和项目组中其他关键成员应当参与审计工作

10. 审计人员在确定财务报表整体的重要性时,在选择百分比时不需要考虑的是（　　）。
    A. 百分比与基准的关系　　　　　　B. 被审计单位所处的生命周期阶段
    C. 与具体项目计量相关的固有不确定性　　D. 报表使用者特别关注的项目

11. 重要性取决于在具体环境下对错报金额和性质的判断,下列关于重要性的理解不正确的是（　　）。
    A. 重要性的确定离不开具体环境
    B. 重要性包括对数量和性质两个方面的考虑
    C. 重要性概念是针对管理层决策的信息需求而言的
    D. 对重要性的评估需要运用职业判断

12. 下列关于重要性、审计风险和审计证据的说法中,不正确的是（　　）。
    A. 重要性和客观存在的审计风险之间存在反向变动关系
    B. 重要性和审计证据的数量之间存在反向变动关系
    C. 可接受的审计风险与审计证据的数量之间存在反向变动关系
    D. 审计人员可以通过调高重要性水平来降低审计风险

13. 下列关于财务报表层次重大错误风险的说法中,不正确的是（　　）。
    A. 通常与控制环境有关
    B. 与财务报表整体存在广泛联系
    C. 可能影响多项认定

D. 可以界定于某类交易的账户余额和披露的具体认定

14. 在对资产存在认定获取审计证据时,正确的测试方式是( )。

A. 从财务报表到尚未记录的项目　　B. 从尚未记录的项目到财务报表

C. 从会计记录到支持性证据　　　　D. 从支持性证据到会计记录

15. 下列关于审计工作底稿归档的表述中,正确的是( )。

A. 审计工作底稿的归档工作是业务性工作

B. 针对客户的同一财务信息执行不同委托业务,可将其归整为一份审计档案

C. 审计工作完成后,应于审计报告日后60天内归档

D. 未完成审计工作的,应于审计业务中止后90天内归档

三、多项选择题

1. 注册会计师财务报表审计总目标是注册会计师对财务报表整体是否不存在舞弊或错误导致的重大错报获取合理保证,使得注册会计师对财务报表的( )发表审计意见。

A. 合法性　　B. 公允性　　C. 重大错报风险　　D. 重要性水平

2. 某公司2022年12月31日资产负债表流动资产项目下列示存货1 000 000万元,则明确的认定包括( )。

A. 记录的存货是存在的

B. 记录的存货的正确余额是1 000 000万元

C. 所有应列报的存货都列示于财务报表中

D. 记录的存货全部由本公司所拥有

3. 下列各项中,属于交易的分类认定具体运用的有( )。

A. 应收账款与其他应收款予以明确区分记录

B. 出售固定资产所得收入与营业收入区分记录

C. 将现销与赊销区分记录

D. 财务报表附注分别对原材料、在产品和产成品等存货成本核算方法作了恰当说明

4. 下列各项中,属于运用重新计算审计程序的有( )。

A. 比较本年各月主营业务收入　　B. 检查应纳税额的计算

C. 计算销售发票和存货的总金额　　D. 重新编制银行存款余额调节表

5. 分析程序的目的包括( )。

A. 用于风险评估程序,识别、评估重大错报风险

B. 用于审计工作结束时对财务报表进行总体复核

C. 用于实质性程序,识别重大错报

D. 确定控制运行的有效性

6. 下列说法中,正确的有( )。

A. 注册会计师对审计重要性估计得越高,所需收集的审计证据的数量就越少

B. 注册会计师对审计重要性估计得越高,所需收集的审计证据的数量就越多

C. 在审计风险水平一定的前提下,评估的重大错报风险越低,可接受的检查风险水平就越高

D. 在审计风险水平一定的前提下,评估的重大错报风险越高,可接受的检查风险水平就越高

7. 对于特定被审计单位而言,审计风险和审计证据的关系可以表述为(　　)。
   A. 要求的审计风险越低,所需的审计证据数量就越多
   B. 要求的检查风险越高,所需的审计证据数量就越少
   C. 评估的重大错报风险越低,所需的审计证据数量就越少
   D. 评估的重大错报风险越高,所需的审计证据数量就越少

8. 下列说法中,正确的有(　　)。
   A. 一般来说,外部证据比内部证据更可靠,如银行对账单要比银行存款余额调节表可靠
   B. 从原件获取的审计证据比从传真或复印件获取的审计证据更可靠
   C. 直接获取的审计证据一定比间接获取或推论得出的审计证据更可靠
   D. 以文件、记录形式存在的审计证据比口头形式的审计证据更可靠,如会议的同步书面记录比对讨论事项事后的口头表述更可靠

9. 下列各项中,属于外部证据的有(　　)。
   A. 注册会计师编制的固定资产折旧计算表
   B. 应收账款函证回函
   C. 银行对账单
   D. 购货发票

10. 注册会计师编制的审计工作底稿,应当使没有接触过该项审计工作的有经验的专业人士看了后,清楚地了解该项审计工作内容,具体包括(　　)。
    A. 实施的审计程序的性质、时间和范围　　B. 实施审计程序的结果
    C. 就重大事项得出的结论　　D. 获取的审计证据

11. 审计证据中会计记录以外的其他信息来源于三个渠道,包括(　　)。
    A. 从被审计单位内部或外部获取的会计记录以外的信息
    B. 通过询问、观察和检查等审计程序获取的信息
    C. 注册会计师自身编制或获取的可以通过合理推断得出结论的信息
    D. 会计记录中含有的信息

12. 下列有关重要性的说法中,不正确的有(　　)。
    A. 审计人员在对错报的重要性进行考虑时,必须同时考虑数量和性质两个方面,只有数量和性质两方面都重要了,才可以说该错报是重要的
    B. 为保证计划审计工作的效果,审计计划应由项目合伙人独立完成
    C. 一般而言,财务报表使用者十分关心流动性较高的项目,但是基于成本效益原则,审计人员应当从宽确定重要性水平
    D. 通常而言,审计人员可以人为调高重要性水平以降低检查风险

13. 下列各项审计证据中,属于来自被审计单位内部证据的有(　　)。
    A. 被审计单位已对外报送的财务报表
    B. 被审计单位提供的银行对账单
    C. 被审计单位提供的律师事务所律师关于未决诉讼的声明书
    D. 被审计单位管理层声明书

14. 下列有关审计证据的表述中,不正确的有(　　)。
    A. 经过审计人员检查的文件记录均应视为非常可靠的证据
    B. 检查有形资产不仅能够证明实物资产的存在,还能证明其归被审计单位所有

C. 观察提供的审计证据只能证明在观察发生的时点的情况

D. 审计人员通过询问程序也能证明被审计单位内部控制运行的有效性

15. 下列关于审计证据充分性和适当性的说法中,正确的有(　　)。

A. 审计证据的适当性是对审计证据质量的衡量

B. 审计证据的充分性是对审计证据数量的衡量

C. 审计人员可以依靠获取更多的审计证据来弥补其质量的缺陷

D. 错报风险越大,需要的审计证据可能越多;审计证据质量越高,需要的审计证据可能越少

四、实训题

1. 审计人员通常依据各类交易、账户余额和披露相关的认定确定审计目标,根据审计目标设计审计程序。表3-9给出了固定资产的相关认定。

表3-9　　　　　　　　　　　固定资产相关认定

固定资产的相关认定	审计目标	审计程序
存在		
权利和义务		
完整性		
计价和分摊		
与列报和披露相关的认定		

要求:请根据表3-9中给出的固定资产的相关认定确定审计目标,并针对每一审计目标简要设计两项审计程序。

2. A公司有关存货的会计政策规定,入库产成品按实际生产成本入账,发出产成品按先进先出法核算。2022年12月31日,A公司甲产品期末结存数量为1 200件,期末余额为5 210元,A公司2022年度甲产品的相关明细账如表3-10所示。假定期初余额和所有的数量、入库单价均无误。

表3-10　　　　　　　　　　　库存商品明细账

明细科目:甲产品　　　　　　　　　　　　　　　　　　　　　　　　金额单位:元

2022年		摘要	入库			出库			结存		
月	日		数量	单价	金额	数量	单价	金额	数量	单价	金额
1	1	期初余额							500	5.00	2 500.00
3	1	入库	400	5.10	2 040.00				900		4 540.00
4	1	销售				800	5.20	4 160.00	100		380.00
8	1	入库	1 600	4.60	7 360.00				1 700		7 740.00

(续表)

2022年		摘要	入库			出库			结存		
月	日		数量	单价	金额	数量	单价	金额	数量	单价	金额
10	3	销量				400	4.60	1 840.00	1 300		5 900.00
12	1	入库	700	4.50	3 150.00				2 000		9 050.00
12	31	销售				800	4.80	3 840.00	1 200		5 210.00
12	31	期末余额							1 200		5 210.00

要求：分析该产品的期末余额和结转主营业务成本是否正确，并指出所运用的审计程序。

3. 甲公司主要从事小型电子消费品的生产和销售，注册会计师李达负责审计甲公司2022年度财务报表。李达了解到甲公司于2022年初完成了部分主要产品的更新换代。由于利用现有主要产品(T)生产线生产的换代产品(S)的市场销售情况良好，甲公司自2022年2月起大幅减少了T产品的产量，并于2022年3月终止了T产品的生产和销售。S产品和T产品的生产所需原材料基本相同，原材料平均价格相比上年上涨约2%。由于S产品的功能更加齐全且设计新颖，其平均售价比T产品高约10%。相关数据如表3-11所示。

表3-11　　　　　　　　　　　　甲公司存货相关数据　　　　　　　　　　　　单位：万元

项　目	2022年未审数			2021年已审数		
	S产品	T产品	其他产品	S产品	T产品	其他产品
营业收入	32 340	3 000	20 440	0	28 500	18 000
营业成本	27 500	2 920	19 800	0	27 200	15 300
存货账面余额	2 340	180	4 440	0	2 030	4 130
减：存货跌价准备	0	0	0	0	0	0
存货账面价值	2 340	180	4 440	0	2 030	4 130

要求：通过分析程序判断甲公司2022年相关数据是否存在风险，并与何种认定相关。

4. 湖南仲桥会计师事务所的注册会计师对N公司2022年度财务报表进行审计，其未经审计的有关财务报表项目金额如表3-12所示。

表3-12　　　　　　　　　　　未经审计的财务报表项目及金额　　　　　　　　　　　单位：万元

项　目	金　额
资产总额	180 000
净资产	88 000

(续表)

项　　目	金　　额
营业收入	240 000
净利润	24 120

该公司所处行业的市场波动较大,因此销售与盈利水平受到很大影响,但总资产比较稳定。仲桥会计师事务所在 2020 年、2021 年对该公司年报进行审计时,审计调整较多。

要求:

(1) 如以资产总额、净资产、营业收入和净利润作为基准,百分比分别为资产总额、净资产、营业收入和净利润的 0.5%、1%、1% 和 5%,请代注册会计师计算确定 N 公司 2021 年度财务报表整体的重要性,并简要说明理由。(列示计算过程)

(2) 请代注册会计师确定实际执行的重要性,并简要说明理由。

(3) 简要说明重要性与审计风险之间的关系。

5. 某注册会计师对被审计单位 Y 公司的主营业务收入进行审计时,面临可接受的审计风险和主营业务收入的发生认定重大错报风险水平,可能出现的四种情况如表 3-13 所示。

表 3-13　　　　　　　　被审计单位 Y 公司的风险类别及水平

风险类别	情况一	情况二	情况三	情况四
可接受的审计风险	4%	4%	2%	2%
重大错报风险	40%	100%	40%	100%

要求:(1) 计算上述四种情况下的可接受检查风险水平。

(2) 指出哪种情况需要注册会计师获取最多的审计证据,并简要说明理由。

五、案例分析题

1. 仲桥会计师事务所原负责审计档案管理的李浩调离岗位,档案管理员曾红自 2022 年 2 月起继任。注册会计师李芳负责中大公司 2022 年度财务报表审计,并于 2023 年 3 月 1 日完成所有审计工作。中大公司也于同日签署了财务报表和管理层书面声明,审计报告完成于 3 月 15 日并提交给中大公司治理层。2023 年 5 月 10 日,李芳正在清理工作底稿准备归档,曾红协助其工作。

在清理工作底稿时,助理人员小杨将原形成试算平衡表的草稿丢弃;对有些底稿中编制人未签名的,项目经理李芳要求小杨补签,有一份原由助理小杨编制的有关销售收入的备忘录,由于字迹潦草,李芳要求其重新誊抄;李芳将刚收到的一张应收账款询证函回函原件,更换同笔应收账款回函传真件,在更换之前,小杨核对了原件和传真件,未发现内容差异。

2023 年 6 月 10 日,李芳发现对中大仓库存货监盘的工作底稿没有归档,将其交给档案管理员曾红归入存货监盘的底稿中。2023 年 7 月,由于中大公司涉及债券纠纷,而且涉及应收账款,在经得仲桥会计师事务所同意并办理了底稿借阅手续后,李芳将该函证的工作底稿交给了中大公司法律部门的人员。

2023年6月,档案管理员曾红在清理审计档案时发现,从2004年起仲桥会计师事务所一直对中大公司连续审计,其中2004年2月至2008年2月期间归档的一批审计档案,包括审计报告书副本、已审计的财务报表以及相关审计测试工作底稿等。由于其档案保管期限超过了十年,曾红请示该批审计档案能否销毁。仲桥会计师事务所相关负责人指示,在经主任会计师批准,并按规定履行相关手续后可以全部销毁。

要求:分析仲桥会计师事务所在工作底稿归档和档案保管期间存在哪些问题,并简要说明理由。

2. 注册会计师在对A公司2022年度财务报表进行审计时,收集到以下六组审计证据:

(1) 材料验收单与购货发票。
(2) 销售发票副本与产品出库单。
(3) 领料单与材料成本计算表。
(4) 薪酬费用分配表与薪酬发放表。
(5) 存货盘点表与存货监盘记录。
(6) 银行询证函回函与银行对账单。

要求:请分别指出每组审计证据中哪项证据较为可靠,并简要说明理由。

项目四　评估与应对审计风险

思政案例导入

蓝田神话

1996年,蓝田股份有限公司(以下简称蓝田)在上海证券交易所上市。蓝田的主业之一是农副水产养殖。公司上市5年,业绩骄人,被誉为"中国农业第一股",创造了蓝田神话。

1. 鱼塘里的业绩神话

蓝田创造了立体养殖方式:"水中有鱼,水面有鸭,水下有藕",每亩水面年产值3万元,而同在湖北的另一家养鱼企业,每亩水面年产值不足1 000元。蓝田的鱼塘业绩相当于同业的30倍。

2. 巨额现金交易

2000年,蓝田的销售收入为18.4亿元,应收账款为857.2万元,应收账款占主营业务收入的比重仅为4.6‰。蓝田解释说,客户有大量的个体户,他们自己上门提货,"钱货两清",所以应收账款占销售收入的比重低。然而,巨额交易不通过银行结算,真假难辨。

3. 严重现金流缺口

更令人费解的是,有着巨额的现金收入,蓝田却存在着严重的现金流缺口。2000年年末,流动比率为0.77,营运资金是负的1.27亿元,这意味着有1.27亿元短期债务没有偿还保障。一边是巨额的现金收入,一边是巨额的现金流缺口,蓝田又是如何自圆其说的?

4. 扔到水里的固定资产

蓝田声称鱼塘改造投入巨额资金,现金收入转化成了固定资产。2000年年底,蓝田的固定资产已达21.69亿元,占总资产的76.4%。作为农业企业,如此高的固定资产比重是非常不正常的。然而,农业的特殊性又决定了它在鱼塘里打了几根桩,抹了几吨水泥,很难盘点验证。

探索与讨论:

从该案例可以看出,重大错报风险的识别与评估非常重要。那么如何进行重大错报风险的识别与评估?

学习目标

【知识目标】

1. 熟悉被审计单位及其环境的内容。
2. 掌握识别和评估重大错报风险的审计程序。
3. 熟悉内部控制的含义、局限性、组成要素和对其了解的程序。
4. 熟悉针对评估的重大错报风险采取的总体应对措施。

5. 掌握控制测试和实质性程序的性质、时间安排和范围。
6. 熟悉审计抽样的概念、原理、步骤及其在控制测试中的应用。

【技能目标】

1. 能通过了解被审计单位及其环境识别和评估两个层次的重大错报风险。
2. 能在整体层面和业务流程层面了解内部控制以识别内部控制的重大缺陷并提出合理建议。
3. 能合理应对报表层次和认定层次的重大错报风险。
4. 能运用各种抽样方法获取审计样本。

【素质目标】

1. 通过学习风险评估，培养学生养成风险意识，用审计的眼光判断风险的能力。
2. 通过学习内部控制及控制测试，培养学生严格树立法制意识和规范意识。
3. 通过应对审计风险的学习，培养学生职业判断和职业怀疑能力以及强烈的社会责任感。
4. 通过学习审计抽样，培养学生理解整体与部分的辩证关系，树立整体和全局的观念。

初级考试考点提醒

1. 内部控制的含义、作用和分类。
2. 内部控制的局限性、内部控制的要素。
3. 内部控制测试的作用、步骤和方法。
4. 内部控制结果的利用。
5. 审计风险的含义与种类。
6. 审计风险的控制方法。
7. 审计抽样的含义和种类。
8. 审计抽样风险及其控制。
9. 审计抽样的基本程序和样本选取方法。
10. 属性抽样法和变量抽样法的应用。

任务一　识别和评估风险

工作任务

评估长沙超世服饰有限公司项目审计风险，并编制相应审计工作底稿。

知识储备

在风险导向审计模式下，审计的起点是重大错报风险的识别与评估。风险评估就是实施风险评估程序,了解被审计单位及其环境,包括了解被审计单位的内部控制,以充分识别和评估财务报表层次和认定层次的重大错报风险。

一、了解被审计单位及其环境

(一)行业状况、法律环境与监管环境以及其他外部因素

行业状况、法律环境与监管环境以及其他外部因素构成复杂,主要包括市场供求与竞争、生产技术的变化、适用的会计准则、经济政策、环保要求、宏观经济景气度等。注册会计师对这些因素的了解,可以从多方面着手,以主要因素为着力点。例如,从事计算机硬件制造的企业,应重点了解其市场和竞争以及技术进步的情况,行业竞争激烈,技术进步飞快,对其经营可能产生重大影响,可能造成存货滞销,导致其存货计价存在错报风险。

(二)被审计单位的性质

被审计单位的性质包括所有权结构、治理结构、组织结构、经营活动、投资活动、筹资活动等。对被审计单位的性质的了解应视具体情况而定,例如,了解被审计单位主业是属于制造业还是商品批发零售业,以确定其交易类别、交易的难易复杂程度;是否存在复杂的联营或合资、业务外包情况;是否进入新的业务领域、开辟新的经营场所;是否存在重大的关联方交易等,这些情况可能存在错报风险。

(三)被审计单位对会计政策的选择和运用

被审计单位对会计政策的选择和运用主要包括重要项目的会计政策和行业惯例、重大和异常交易的会计处理方法、会计政策的变更等。例如,应用新颁布的会计准则、会计计量过程复杂;固定资产折旧政策变更、以往存在重大错报或本期期末出现重大会计调整;存在按照管理层特定意图记录的交易、发生的重大、非常规交易等,上述情形可能存在错报风险。

(四)被审计单位的目标、战略以及相关经营风险

被审计单位根据各自的目标和战略会进行不同的经营决策,这些决策会带来相应的经营风险,因而可能导致相关财务报表的重大错报风险。例如,为保持和扩大市场,应对消费者需求的变化,企业开发了新产品。但是,开发新产品可能会产生许多经营风险,如开发失败的风险;市场需求没有充分开发而导致产品滞销风险;产品的缺陷导致声誉受损风险和承担赔偿责任的风险。这些经营风险反映到财务报表中,可能会出现研发支出资本化与费用化的问题,以及营业收入、销售费用与应收账款的确认与计量问题,这些问题可能会导致财务报表存在重大错报风险。

(五)被审计单位财务业绩的衡量和评价

被审计单位财务业绩指标包括关键业绩指标、业绩趋势、预算和差异分析、管理层和员工业绩考核与激励性报酬政策、与竞争对手的业绩比较、外部机构提出的报告等。例如,被审计单位某年的资产收益率这个业绩指标比同行业其他单位高出很多,而管理层的报酬恰恰与资产收益率挂钩,这表明财务报表可能存在高估利润的错报风险。

(六)被审计单位的内部控制

被审计单位的内部控制涉及许多方面,关系重大。当内部控制薄弱或缺乏时,如缺乏具备胜任能力的会计人员、关键人员发生变动、内部控制薄弱等,都意味着风险的存在。

案例 4-1

中审会计师事务所对达江公司 2022 年度财务报表执行审计。注册会计师在了解达江公司及其环境时，注意到以下情况：

(1) 2022 年 1 月，达江公司与正坤公司签订建造新生产车间的合同。在建造过程中，由于未按约定支付首期工程款，2022 年 3 月正坤公司开始停建新生产车间，到 2022 年年末仍未复工，并且预计在未来 3 年内不会重新开工。

(2) 2022 年 12 月，达江公司从银行取得长期借款用于新生产线的建设。12 月 30 日，银行发现达江公司将长期借款用于偿还到期债务，未按照规定用途使用借款，于是当日决定停止向其发放剩余贷款，并要求其偿还已经发放的长期借款本金。

分析：

(1) 在建车间停工，存在减值迹象，表明在建工程的计价认定可能存在重大错报风险。

(2) 将长期借款偿还到期债务，银行因此停止发放剩余贷款，并要求其偿还已经发放的长期借款本金，说明达江公司的持续经营能力令人担忧。可能存在报表层次的重大错报风险。

二、实施风险评估程序

(一) 询问

1. 询问被审计单位管理层和财务负责人

(1) 询问管理层所关注的主要问题，如新的竞争对手、主要客户和供应商的流失、新的税收法规的实施以及经营目标或战略的变化等。

(2) 询问被审计单位的财务状况和最近的经营成果、现金流量。

(3) 询问可能影响财务报告的交易和事项，或者目前发生的重大会计处理问题，如重大的并购事宜等。

(4) 询问被审计单位发生的其他重要变化，如所有权结构的变化、内部控制的变化等。

2. 询问内部其他人员

询问被审计单位内部不同部门不同级别的员工，以便从不同视角获取有用的信息。

(1) 询问治理层，了解其对财务报告过程的监督情况。

(2) 询问内部审计人员，了解其针对被审计单位内部控制设计和运行有效性而实施的工作，并了解管理层对内部审计发现的问题是否采取适当的行动。

(3) 询问参与生成、处理、记录复杂或异常交易的员工，有助于注册会计师评估被审计单位选择和运用某项会计政策的适当性。

(4) 询问内部法律事务人员，了解有关法律法规的遵循、诉讼情况、产品保证和售后责任以及合同条款的含义。

(5) 询问销售人员，了解被审计单位的营销策略及其变化、销售趋势或与其客户的合同安排。

(6) 询问采购人员和生产人员，了解被审计单位的原材料采购和产品生产等情况。

(7) 询问仓库人员，了解原材料、产成品等存货的进出、保管和盘点等情况。

3. 询问外部人员

询问被审计单位聘请的外部法律顾问、专业评估师、投资顾问和财务顾问,从被审计单位外部获取有关信息。

(二) 分析程序

在了解被审计单位及其环境并评估重大错报风险时通常使用分析程序。例如,注册会计师通过对被审计单位及其环境的了解,获知其银行贷款额比去年略有增加,今年银行贷款利率上涨1%,因此注册会计师预期财务费用应相应上升,但注册会计师比较两年的财务费用,发现今年财务费用比去年大幅下降。上述分析使注册会计师得出结论:财务费用可能存在重大错报风险。

(三) 观察

1. 观察被审计单位的生产经营活动

通过观察被审计单位人员正在从事的生产活动和控制活动,可以增加注册会计师对被审计单位人员如何进行生产经营活动及实施内部控制的了解。

2. 实地观察被审计单位的生产经营场所和设备

通过实地观察被审计单位的生产经营场所(如厂房)和设备,了解被审计单位的主要业务及经营活动,与被审计单位的管理层和担任不同职责的员工进行交流,可以增加注册会计师对被审计单位的经营活动及其重大影响因素的了解。

(四) 检查

(1) 查阅以前年度的审计工作底稿。

(2) 检查文件、记录和内部控制手册。例如,检查被审计单位的章程,与其他单位签订的合同、协议,股东(大)会、董事会会议及管理层会议的记录,各种会计资料、内部凭证和单据,各业务流程操作指引和内部控制手册等。

(3) 阅读由管理层和治理层编制的报告。例如,阅读被审计单位年度和中期财务报告、管理层的讨论和分析资料、经营计划和战略、对重要经营环节和外部因素的评价、被审计单位内部管理报告以及其他特殊目的报告(如新投资项目的可行性分析报告)。

(4) 阅读外部信息。外部信息包括证券分析师、银行、评级机构出具的有关被审计单位及其所处行业的经济或市场环境等状况的报告,贸易与经济方面的报纸杂志,法规以及政府部门或民间组织发布的行业报告和统计数据等。

观察和检查程序可以印证对管理层和其他相关人员询问的结果。

> **特别提醒**
>
> 注册会计师还应当考虑其他信息来源,如为确定接受或保持审计业务所进行的初步业务活动时获取的信息以及向被审计单位提供其他服务(如税务服务)所获得的经验,这些也都可能有助于识别重大错报风险。

三、识别与评估重大错报风险的思路

(一) 在了解被审计单位及其环境的整个过程中识别风险

注册会计师应当运用各项风险评估程序,在了解被审计单位及其环境的整个过程中来识别是否存在错报风险。例如,被审计单位的清洁人员突然离职,通常并不会构成风险;如果财务总监突然离职,可能意味着风险的存在。再如,环境法规的变化、宏观经济的不景气、市场竞争激烈,可能意味着风险的存在。

(二) 识别两个层次的重大错报风险

确定识别的重大错报风险是与特定的某类交易、账户余额和披露的认定相关(认定层次),还是与财务报表整体广泛相关(报表层次),进而影响多项认定。

1. 报表层次重大错报风险

例如,资产的流动性出现问题、重要客户流失、融资能力受到限制等,可能导致持续经营受到威胁,而持续经营能力与财务报表整体相关;又如,执行新颁布的会计准则,可能导致报表多项认定出现错报,这属于报表层次的风险。

应当考虑控制环境对报表层次的重大错报风险的影响。报表层次的重大错报风险很可能源于薄弱的控制环境。例如,被审计单位管理层不重视内部控制,没有建立必要的政策和程序;管理层经营理念偏于激进冒险;被审计单位的管理层缺乏诚信等,上述情形表明控制环境薄弱,可能对财务报表产生广泛影响。

2. 认定层次重大错报风险

例如,被审计单位存在复杂的联营或合资情形,预示着长期股权投资账户的有关认定可能存在重大错报风险,这属于认定层次的风险。

应当考虑控制对评估认定层次重大错报风险的影响。有效的控制有助于防止或发现并纠正认定层次的重大错报,减少认定层次错报发生的可能性;而控制的不当或缺失,很可能导致错报的发生。因此,在评估认定层次重大错报风险性时,要考虑控制对风险的抵消和遏制作用。

(三) 将已识别的认定层次错报风险与各类交易、账户余额和相关披露相联系

已识别的认定层次错报风险,来源于各类交易,并反映在相关账户与报表上。因此,应该将其与各类交易、账户余额和相关披露相互联系,探究根源。例如,被审计单位因相关环境法规的实施需要更新设备,可能使原有设备(固定资产)闲置或贬值;宏观经济的不景气可能影响应收账款的可收回性;市场竞争激烈,使产品的市场价格下降,可能导致存货减值等。

(四) 将已识别风险与认定层次可能发生错报的领域相联系

例如,市场竞争激烈使产品的市场价格下降,由于成本高于其可变现净值而需要计提存货跌价准备,可能导致存货减值,这显示存货的计价认定可能发生错报。

(五) 考虑已识别风险后果的严重性

上例中,除考虑产品市场价格下降因素外,注册会计师还应当考虑产品市场价格下降的幅度和该产品在被审计单位产品中的比重等,以确定已识别风险对财务报表的影响是否严重。如果产品市场价格大幅下降,导致产品销售收入不能抵偿成本,毛利率为负数,那么存货跌价就较为严重,存货计价认定发生错报的影响就是重大的;如果价格下降的产品在被审计单位产品中所占比重很低,被审计单位其他产品毛利率很高,尽管该产品的毛利率为负数,但可能不会导致存货发生严重跌价,存货计价认定发生错报的影响也就不那么严重了。

(六) 考虑已识别风险导致财务报表发生重大错报的可能性

在某些情况下,尽管已识别风险的后果严重,但不至于导致财务报表重大错报。上例中,如果期末存货的余额较低,尽管已识别风险严重,但不至于导致财务报表重大错报;或者,被审

计单位对存货计价认定实施了有效的控制,已经根据存货的可变现净值计提了相应的跌价准备,则也不大可能导致财务报表重大错报。

(七) 汇总识别的重大错报风险

在风险评估的最后需要将识别的所有重大错报风险进行汇总,记录在审计工作底稿中,以便有针对性地采取有效的应对措施。

工作任务资料

长沙超世服饰公司整体层面内部控制

一、控制环境

(一) 对诚信和道德价值观念的沟通与落实

公司制定了员工的行为守则,行为守则内容完备,涉及利益冲突、不法或不当支出、公平竞争的保障、内幕交易等问题;员工定期承诺遵守这些制度;行为守则可供公开查阅(如可在公司的内网上查阅);指定专人回答关于行为守则中的问题;行为守则中充分描述了违反规定的内部汇报系统,指明向适当的人汇报违规行为;对行为守则没有规范的地方,通过建设企业文化,强调操守及价值观的重要性的方式予以弥补;采取在员工大会上口头传达、通过一对一谈话或在处理日常事务中通过实例示范。

将严格遵循诚信和道德规范的观念,通过文字和实际行动有效地灌输给所有员工;鼓励员工行为端正;当出现存在问题的迹象时,特别是当发现和解决问题的成本可能较高时,管理层能予以恰当的处理。

管理层在处理交易业务时保持高度诚信,并要求其员工和客户同样保持诚信;当不诚信的行为发生时,能尽快并严肃处理。

管理层能立即对违反规定的行为作出反应;对违反规定员工的处理及时让全体员工知晓;对违反规定的管理人员采取撤职处理。

明确地禁止管理人员逾越既定控制;任何与既定政策不一致的事件都会被调查并记录;鼓励员工举报任何企图逾越控制的情况。

公司设计合理的激励机制,员工的报酬和晋升并不完全建立在实现短期目标的基础上;薪酬体系设计着眼于调动员工个人及团队的积极性。

(二) 对胜任能力的重视

管理层对所有岗位的工作有正式的书面描述,任职条件规定了履行特定职责所需的知识和技能;岗位职责在公司内予以清晰地传达;每位员工的岗位责任与分派的权限相关。定期对员工培训,更新员工的知识。

(三) 治理层的参与程度

在董事会内部建立审计委员会,审计委员会与总会计师、内部及外部审计人员讨论财务报告程序、内部控制体系、管理层的业绩、重要观点和建议等的合理性,每年审查内外部审计人员的审计活动范围。

对董事会成员的经验和资历有明确的书面规定,股东在提名董事会成员时严格按照规定进行,不合格的提名无效;每届任期3年,可以连任。

管理层的提案需要经过董事会审议；董事会监督经营成果，检查预算与实际的差异，并要求管理层作出解释；董事会不是仅由领导和员工组成，董事会保持至少三位独立董事。

董事会审计委员会每年召开三次会议，定期收到诸如财务报表、主要的市场营销活动、重要协议或谈判等的关键性信息，监督编制财务报告的过程。

董事会、审计委员会对管理层实施有效监督。

（四）管理层的理念和经营风格

管理层在承担经营风险、选择会计政策和作出会计估计时必须稳健，并需要在内部民主讨论，对当事人规定明确的个人责任。定期召开信息技术工作会议，研究制定发展规划，安排足够的资金和人员。

高级经理经常深入到附属机构或分支机构视察其运作情况；经常召开集团或区域管理人员会议。

管理层对财务报告的基本态度是财务报告应反映实际情况，反对收入最大化、平滑盈利增长曲线、纳税最小化等行为。愿意因重大错报金额而调整财务报表。

管理层和注册会计师经常就会计和审计问题进行沟通；在审计调整和内部控制方面达成一致意见。

（五）组织结构

根据经营活动的性质，恰当地采用集权或者分权的组织结构；组织结构的设计便于由上而下、由下而上或横向的信息传递。

董事会对董事长、总经理授予不同的权利；总经理对副总经理授权。

经理层密切关注该类交易，经常听取汇报。

管理层已经制定了会计系统和控制活动的标准并形成书面文件；管理层依其职责和权限从现有的报告系统中得到适当的信息；业务经理可通过沟通渠道接触到负责经营的高级主管。

对加班严格审批；工作压力大时，及时招聘人员。

董事会每年召开一次会议，讨论组织机构的设置。

（六）职权与责任的分配

公司制定管理层及负有监督责任员工的职务说明书，以及各级员工的职务说明书；职务说明书明确规定了与控制有关的责任。

将业务授权、业务记录、资产保管和维护，以及业务执行的责任尽可能地分离。

完成工作所需权利与高级管理人员的参与程度保持适当的平衡；授予适当级别的员工纠正问题或实施改进的权利，并且此授权也明确了所需的能力水平和明确的权限。

建立授权交易及系统改善的控制制度。

（七）人力资源的政策与实务

员工招聘主管需要具备执行任务、履行职责的知识及经验；对关键管理人员实施适当的培训。

评价业绩时将员工的操守和价值观纳入评价标准之中。

每年检查人力资源政策与程序，不恰当的进行调整；对更新的文件及时传达。

二、风险评估过程

管理层确立了整体目标；该整体目标区别于任何单位都适用的一般目标；经营战略和整体

目标一致,战略目标支持整体目标并能指导配置资源;整体目标能够有效地传达到全体员工和董事。

业务层面的目标来源于整体目标和战略,并与之相关联。业务层面的目标一般表述为有具体完成期限要求的具体目标。每个重要的作业活动都制定有目标,并且相互一致;定期审核业务层面的目标以保证与整体目标持续相关;同一作业活动的各个目标以及不同作业活动的目标协调。

管理层已经明确某些措施必须正确实施或者某些措施不能失败,否则整体目标就不能实现;资本支出和费用预算是根据管理层对目标相对重要性的分析作出的;管理层特别关注重要目标(成功的关键因素)。

经理们参与他们所负责的业务目标的制定;明确经理的责任;制定了争议和分歧的解决程序。

管理层可能会制订计划、执行程序或采取措施以解决特定风险,如监管环境和经营环境的变化,招募新员工,新的或升级的信息系统,企业的快速增长,新技术的面市,新业务模式、产品或活动,扩张的海外经营,新的会计政策等。

风险评估程序考虑影响目标实现的内外部因素,通过分析各种风险提供管理风险的依据;对外部风险,公司要求管理层考虑:供货渠道、技术变化、债权人的要求、竞争对手的行动、经济状况、政治状况、法规与监管状况、自然灾害;对内部风险,公司要求管理层考虑:人力资源,如关键管理人员的留任、职责调整是否会影响有效履行其职责;理财和融资活动,如为实施新计划或继续原计划筹措资金;劳资关系,如薪酬及退休福利计划是否在同行业中具有竞争力;信息系统,如备份系统的有效性等;对每项重要的业务层面目标,确定影响其实现的重大风险;风险分析通过正式的风险分析程序进行,识别出的风险与相应的作业目标相关,适当级别的管理人员参与风险分析工作。

设置能预期、识别和应对可能对整体目标和业务层次目标的实现产生影响的例行事件或作业活动的机制;将对日常变化的处理与风险分析程序联系;与变革相关的风险与机遇由足够高层次的管理层处理,以保证确认所有潜在的影响,并制订适当的行动计划;企业内部受变革严重影响的一切活动都纳入程序之中。

被审计单位制定处理下列情况导致风险的制度:经营环境变化;员工增加;新增的或经过新设计的信息系统;被审计单位的快速发展;新技术开发和应用;新增生产线、新产品、新设置的作业及新购并的企业;被审计单位重组;被审计单位开展海外经营活动。

会计部门学习新准则法规以识别其重大变化;通过后续教育跟进会计准则的最新进展。

当被审计单位业务操作发生变化并影响交易记录的流程时,召开部门会议进行讨论,会计部门必须参加。

定期召开部门会议,进行沟通,讨论经营环境的重大变化。

管理层定期审查政策和程序的遵循情况。

三、信息系统与沟通

建立必要的机制获取外部信息,包括市场状况、竞争对手的状况、法律法规的最新发展以及经济状况的变动等;管理层制定的整体战略规划可识别、分析和监控整体目标所需的内外部信息;管理层可以获取关于履行其职责所需信息的报告。

标明信息的有效期并经管理层认可;定期监测企业的财务信息,并向财务总监汇报;根据管理人员的级别,恰当确定需向其提供信息的详细程度;适当进行信息汇总,即能提供相关的信息,又可在必要时进一步查阅相关细节;有专人识别员工需要的信息并及时提供给员工。

建立必要的机制(如信息系统指导委员会)识别新的信息需求;由适当的人员确定对信息的需求及各项需求之间的优先次序;制定与财务报告相关的信息系统的长期战略规划,且该计划随着被审计单位发展战略及时更新,并与单位整体信息系统需求紧密相关。

制定必要的政策和程序,确保会计记录与实际发生的交易价值一致(如必要的复核,原始单据电子录入,定期轮岗等)。

利用信息系统优势,确保交易及时入账(如在系统中设立必要的控制,对于超过时限的票据无法入账等)。

建立必要的机制,以使财务报表上的数据得到恰当披露(如增强财务人员以及相关人员培训,对出具的财务报表经由经验丰富人员先复核)。

企业是否建立政策和程序,用以控制记录非经常性的、异常的交易或调整的非标准会计分录复核会计分录的编制,如非经常性会计分录是否由会计主管或相应人员复核校验,系统是否能识别非标准会计分录。

投入充足的资源(具有必要技术能力的管理人员、分析人员和程序员),以支持开发新的信息系统或者增强现有信息系统的功能。

设立领导小组,委派专人监督信息系统的开发、变更和测试工作。

建立各种沟通渠道(如正式和非正式的培训课程、会议、工作过程中的督导等),有效地实现沟通;新员工培训中向员工提供有关其岗位职责的信息,促使员工明确自己的岗位所要达到的目标,以及如何实现该目标;定期对员工评估,对员工职责进行讨论以确保员工能充分理解自身职责。

员工手册说明对违反公司政策和行为守则的可疑行为进行沟通的方式;建立恰当的信息沟通渠道,该渠道的信息接收者不是信息提供者的直接上司,如舞弊情况调查官员或者公司律师等;保障员工实际利用该沟通渠道;向沟通员反馈沟通事项的处理情况,并确保其不受打击报复。

建立销售部门与技术、生产、营销等部门的沟通渠道,保证顾客的需求得到适当的处理;建立财务部门与信用管理部门的沟通渠道,保证拖延付款信息得到适当的处理;建立相应的沟通渠道,保证关于竞争对手新产品、售后服务保障等信息传递给负责技术、市场开拓和营销的部门。

建立有效的机制使员工能够提出改进建议;建立奖励机制促使员工积极提出改进意见。

建立与各方的沟通渠道;收集各方的建议、投诉及其他信息,并保证公司内部及时沟通;建立信息的追踪调查等后续措施;负责处理投诉的员工与负责最初交易处理的员工互助独立;定期向管理层报告投诉的性质和数量。

负责向外发布重要信息的管理人员,其级别应与所发布信息的性质和重要程度相称(例如,高层管理人员定期以书面方式对外公布公司员工的行为守则)。

公司制定相关的员工职责分离的制度,明确需分离的职责。

公司制定会计账簿与实物的定期核对制度。

四、控制活动

建立必要的机制获取外部信息,包括市场状况、竞争对手的状况、法律法规的最新发展以及经济状况的变动,使企业能够分析以及评价实际业绩与预算,与竞争对手的差异,将不同类别的数据(经营或财务数据)联系起来。

企业设立了一套制度,包括程序的变动控制,限制接触程序或数据的控制,对实施新发布的软件包应用程序的控制,数据中心和网络运行控制。

常见的应用控制包括对记录准确性的检查,对账户和试算平衡表的维护和审核,自动控制(如设置对输入数据和数字序号的自动检查),报告例外事项的人工跟进。

公司建立一套政策和程序,对于相关业务如金额超过5万的采购需要总经理签字,又或者增加新的供应商要采购部经理批准。

企业建立既定的程序,如出纳不得担任会计,上下游业务分离,公章、财务章、法人章不由同一人保管等。

企业是否制定政策并设立相关岗位,确保重大资产由专人保管,是否定期盘点存货以及固定资产,是否有制度限制人员接触和处置资产。

信息处理是否有日志可查(所有信息的修改、删除均有相应记录),是否设有必要的控制,如密码和级别授权,确保员工只能处理与其岗位相关的系统信息。

企业是否建立相应政策和程序,以识别和应对特别风险(如定期召开会议讨论企业所面临的风险,有专门的沟渠渠道使员工能将识别的特别风险上传至适当的管理层)。

五、控制的监督

(一) 持续监督

建立内部控制评价体系,由内部审计部门定期评价内部控制。

负责业务活动的管理人员将其在日常经营活动获得的生产、库存、销售或其他方面的信息与信息系统产生的信息相比较;将用于管理业务活动的经营信息与由财务报告系统所产生的财务资料相整合或者比较,并分析差异。

顾客按销货发票所列金额付款,即隐含该发票金额正确无误;顾客投诉账单有错误,即表明处理销售业务的系统可能存在缺陷。当顾客投诉时,调查出现问题的原因;记录来自供应商的信息(如供应商寄来的对账单),公司将其用作控制和监督的工具;考虑监管机构告知本企业遵循相关法律、法规和规章的情况或其他有助于判断内部控制系统作用的事项。

设置具有适当权限的管理人员处理内部审计师和注册会计师所提的意见和建议,并形成记录;跟踪相关决策并验证其落实情况。

通过培训课程、规划会议和其他会议,掌握提出的争议及问题;员工建议自下而上传递。

要求员工定期确认其切实遵循了行为守则的规定;要求员工在执行重要控制工作(如调节指定账户金额)之后签名,留下执行证据。

内部审计人员的能力及经验水平适当;内部审计人员在组织中的地位适当;建立内部审计人员直接向董事会或审计委员会报告的渠道;内部审计人员的审计范围、责任和审计计划适当。

管理层定期审查政策和程序的遵循情况。

(二) 专门评价

专门评价的范围(包括广度和深度)及频率适当。

负责专门评价的人员具备必要的知识和技能;评价人员充分了解企业的活动;评价人员了

解系统应当如何运作,以及实际如何运作;评价人员将评价结果与既定标准进行比较并对发现的差异进行分析。

评价方法使用核对清单、问卷及其他评价工具;评价小组成员一起设计评价程序,并保证各成员工作的协调;负责管理该项评价工作的高层管理人员具备足够的权威。

书面记录评价的过程;审计委员会会议记录中包括评价的记录。

内部审计人员定期检查财务信息;内部审计人员定期评价经营效率和经营效果。

内部审计部门定期地直接向董事会、审计委员会或类似独立机构报告。

定期对信息系统审计人员培训,以应对复杂的高度自动化的环境。

建立内部审计人员的定期培训制度;建立内部审计自查制度。

内部审计定期制订内部审计计划;内部审计记录适当。

以日常活动经营审计工作为主,配合外部审计工作。

任务二　了解内部控制

工作任务

在整体层面了解长沙超世服饰有限公司内部控制,得出结论,并编制审计工作底稿。

知识储备

一、内部控制的含义

内部控制是被审计单位为了合理保证财务报告的可靠性、经营的效率和效果以及对法律法规的遵守,由治理层、管理层和其他人员设计与执行的政策及程序。

二、内部控制的局限性

内部控制无论是否有效,都只能为被审计单位实现财务报告目标提供合理保证。内部控制实现目标的可能性受其固有局限的影响,这些限制包括:

(1) 在决策时人为判断可能出现错误和因人为失误而导致内部控制失效。

(2) 两个或更多的人员进行串通或管理层凌驾于内部控制之上致使控制被规避。

(3) 行使控制职能的人员素质不适应岗位要求而使内部控制功能不能正常发挥。

(4) 实施某项内部控制的成本大于效益而发生的损失。

(5) 不经常发生或未预计到的业务可能失控。

三、内部控制的要素

内部控制包括下列要素:控制环境、风险评估过程、信息系统与沟通、控制活动和对控制的监督。

(一)控制环境

控制环境是指对内部控制的建立和实施产生重要影响的各种因素的总称。控制环境包括治理职能和管理职能,以及治理层和管理层对内部控制及其重要性的态度、认识和措施。控制环境是推动控制的"发动机",是所有其他内控组成部分的基础。

(二)风险评估过程

风险评估是指要鉴定和分析相关的风险。风险评估过程包括识别与财务报告相关的经营风险,以及针对这些风险所采取的措施。

(三)信息系统与沟通

内部控制的信息系统是指与财务报告相关的信息系统,包括用以生成、记录、处理和报告交易、事项和情况,对相关资产、负债和所有者权益履行经营管理责任的程序和记录。与财务报告相关的沟通,包括使员工了解各自在与财务报告有关的内部控制方面的角色和职责、员工之间的工作联系,以及向适当级别的管理层报告例外事项的方式。

(四)控制活动

控制活动是指有助于确保管理层的指令得以执行的政策和程序,包括与授权、业绩评价、信息处理、实物控制和职责分离等相关的活动。

(五)对控制的监督

对控制的监督是指被审计单位评价内部控制在一段时间内运行有效性的过程,该过程包括及时评价控制的设计和运行,以及根据情况的变化采取必要的纠正措施。

四、了解被审单位的内部控制

了解被审计单位的内部控制主要是评价控制的设计,并确定其是否得到执行。评价控制的设计是指考虑一项控制单独或连同其他控制能否有效防止或发现并纠正重大错报。如果控制设计不当,可能表明内部控制存在重大缺陷。

控制得到执行是指某项控制存在且被审计单位正在使用。如果设计合理的控制得不到执行,意味着内部控制存在重大缺陷。

> **特别提醒**
>
> 了解内部控制就是评价控制的设计是否合理,以及是否得到执行,但不涉及评价控制执行的效果。

财务报表审计的目标是对财务报表是否不存在重大错报发表审计意见,因此注册会计师需要了解和评价的内部控制只是与审计相关的内部控制,并非被审计单位所有的内部控制。例如,由于税法的规定涉及应交税费和所得税费用,因此其对财务报表存在着直接和重大的影响,为了遵守这些法规而设计和执行的控制就与注册会计师的审计相关;如果注册会计师在实施分析程序时使用某些非财务数据(如生产统计数据),则对于这些非财务数据的控制就与审计相关;被审计单位可能依靠某一复杂的自动控制系统提高经营活动的效率和效果(如航空公司用于维护航班时间表的自动控制系统),这些控制通常与审计无关。

内部控制的某些要素(如控制环境)更多地对被审计单位整体层面产生影响,而有些要素(如信息和沟通、控制活动)则可能更多地与特定业务流程相关。在实务中,往往从被审计单位整体层面和业务流程层面分别了解和评价内部控制。

（一）在整体层面了解并评价内部控制

1. 了解控制环境

注册会计师应当了解构成控制环境的各个因素的状况，例如，管理层是否营造了良好的企业文化；治理层是否具备适当的资历并独立于管理层；是否设置了权责明确的内部组织机构；是否建立有利的人力资源政策；是否开展了内部审计监督等。

2. 了解风险管理

注册会计师应当向管理层询问，以了解被审计单位管理层如何识别经营风险，已识别出哪些经营风险，如何估计该风险的重要性，如何评估风险发生的可能性，如何采取措施来应对这些风险，并考虑这些风险是否可能导致重大错报。

3. 了解信息与沟通

注册会计师应当了解被审计单位是否有明确的信息收集、处理和传递程序，是否确保信息及时沟通，在信息技术环境下，还应了解被审计单位是否建立了有关信息系统开发与维护、访问与变更、数据输入与输出、文件储存与保管、网络安全等方面的控制。

4. 了解控制活动

控制活动更多地与特定业务流程相关，所以注册会计师在整体层面上对控制活动的了解，主要是针对具有普遍影响的控制活动，比如系统软件购置的授权。

5. 了解对控制的监督

注册会计师应当了解被审计单位内部控制的日常监督活动和专项监督活动，并利用与外部沟通的监督，了解如何纠正发现的内部控制缺陷，是否定期进行内部控制的自我评价。

6. 在整体层面评价内部控制

基于上述了解的要点，评价被审计单位整体层面的内部控制设计是否合理，是否得到执行，识别的缺陷是否属于重大缺陷，最终得出相应的结论。

（二）在业务流程层面了解并评价内部控制

1. 确定被审计单位的重要业务流程和重要交易类别

（1）注册会计师可以通过划分业务循环来确定重要的业务流程。比如，制造企业的业务流程可以划分为采购与付款循环、生产与存货循环、销售与收款循环、筹资与投资循环；银行等金融企业有发放贷款与吸收存款循环。

（2）重要交易类别是指可能对被审计单位财务报表发生重大影响的各类交易。重要交易应与重大账户及其认定相联系，例如，制造企业的销售与收款循环，销售和收款都是重要交易类别，主营业务收入和应收账款通常是重要账户。

2. 了解重要交易流程并记录

在确定重要的业务流程和交易类别后，注册会计师着手了解每一重要交易流程，即重要交易在自动化或人工系统中生成、处理、记录以及在财务报表中报告的流程。例如，在销售交易中，其流程包括接受顾客订单、核准信用、发货并编制货运单据和发票、生成记账凭证、更新销售收入与应收账款记录，处理销售调整交易以及修改被错误记录等。

3. 确定可能发生错报的环节

注册会计师需要了解错报可能在哪个环节发生，即确定被审计单位应在哪些环节设置控制，以防止或发现并纠正各重要交易流程可能发生的错报。注册会计师通过设计一系列的问题（针对控制目标是否实现），确认某类交易流程中需要加以控制的环节。表 4-1 中列举了销售交易可能发生错报的环节。

表 4-1　　　　　　　　　　　销售交易可能发生错报的环节

交易流程	可能的错报	可能涉及的重要账户及认定
接受顾客订单	可能把商品销售给了未经授权的顾客	应收账款：存在 主营业务收入：发生
核准信用并批准赊销	因承担了不适当的信用风险而蒙受损失	应收账款：准确性、计价与分摊
按销售单发货、装运货物	(1) 所发出、装运的货物可能与被订购的货物不符 (2) 可能有未经授权的发货、装运	应收账款：存在 主营业务收入：发生
开发票给顾客	(1) 可能对虚构的交易开账单或重复开账单 (2) 销售发票可能计算错误 (3) 可能不及时开具发票	应收账款：存在 主营业务收入：发生、准确性、截止
记录销售	(1) 发票可能未入账 (2) 发票可能未正确过账 (3) 发票可能记入不恰当的期间	应收账款：完整性 主营业务收入：完整性、准确性、分类、截止

4. 识别和了解相关控制并记录

通过对被审计单位及其环境的了解，包括在被审计单位整体层面上对内部控制各要素的了解，以及在上述程序中对重要业务流程的了解，注册会计师可以确定是否有必要了解在业务流程层面的控制。有时，之前的了解可能表明针对某些重要交易流程所设计的控制是无效的，或者不存在相应的控制，那么就没有必要去了解在业务流程层面的控制。

注册会计师如果计划对业务流程层面的有关控制做进一步的了解和评价，其工作重点应放在交易流程中容易发生错报的环节，确定关键控制点是否存在相应的控制，了解相关的控制设计是否合理，是否得到执行。

> **特别提醒**
>
> 　关键控制点是指如果未加控制就容易发生错误或舞弊的业务环节（可能的错报环节）。

5. 执行穿行测试

穿行测试是指通过在财务报告信息系统中追踪交易的处理过程，即选择某笔或某几笔具有代表性的交易追踪其从发生到记账的整个流程，来证实之前通过其他程序所获得的关于被审计单位的交易流程和控制的信息是否准确、完整。

例如，针对销售交易，通过追踪订单处理，核准信用并批准赊销，编制货运单据，发货运送至顾客，开具销售发票，生成相关记账凭证并过账至销售收入与应收账款明细账、总账等交易的整个流程，以考虑之前对交易流程与相关内部控制的了解是否正确和完整。

6. 初步评价内部控制

注册会计师对控制的初步评价结论可能是下列情况之一：

(1) 控制设计合理,并得到执行。
(2) 控制设计合理,但没有得到执行。
(3) 控制设计无效或缺乏必要的控制。

五、了解内部控制的程序

(一) 询问被审计单位的有关人员

注册会计师可以向被审计单位的有关人员询问相关内部控制是否建立,是否执行,与上次审计相比发生了哪些新变化,以往内部控制的薄弱环节是否得到了改进等。

(二) 观察特定控制的运行

针对不留下书面记录的控制,注册会计师通常可以实地观察被审计单位的业务活动和控制的运行情况,以确认它们是否已经建立并得到运行。

(三) 检查文件和报告

注册会计师索取并检查被审计单位编制的有关内部控制的文件与报告,如董事会会议纪要、员工培训记录,并结合对被审计单位有关人员的询问,来了解有关内部控制的建立与执行情况。

六、记录内部控制

注册会计师需要将了解到的被审计单位交易流程与内部控制记录在审计工作底稿中,即对交易流程与内部控制加以描述。常用的记录方式有文字表述、调查表和流程图。这三种方式可单独使用,也可以结合使用。

(一) 文字表述

文字表述是指注册会计师用文字叙述的方式描述被审计单位交易流程与内部控制的方式。

以文字表述方式对销售与收款循环内部控制进行说明,如表4-2所示。

表4-2　　　　　　　　　　销售与收款循环内部控制说明书

销售部收到顾客订单(一式两联)后,李丹登记,刘明负责审查订单上的产品种类、质量要求、数量、价格、交货与付款方式,以决定是否接受订货。刘明在决定接受订货的情况下,将一式两联订单送交财务部的王辉,由王辉审核给予顾客的信用政策并签署意见,王辉将其中一联送还销售部,将另一联留存并登记信用备忘录。在信用政策被批准后,销售部编制提货单和一式三联的销售单,将提货单交顾客并留存一联销售单,将另外两联分别送至仓库和财务部。顾客凭提货单到仓库提货,仓库在核对并确认提货单和销售通知单相符后发出货物,并编制一式三联的出库单,其中一联留存,据以更新库存记录,将另外两联分别送交销售部和财务部。销售部负责催收款项。财务部王辉在核对出库单、销售单和顾客订单后,向顾客开具销售发票,要求对方按时付款,并更新销售收入和应收账款等会计记录。收到款项后,财务部胡浪平负责登记银行存款日记账。财务部每月向顾客发出应收账款对账单,如果出现分歧,财务部应及时查明原因。销售部每周核对一次销售发票和出库单上的数据。
评价:销售与收款循环内部控制存在下列缺陷: (1) 应收账款的记录与批准信用政策由一人承担。 (2) 没有将顾客的编号、销售数量和销售收入与销售发票、信用备忘录上的有关信息进行核对。

文字表述的优点包括:❶ 可对调查对象作出比较深入和具体的描述;❷ 具有灵活性。其缺点包括:❶ 不够直观;❷ 不便于抓住重点,有时难以用简明的语言来描述复杂的控制细节,

还可能遗漏控制点。因此文字表述主要适用于内部控制比较简单的小型被审计单位,或者用于对控制环境、实物控制的描述。

(二)调查表

调查表是以相关事项作为调查对象,注册会计师自行设计成有针对性的模式化的问题,要求被调查者做出"是""否"或"不适用"的回答,来了解被审计单位内部控制的一种方法。

以调查表形式对生产循环内部控制进行说明,其内容如表 4-3 所示。

表 4-3　　　　　　　　　　　生产循环内部控制调查表

调查的问题	是	否	不适用	备 注
1. 在正式接受订单之前,生产部门是否对订单要求进行审查?				
2. 生产计划对产品的工艺要求、制造日期、工时、设备、人员和材料的配备是否有详细的说明?				
3. 在产品正式生产前是否对产品成本进行估算?				
4. 生产计划编制后是否受到计划部门主管的审查批准?				
5. 生产通知单是否以生产计划为依据加以填制?				
6. 生产通知单是否由适当的被授权人士签发?				
7. 生产通知单是否予以连续编号?				
8. 在产品在各个部门之间的转移是否都予以记录?				
9. 有无成本核算制度,成本核算制度是否符合生产经营特点?				
10. 采用的成本计算方法是否严格执行,有无随意变更现象?				
11. 是否制订和执行先进合理的定额和预算,有无以估代实来计算成本的现象?				
12. 对各种或各类产品是否分别设置分类账户?				
13. 各成本项目的核算、制造费用的归集、产成品的结转是否严格按规定执行、前后期是否符合一贯性?				
14. 完工产品成本与在产品成本的分配方法是否严格执行?				
15. 产品质量是否由独立于生产部门的职员来进行检查?				

调查表的优点包括:❶ 描述简明,便于注册会计师进行分析评价;❷ 回答为"否"的项目集中反映了被审计单位的内部控制的弱点,能够引起注册会计师的关注;❸ 编制调查表省时省力。缺点包括:❶ 容易把各业务的内部控制孤立看待,不能提供完整的看法;❷ 对于不同行业的被审计单位或者小型被审计单位,模式化问题往往缺乏弹性,不适用。

(三) 流程图

流程图是采用一定的符号和图形,以流程线加以联结,将交易与事项的处理程序和文件凭证的有序流动反映出来的文件。

以流程图方式对采购与付款循环进行说明,其内容如图 4-1 所示。

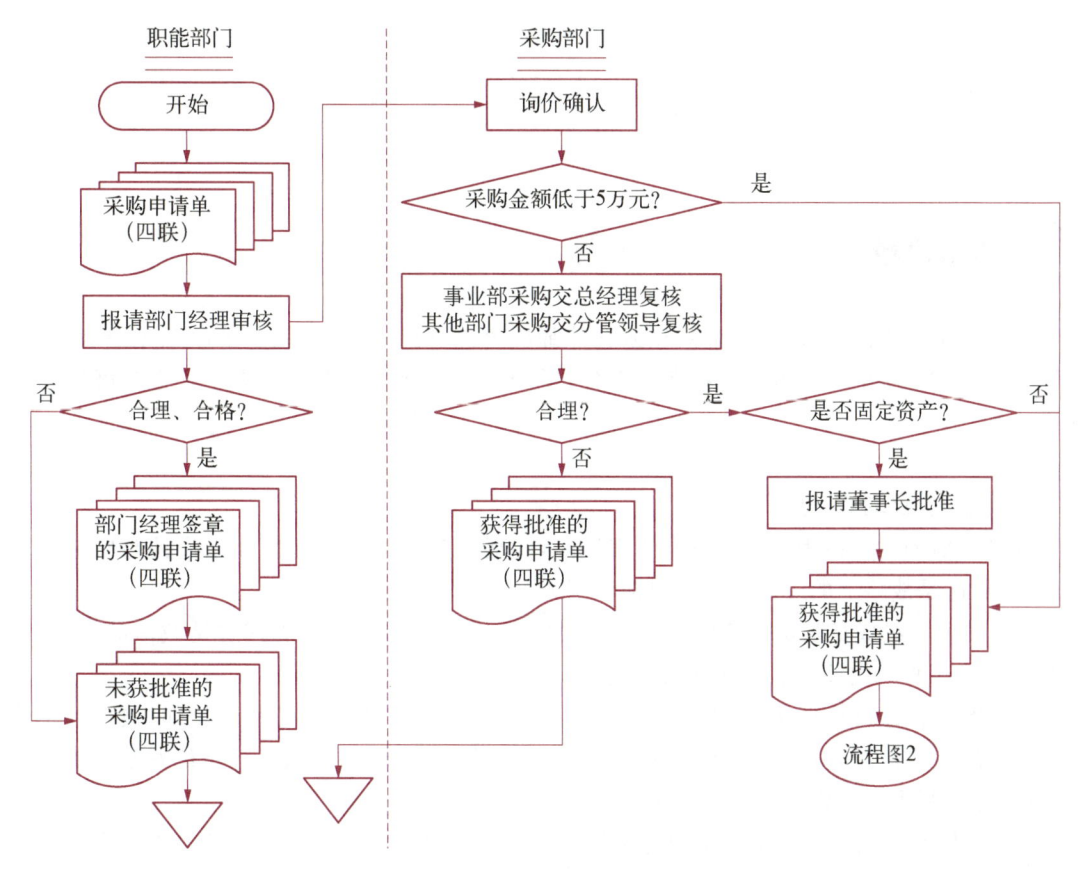

图 4-1 采购与付款循环流程图

流程图的优点包括：❶ 能够形象、直观地反映出交易流程与内部控制的运行方式,突出关键控制点；❷ 便于修改。其缺点包括：❶ 绘制流程图的技术难度大,费时费力；❷ 流程控制之外的控制措施(如实物控制)无法直接反映；❸ 对控制弱点有时也难以明确表示。

> **特别提醒**
>
> 在每次审计中,无论被审计单位规模大小,注册会计师首先必须实施风险评估程序,了解被审计单位及其环境,包括内部控制,以评估重大错报风险。这是审计的起点,不得在未经过风险评估的情况下,直接将重大错报风险设定为高水平。
>
> 识别与评估重大错报风险贯穿于整个审计过程的始终。
>
> 注册会计师应当运用职业判断确定需要了解被审计单位及其环境的程度。如果了解被审计单位及其环境获得的信息足以识别和评估财务报表重大错报风险,那么了解的程度就是恰当的。当然注册会计师对被审计单位的了解程度应低于被审计单位管理层管理企业时对自身的了解程度。

任务三　应对审计风险

工作任务

制订长沙超世服饰有限公司审计项目的风险应对方案。

知识储备

针对识别出来的重大错报风险，注册会计师应该进行风险应对，就是采取总体应对措施，设计与实施进一步的审计程序，来获取充分、适当的审计证据，将审计风险降低至可接受的水平。

一、总体应对措施

针对评估的财务报表层次的重大错报风险，注册会计师运用职业判断来设计与实施总体应对措施，这是战略上的应对。具体包括以下方面：

(1) 向项目组成员强调保持职业怀疑的必要性。比如，不能假定管理层是诚信的，不能以获取管理层声明书代替其他审计证据的收集。

(2) 指派更有经验的或具有特殊技能的审计人员，或利用专家的工作。比如，被审计单位有衍生金融工具业务，应该派熟悉金融业务的注册会计师去审计；对被审计单位发生的资产减值，可以考虑利用资产评估专家的工作。

(3) 提供更多的督导。项目组内经验较丰富的人员、项目负责人，要对其他成员提供更详细、更经常、更及时的指导和监督并加强复核。

(4) 在选择拟实施的进一步审计程序时，应当注意某些程序不被管理层预见或事先了解。被审计单位管理层如果熟悉注册会计师的审计套路，就可能采取种种规避手段，掩盖舞弊行为。因此，在设计进一步审计程序的性质、时间安排和范围时，注册会计师要注意增强程序的不可预见性。可以采用如下一些做法。

❶ 采取不同的选取测试项目的方法，使当期选取的测试项目与以前有所不同。

❷ 对某些未测试过的低于设定的重要性水平或风险较小的账户余额和交易实施实质性程序。比如，以前只对大型设备进行实地检查，现在考虑实地检查价值较低的汽车和其他设备等固定资产。

❸ 调整实施审计程序的时间。比如从前习惯上测试 12 月的项目调整到测试 9 月、10 月或 11 月的项目。

❹ 选取不同的地点实施审计程序，或者事先不告知被审计单位所选定的测试地点。比如，以前监盘存货时没去过的仓库。

❺ 对拟实施审计程序的性质、时间安排和范围进行总体修改。比如，在期末而不是期中实施实质性程序，或修改审计程序的性质（主要依赖实质性程序）以获取更具说服力的审计证

据,扩大审计程序的范围(扩大样本规模、采用更详细的数据实施分析程序等)。

二、进一步审计程序的总体方案

针对评估的各类交易、账户余额、列报的认定层次重大错报风险,注册会计师要设计与实施进一步审计程序(性质、时间安排与范围),这是在战术上的应对。注册会计师首先需要恰当拟定进一步审计程序的总体方案。

(一)进一步审计程序的总体方案的种类

(1)控制测试方案是指注册会计师实施的进一步审计程序以控制测试为主。
(2)实质性方案是指注册会计师实施的进一步审计程序以实质性程序为主。
(3)综合性方案是指注册会计师实施进一步审计程序将控制测试与实质性程序结合使用。

(二)进一步审计程序的总体方案的选择

(1)通常情况下,注册会计师出于成本效益的考虑采用综合性方案。
(2)在某些情况下,比如,存在仅通过实质性程序无法应对的重大错报风险,必须通过实施控制测试才可能有效应对评估出的某一认定的重大错报风险。
(3)在某些情况下,比如,与认定相关的控制缺失或控制测试很可能不符合成本效益原则,仅实施实质性程序是适当的。

三、控制测试的要求

控制测试是指用于评价内部控制在防止或发现并纠正认定层次重大错报方面的运行有效性的审计程序。控制测试的目的是测试控制运行的有效性。

控制测试并非在任何情况下都需要实施。实施控制测试的情形有以下两种:

(一)预期控制有效运行

在了解内部控制以后,如果发现某项控制的设计合理(能够防止或发现并纠正认定层次的重大错报),且得到执行(存在且正在使用),并且相关控制在不同时点都得到了一贯且有效地执行,则注册会计师可能会预期该项控制针对的认定的重大错报风险不会很高,即注册会计师拟信赖该项控制。为此,需要对相关控制在不同时点是否得到了一贯有效的运行实施控制测试,以减少实质性程序,从而提高审计效率。

此时控制测试主要是基于成本效益原则的考虑,其前提是注册会计师认为控制设计合理且得到执行,即预期控制值得信赖。

(二)仅实施实质性程序不足以获取认定层次的充分、适当的审计证据

如果认为仅实施实质性程序获取的审计证据无法将检查风险降至可接受的低水平,注册会计师应当实施相关的控制测试以获取控制运行有效性的审计证据,从而帮助注册会计师得出恰当的结论。

此时,控制测试已经不再是单纯出于成本效益的考虑,而是获取认定不存在重大错报的审计证据的必要手段。

四、控制测试的性质

控制测试的性质是指控制测试所使用的审计程序的类型及其组合,包括询问,观察,检查,

重新执行等。

（一）询问

注册会计师可以向被审计单位适当员工询问，获取与控制运行情况相关的信息。例如，向负责复核银行存款余额调节表的人员询问如何进行复核，包括复核的要点是什么，发现不符事项如何处理等。

（二）观察

测试不留下书面记录的控制的运行情况，观察往往是有效的方法。例如，观察职责分离是否严格执行。观察也可运用于测试财产保护控制，比如，观察仓库门是否锁好，空白支票是否妥善保管等。

（三）检查

对留有书面记录的运行情况进行控制，检查非常适用。例如，检查赊销的批准文件，以确定其是否经过适当的授权批准等。

（四）重新执行

通常，当询问、观察和检查程序结合在一起仍无法获得充分的证据时，注册会计师才考虑通过重新执行来证实控制是否有效运行。例如，为了合理保证销售交易准确性认定，被审计单位的一项控制是由复核人员核对销售发票上的价格与商品价目表上的价格是否一致。但是，要检查复核人员是否认真复核，仅仅检查复核人员是否在相关文件上签字是不够的，注册会计师还需要自己选取一部分销售发票进行核对，这一过程就是重新执行。

五、控制测试的时间安排

控制测试的时间安排包含两层含义：一是测试所针对的控制适用的时点或期间；二是何时实施控制测试。

（一）测试所针对的控制适用的时点或期间

1. 时点测试

如果仅需要测试控制在特定时点的运行有效性，例如，对被审计单位期末存货盘点进行控制测试，注册会计师只需要获取该时点的审计证据。

2. 期间测试

如果需要测试控制在某一期间运行的有效性，仅获取时点的审计证据是不充分的，而应获得在这期间的审计证据。比如，测试被审计单位对控制的监督，以获取相关控制在该期间内的相关时点运行有效的审计证据。

（二）何时实施控制测试

1. 期中测试

注册会计师最有可能在期中实施控制测试。但是，很多情况下还需要针对期中至期末这段剩余期间测试控制的运行情况，以获取对剩余期间的补充审计证据。

2. 利用以前审计获取的审计证据

如果拟信赖以前审计获取的有关控制运行有效性的审计证据，注册会计师首先应当通过实施询问并结合观察或检查程序，来确定这些控制自上次测试后是否已经发生变化。

（1）如果未发生变化，注册会计师本次可能执行控制测试，也可以利用以前审计获取的有关控制运行有效性的审计证据,但是不可以长时间不实施控制测试(通常两次测试的时间间隔不得超过两年)。一般情况下,重大错报风险越高,或对控制的拟依赖程度越高,时间间隔越短。

(2)如果已发生变化,注册会计师应当在本期审计中实施控制测试。

(3)对于旨在减轻特别风险的控制,不论该项控制是否发生变化,注册会计师都不应依赖以前审计获取的证据,而应在本期执行控制测试。

(4)注册会计师应当在每一次审计中都选取足够数量的部分控制进行测试,即不应将所有拟信赖控制的测试集中于某一次审计,而在之后的审计中不对任何控制进行测试。

六、控制测试的范围和结论

(一)控制测试的范围

控制测试的范围主要是指对某项控制活动测试的次数或所选取的测试项目的数量。

对某项控制的测试范围的确定,主要受对控制初步评价结果的影响。在了解控制后,如果认为相关控制风险较低,即对控制运行有效性的拟信赖程度较高,则需要更充分、适当的证据来支持这种高信赖程度,因此实施控制测试的范围就越大。

(二)控制测试的结论

注册会计师实施控制测试后,应就下列几个方面评价相关控制:❶控制在所审计期间的不同时点是如何运行的;❷控制是否得到一贯执行;❸控制由谁(是否是经过授权的人)执行;❹控制以何种方式运行(例如人工控制或自动化控制)。

控制运行有效性强调的是控制能够按照既定设计得以一贯有效地执行。

注册会计师最终得出的结论可能是下列情况之一:❶控制运行有效,可以信赖;❷控制运行无效,不可信赖。

注册会计师应根据控制测试的结果,确定其对实质性程序的性质、时间安排与范围的影响。

七、实质性程序的性质

实质性程序是注册会计师直接用以发现认定层次的重大错报而实施的审计程序。

无论评估的重大错报风险结果如何,注册会计师都应当针对所有重大交易、账户余额及披露设计和实施实质性程序,以应对识别的认定层次重大错报风险。

实质性程序的性质是指实质性程序的类型及其组合,包括细节测试和实质性分析程序。

(一)细节测试

细节测试是针对各类交易、账户余额和相关的具体细节(如时间、金额)进行测试,目的在于直接识别财务报表认定是否存在重大错报。通常可采用检查记录或文件、检查有形资产、观察、询问、函证、重新计算等审计程序。

(二)实质性分析程序

实质性分析程序就是将分析程序用作实质性程序,通常针对在一段时期内存在稳定的预期关系的大量交易,通过研究数据间关系来评价财务信息,用以识别有关财务报表认定是否存在重大错报。

八、实质性程序的时间安排

(一) 期末测试

绝大多数情况下,注册会计师应在期末或者接近期末实施实质性程序,尤其在评估的重大错报风险较高时进行。

(二) 期中测试

在期中实施实质性程序,并针对剩余期间实施相关的实质性程序,或者将实质性程序和控制测试结合使用,以将期中测试得出的结论合理延伸至期末,降低期末存在错报而未被发现的风险,同时要考虑成本效益,否则,不宜在期中实施实质性程序。

(三) 利用以前审计获取的审计证据

在以前审计中通过实质性程序获取的审计证据,通常对本期只有很弱的证据效力,甚至没有效力。

只有当以前获取的审计证据及其相关事项未发生重大变动时,而且本期已实施审计程序用以确认的这些审计证据具有持续相关性时,以前获取的审计证据才可用作本期的有效审计证据。

九、实质性程序的范围

(一) 实质性程序范围的影响因素

1. 评估的认定层次重大错报风险

注册会计师评估的认定层次的重大错报风险越高,需要实施实质性程序的范围就越广。

2. 实施控制测试的结果

如果对控制测试结果不满意,注册会计师应当考虑扩大实质性程序的范围。

(二) 实质性程序范围的确定

1. 细节测试范围的确定

在设计细节测试时,注册会计师一方面要考虑选取测试项目的数量(样本量);另一方面要考虑所选取的测试项目的特征,如选取金额较大的项目、异常的项目等。

2. 实质性分析程序范围的确定

注册会计师应从两个方面考虑实质性分析程序的范围:

(1) 确定适当的分析层次,即对什么层次上的数据进行分析。注册会计师可以选择在汇总的财务数据层次上进行分析,例如,按全部产品年收入进行分析;也可以在细分的财务数据层次上进行分析,例如,按照不同产品线、不同季节或月份、不同经营地点的产品收入进行分析。

(2) 进一步调查的范围,即需要对什么幅度或性质的差异展开进一步调查。实施分析程序发现的已记录金额与预期值之间的差异,并非都值得进一步调查。可接受的差异越大,进一步调查的范围就越小。如果该认定的重要性水平越低,或者计划的保证水平越高,可接受的差异就越小。

十、双重目的测试

细节测试的目的是发现认定层次的重大错报;控制测试的目的是评价控制是否有效运行。

注册会计师可以考虑针对同一交易同时实施控制测试和细节测试,取得控制运行情况的证据,同时获得交易认定是否不存在重大错报的证据,以实现双重目的,这一过程就是双重目的的测试。

案例 4-2

ABC 公司针对银行存款设计了以下控制程序:由一名会计人员每月核对银行存款日记账与银行对账单,并编制银行存款余额调节表;由有关主管人员不定期地抽查银行存款余额调节表。

注册会计师实施了如下程序:❶ 向被审计单位会计人员询问是否按月编制银行存款余额调节表,并抽取三个开户行各自最近两个月的银行存款余额调节表。被审计单位按要求拿来了六份银行存款余额调节表。这是注册会计师实施了解内部控制的程序,获得了银行存款对账的控制是否得到执行的证据。❷ 注册会计师又从这六份中抽出三份,并取得相应的银行存款日记账和银行对账单,重新编制银行存款余额调节表,与被审计单位编制的银行存款余额调节表进行核对。这是注册会计师实施了控制测试,获取了银行存款对账控制运行有效性的证据。❸ 注册会计师又复核计算银行存款余额调节表中的数字,检查未达账项。这是注册会计师实施了实质性程序(细节测试),获取银行存款存在及完整性的证据。

任务四　认识审计抽样

工作任务

确定长沙超世服饰有限公司审计项目的抽样方法,抽取样本执行审计工作。

知识储备

审计人员在获取充分、适当的审计证据时,需要选取项目进行测试。选取方法包括三种:❶ 对某个总体包含的全部项目进行测试;❷ 对选出的特定项目进行测试,但不推断总体;❸ 审计抽样,以样本结果推断总体结论。在现实经济生活中,企业规模和经营复杂程度不断上升,使注册会计师对每一笔交易进行检查变得既不可行,也没有必要。为了在合理的时间内以合理的成本完成审计工作,审计抽样应运而生。

一、审计抽样的含义
(一)审计抽样的定义

审计抽样是指审计人员对具有审计相关性的总体中占比少于百分之百的项目实施审计程序,使所有抽样单元都有被选取的机会,为审计人员针对整个总体得出结论提供合理基础。

(二) 审计抽样的基本特征

审计抽样应当具备三个基本特征：
(1) 对某类交易或账户余额中占比少于百分之百的项目实施审计程序。
(2) 所有抽样单元都有被选取的机会。
(3) 可以根据样本项目的测试结果推断出有关抽样总体的结论。

(三) 审计抽样的运用

1. 风险评估程序

风险评估程序通常不涉及审计抽样。

2. 控制测试

(1) 当某项控制的运行留下轨迹时，审计人员可以考虑使用审计抽样实施控制测试。
(2) 对于未留下运行轨迹的控制，审计人员通常实施询问、观察等审计程序，以获取有关控制运行有效性的审计证据，此时不宜使用审计抽样。

3. 实质性程序

(1) 在实施细节测试时，审计人员可以使用审计抽样获取审计证据，以验证有关财务报表金额的一项或多项认定，或对某些金额作出独立估计。
(2) 在实施实质性分析程序时，审计人员不宜使用审计抽样。

(四) 抽样风险和非抽样风险

在获取审计证据时，审计人员应当运用职业判断，评估重大错报风险，并设计进一步审计程序，以确保将审计风险降至可接受的低水平。在使用审计抽样时，审计风险既可能受到抽样风险的影响，又可能受到非抽样风险的影响。

1. 抽样风险

抽样风险是指审计人员根据样本得出的结论，可能不同于对整个总体实施与样本相同的审计程序得出的结论的风险。

审计人员在进行控制测试时，面临的抽样风险包括信赖过度风险和信赖不足风险。

信赖过度风险是指注册会计师推断的控制有效性高于其实际有效性的风险。比如，实施控制测试时，注册会计师在100个样本项目中发现2个偏差，样本偏差率为2%，并由此认为控制运行有效。但实际上，该项总体的实际偏差率为8%，注册会计师本该作出控制未有效运行的结论，但作出了控制有效运行的结论。

信赖不足风险是指注册会计师推断的控制有效性低于其实际有效性的风险。比如，实施控制测试时，注册会计师在100个样本项目中发现8个偏差，样本偏差率为8%，并由此认为控制未有效运行。但实际上，该项总体的实际偏差率为2%，注册会计师本该作出控制运行有效的结论，但却作出了控制未有效运行的结论。

审计人员在进行细节测试时，运用抽样方法要关注误受风险和误拒风险。

误受风险是指注册会计师推断某一重大错报不存在而实际上存在的风险。注册会计师通常会停止对该账面金额继续进行测试，并根据样本结果得出账面金额无重大错报的结论。显然，容易导致注册会计师发表不恰当的审计意见，从而影响审计效果。

误拒风险是指注册会计师推断某一重大错报存在而实际上不存在的风险。注册会计师会扩大细节测试的范围并考虑获取其他审计证据，最终注册会计师会得出恰当的结论。但在这种情况下，审计效率可能降低。

抽样风险对审计工作的影响如表4-4所示。

表 4-4　　　　　　　　　　　抽样风险对审计工作的影响

测试种类	影响审计效率的风险	影响审计效果的风险
控制测试	信赖不足风险（保守性风险）	信赖过度风险（危险性风险）
细节测试	误拒风险（保守性风险）	误受风险（危险性风险）

2. 非抽样风险

非抽样风险是指审计人员由于任何与抽样风险无关的原因而得出错误结论的风险。审计人员即使对某类交易或账户余额的所有项目实施审计程序，也可能仍未能发现重大错报或控制失效。

以下原因可能导致非抽样风险：

（1）审计人员选择的总体不适合测试目标。例如，审计人员在测试销售收入完整性认定时将主营业务收入明细账界定为总体。

（2）审计人员未能适当地定义误差，导致审计人员未能发现样本中存在的偏差或错报。例如，审计人员在测试现金支付授权控制的有效性时，将签字人未得到适当授权的情况界定为控制偏差。

（3）审计人员选择了不适于实现特定目标的审计程序。例如，审计人员依赖应收账款函证来揭露未入账的应收账款。

（4）审计人员未能适当地评价审计发现的情况。审计人员对所发现误差的重要性判断有误，从而忽略了性质十分重要的误差。

> **特别提醒**
>
> 非抽样风险是由人为错误造成的，因而可以降低、消除或防范。非抽样风险虽不能量化，但通过采取适当的质量控制政策和程序，对审计工作进行适当的指导、监督和复核，以及对审计人员进行适当改进，可以将非抽样风险降至可以接受的水平。

案例 4-3

审计人员抽样审查了表 4-5 中所列的 4 种情况，要求分析这些情况是否会引起抽样风险，属于何种抽样风险？是否会影响审计效率或审计效果？

表 4-5　　　　　　　　　　　抽样审查情况表

审查内容	样本及其容量	可容忍误差	推断误差	总体实际误差
未批准赊销	销货发票 200 份	2%	1.5%	10%
虚列应收账款	向 100 个客户发询证函	10 000 元	20 000 元	14 000 元
虚列现金支出	200 笔支出及凭证	1%	25%	0.5%
漏记应付账款	材料验收单 200 张	5 000 元	8 670 元	3 000 元

分析：
(1) 未批准赊销情况的抽样结果，属于信赖过度抽样风险，会影响审计效果。
(2) 虚列应收账款情况的抽样结果，不会引起抽样风险。
(3) 虚列现金支出情况的抽样结果，属于信赖不足抽样风险，会影响审计效率。
(4) 漏记应付账款情况的抽样结果，属于误拒风险，会影响审计效率。

二、审计抽样的种类

(一) 按照审计抽样决策的依据不同划分

按照审计抽样决策的依据不同，审计抽样可分为统计抽样与非统计抽样。

1. 统计抽样

统计抽样是指审计人员运用数理统计方法确定样本及样本量，进而随机选择样本，并根据样本的审查结果来推断总体特征的一种审计抽样方法。

统计抽样能够科学地确定抽样规模，并且审计对象总体中各项目被抽取的机会均等，可以防止人为的偏见，保证审计结论在规定的可靠程度之上和一定的精确度之内作出。统计抽样还能使审计人员量化控制抽样风险。但统计抽样的技术性较强，可能需要花费较高成本来训练审计人员掌握这种技术。

2. 非统计抽样

非统计抽样是指审计人员运用专业经验和主观判断来确定样本规模和选取样本的一种审计抽样方法。

非统计抽样的优势在于两个方面：一是简单易行，二是能充分利用审计人员的实践经验和判断能力。缺点是审计人员全凭主观标准和个人经验来确定样本规模，往往导致要么样本量过大，浪费了人力和时间；要么样本量过小，易得出错误的审计结论。但是，非统计抽样只要设计得当，也可达到同统计抽样一样的效果。

究竟应选用哪种抽样技术，主要取决于审计人员对成本效果方面的考虑。非统计抽样可能比统计抽样花费的成本要小，但是统计抽样的效果则可能比非统计抽样要好得多。

需要注意的是，非统计抽样和统计抽样的选用，主要涉及的是审计程序实施的范围，并不影响运用于样本的审计程序的选择，也不影响获取单个样本项目证据的适当性，以及审计人员对发现的样本错误所作的适当反应，因为这些事项都需要审计人员运用其职业经验和判断。

(二) 按照审计抽样目的不同划分

1. 属性抽样

属性抽样是一种用来对总体中某一事件发生率得出结论的统计抽样方法。属性抽样在审计中最常见的用途是测试某一设定控制的偏差率，以支持注册会计师对控制有效性的评估。审计人员在进行控制测试时，通常采用属性估计抽样和发现抽样两种方法。

2. 变量抽样

变量抽样是一种用来对总体金额得出结论的统计抽样方法。变量抽样通常回答下列问题：❶ 金额是多少？❷ 账户是否存在错报？变量抽样在审计中的主要用途是进行细节测试，以确定记录金额是否合理。审计人员在进行实质性程序中的细节测试时，通常采用传统变量抽样和概率比例规模抽样（简称 PPS 抽样）。

三、审计抽样的步骤

审计抽样主要分为三个阶段进行。即样本设计阶段、样本选取阶段和样本结果评价阶段。

(1) 样本设计阶段主要包括：确定测试目标、定义总体与抽样单元、定义误差构成条件和确定审计程序。

(2) 样本选取阶段主要包括：确定样本规模、选取样本的方法以及对样本实施审计程序。样本选取时，各影响因素对样本规模的影响如表 4-6 所示。在选取样本项目时，审计人员应当使总体中的每个抽样单元都有被选取的机会。

表 4-6　　　　　　　　　　　　　影响样本规模的因素

影响因素	控制测试	细节测试	与样本规模的关系
可接受的抽样风险	可接受的信赖过度风险	可接受的误受风险	反向变动
可容忍误差	可容忍偏差率	可容忍错报	反向变动
预计总体误差	预计总体偏差率	预计总体错报	同向变动
总体变异性	—	总体变异性	同向变动
总体规模	总体规模	总体规模	影响很小

(3) 样本结果评价阶段主要包括：分析样本误差、推断总体误差和形成审计结论。

四、审计抽样在控制测试中的应用

控制运行留下轨迹（即有记录）时，控制测试可以使用审计抽样。

> **案例 4-4**
>
> ABC 公司是一家小家电制造企业，注册会计师执行 2022 年 ABC 公司年报审计。现拟对外购存货验收手续这一控制实施控制测试，注册会计师决定应用概率抽样中的固定样本量抽样。

(一) 设计样本

1. 确定测试目标

实施控制测试的目标是提供关于控制运行有效性的审计证据，以支持计划的重大错报风险评估水平。

> **案例 4-5**
>
> 续【案例 4-4】，注册会计师拟测试客户 2022 年度的外购存货的"验收手续"这一控制是否有效执行，可把具体目标定为检查存货验收单与购货发票是否相符。

2. 定义总体

总体应与特定的审计目标相关,并具有完整性。

案例 4-6

续【案例 4-5】,可将抽样总体确定为 2022 年的所有购货发票。如果将总体确定为 2021 年所有验收单,显然不能实现检验"验收手续"控制是否一贯地有效执行的这一目标。

3. 定义抽样单元

抽样单元是构成总体的个体项目。注册会计师应根据所测试的控制定义抽样单元,通常是能够提供控制运行证据的一份文件资料、一个记录或其中一行。

案例 4-7

续【案例 4-6】,抽样单元可被定义为每一张购货发票。如果一张购货发票上记载多种存货,则抽样单元应定义为每一张购货发票的每一行。

4. 定义误差

在控制测试中,误差是指控制偏差,即控制失效的事件。注册会计师要根据对内部控制的理解,确定哪些特征能够显示所测试控制的运行情况,然后据此定义控制偏差。

案例 4-8

续【案例 4-7】,注册会计师若发现下列情况之一,即可界定为一个偏差:
(1) 发票未附验收单据。
(2) 发票附有不属于它本身的验收单据。
(3) 发票和验收单据记载的数量不符。

(二) 选取样本

1. 确定样本规模

(1) 确定可接受的信赖过度风险。

样本规模与可接受的信赖过度风险呈反向变动。注册会计师愿意接受的信赖过度风险越低,样本规模通常越大。在控制测试中,可接受的信赖过度风险应确定在相对较低的水平上。在审计实务中,通常将信赖过度风险确定为 10%,特别重要的测试则选择 5%。

案例 4-9

续【案例 4-8】,注册会计师将信赖过度风险确定为 10%。

(2) 确定可容忍偏差率。

在控制测试中,可容忍偏差率是指在不改变对控制有效性的评价及其评估的重大错报风险水平的前提下,注册会计师愿意接受的控制的最大偏差率。通常评价的控制有效性越高,注册会计师确定的可容忍偏差率越低,所需的样本规模就越大,即样本规模与可容忍偏差率呈反向变动关系。

在审计实务中,通常可容忍偏差率与控制的有效性之间的关系如表 4-7 所示。

表 4-7　　　　　　　　　　可容忍偏差率和控制的有效性之间的关系

控制的有效性	可容忍偏差率(近似值)
高	3%～7%
中	6%～12%
低	11%～20%
最低	不进行控制测试

> **案例 4-10**
>
> 续【案例 4-9】,注册会计师将可容忍偏差率确定为 7%。

(3) 确定预计总体偏差率。

样本规模与预计总体偏差率呈正向变动。在既定的可容忍偏差率下,预计总体偏差率越接近可容忍偏差率,注册会计师越需要从样本中得到更精确的信息,以控制(降低)总体实际偏差率超出可容忍偏差率的风险,因而需要越大的样本规模。

在审计实务中,预计总体偏差率的方法如下:

❶ 根据上年测试结果和控制环境等因素对预计总体偏差率进行估计。
❷ 根据对相关控制的设计和执行情况的了解,对拟测试总体的预计偏差率进行评估。
❸ 在抽样总体中选取一个较小初始样本,以样本的偏差率作为预计总体偏差率的估计值。

> **特别提醒**
>
> 如果预计总体偏差率很高,意味着控制有效性很低,这时可能不进行控制测试。

> **案例 4-11**
>
> 续【案例 4-10】,注册会计师将预计总体偏差率确定为 1.75%(1 例偏差)。

(4) 确定样本容量。

❶ 公式法。在控制测试中可以建立基于泊松分布的统计模型,使用统计公式计算样本容量。其计算公式如下:

$$样本量(n) = \frac{可接受的信赖过度风险系数(R)}{可容忍偏差率(TR)}$$

其中,可接受的信赖过度风险系数(R)取决于特定的信赖过度风险和预期将出现偏差的个数。控制测试中常用的风险系数如表 4-8 所示。

表 4-8　　　　　　　　　　　　控制测试中常用的风险系数

偏 差 数	信赖过度风险为 5%	信赖过度风险为 10%
0	3.0	2.3
1	4.8	3.9
2	6.3	5.3
3	7.8	6.7
4	9.2	8.0
5	10.5	9.3
6	11.9	10.6
7	13.2	11.8
8	14.5	13.0
9	15.7	14.2
10	17.0	15.4

案例 4-12

续【案例 4-11】，注册会计师确定可接受的信赖过度风险为 10%，可容忍偏差率为 7%，并预期至多发现 1 例偏差。根据预期偏差 1，信赖过度风险为 10%，从表 4-8 中查得风险系数 R 为 3.9。所需的样本量如下：

$$n = \frac{3.9}{0.07} = 56$$

❷ 样本规模表法。注册会计师也可以使用样本规模表来确定样本容量。

案例 4-13

续【案例 4-12】，根据可接受信赖过度风险为 10%，预期的偏差为 1，可容忍偏差率为 7%，预计总体偏差率为 1.75%，查表 4-9 可知，所需的样本量为 55。这与用公式法计算的样本量 56 相近。

表 4-9　　　　　控制测试中在 10% 信赖过度风险下的概率抽样样本规模

预计总体偏差率(%)	在不同可容忍偏差率下的概率抽样样本规模											
	2%	3%	4%	5%	6%	7%	8%	9%	10%	15%	20%
0.00	114(0)	76(0)	57(0)	45(0)	38(0)	32(0)	28(0)	25(0)	22(0)	15(0)	11(0)
0.25	194(1)	129(1)	96(1)	77(1)	64(1)	55(1)	48(1)	42(1)	38(1)	25(1)	18(1)

(续表)

预计总体偏差率(%)	在不同可容忍偏差率下的概率抽样样本规模									
	2%	3%	4%	5%	6%	7%	8%	9%	10%	15%	20%
0.50	194(1)	129(1)	96(1)	77(1)	64(1)	55(1)	48(1)	42(1)	38(1)	25(1)	18(1)
0.75	265(2)	129(1)	96(1)	77(1)	64(1)	55(1)	48(1)	42(1)	38(1)	25(1)	18(1)
1.00	*	176(2)	96(1)	77(1)	64(1)	55(1)	48(1)	42(1)	38(1)	25(1)	18(1)
1.25	*	221(3)	132(2)	77(1)	64(1)	55(1)	48(1)	42(1)	38(1)	25(1)	18(1)
1.50	*	*	132(2)	105(2)	64(1)	55(1)	48(1)	42(1)	38(1)	25(1)	18(1)
1.75	*	*	166(3)	105(2)	88(2)	55(1)	48(1)	42(1)	38(1)	25(1)	18(1)
2.00	*	*	198(4)	132(3)	88(2)	75(2)	48(1)	42(1)	38(1)	25(1)	18(1)
2.25	*	*	*	132(3)	88(2)	75(2)	65(2)	42(2)	38(2)	25(1)	18(1)
2.50	*	*	*	158(4)	110(3)	75(2)	65(2)	58(2)	38(2)	25(1)	18(1)
2.75	*	*	*	209(6)	132(4)	94(3)	65(2)	58(2)	52(2)	25(1)	18(1)
3.00	*	*	*	*	132(4)	94(3)	65(2)	58(2)	52(2)	25(1)	18(1)
3.25	*	*	*	*	153(5)	113(4)	82(3)	58(2)	52(2)	25(1)	18(1)
3.50	*	*	*	*	194(7)	113(4)	82(3)	73(3)	52(2)	25(1)	18(1)
3.75	*	*	*	*	*	131(5)	98(4)	73(3)	52(2)	25(1)	18(1)
4.00	*	*	*	*	*	149(6)	98(4)	73(3)	65(3)	25(1)	18(1)
5.00	*	*	*	*	*	*	160(8)	115(6)	78(4)	34(2)	18(1)
6.00	*	*	*	*	*	*	*	182(11)	116(7)	43(3)	25(2)

注：❶ 括号内是可接受的偏差数；❷ * 为大于1 000，样本规模太大，因而在多数情况下不符合成本效益原则。

2. 选取样本和实施审计程序

当样本量确定以后，注册会计师就要选择适当的选样方法（如计算机辅助审计技术选样），选取足够的样本，然后实施审计程序。

样本选取的方法一般包括随机选样、系统选样和随意选样三种。

（1）随机选样。

随机选样是指对审计对象总体或次级总体的所有项目，按随机规则选取样本。随机选样通常用随机数表和计算机产生的随机数来进行。所谓随机数表，就是随机产生的由 0～9 这 10 个数字组成的多个几位数字，并将这些数字随机纵横排列而成的一种表。部分随机数表，如表 4-10 所示。

表 4-10　　　　　　　　　　　　　随机数表（部分列示）

序号	1	2	3	4	5	6
1	69358	26533	94923	56241	38942	57255
2	85385	39380	15570	39289	74903	81072
3	43510	69105	07145	94724	45873	73829
4	63378	21991	05588	26649	10368	47458
5	22571	98025	14588	72537	33875	88622
6	83199	52608	51696	98143	17524	99434
7	17178	85263	63285	21300	82412	33452
8	65199	34810	24622	50472	06464	82499
9	17282	69064	84088	49739	04197	87668
10	57885	72453	18185	38640	19336	63992

审计人员运用此法时，首先应确定随机数表中的数字与审计对象总体中项目的一一对应关系。如果总体中的项目已连续编号，则这种一一对应关系就很容易建立，但有时需要重新编号才能建立这种一一对应关系。审计人员使用随机数表时，应选择一个起点和一个选号路线，起点和选号路线可任意选择，但一经选定，就不得改变，必须从起点开始，按照选号路线依次选取。

随机选样不仅使总体中每个抽样单元被选取的概率相等，而且使相同数量的抽样单元组成的每种组合被选取的概率相等。这种方法在统计抽样和非统计抽样中均适用。

案例 4-14

审计人员对某公司连续编号为 500~5000 的现金支票进行随机选样，拟选取一组样本规模为 20 的样本。首先，审计人员确定随机数表中的数字与审计对象总体中项目的一一对应关系。确定只用随机数表所列数字的前四位数来与现金支票号码一一对应。其次，选择选样路径。确定从左到右，从上到下，则选出的 20 个号码为：2653、3894、3938、1557、3928、4351、714、4587、2199、558、2664、1036、4745、2257、1458、3387、1752、1717、2130、3345。选出这 20 个号码后，便可找出与其对应的 20 张支票作为选定样本进行审查。

(2) 系统选样。

系统选样也称等距选样，是指首先计算选样间隔，确定随机起点，然后按照间隔，顺序选取样本的方法。选样间隔计算公式为：

选样间隔＝总体规模÷样本规模

系统选样方法使用方便，并可用于无限总体。但使用系统选样方法要求总体必须是随机排列的，如果测试的特征在总体内分布具有某种规律性，则选取的样本的代表性就可能较差。

例如,应收账款明细表每页的记录均以账龄的长短按先后次序排列,则选中的 200 个样本可能多数是账龄相同的记录。

例如,审计人员拟采用系统抽样从 2 000 张销货发票中选取 200 张作为样本,则选样间隔为 10。假定审计人员把第 101 号发票作为随机起点,每隔 10 张凭证选取一个样本,则所选取的样本号码依次为 101,111,121,131,141,151 等。

克服系统选样方法的这一缺点,可采用两种方法,一是增加随机起点的个数;二是在确定选样方法之前对总体特征的分布进行观察,如发现总体特征的分布呈随机分布,则采用系统选样方法,否则,考虑使用其他选样方法。

(3) 随意选样。

随意选样是指审计人员不带任何偏见地选取样本,即不考虑样本项目的性质、金额大小、位置、外观或其他特征而选取总体项目。随意选样的缺点在于很难完全无偏见地选取样本项目,即这种方法难以彻底排除审计人员的个人偏好对样本选择的影响,因而其结果有时缺乏合理性与可靠性。例如,从发票柜中取发票时,某些审计人员可能倾向于抽样柜子中间位置的发票,这样就会使柜子上面部分和下面部分的发票缺乏相等的选取机会。因此,在运用随意选样方法时,审计人员要避免由于项目的性质、金额大小、位置、外观等的不同所引起的偏见,尽量使所选用的样本具有代表性。

(三) 评价样本结果

1. 计算总体偏差率

将样本中发现的偏差数量除以样本规模,计算出样本偏差率。此时样本偏差率也就是注册会计师对总体偏差率的最佳估计。

2. 分析偏差的性质与原因

注册会计师在评价样本结果时,不仅要考虑偏差的数量,还需要考虑偏差的性质和原因。若发现被审计单位有舞弊或相关控制无效时,无论计算的偏差率是高是低,注册会计师可能都要提高重大错报风险评估水平,并相应调整实质性程序。

3. 推断总体结论

(1) 公式法。其计算公式如下:

$$最大总体偏差率 = \frac{风险系数(R)}{样本量(n)}$$

案例 4-15

续【案例 4-13】,情况一下,注册会计师对 55 个样本项目实施了既定的审计程序,未发现偏差。则在既定的 10% 可接受信赖过度风险下,根据样本结果计算最大总体偏差率如下:

$$最大总体偏差率 = \frac{2.3}{55} = 4.2\%$$

其中,风险系数是根据可接受的信赖过度风险为 10%,且偏差数量为 0,在表 4-8 中查得为 2.3。

这意味着,如果样本量为 55 且没有偏差,总体实际偏差率超过 4.2% 的风险为 10%,即有

90%的把握保证总体实际偏差率不超过4.2%。由于注册会计师确定的可容忍偏差率为7%，因此可以得出结论，总体的实际偏差率超过可容忍偏差率的风险很小，总体可以接受。也就是说，样本结果证实注册会计师对控制运行有效性的预期和评估的重大错报风险水平是适当的。

案例4-16

续【案例4-13】，情况二下，如果在55个样本中有2个偏差，则在既定的10%可接受信赖过度风险下，计算最大总体偏差率如下：

$$最大总体偏差 = \frac{5.3}{55} = 9.6\%$$

其中，风险系数是根据可接受的信赖过度风险为10%，且偏差数量为2，在表4-8中查得为5.3。

这意味着，如果样本量为55且有2个偏差，总体实际偏差率超过9.6%的风险为10%，即有90%的把握保证总体实际偏差率不超过9.6%。在可容忍偏差率为7%的情况下，可以得出结论，总体的实际偏差率超过可容忍偏差率的风险很大，因而不能接受总体。也就是说，样本结果不支持注册会计师对控制运行有效性的预期和评估的重大错报风险水平。注册会计师应当扩大控制测试范围，以证实初步评估结果，或提高重大错报风险评估水平，并相应调整实质性程序，或者对影响重大错报风险评估水平的其他控制进行测试，以支持计划的重大错报风险评估水平。

（2）样本结果评价表法。

注册会计师也可以使用样本结果评价表来评价统计抽样的结果，如表4-11所示。

表4-11 控制测试中概率抽样结果评价——信赖过度风险为10%的最大偏差率（部分列示）

样本规模	不同偏差数下的概率抽样结果最大偏差率(%)											
	0	1	2	3	4	5	6	7	8	9	10
20	10.9	18.1	*	*	*	*	*	*	*	*	*
25	8.8	14.7	19.9	*	*	*	*	*	*	*	*
30	7.4	12.4	16.8	*	*	*	*	*	*	*	*
35	6.4	10.7	14.5	18.1	*	*	*	*	*	*	*
40	5.6	9.4	12.8	16.0	19.0	*	*	*	*	*	*
45	5.0	8.4	11.4	14.3	17.0	19.7	*	*	*	*	*
50	4.6	7.6	10.3	12.9	15.1	17.8	*	*	*	*	*
55	4.1	6.9	9.4	11.8	14.1	16.3	18.9	*	*	*	*
60	3.8	6.4	8.7	10.8	12.9	15.0	16.9	18.9	*	*	*
70	3.3	5.5	7.5	9.3	11.1	12.9	11.6	16.3	17.9	19.6	*

(续表)

样本规模	不同偏差数下的概率抽样结果最大偏差率(%)											
	0	1	2	3	4	5	6	7	8	9	10
80	2.9	4.8	6.6	8.2	9.8	11.3	12.8	14.3	15.8	17.2	18.6
90	2.6	4.3	5.9	7.3	8.7	10.1	11.5	12.8	14.1	15.4	16.6
100	2.3	3.9	5.3	6.6	7.9	9.1	10.3	11.5	12.7	13.9	15.0
120	2.0	3.3	4.1	5.5	6.6	7.6	8.7	9.7	10.7	11.6	12.6
160	1.5	2.5	3.3	4.2	5.0	5.8	6.5	7.3	8.0	8.8	9.5
200	1.2	2.0	1.1	3.4	4.0	4.6	5.3	5.9	6.5	7.1	7.6

案例 4-17

续【案例 4-15】，注册会计师选择可接受的信赖过度风险为 10% 来评价样本结果。样本量为 55，当样本中未发现偏差时，应选择偏差数为 0 的那一列，两者交叉处的 4.1% 即为最大总体偏差率，与利用公式计算的结果 4.2% 相近。此时，由于最大总体偏差率小于本例中的可容忍偏差率 7%，总体可以接受。

当样本中发现两个偏差时，应选择偏差数为 2 的那一列，两者交叉处的 9.4% 即为最大总体偏差率，与利用公式计算的结果 9.6% 相近。此时，最大总体偏差率大于可容忍偏差率，因此不能接受总体。

特别提醒

控制测试中也可以使用非概率抽样。

五、审计抽样在细节测试中的应用

在实质性程序中的细节测试可以使用抽样技术。下面以【案例 4-18】说明非概率抽样在细节测试中的应用。

特别提醒

可容忍错报低于或等于注册会计师确定的实际执行的重要性。

案例 4-18

M 公司是一家供电企业，注册会计师决定函证其 2022 年 12 月 31 日应收账款余额的"存在"时使用非概率抽样。2022 年 12 月 31 日，应收账款共有 905 个借方余额账户，共计 4 250 000 元。这些账户余额在 10 元到 140 000 元之间不等。另有 4 个贷方余额账户，共计 50 000 元。

注册会计师作出下列决定：
(1) 根据控制测试的结果，将与应收账款存在认定有关的重大错报风险评估为高水平。
(2) 确定的可容忍错报为125 000元。
(3) 对应收账款贷方余额单独测试。
(4) 对选取的所有账户的余额进行函证。

其他相关信息如下：
(1) 总体中有5个余额超过50 000元的账户，共计490 000元。注册会计师决定将这5个账户列为重大项目进行百分之百检查。另外有100个余额在1 000元以下的借方余额账户，共计10 000元，注册会计师认为极其不重要。于是注册会计师将这105个账户排除在准备抽样的总体之外。总体还包含800个借方余额账户，共计3 750 000元。
(2) 通过分析程序，注册会计师合理确信，应收账款不存在重大的低估。
(3) 注册会计师没有对应收账款的存在认定实施与函证目标相同的其他实质性程序，因此其他实质性程序未能发现重大错报的风险（即检查风险）为"最高"水平。

注册会计师根据下列公式计算样本规模：

$$样本规模 = \frac{总体账面金额}{可容忍错报} \times 保证系数$$

其中，保证系数在表4-12中查找。

表4-12　　　　　　　　　　保证系数表

评估的重大错报风险	其他实质性程序未能发现重大错报的风险			
	最高	高	中	低
最高	3.0	2.7	2.3	2.0
高	2.7	2.4	2.0	1.6
中	2.3	2.1	1.6	1.2
低	2.0	1.6	1.2	1.0

根据与应收账款的存在认定有关的重大错报风险评估为"高"水平，以及其他实质性程序未能发现重大错报的风险为"最高"水平，注册会计师使用表4-12得到的保证系数为2.7。代入公式，得到：

$$样本规模 = \frac{3\,750\,000}{125\,000} \times 2.7 = 81$$

注册会计师根据总体项目的账面金额，将总体分为两组。第一组由260个余额大于或等于5 000元的账户组成（账面余额总计2 500 000元），第二组由余额小于5 000元的其余账户组成（账面余额总计1 250 000元）。注册会计师将样本在两组之间进行分配，使每组的样本数量大致与该组账户的账面余额成比例。从第一组中选取54个，从第二组中选取27个账户。样本分布如表4-13所示。

表 4-13　　　　　　　　　　　　　样本分布表

分组类型	组账面总额(元)	组账户数(个)	组样本规模(个)
5 000 元及以上	2 500 000	260	54
5 000 元以下	1 250 000	540	27
合计	3 750 000	800	81

注册会计师对这 81 个顾客和百分之百检查的 5 个顾客寄发了共 86 份询证函。收到了 71 份已填写的回函。通过执行检查日后收款等替代审计程序，注册会计师能够合理确信未回函的 15 个账户余额没有重大错报。在 71 份回函中，有 4 个客户表示其余额被高估。注册会计师进一步调查了这些余额，结论是它们的确存在错报，但这些错报并非舞弊导致。错报情况如表 4-14 所示。

表 4-14　　　　　　　　　　　　　错报汇总表

分组类型	组样本账面金额(元)	组样本错报额(元)	组样本错报数(个)	组错报金额(元)
重大项目	490 000	1 000	1	1 000
5 000 元及以上	739 430	6 300	2	21 300
5 000 元以下	62 500	750	1	15 000
合计	1 291 930	8 050	4	37 300

注：❶ 第二、三行组错报金额＝组样本错报额÷组样本账面金额×组总体账面金额。组错报金额合计为各组错报金额之和。
❷ 推断错报为 29 250 元(37 300－8 050)。

将错报 37 300 元与可容忍错报 125 000 元进行比较，注册会计师认为应收账款借方账面余额发生的错报超过可容忍错报的风险很小，因此总体可以接受。

注册会计师得出结论，样本结果支持应收账款账面余额的重大错报风险水平，即应收账款余额的存在认定未发现重大错报。

习题与实训

一、判断题

1. 在了解被审计单位及其环境时，观察和检查程序可以印证对管理层和其他相关人员询问的结果。　　　　　　　　　　　　　　　　　　　　　　　　　　　　（　　）

2. 注册会计师审计的目标是对财务报表是否不存在重大错报发表审计意见,因此注册会计师需要了解和评价被审计单位所有的内部控制。（　　）

3. 执行穿行测试需要对交易从发生到记账的整个流程进行追踪,目的在于证实账户余额是否正确。（　　）

4. 随着重大错报风险的增加,注册会计师应当考虑扩大审计程序的范围。（　　）

5. 在设计细节测试时,注册会计师一方面要考虑选取测试项目的数量（样本量）;另一方面要考虑所选取的测试项目的特征,例如选取金额较大的、异常的项目。（　　）

6. 通常情况下,注册会计师出于成本效益的考虑采用实质性方案。（　　）

7. 审计人员在了解被审计单位及其环境的过程中实施的分析程序有助于识别异常的交易或事项,以及对财务报表和审计产生影响的金额、比率和趋势。（　　）

8. 审计人员应当针对评估的财务报表层次的重大错报风险设计和实施进一步审计程序,以将审计风险降至可接受的低水平。（　　）

9. 无论审计人员对重大错报风险的评估结果如何,都应当对所有的各类交易、账户余额和列报设计和实施实质性程序。（　　）

10. 审计人员在执行财务报表审计业务时,不论被审计单位规模是大还是小,都应当对相关的内部控制进行控制测试。（　　）

二、单项选择题

1. 在风险导向审计模式下,审计的起点是（　　）。
   A. 初步业务活动　　　　　　　　B. 重大错报风险评估
   C. 账表　　　　　　　　　　　　D. 内部控制评价

2. 如果存在非常规交易与判断事项,可能意味着存在需要注册会计师特别关注的（　　）。
   A. 报表层次重大错报风险　　　　B. 特别风险
   C. 认定层次重大错报风险　　　　D. 检查风险

3. 为了解被审计单位的财务状况、重大的会计处理问题,注册会计师应向（　　）进行询问。
   A. 内部审计人员　　B. 仓库人员　　C. 销售人员　　D. 财务负责人

4. 实质性方案是注册会计师实施的进一步审计程序,以（　　）为主。
   A. 风险评估程序　　B. 控制测试　　C. 实质性程序　　D. 分析程序

5. 注册会计师通过检查某笔交易的发票可以确定其是否经过适当的授权,也可以获取关于该交易的金额、发生时间等细节证据。这属于（　　）。
   A. 实质性程序　　B. 细节测试　　C. 控制测试　　D. 双重目的测试

6. 注册会计师在实施风险评估程序后,针对（　　）实施控制测试。
   A. 设计不合理的控制　　　　　　B. 设计合理且得到执行的控制
   C. 设计合理但没有得到执行的控制　D. 与审计相关的控制

7. 实质性分析程序通常是针对在一段时期内（　　）实施的。
   A. 各类交易　　　　　　　　　　B. 存在稳定的预期关系的大量交易
   C. 各类账户余额　　　　　　　　D. 各类列报

8. 在考虑实施实质性程序的时间时,如果识别出舞弊导致的重大错报风险,审计人员应当( )。
　A. 在期末或接近期末实施实质性程序　　B. 在期中实施实质性程序
　C. 在期中和期末都实施实质性程序　　　D. 实施将期中结论延伸至期末的审计程序

9. 下列各项中,属于在控制测试中审计人员所实施的审计程序的是( )。
　A. 分析程序　　　B. 函证　　　C. 重新执行　　　D. 重新计算

10. 下列关于选取测试项目方法的说法中,正确的是( )。
　A. 从某类交易中选取特定项目进行检查构成审计抽样
　B. 从总体中选取特定项目进行测试时,应当使总体中每个项目都有被选取的机会
　C. 对全部项目进行检查,通常更适用于细节测试
　D. 审计抽样更适用于控制测试

三、多项选择题

1. 了解被审计单位及其环境时,需要了解的内容有( )。
　A. 被审计单位的内部控制　　　　B. 宏观经济景气度
　C. 被审计单位的组织结构　　　　D. 被审计单位对会计政策的选择和运用

2. 交易类别可以划分为常规交易、非常规交易与判断事项。常规交易是指在日常经营中经常重复发生的交易,例如销售、收款;非常规交易是指由于金额或性质异常而不经常发生的交易;判断事项通常指会计估计。特别风险的产生通常与( )有关。
　A. 重大的非常规交易　　　　　　B. 日常交易
　C. 不复杂的、经正规处理的交易　　D. 判断事项

3. 注册会计师针对财务报表层次的重大错报风险,运用职业判断来实施的总体应对措施包括( )。
　A. 向项目组成员强调保持职业怀疑的必要性
　B. 指派更有经验的或具有特殊技能的审计人员,或利用专家的工作
　C. 提供更多的督导
　D. 实施综合性方案

4. 注册会计师实施控制测试后,最终评价相关控制,得出的结论可能包括( )。
　A. 控制有效运行,可以信赖　　　B. 控制运行无效,不可信赖
　C. 控制设计不合理　　　　　　　D. 控制设计合理但没有得到执行

5. 为了解内部控制的设计和执行,审计人员通常实施的风险评估程序有( )。
　A. 询问被审计单位的人员　　　　B. 观察特定控制的运用
　C. 检查文件和报告　　　　　　　D. 分析程序

6. 下列关于风险评估的说法中,正确的有( )。
　A. 了解被审计单位及其环境是审计人员必须实施的程序,而非可选择程序
　B. 了解被审计单位及其环境是审计人员可以实施的程序,而非必须执行的程序
　C. 审计人员了解被审计单位的目的是识别和评估重大错报风险以设计和实施进一步审计程序
　D. 了解被审计单位及其环境,贯穿审计过程的始终

7. 下列关于了解被审计单位内部控制的表述中,正确的有( )。
　A. 审计人员通过了解,确定控制设计不当,就不需要再考虑控制是否得到执行

B. 审计人员可使用询问程序来获得其控制的设计以及确定其是否得到执行的充分、适当的证据

C. 对某信息系统的内部控制的了解有可能代替对控制运行有效性的测试

D. 执行穿行测试即评价内部控制的设计是否合理,也可确定其是否得到执行

8. 审计人员李平为了应对财务报表层次的重大错报风险,准备采用提高审计程序不可预见性的方法,下列方法中可以提高审计程序不可预见性的有（　　）。

A. 实施更细致的分析程序,如何使用计算机辅助审计技术审阅销售及客户账户

B. 选择期末余额较大的应收账款客户进行函证

C. 把所函证的应收账款账户的截止日期提前或者推迟

D. 多选几个月的银行存款余额调节表进行测试

9. 下列关于审计抽样的说法中,正确的有（　　）。

A. 在审计抽样中,抽样风险是客观存在的

B. 审计人员在统计抽样与非统计抽样方法之间进行选择时主要考虑成本效益

C. 非抽样风险是由人为错误造成的,在审计中可以将其量化并加以控制

D. 审计抽样可以运用于所有的审计程序

10. 下列关于样本规模的说法,正确的有（　　）。

A. 在控制测试中,审计人员确定的总体项目的变异性越低,样本规模就越小

B. 对小规模总体而言,审计抽样比其他选择测试项目的方法的效率低

C. 审计人员愿意接受的抽样风险越低,样本规模就越大

D. 预期控制所影响账户的可容忍错报越小,则控制测试的样本规模就越大

四、实训题

1. 假定被审计单位应收账款的编号为 0001 至 3500,审计人员拟选择其中 350 份进行函证,例如,利用随机数表(表 4-15 为随机数表开始部分),从第 2 行第一个数字起,自左向右,自上向下,以后四位数为准。

表 4-15　　　　　　　　　　　随机数表(开始部分)

列/行	1	2	3	4	5
1	04734	39426	91035	54939	76873
2	10417	19688	83404	42038	48226
3	07514	48374	35658	38971	53779
4	52305	86925	16223	25946	90222
5	96357	11486	30102	82679	57983
6	92870	05921	65698	27993	86406
7	00500	75924	38803	05286	10072
8	34826	93784	62709	15370	96727

(续表)

列/行	1	2	3	4	5
9	25809	21860	36790	76883	20435
10	77487	38419	20631	48694	12638

要求：分析审计人员选择最初5个样本的号码分别是哪些。

2. ABC公司是一家生产和销售高端清洁用品的有限责任公司,其产品主要用于星级酒店宾馆和大型饭店,已经占领了东北和华北市场,建立了省级或市级经销商网络。2022年,ABC公司面向全国开拓市场。公司所有货物由物流公司运送,计算机发票由销售部开具。公司提供的财务报表相关数据如表4-16所示。

表4-16　　　　　　　　　　　　财务报表相关数据　　　　　　　　　　　单位：元

项　目	2022年(末)	2021年(末)	2020年(末)
应收账款(年末)	39 560 810	27 765 338	19 820 905
坏账准备(年末)	1 879 830	1 707 400	
营业收入	112 655 260	93 103 520	

公司董事会确定的2022年度销售收入预算目标是在2021年基础上增长20%；公司在2022年以放宽信用额度来增加销售收入。针对每一笔销售收入,ABC公司销售部专职秘书将客户订单、客户已签收的送货单以及发票上的客户名称、货物品种、数量、价格进行核对,并在发票记账联上加盖"核对确认无误"章,交给财务部作为确认销售收入的凭证。对数据不符的交易则进行调查并调整,这是ABC公司的关键控制之一。

该公司2022年度的税前利润为8 475 623元,注册会计师决定以税前利润的5%来确定财务报表层次重要性水平。

注册会计师对该公司内部控制的了解结果表明,销售与收款循环相关控制设计合理且得到执行。

要求：

(1) 根据上述资料,请确定财务报表层次重要性水平,并进行风险评估。

(2) 针对应收账款设计进一步审计程序的总体方案。

(3) 如果打算实施控制测试,请设计控制测试程序。

(4) 如果控制测试结果表明,没有发现例外情况,相关控制有效运行,请针对应收账款设计实质性程序。

3. ABC公司是一家大型纺织品生产企业,2022年主营业务收入14 410 000元,无销售退回与折让记录,贷方记录一共有1 251笔,每笔金额在1 000元到300 000元不等。

(1) 根据控制测试的结果,注册会计师将与主营业务收入发生认定有关的重大错报风险评估为"中"水平。

(2) 确定的可容忍错报为200 000元。

(3) 总体中有 4 笔金额超过 200 000 元的交易,共计 1 100 000 元。注册会计师决定将这 4 笔交易列为重大项目进行百分之百检查。另外 47 笔金额在 3 000 元以下的交易,共计 310 000 元,注册会计师认为极不重要,不实施审计程序。

(4) 注册会计师对其余交易决定实施审计抽样。注册会计师将总体项目按金额从大到小排序,然后将总体分成金额大致相等的两组。第一组由 300 笔交易组成(金额总计 6 600 000 元),第二组由 900 笔交易组成(金额总计 6 400 000 元)。

(5) 注册会计师决定将样本在两组之间平均分配。从第一组抽出的样本金额合计为 2 000 000 元,从第二组中抽出 1 000 000 元。

(6) 注册会计师对选中的样本及 4 笔重大销售交易追查至原始凭证,必要时进行函证。对选取的项目检查(包括函证)的结果表明存在高估错报,其中:4 笔重大交易有 1 笔高估 10 000 元,第一组样本中有 1 笔高估 60 000 元,第二组中有 1 笔高估 10 000 元。注册会计师进一步调查来确定这些错报并非舞弊导致。

(7) 注册会计师没有对主营业务收入发生认定实施其他实质性程序,因此其他实质性程序未能发现重大错报的风险为"最高"水平。

要求:(1) 计算样本规模(结果取整)。
(2) 完成以下两张错报汇总表(表 4 – 17、表 4 – 18)。
(3) 帮助注册会计师对主营业务收入得出结论。

表 4 – 17　　　　　　　　　　　　错报汇总表

组　　别	账面总额(元)	交易数(个)	样本规模(个)
第一组			
第二组			
合计			

表 4 – 18　　　　　　　　　　　　错报汇总表

组　　别	样本账面金额(元)	样本错报金额(元)	样本错报数(个)	错报金额(元)
重大项目	—	—	—	
第一组				
第二组				
合计				

五、案例分析题

1. M 公司主要从事小型电子消费品的生产和销售,产品销售以 M 公司仓库为交货地点。M 公司日常交易采用自动化信息系统(以下简称系统)和手工控制相结合的方式进行。系统自 2021 年以来没有发生变化。M 公司产品主要销售给国内各主要城市的电子消费品经销商。注册会计师A和B负责审计M公司2022年度财务报表。

A.和B在审计工作底稿中记录了所了解的M公司及其环境情况,部分内容摘录如下:

(1)在2021年度实现销售收入增长10%的基础上,M公司董事会确定的2022年销售收入增长目标为20%。M公司管理层实行年薪制,总体薪酬水平根据上述目标的完成情况上下浮动。M公司所处行业2021年的平均销售增长率是12%。

(2)M公司财务总监已为M公司工作超过6年,于2021年9月劳动合同到期后被M公司的竞争对手高薪聘请。由于工作压力大,M公司会计部门人员流动频繁,除会计主管服务期为4年外,其余人员的平均服务期少于2年。

(3)M公司的产品面临快速更新换代的压力,市场竞争激烈。为巩固市场占有率,M公司于2021年4月将主要产品(C产品)的销售下调了8%~10%,C产品在2020年的毛利率为8.1%。另外,M公司在2021年8月推出了D产品(C产品的改良型号),市场表现良好,计划在2022年1月全面扩大生产,并在2022年1月停止C产品的生产。为了加快资金流转,M公司于2022年1月针对C产品开始实施新一轮降价促销,平均价格幅度达到10%。

要求:针对资料(1)至资料(3),假定不考虑其他条件,请分别指出资料所列事项是否可能表明存在重大错报风险。如果认为存在,请简要说明理由,并分别说明该风险是属于财务报表层次还是认定层次。

2.注册会计师王力负责审计中大公司2022年度财务报表。王力在审计工作底稿中记录了针对以下两项内部控制实施的控制测试和实质性程序及其结果,假定这些控制的设计有效并得到执行。

(1)内部控制:产品送达后,中大公司要求客户的经办人员在发运凭单上签字。财务部将客户签字确认的发运凭单作为收入确认的依据之一。

测试结果:王力对控制的预期偏差率为零,从收入明细账中抽取25笔交易,检查发现发运凭单是否经客户签字确认。经检查,有2张发运凭单未经客户签字确认。

销售人员解释,这两批货物在运抵客户时,客户的经办人员出差。由于以往未发生过客户拒绝签字的情况,经财务部经理批准后确认收入。

王力对上述客户的应收账款进行函证,回函结果表明不存在差异。

(2)内部控制:现金销售通过收银机集中收款,并自动生成销售小票和每日现金销售汇总表。财务人员将每日现金销售汇总表的金额和收到的现金核对一致。除财务部经理批准外,出纳应在当日将收到的现金存入指定的银行。

测试结果:王力对控制的预期偏差率为零,抽取25张银行现金缴款单回单与每日现金销售汇总表进行核对,发现有三张银行现金缴款单回单的日期比每日现金销售汇总表的日期晚一天。

财务人员解释,由于当日核对工作结束较晚,银行已结束营业,经开户银行批准,出纳将现金存入公司保险柜,并于次日存入银行。

王力检查财务部经理签字批准的记录,未发现异常。

要求:根据控制测试和实质性程序及其结果,分别指出以上控制运行是否有效。如果认为运行无效,简要说明理由。

3.A公司主要从事小型电子消费品的生产和销售,产品销售以A公司仓库为交货地点。注册会计师审计A公司2022年度财务报表。有关财务数据如表4-19所示。

表 4-19　　　　　　　　　　　　　A 公司相关财务数据　　　　　　　　　　单位：万元

项　目	营业收入	营业成本	存　货	存货跌价准备
2022 年年末	75 850	65 660	9 999	860
2021 年年末	68 680	56 880	9 788	980

注册会计师实施风险评估程序，了解到 A 公司及其环境情况如下：

（1）由于 2021 年销售业绩未达到董事会制定的目标，A 公司于 2022 年 2 月更换公司负责销售的副总经理。

（2）A 公司的主要竞争对手在 2022 年年末纷纷推出降价促销活动。为了巩固市场份额，A 公司于 2023 年元旦开始全面下调主要产品的零售价，不同规格的主要产品降价幅度从 15％到 20％不等。

（3）2022 年执行企业会计准则。

要求：

（1）分别指出上述三个事项是否可能表明存在重大错报风险。如果认为存在，简要说明理由，并分别说明该风险属于财务报表层次还是认定层次。

（2）如果认为属于认定层次，指出相关事项主要与哪些财务报表项目的哪些认定相关。

项目五　审计销售与收款循环

思政案例导入

瑞幸咖啡收入作假

瑞幸咖啡是中国最大的连锁咖啡品牌，总部位于厦门。从成立到上市，星巴克花了21年，麦当劳花了25年，瑞幸咖啡只花了17个月时间，创造全球最快IPO公司的纪录。2017年10月第一家店开业，到2018年12月开店数量已经达到2 000家，到2019年年底瑞幸咖啡的门店总数已经超过4 500家，超越了咖啡巨头星巴克。看似一帆风顺的发展历程，实则蕴藏着重大危机。

2020年2月1日，做空机构浑水发布了一份长达89页的匿名做空报告，指控瑞幸咖啡财务造假以及瑞幸的商业模式存在缺陷。2020年4月2日，因虚假交易额22亿元，瑞幸咖啡盘前暴跌85%。

瑞幸咖啡每个商店每天的商品销售数量在2019年第三季度虚增69%，第四季度虚增88%。公司以"跳单"来虚增订单数。取餐码本应是"1,2,3,4"按照顺序自然增加，但瑞幸是通过"1,3,5,6,8……"来进行随机增加。每订单商品已从2019年第二季度的1.38下降至2019年第四季度的1.14。瑞幸咖啡虚增了每件商品的净售价至少1.23元人民币或12.3%，商品的实际售价为标价的46%，而不是管理层声称的55%。瑞幸咖啡将2019年第三季度的广告支出夸大了150%以上。瑞幸咖啡的非咖啡类产品收入，即其他收入，占比只有6%，而不是三季报公开的23%。瑞幸咖啡通过以上途径以达到虚增收入、利润的目的。

探索与讨论：

从本案例中可以看出，财务报表的收入与利润存在弄虚作假的风险，那么注册会计师在对销售与收款循环进行审计过程中，应该重点关注什么？

学习目标

【知识目标】
1. 了解销售与收款循环的主要业务活动和涉及的主要凭证。
2. 熟悉销售与收款循环的内部控制测试程序。
3. 掌握营业收入的确认与计量的检查。
4. 掌握营业收入、应收账款的实质性程序。

【技能目标】
1. 能评估销售与收款循环的重大错报风险。
2. 能对销售与收款循环实施控制测试，找出内控存在的关键问题。

3. 能对主营业务收入、应收账款实施实质性程序,揭示其可能存在的重大错报。

【素质目标】

1. 通过对循环业务活动的学习,培养学生深入细致了解业务的习惯,培养学生养成业财融合的工作方式。

2. 通过学习销售与收款循环内部控制及其测试,培养学生在工作中树立严格的服务意识和大局观。

3. 通过对营业收入审计及案例的学习,培养学生诚信为本、操守为重的职业道德和职业精神。

4. 通过学习应收账款的审计,培养学生沉稳踏实、实事求是的工作态度和严谨专业的工作精神。

初级考试考点提醒

1. 销售与收款循环的业务流程、内部控制及控制测试。
2. 销售与收款循环的主要风险。
3. 营业收入、应收账款的审计目标和审计方法。

任务一 了解销售与收款循环

工作任务
了解长沙超世服饰有限公司的销售与收款循环。

知识储备

对于大多数企业而言,销售与收款循环通常是重大的业务循环,注册会计师需要在审计计划阶段了解该循环涉及的业务活动及所涉及的凭证和记录。

一、销售与收款循环涉及的业务活动

(一)接受客户订单

客户提出订货要求是整个销售与收款循环的起点。客户的订单只有在符合企业管理当局的授权标准时,才能够被接受。销售单管理部门接受订单后通常应编制一式多联的销售单。

(二)批准赊销信用

对于赊销业务,应由信用管理部门根据企业的赊销政策,将销售单与该客户已被授权的赊销信用额度及至今尚欠的账款进行核对与检查,据此确定是否接受该项订单。企业应对每个新客户进行信用调查,并在销售单上签意见,之后将已签署意见的销售单送回销售单管理部门。

（三）根据销售单编制发运凭证并发货

企业的商品仓库在收到经过批准的销售单时才能编制发运凭证并发货。设立这项控制程序的目的是防止仓库在未经授权的情况下擅自发货。因此，已批准的销售单应送达仓库，作为仓库按销售单供货和发货给装运部门的授权依据。

（四）按销售单装运货物

将按经批准的销售单发货与按销售单装运货物职责相分离，有助于避免装运职员在未经授权的情况下装运产品。另外，在装运之前，装运部门的职员必须检查确认从仓库提取的商品都附有经批准的销售单，并且所提取商品的内容与销售单一致。

（五）向客户开具发票

开具发票是指开具并向客户寄送事先连续编号的销售发票。

（六）记录销售

记录销售的过程包括区分赊销、现销，按销售发票编制转账凭证或现金、银行存款收款凭证，再据以登记销售明细账和应收账款明细账或现金、银行存款日记账。

（七）办理和记录现金、银行存款收入

这项业务涉及的是有关货款收回，现金、银行存款的记录以及应收账款减少的活动。在处理货币资金收入时，最重要的是保证全部货币资金都必须如数、及时地记入相关总账及明细账，并如数将现金存入银行。在这方面，汇款通知单起着很重要的作用。

（八）办理和记录销售退回、销售折扣与折让

客户如果对商品不满意，销售企业一般会同意在商品售出一定期限内接受退货，或给予一定的销售折让；客户如果提前支付货款，销售企业则可能会给予一定的销售折扣。此类事项一般需经过授权批准，并确保与办理此事项有关部门和员工各司其职，分别控制实物流和会计处理过程。

（九）提取坏账准备

坏账准备提取的数额必须能够抵补企业以后无法收回的本期货款。

（十）核销坏账

销货企业如果认为某项货款再也无法收回，就必须注销这笔货款。处理时应取得货款无法收回的确切证据，经适当审批后及时进行会计调整。

二、销售与收款循环涉及的凭证与记录

在内部控制制度比较健全的企业，处理销售与收款业务通常需要使用很多会计凭证和记录。典型的销售与收款循环中所涉及的会计凭证与记录如下：

（一）客户订货单

企业可通过各种方式如打电话、寄信件、参加各类订货会等取得新老客户的订货单。客户订货单是来自外部的引发销售交易的文件之一，有时也能为有关销售交易的"发生"认定提供补充证据。

（二）销售单

销售单是指列示客户所订商品的名称、规格、数量以及其他与客户订单有关资料的表格，

主要是作为销售方内部处理客户订货单的依据。销售单是证明销售交易的"发生"认定的凭据之一,也是此笔销售交易轨迹的起点之一。

(三) 发运凭证

发运凭证是在发运货物时编制的,用以反映发出商品的规格、数量和其他有关内容的凭据。该凭证一式多联,可以用作向客户开票收款的凭证。

(四) 销售发票

销售发票是表明已销商品的规格、数量、销售金额、运费以及其他有关销售情况等的凭证。该凭证是企业实现销售交易、登记销售业务的基本凭证。

(五) 商品价目表

商品价目表是指列示已经授权批准的、可供销售的各种商品的价格清单。

(六) 贷项通知单

贷项通知单是用来表示由于销货退回或经批准的折让而引起的应收销货款减少的凭证。这种凭证的格式通常与销售发票的格式相同,但是该凭证用来说明应收账款的减少。

(七) 应收账款账龄分析表

应收账款账龄分析表用来反映月末应收账款总额的账龄区间,并详细反映每个客户月末应收账款金额和账龄。通常,应收账款账龄分析表按月编制,它也是常见的计提应收账款坏账准备的重要依据之一。

(八) 应收账款明细账

应收账款明细账是指记录每个客户各项赊销、现金收入、销售退回及折让的明细账。

(九) 主营业务收入明细账

主营业务收入明细账是指记录销货业务的明细账,其一般按商品类别来反映销货总额。

(十) 折扣与折让明细账

企业核算销售商品时,按照合同规定为了及早收回货款以及由于商品本身存在问题会给予客户一定的销售折扣,折扣与折让明细账是对销售折让情况进行记录的明细账。

(十一) 汇款通知单

汇款通知单是与销售发票一起寄给客户,由客户付款时再寄回销货单位的凭证。其目的是保证使款项及时存入银行。

(十二) 库存现金和银行存款日记账

库存现金和银行存款日记账是指记录应收账款的收回或现销收入以及其他各种现金、银行存款收入和支出情况的序时账簿。

(十三) 坏账核销审批表

坏账核销审批表是批准将某些应收款项注销为坏账的、仅在企业内部使用的凭证。

(十四) 客户对账单

客户对账单是定期寄送给客户的、用于购销双方定期核对账目的凭证。

(十五) 转账凭证

转账凭证是指记录转账业务的记账凭证。它是根据有关转账业务(不涉及现金、银行存款收付的各项业务)的原始凭证编制的。

(十六) 收款凭证

收款凭证是指记录收到现金和银行存款业务的记账凭证。

工作任务资料

（一）长沙超世服饰有限公司的销售收款制度

（1）应收款项的坏账准备会计政策：账龄分析法计提坏账准备，坏账准备计提比例如表5-1所示。

表5-1　　　　　　　　　　　　坏账准备计提比例表

账　　龄	应收账款计提比例(%)	其他应收款计提比例(%)
1年以内（含1年）	5	5
1~2年	10	10
2~3年	20	20
3年以上	100	100

（2）长沙超世服饰有限公司主要客户信息如表5-2所示。

表5-2　　　　　　　　　　　　公司主要客户信息表

名　称	地　　址	邮　编	电　　话	备注（信用记录）
利达公司	郴州市世纪大街1233号	423015	0736-77777777	良好
天健实业	长沙市芙蓉区芙蓉大道198号	410009	0731-88888888	良好
友谊宾馆	长沙市岳麓区琴海路1111号	410079	0731-87234153	良好
湖南联通	长沙市韶山北路126号	410012	0731-87545321	良好
市十四中	长沙市中城区建阳街868号	410006	0731-87678798	良好
昇通科技	长沙市光明村1212号	410025	0731-87897894	良好
湘楚集团	长沙市岳麓区五柳街8号	410089	0731-85683471	良好
联盛科技	长沙市望城区迎宾路128号	410007	0731-83349982	良好
辉达公司	岳阳市王府井大街1558号	414000	0730-89955123	新客户
安邦制药	株洲市自由大道589号	412000	0731-25318888	新客户

（二）长沙超世服饰有限公司的费用报销制度

公司日常费用主要包括差旅费、业务招待费、电话费、交通费、办公费、低值易耗品和车辆费用等。在一个预算期间内,各项费用的累计支出原则上不得超出预算。

(1) 公司一切费用支出必须按"先申请,后办理"的原则进行,对未进行申请、审批的一切费用开支不予报销,特殊情况必须经总经理批准。

(2) 公司所有费用支出报销原则上依据总经理批准的资金限额凭有效票据实报实销;报销人员所报销的费用支出必须真实、合规,严禁和杜绝弄虚作假行为。

(3) 业务人员必须凭真实、合规、有效的原始凭证办理报销手续,所持票据必须是国家税务机关或财政部门统一印制的票据需要填写完整、数字清楚,严禁和杜绝白条入账和费用支出项目与所附票据不符以及其他违规行为。

(4) 业务人员所报销费用的票据必须按时间顺序分类整理、粘贴并按规定和要求填写费用报销凭证,待逐级审核批准后,方可报销。

(三) 长沙超世服饰有限公司销售业务流程

1. 客户提交采购订单

(1) 新合作客户。对于新合作客户,业务员对其进行背景调查,获取包括信用评审机构对客户信用等级的评定报告并填写"客户基本情况表",附相关资料交至销售经理审批。销售经理在"客户基本情况表"上注明是否接受该新客户。"客户基本情况表"经批准后,销售管理员将新客户信息录入业务系统,建立客户档案。新客户完成建档后,即可向公司发出采购订单。新客户一般以现销方式进行合作,不授予赊销额度。

(2) 对于现有客户,公司业务系统接收到客户采购订单后,对订单金额与该客户可用赊销额度(客户授信额度扣除尚欠货款后的余额)自动比对,若订单金额在客户可用赊销额度以内的,系统自动提交销售经理审批,若客户订单金额超出客户可用赊销额度的,系统不予提交,责任业务员应告知客户及时回款以恢复可用赊销额度,额度恢复后由业务员人工提交。

2. 签订销售合同

客户采购订单经批准后,责任业务员在系统中填写固定格式条款销售合同并提交销售经理复核,若客户要求对销售合同格式条款进行修改的,修改后的合同还需经公司法务审核。审批通过后,系统自动生成连续编号的销售合同文件,责任业务员打印并与客户签订销售合同,完成后的纸质合同交回给销售管理员。

3. 生成销售订单

销售管理员根据客户已签订的销售合同,将订货信息输入系统,由系统生成连续编号的销售订单(显示为"待处理"状态),并提交销售经理审批,经审批后的销售订单(显示为"备货中"状态)由系统自动转给仓储部进行备货。

每月月末,销售管理员导出打印当月完成的销售订单,将销售订单和销售合同逐一比对检查是否有误,完成后由销售经理复核,确认无误后将销售订单和销售合同整理归档。

4. 产品出库发运

(1) 仓储部完成备货后(销售订单显示"待出库"状态),业务员根据销售合同约定的交货日期,开具连续编号的发货通知单提交销售经理审批,审批通过后系统转给仓储部门。

(2) 仓储主管接收到发货通知单后,组织安排产品发运。仓库管理员根据系统显示的发货通知单信息和销售订单("待出库"状态),在系统中自动生成连续编号的出库单。

(3) 仓储主管在货物装车之前,需再次检查出库单、销售订单和发货通知单,确定从仓库提取的货物有经批准的销售订单,且所提取的货物内容与销售订单一致。经检查无误后,在系统中审批并组织装车,仓库管理员打印、分发出库单,出库单一式五联,分别为存根联、销售联、客户联、财务联(客户签收后交财务)、门卫联(保安核对无误后放行)。

(4) 产品完成出库工作后,经仓储经理复核并在系统中确认订单出库(销售订单显示"已出库"状态),业务系统自动更新仓库成品明细台账。

5. 销售(赊销)业务记账流程

(1) 财务会计根据系统显示的"已出库"销售订单信息,与销售合同、发货通知单、出库单相互核对日期、种类、数量,如所有单证一致,则在系统中引用的产品价格目录(已经总经理授权)计算并开具销售发票,同时编制记账凭证,将相关原始单据,一并提交财务经理审批,通过后系统自动过至明细账和总账。

(2) 月末,财务会计同客户的财务人员对账,若有差异,及时进行处理。

(3) 月末,财务会计从系统中导出应收账款分析报告,内容包括应收账款总额、应收账款明细等情况,经财务经理批准后方可进行最终报表处理。

(4) 每年末,销售经理根据以往的经验,客户的财务状况和回款记录以及其他相关信息,编制应收账款可收回性分析报告,交财务部门复核。财务会计根据该分析报告,分析坏账准备的计提比例是否较原先的估计发生较大变化,如发生较大变化,经财务经理复核后汇报总经理。

(5) 坏账准备计提数由系统根据预设的坏账政策自动计算生成,对于需要计提特别坏账准备以及拟核销的坏账,由责任业务员填写连续编号的"坏账变更/核销申请表",并附客户相关的证明资料(如破产文件等),经销售经理审批签字后,金额在10 000元以下的,由财务经理审批,金额在10 000元(含)以上的,由总经理审批。

6. 记录销售税款

每月月末由财务会计计算汇总并编制当月税费汇总报告,由财务经理复核后上报总经理审批。

7. 销售收款结算流程

(1) 每月召开应收账款分析会,分析应收账款的构成及催收情况。根据销售合同及客户信用期,由责任业务员对应收账款进行催收。

(2) 客户货款确认进账收妥后,财务会计编制收款凭证,并附相关单证,如银行收款凭证等,提交财务经理审批。

(3) 出纳根据经复核无误的收款凭证及时登记日记账,财务会计编制收款记账凭证,附原始单据,提交财务经理审核,审核后自动过至明细账和总账。

(4) 每月月末,由财务经理指定出纳以外的人员核对银行存款日记账和银行对账单,编制银行存款余额调节表,并提交财务经理复核签字。

8. 维护客户档案

(1) 每半年,业务员需对客户情况进行了解,如顾客情况和相关信息发生变化,应及时更新客户档案。

(2) 如需修改系统中的客户档案,业务员在系统中填写连续编号的"客户信息变更申请表",填写需变更的详细内容,经销售经理审批后由系统转给销售主管,由其负责在系统内更新客户档案。

(四)长沙超世服饰有限公司商品价目

长沙超世服饰有限公司的商品价目表,如表5-3所示。

表 5-3　　　　　　　　　　　　　　　商品价目表

产品类					原料类			
编号	商品名称	销售价格(元)		编号	商品名称	销售价格(元)	
^	^	2022年12月	2023年01月	^	^	2022年12月	2023年01月
C2021K01	西裤	500	510	101	丝绵	280	285
C2021F02	西服	520	530	102	无纺布	100	105
				103	精纺呢绒	500	505
				104	贡丝锦	80	85

(五) 长沙超世服饰有限公司2022年12月部分会计凭证及账簿资料

2022年12月份销售与收款循环部分总账、明细账、记账凭证及原始凭证,如表5-4至表5-29所示。

表 5-4　　　　　　　　　　　　　　　应收账款总账

科目：应收账款(1122)　　　　　　　　　　　　　　　　　　　　　本币名称：人民币

2022年		凭证号	摘要	借方	贷方	借或贷	余额
月	日	^	^	^	^	^	^
12	01		期初余额			借	1 674 680.00
12	31		本月合计	64 496 200.00	22 958 900.00	借	43 211 980.00
12	31		本年累计	76 649 440.00	35 023 866.00	借	43 211 980.00
12	31		结转下年			借	43 211 980.00

核算单位：长沙超世服饰有限公司　　　　制表：陈柳达　　　　打印日期：2022年12月31日

表 5-5　　　　　　　　　　　　　　　坏账准备总账

科目：坏账准备(1231)　　　　　　　　　　　　　　　　　　　　　本币名称：人民币

2022年		凭证号	摘要	借方	贷方	借或贷	余额
月	日	^	^	^	^	^	^
12	01		期初余额			贷	83 734.00
12	31		本月合计		2 076 865.00	贷	2 160 599.00
12	31		本年合计		2 076 865.00	贷	2 160 599.00
12	31		结转下年			贷	2 160 599.00

核算单位：长沙超世服饰有限公司　　　　制表：陈柳达　　　　打印日期：2022年12月31日

表 5-6　　　　　　　　　　　　　　　　主营业务收入总账

科目：主营业务收入(6001)　　　　　　　　　　　　　　　　　　　本币名称：人民币

2022年 月	日	凭证号	摘要	借方	贷方	借或贷	余额
01	01		上年结转			平	
01	31		汇总本月	56 464 600.00	56 464 600.00	平	
02	28		汇总本月	58 470 400.00	58 470 400.00	平	
03	31		汇总本月	47 458 400.00	47 458 400.00	平	
04	30		汇总本月	45 965 000.00	45 965 000.00	平	
05	31		汇总本月	26 262 180.00	26 262 180.00	平	
06	30		汇总本月	34 357 500.00	34 357 500.00	平	
07	31		汇总本月	27 839 530.00	27 839 530.00	平	
08	31		汇总本月	26 357 100.00	26 357 100.00	平	
09	30		汇总本月	32 861 120.00	32 861 120.00	平	
10	31		汇总本月	36 471 300.00	36 471 300.00	平	
11	30		汇总本月	51 388 870.00	51 388 870.00	平	
11	30		累计	443 896 000.00	443 896 000.00	平	
12	31		汇总本月	60 660 000.00	60 660 000.00	平	
12	31		累计	504 556 000.00	504 556 000.00	平	
12	31		结转下年			平	

核算单位：长沙超世服饰有限公司　　　制表：陈柳达　　　打印日期：2022 年 12 月 31 日

表 5-7　　　　　　　　　　　　　　　　应收账款明细账

科目：应收账款/湘楚集团(112207)　　　　　　　　　　　　　　　本币名称：人民币

2022年 月	日	凭证号	摘要	借方	贷方	借或贷	余额
12	01		期初余额			借	447 700.00
12	05	记-0018	收回前欠货款		447 700.00	平	0.00
12	05	记-0019	销售西裤货款未收	4 520 000.00		借	4 520 000.00
12	07	记-0027	销售西裤货款未收	3 955 000.00		借	8 475 000.00

（续表）

2022年 月	日	凭证号	摘要	借方	贷方	借或贷	余额
12	22	记-0076	销售西服货款未收	2 938 000.00		借	11 413 000.00
12	25	记-0081	收回前欠货款		4 500 000.00	借	6 913 000.00
12	31	记-0111	销售西裤货款未收	6 215 000.00		借	13 128 000.00
12	31	记-0119	收回前欠货款		3 888 900.00	借	9 239 100.00
12	31		当前合计	17 628 000.00	8 836 600.00	借	9 239 100.00
12	31		当前累计	18 383 000.00	10 091 600.00	借	9 239 100.00
12	31		结转下年			借	9 239 100.00

核算单位：长沙超世服饰有限公司　　制表：陈柳达　　打印日期：2022年12月31日

表5-8　　　　　　　　　　　　　　应收账款明细账

科目：应收账款/新印汽贸（112210）　　　　　　　　　　本币名称：人民币

2022年 月	日	凭证号	摘要	借方	贷方	借或贷	余额
12	31	记-0110	销售西服货款未收	4 700 800.00		借	4 700 800.00
12	31		当前合计	4 700 800.00		借	4 700 800.00
12	31		当前累计	4 700 800.00		借	4 700 800.00
12	31		结转下年			借	4 700 800.00

核算单位：长沙超世服饰有限公司　　制表：陈柳达　　打印日期：2022年12月31日

表5-9　　　　　　　　　　　　　　应收账款明细账

科目：应收账款/辉达公司（112211）　　　　　　　　　　本币名称：人民币

2022年 月	日	凭证号	摘要	借方	贷方	借或贷	余额
12	31	记-0109	收到销售西裤预订款	390 000.00		借	390 000.00
12	31		当前合计	390 000.00		借	390 000.00
12	31		当前累计	390 000.00		借	390 000.00
12	31		结转下年			借	390 000.00

核算单位：长沙超世服饰有限公司　　制表：陈柳达　　打印日期：2022年12月31日

表 5-10　　　　　　　　　　　　　　　　**主营业务收入明细账**

科目：主营业务收入/西裤（600101）　　　　　　　　　　　　　　　本币名称：人民币

2022年 月	日	凭证号	摘要	借方	贷方	借或贷	余额
12	05	记-0019	销售西裤货款未收		4 000 000.00	贷	4 000 000.00
12	07	记-0027	销售西裤货款未收		3 500 000.00	贷	7 500 000.00
12	12	记-0046	销售西裤货款未收		2 500 000.00	贷	10 000 000.00
12	15	记-0048	销售西裤货款已收		2 500 000.00	贷	12 500 000.00
12	20	记-0059	销售西裤西服货款未收		4 500 000.00	贷	17 000 000.00
12	20	记-0073	销售西裤西服货款未收		5 000 000.00	贷	22 000 000.00
12	31	记-0109	收到销售西裤预订款		3 000 000.00	贷	25 000 000.00
12	31	记-0111	销售西裤货款未收		5 500 000.00	贷	30 500 000.00
12	31	记-0127	期间损益结转	30 500 000.00		平	
12	31		当前合计	30 500 000.00	30 500 000.00	平	
12	31		当前累计	240 500 000.00	240 500 000.00	平	
12	31		结转下年			平	

核算单位：长沙超世服饰有限公司　　　制表：陈柳达　　　打印日期：2022年12月31日

表 5-11　　　　　　　　　　　　　　　　**主营业务收入明细账**

科目：主营业务收入/西服（600102）　　　　　　　　　　　　　　　本币名称：人民币

2022年 月	日	凭证号	摘要	借方	贷方	借或贷	余额
12	03	记-0011	销售西服货款未收		3 640 000.00	贷	3 640 000.00
12	03	记-0013	销售西服货款未收		2 600 000.00	贷	6 240 000.00
12	15	记-0059	销售西裤西服货款未收		4 680 000.00	贷	10 920 000.00
12	16	记-0066	销售西服货款已收		4 160 000.00	贷	15 080 000.00
12	20	记-0073	销售西裤西服货款未收		4 160 000.00	贷	19 240 000.00
12	22	记-0076	销售西服货款未收		2 600 000.00	贷	21 840 000.00
12	26	记-0083	销售西服货款未收		4 160 000.00	贷	26 000 000.00
12	31	记-0110	销售西服货款未收		4 160 000.00	贷	30 160 000.00

(续表)

2022年 月	2022年 日	凭证号	摘要	借方	贷方	借或贷	余额
12	31	记-0127	期间损益结转	30 160 000.00		平	
12	31		当前合计	30 160 000.00	30 160 000.00	平	
12	31		当前累计	264 056 000.00	264 056 000.00	平	
12	31		结转下年			平	

核算单位：长沙超世服饰有限公司　　　制表：陈柳达　　　打印日期：2022年12月31日

表5-12　　2022年12月份其他部分明细账信息　　金额单位：元

科目编码	明细科目	月初余额	借方发生额	贷方发生额	月末余额
112201	应收账款/利达公司	220 000.00	1 130 000.00	0.00	1 350 000.00
112202	应收账款/天健实业	56 130.00	4 758 600.00	1 800 000.00	3 014 730.00
112203	应收账款/联盛科技	23 870.00	10 373 400.00	4 000 000.00	6 397 270.00
112204	应收账款/市十四中	40 000.00	4 700 800.00	1 400 000.00	3 340 800.00
112205	应收账款/湖南联通	334 680.00	2 825 000.00	2 300 000.00	859 680.00
112206	应收账款/昇通科技	0.00	13 288 800.00	4 000 000.00	9 288 800.00
112208	应收账款/友谊宾馆	552 300.00	4 700 800.00	552 300.00	4 700 800.00
112209	应收账款/安邦制药	0.00	0.00	70 000.00	(70 000.00)
123101	坏账准备/应收账款	(83 734.00)	0.00	2 076 865.00	(2 160 599.00)
605101	其他业务收入/丝绵		560 000.00	560 000.00	
605103	其他业务收入/精纺呢绒		1 500 000.00	1 500 000.00	

表5-13

记 账 凭 证

2022年12月20日　　　　　　　　　　　　　　记字第0073号

摘要	会计科目 总账科目	会计科目 明细科目	借方金额	贷方金额	账页或√
销售西裤西服货款未收	应收账款	昇通科技	10 350 800.00		
销售西裤西服货款未收	主营业务收入	西裤		5 000 000.00	
销售西裤西服货款未收	主营业务收入	西服		4 160 000.00	
销售西裤西服货款未收	应交税费	应交增值税/销项税额		1 190 800.00	
	合计		¥10 350 800.00	¥10 350 800.00	

附件2张

财务主管：　　　记账：陈静婷　　　出纳：　　　审核：李贤良　　　制单：陈柳达

表 5-14

湖南增值税专用发票

NO 01534021

此联不作报销和税凭使用　　　开票日期：2022 年 12 月 20 日

购买方	名　　　称：长沙昇通科技股份公司 纳税人识别号：12430103584943685 地　址、电　话：长沙市光明村 1212 号 0731-87897894 开户行及账号：中国交通银行长沙光明支行 6589745895214656265	密码区	（略）

货物或应税劳务、服务名称	规格型号	单位	数量	单价	金　额	税率	税　额
西裤		条	10 000	500	5 000 000.00	13%	650 000.00
西服		件	8 000	520	4 160 000.00	13%	540 800.00
合　　计					¥ 9 160 000.00		¥ 1 190 800.00

价税合计（大写）	⊗壹仟零叁拾伍万零捌佰圆整	（小写）¥ 10 350 800.00

销售方	名　　　称：长沙超世服饰有限公司 纳税人识别号：91430100585715036Q 地　址、电　话：长沙市雨花区韶山中路 81 号 0731-85537584 开户行及账号：中国工商银行长沙东塘支行 105045872859401	备注	

收款人：杨凤平　　　复核：张明华　　　开票人：周　慧　　　销售方：（章）

第一联：记账联 销售方记账凭证

表 5-15

产成品出库单

用途：销售　　　2022 年 12 月 20 日　　　NO：3005010　　　仓库：产品库

类别	编号	名称及规格	计量单位	数量	单位成本	总成本	附注
产成品	C2021K01	西裤	条	10 000	412.021 056	4 120 210.56	昇通科技
产成品	C2021F02	西服	件	8 000	457.350 733	3 658 805.86	
		合　计				7 779 016.42	

制表：谢　晖　　　保管：丁　楠　　　会计：邹昊天　　　经手人：邓　治

②财务记账联

表 5-16

记 账 凭 证

2022 年 12 月 22 日　　　记字第 0076 号

摘要	会计科目		借方金额	贷方金额	账页或√
	总账科目	明细科目			
销售西服货款未收	应收账款	湘楚集团	2 938 000.00		
销售西服货款未收	主营业务收入	西服		2 600 000.00	
销售西服货款未收	应交税费	应交增值税/销项税额		338 000.00	
	合　　　计		¥ 2 938 000.00	¥ 2 938 000.00	

附件 2 张

财务主管：　　　记账：陈静婷　　　出纳：　　　审核：李贤良　　　制单：陈柳达

表 5-17

湖南增值税专用发票

NO 01534022

此联不作报销抵扣税凭使用　　开票日期：2022 年 12 月 22 日

购买方	名　　　称：湖南湘楚集团 纳税人识别号：22020000388009104 地　址、电　话：长沙市岳麓区五柳街 8 号 0731-85683471 开户行及账号：中国农业银行长沙岳麓支行 0973000000986009912	密码区	（略）

货物或应税劳务、服务名称	规格型号	单位	数量	单价	金　额	税率	税　额
西服		件	5 000	520	2 600 000.00	13％	338 000.00
合　计					￥2 600 000.00		￥338 000.00

价税合计（大写）	⊗贰佰玖拾叁万捌仟圆整	（小写）￥2 938 000.00

销售方	名　　　称：长沙超世服饰有限公司 纳税人识别号：91430100585715036Q 地　址、电　话：长沙市雨花区韶山中路 81 号 0731-85537584 开户行及账号：中国工商银行长沙东塘支行 105045872859401	备注	

收款人：杨凤平　　　复核：张明华　　　开票人：周　慧　　　销售方：（章）

第一联：记账联 销售方记账凭证

表 5-18

产成品出库单

用途：销售　　　　　2022 年 12 月 22 日　　NO：3005011　　　仓库：产品库

类别	编号	名称及规格	计量单位	数量	单位成本	总成本	附注
产成品	C2021F02	西服	件	5000	457.350 733	2 286 753.67	湘楚集团
		合　计				2 286 753.67	

制表：谢　晖　　　保管：丁　楠　　　会计：邹昊天　　　经手人：邓　治

② 财务记账联

表 5-19

记 账 凭 证

2022 年 12 月 26 日　　　　　　记字第 0083 号

摘要	会计科目		借方金额	贷方金额	账页或 ✓
	总账科目	明细科目			
销售西服货款未收	应收账款	友谊宾馆	4 700 800.00		
销售西服货款未收	主营业务收入	西服		4 160 000.00	
销售西服货款未收	应交税费	应交增值税/销项税额		540 800.00	
合　　计			￥4 700 800.00	￥4 700 800.00	

财务主管：　　　记账：陈静婷　　　出纳：　　　审核：李贤良　　　制单：陈柳达

附件 2 张

表 5-20

湖南增值税专用发票

NO 01534023

此联不作报销、抵税凭证使用　　开票日期：2022 年 12 月 26 日

购买方	名　　　　称：长沙友谊宾馆 纳税人识别号：3702009901115601 地　址、电　话：长沙市岳麓区琴海路 1111 号 0731-87234153 开户行及账号：中国农业银行长沙琴海支行 0097190098018378901	密码区	（略）

货物或应税劳务、服务名称	规格型号	单位	数量	单价	金　额	税率	税　额
西服		件	8 000	520	4 160 000.00	13%	540 800.00
合　　计					￥4 160 000.00		￥540 800.00

价税合计（大写）	⊗肆佰柒拾万零捌佰圆整	（小写）￥4 700 800.00

销售方	名　　　　称：长沙超世服饰有限公司 纳税人识别号：91430100585715036Q 地　址、电　话：长沙市雨花区韶山中路 81 号 0731-85537584 开户行及账号：中国工商银行长沙东塘支行 105045872859401	备注	

收款人：杨凤平　　　　复核：张明华　　　　开票人：周　慧　　　　销售方：（章）

第一联：记账联 销售方记账凭证

表 5-21

产成品出库单

用途：销售　　　　2022 年 12 月 26 日　　　NO：3005012　　　　仓库：产品库

类别	编号	名称及规格	计量单位	数量	单位成本	总成本	附注
产成品	C2021F02	西服	件	8 000	457.350 733	3 658 805.86	友谊宾馆
		合计				3 658 805.86	

制表：谢　晖　　　　保管：丁　楠　　　　会计：邹昊天　　　　经手人：邓　治

② 财务记账联

表 5-22

记　账　凭　证

2022 年 12 月 31 日　　　　　　　　　　　　　　　　记字第 0109 号

摘　要	会计科目		借方金额	贷方金额	账页或√
	总账科目	明细科目			
收到西裤预订款	银行存款	工商银行	3 000 000.00		
收到西裤预订款	应收账款	辉达公司	390 000.00		
收到西裤预订款	主营业务收入	西裤		3 000 000.00	
收到西裤预订款	应交税费	应交增值税/销项税额		390 000.00	
	合　　计		￥3 390 000.00	￥3 390 000.00	

财务主管：　　　　记账：陈静婷　　　　出纳：　　　　审核：李贤良　　　　制单：陈柳达

附件 2 张

表 5-23 中国工商银行进账单（收账通知）

出票人	全 称	长沙辉达有限责任公司	收款人	全 称	长沙超世服饰有限公司
	账 号	1100000098638916135		账 号	105045872859401
	开户银行	中国工商银行长沙王府井支行		开户银行	中国工商银行长沙东塘支行

（收款人开户银行签章：中国工商银行长沙东塘支行 转讫 2022.12.31）

金额	人民币（大写）	叁佰万元整	亿 千 百 十 万 千 百 十 元 角 分
			¥ 3 0 0 0 0 0 0 0 0

票据种类	转账支票	票据张数	1
票据号码		03519323	

复核　　记账　　收款人开户银行签章

此联是收款人开户银行交给收款人的收账通知

表 5-24 记 账 凭 证

2022 年 12 月 31 日　　　　记字第 0110 号

摘 要	会计科目		借方金额	贷方金额	账页或√
	总账科目	明细科目			
销售西服货款未收	应收账款	新印汽贸	4 700 800.00		
销售西服货款未收	主营业务收入	西服		4 160 000.00	
销售西服货款未收	应交税费	应交增值税/销项税额		540 800.00	
	合　计		¥4 700 800.00	¥4 700 800.00	

附件 1 张

财务主管：　　记账：陈静婷　　出纳：　　审核：李贤良　　制单：陈柳达

表 5-25 湖南增值税专用发票

NO 01534024

此联不作报销、扣税凭证使用　　开票日期：2022 年 12 月 31 日

购买方	名　称：长沙新印汽车贸易公司	密码区
	纳税人识别号：2200032309363117	
	地　址、电　话：长沙市人民路 158 号 0731-89955123	（略）
	开户行及账号：中国工商银行长沙人民路支行 2200000098638990122	

货物或应税劳务名称	规格型号	单位	数量	单价	金 额	税率	税 额
西服		件	8 000	520	4 160 000.00	13%	540 800.00
合　计					¥4 160 000.00		¥540 800.00

价税合计（大写）　⊗肆佰柒拾万零捌佰圆整　　（小写）¥4 700 800.00

销售方	名　称：长沙超世服饰有限公司	备 注
	纳税人识别号：91430100585715036Q	
	地　址、电　话：长沙市雨花区韶山中路 81 号 0731-85537584	
	开户行及账号：中国工商银行长沙东塘支行 105045872859401	

收款人：杨凤平　　复核：张明华　　开票人：周慧　　销售方：（章）

第一联：记账联 销售方记账凭证

表 5-26

记 账 凭 证

2022 年 12 月 31 日　　　　　　　　　　记字第 0111 号

摘　要	会计科目		借方金额	贷方金额	账页或√
	总账科目	明细科目			
销售西裤货款未收	应收账款	湘楚集团	6 215 000.00		
销售西裤货款未收	主营业务收入	西裤		5 500 000.00	
销售西裤货款未收	应交税费	应交增值税/销项税额		715 000.00	
	合　计		¥6 215 000.00	¥6 215 000.00	

附件 2 张

财务主管：　　　记账：陈静婷　　　出纳：　　　审核：李贤良　　　制单：陈柳达

表 5-27

湖南增值税专用发票

此联不作报销、扣税凭证使用

NO 01534025

开票日期：2022 年 12 月 31 日

购买方	名　　称：湖南湘楚集团 纳税人识别号：22020000388009104 地　址、电　话：长沙市岳麓区五柳街 8 号 0731-85683471 开户行及账号：中国农业银行长沙岳麓支行 0973000000986009912	密码区	（略）

货物或应税劳务名称	规格型号	单位	数量	单价	金额	税率	税额
西裤		条	11 000	500	5 500 000.00	13%	715 000.00
合　计					¥5 500 000.00		¥715 000.00

价税合计（大写）	⊗陆佰贰拾壹万伍仟圆整	（小写）¥6 215 000.00

销售方	名　　称：长沙超世服饰有限公司 纳税人识别号：914301005857150036Q 地　址、电　话：长沙市雨花区韶山中路 81 号 0731-85537584 开户行及账号：中国工商银行长沙东塘支行 105045872859401	备注	

收款人：杨凤平　　　复核：张明华　　　开票人：周慧　　　销售方：（章）

第三联：记账联 销售方记账凭证

表 5-28

产成品出库单

用途：销售　　　2022 年 12 月 31 日　　　NO：3005013　　　仓库：产品库

类别	编号	名称及规格	计量单位	数量	单位成本	总成本	附注
产成品	C2021K01	西裤	条	11 000	412.021 056	4 532 231.62	湘楚集团
		合计				4 532 231.62	

② 财务记账联

制表：谢晖　　　保管：丁楠　　　会计：邹昊天　　　经手人：邓治

表 5-29　　　　　　　　　　销 售 合 同　　　　　合同编号：销 2021219

甲方(卖方)：长沙超世服饰有限公司　　　　签订地点：长沙市长沙超世服饰有限公司
乙方(买方)：湖南湘楚集团　　　　　　　　　签订时间：2022 年 12 月 29 日

甲乙双方根据《民法典》《消费者权益保护法》及有关法律、法规，经协商一致，签订本合同。

第一条　乙方按下表所列要求购买甲方商品：

商品名称	货号	质地	颜色	单位	单价	数量	金额
西裤	C2021K01	高级	黑色	条	500	11 000	5 500 000

合计金额：人民币伍佰伍拾万元整(￥5 500 000.00)

第二条　质量要求：甲方所出售的商品必须符合国家标准。

第三条　交货及验收：甲方应当将订单列明的商品，在 2023 年 1 月 15 日之前交付至乙方 1 号仓库。商品的所有权自交付时起转移给乙方，商品毁损、灭失的风险也自交付时起由乙方承担。

第四条　结算方式：货到验收后 2 个月内以转账支票付款。

第五条　违约责任：略。

第六条　争议解决：略。

本合同一式两份，双方各执一份，自双方签章之日起生效。合同执行期间，如有未尽事宜，甲乙双方协商一致后可以签订补充协议，补充协议与本合同具有同等法律效力。

甲方：长沙超世服饰有限公司　　　　　　　　乙方：湖南湘楚集团
法定代表人：侯泽华　　　　　　　　　　　　法定代表人：李嘉
签约代表：张海波　　　　　　　　　　　　　签约代表：黄军
开户银行/账号：　　　　　　　　　　　　　　开户银行/账号：
105045872859401　　　　　　　　　　　　　　0973000000986009912
税号：914301005857715036Q　　　　　　　　　税号：22020000388009104
签字日期：2022 年 12 月 29 日　　　　　　　　签字日期：2022 年 12 月 29 日

(注：其他销售合同略。)

(六) 长沙超世服饰有限公司 2022 年 1 月部分会计凭证及账簿资料

2023 年 1 月份部分明细账、记账凭证及原始凭证，如表 5-30 至表 5-47 所示。

表 5-30　　　　　　　　　　主营业务收入明细账

科目：主营业务收入/西服(600102)　　　　　　　　　　　　　　本币名称：人民币

2023 年		凭证号	摘 要	借 方	贷 方	借或贷	余 额
月	日						
01	01		上年结转			平	
01	08	记-0008	销售西服收到货款		159 000.00	贷	159 000.00
01	13	记-0011	销售退回西服	4 160 000.00		借	4 001 000.00
			……				

核算单位：长沙超世服饰有限公司　　　制表：陈柳达　　　　　打印日期：2023 年 01 月 20 日

表 5-31　　　　　　　　　　　　　　　　应收账款明细账

科目：应收账款/利达公司(112201)　　　　　　　　　　　　本币名称：人民币

2023年		凭证号	摘要	借方	贷方	借或贷	余额
月	日						
01	01		上年结转			借	1 350 000.00
01	10	记-0010	核销坏账		1 350 000.00	平	

核算单位：长沙超世服饰有限公司　　　制表：陈柳达　　　　打印日期：2023年01月20日

表 5-32　　　　　　　　　　　　　　　　应收账款明细账

科目：应收账款/安邦制药(112209)　　　　　　　　　　　　本币名称：人民币

2023年		凭证号	摘要	借方	贷方	借或贷	余额
月	日						
01	01		上年结转			贷	70 000.00
01	08	记-0008	销售西服收到货款	70 000.00		平	

核算单位：长沙超世服饰有限公司　　　制表：陈柳达　　　　打印日期：2023年01月20日

表 5-33　　　　　　　　　　　　　　　　应收账款明细账

科目：应收账款/新印汽贸(112210)　　　　　　　　　　　　本币名称：人民币

2023年		凭证号	摘要	借方	贷方	借或贷	余额
月	日						
01	01		上年结转			借	4 700 800.00
01	13	记-0011	销售退回西服		4 700 800.00	平	

核算单位：长沙超世服饰有限公司　　　制表：陈柳达　　　　打印日期：2023年01月20日

表 5-34　　　　　　　　　　　　　　　　应收账款明细账

科目：应收账款/辉达公司(112211)　　　　　　　　　　　　本币名称：人民币

2023年		凭证号	摘要	借方	贷方	借或贷	余额
月	日						
01	01		上年结转			借	390 000.00
01	13	记-0012	发出已销售西裤		390 000.00	平	

核算单位：长沙超世服饰有限公司　　　制表：陈柳达　　　　打印日期：2023年01月20日

表 5-35　　　　　　　　　　　　　　　**坏账准备明细账**

科目：坏账准备/应收账款(123101)　　　　　　　　　　　　　　　本币名称：人民币

2023年 月	日	凭证号	摘　要	借　方	贷　方	借或贷	余　额
01	01		期初余额			贷	2 160 599.00
01	10	记-0010	核销坏账	810 000.00		贷	1 350 599.00

核算单位：长沙超世服饰有限公司　　　制表：陈柳达　　　　打印日期：2023年01月20日

表 5-36　　　　　　　　　　　**记 账 凭 证**

2023 年 01 月 08 日　　　　　　　　　　　记字 0008 号

摘　要	会计科目 总账科目	会计科目 明细科目	借方金额	贷方金额	账页或√
销售西服收到货款	应收账款	安邦制药	70 000.00		
销售西服收到货款	银行存款	工商银行	109 670.00		
销售西服收到货款	主营业务收入	西服		159 000.00	
销售西服收到货款	应交税费	应交增值税/销项税额		20 670.00	
合　计			￥179 670.00	￥179 670.00	

财务主管：　　　记账：陈静婷　　　出纳：　　　审核：李贤良　　　制单：陈柳达

附件 3 张

表 5-37　　　　　　　　　　　**产成品出库单**

用途：销售　　　　2023 年 01 月 08 日　　NO：3005014　　　　仓库：产品库

类别	编号	名称及规格	计量单位	数量	单位成本	总成本	附注
产成品	C2021F02	西服	件	300			安邦制药
合　计							

制表：谢晖　　　保管：丁楠　　　会计：邹昊天　　　经手人：邓治

② 财务记账联

表 5-38

湖南增值税专用发票

NO 01534001

此联不作报销、抵扣税凭证使用　　　开票日期：2023 年 01 月 08 日

购买方	名　称：长沙安邦制药有限公司 纳税人识别号：2200000807105418 地　址、电　话：株洲市自由大道 589 号 0731-85318888 开户行及账号：中国工商银行湖南自由支行 2200881208008798148				密码区		（略）	
货物或应税劳务名称	规格型号	单位	数量	单价	金额	税率	税额	
西服		件	300	530	159 000.00	13%	20 670.00	
合　计					¥159 000.00		¥20 670.00	
价税合计（大写）	⊗壹拾柒万玖仟陆佰柒拾圆整				（小写）¥179 670.00			
销售方	名　称：长沙超世服饰有限公司 纳税人识别号：91430100585715036Q 地　址、电　话：长沙市雨花区韶山中路 81 号 0731-85537584 开户行及账号：中国工商银行长沙东塘支行 105045872859401				备注			

收款人：杨凤平　　　复核：张明华　　　开票人：周　慧　　　销售方：（章）

第一联：记账联　销售方记账凭证

表 5-39

中国工商银行进账单（收账通知）

2023 年 01 月 08 号

出票人	全　称	长沙安邦制药有限公司	收款人	全　称	长沙超世服饰有限公司
	账　号	2200881208008798148		账　号	105045872859401
	开户银行	中国工商银行湖南自由支行		开户银行	中国工商银行长沙东塘支行
金额	人民币（大写）	壹拾万玖仟陆佰柒拾元整	亿 千 百 十 万 千 百 十 元 角 分 ¥　　　1 0 9 6 7 0 0 0		
票据种类	转账支票	票据张数	1	中国工商银行长沙东塘支行 2023.01.08 转讫	
票据号码		53620175			
复核　　　　　记账				收款人开户银行签章	

此联是收款人开户银行交给收款人的收账通知

表 5-40

记 账 凭 证

2023 年 01 月 10 日　　　　　　　　　　　　　　　　记字 0010 号

摘要	会计科目		借方金额	贷方金额	账页或√
	总账科目	明细科目			
核销坏账	银行存款	工商银行	540 000.00		
核销坏账	坏账准备	应收账款	810 000.00		
核销坏账	应收账款	利达公司		1 350 000.00	
合　计			¥1 350 000.00	¥1 350 000.00	

附件 3 张

财务主管：　　　记账：陈静婷　　　出纳：　　　审核：李贤良　　　制单：陈柳达

表 5-41　　　　　　　　　　　　　　　坏账审批表　　　　　　　　　　　　　　单位：元

债务单位(债务人)	应收账款账户余额	坏账损失余额	坏账损失发生时间
长沙利达公司	1 350 000.00	810 000.00	2023 年 1 月 10 日
合计		810 000.00	
损失原因分析	债务人利达公司因经营不善倒闭清算，导致我公司应收账款只能收回40％		
	经手人：陈柳达		
	2022 年 01 月 10 日		
	同意	同意	同意
	财务部长：李贤良	财务总监：王汉明	法定代表人：侯泽华
	2023 年 01 月 10 日	2023 年 01 月 10 日	2023 年 01 月 10 日

表 5-42

中国工商银行进账单（收账通知）

2023 年 1 月 10 日

出票人	全　称	长沙利达公司	收款人	全　称	长沙超世服饰有限公司
	账　号	7028523681780804		账　号	105045872859401
	开户银行	中国工商行长沙世纪支行		开户银行	中国工商银行长沙东塘支行

金额	人民币（大写）	伍拾肆万元整	亿 千 百 十 万 千 百 十 元 角 分
			￥ 5 4 0 0 0 0 0 0

票据种类	转账支票	票据张数	1
票据号码	II VI 3751786		

复核　　　　记账

中国工商银行长沙东塘支行 2023.01.10　转讫

收款人开户银行签章

此联是收款人开户银行交给收款人的收账通知

表 5-43

记 账 凭 证

2023 年 01 月 12 日　　　　　　　　　　　　　　　记字 0011 号

摘　要	会 计 科 目		借方金额	贷方金额	账页或√
	总账科目	明细科目			
销售退回西服	主营业务收入	西服	4 160 000.00		
销售退回西服	应交税费	应交增值税/销项税额	540 800.00		
销售退回西服	应收账款	新印汽贸		4 700 800.00	
	合　　计		￥4 700 800.00	￥4 700 800.00	

附件1张

财务主管：　　　记账：陈静婷　　　出纳：　　　审核：李贤良　　　制单：陈柳达

表 5-44

湖南增值税专用发票

NO 01534027

此联不作报销、抵税凭证使用　　开票日期：2023 年 01 月 12 日

购买方	名　　　称：长沙新印汽车贸易公司 纳税人识别号：2200032309363117 地　址、电　话：长沙市人民路 158 号 0731-89955123 开户行及账号：中国工商银行长沙人民路支行 2200000098638990122	密码区	（略）

货物或应税劳务名称	规格型号	单位	数量	单价	金　额	税率	税　额
西服		件	-8 000	520	-4 160 000.00	13%	-540 800.00
合　　计					¥-4 160 000.00		¥-540 800.00

价税合计（大写）	⊗（负数）肆佰柒拾万零捌佰圆整	（小写）¥-4 700 800.00

销售方	名　　　称：长沙超世服饰有限公司 纳税人识别号：91430100585715036Q 地　址、电　话：长沙市雨花区韶山中路 81 号 0731-85537584 开户行及账号：中国工商银行长沙东塘支行 105045872859401	备注	

收款人：杨凤平　　　　复核：张明华　　　　开票人：周　慧　　　　销售方：（章）

第一联：记账联 销售方记账凭证

表 5-45

记 账 凭 证

2023 年 01 月 13 日　　　　　　　　　　　　　　　　　　　记字 0012 号

摘　要	会计科目		借方金额	贷方金额	账页或 √
	总账科目	明细科目			
发出已销售西裤	银行存款	工商银行	390 000.00		
发出已销售西裤	应收账款	辉达公司		390 000.00	
合　　　计			¥390 000.00	¥390 000.00	

财务主管：　　　　记账：陈静婷　　　　出纳：　　　　审核：李贤良　　　　制单：陈柳达

附件 2 张

表 5-46

中国工商银行进账单（收账通知）

2023 年 01 月 13 日

出票人	全　称	长沙辉达有限责任公司	收款人	全　称	长沙超世服饰有限公司
	账　号	11000000098638916135		账　号	105045872859401
	开户银行	中国工商银行长沙王府井支行		开户银行	中国工商银行长沙东塘支行

金额	人民币（大写）	叁拾玖万元整	亿 千 百 十 万 千 百 十 元 角 分 ¥　　　3 9 0 0 0 0 0 0

票据种类	转账支票	票据张数	1
票据号码		22679924	
复核		记账	

中国工商银行长沙东塘支行
2022.01.13
转讫

收款人开户银行签章

此联是收款人开户银行交给收款人的收账通知

表 5-47

产成品出库单

用途：销售　　　　　　　　2023 年 01 月 13 日　　　NO：3005015　　　　仓库：产品库

类别	编号	名称及规格	计量单位	数量	单位成本	总成本	附注
产成品	C2021K01	西裤	件	6 000			辉达公司
		合　计					

制表：谢　晖　　　　保管：丁　楠　　　　会计：邹昊天　　　　经手人：邓　治

②财务记账联

（七）本项目相关审计情形

（1）获取应收账款账龄分析表（表 5-48）。

表 5-48　　　　　　　　　　　应收账款账龄分析表

2022 年 12 月 31 日　　　　　　　　　　　　　金额单位：元

序号	债务人名称	期末余额	账龄分析			
			1 年以内	1～2 年	2～3 年	3 年以上
1	利达公司	1 350 000.00	1 350 000.00			
2	天健实业	3 014 730.00	3 014 730.00			
3	联盛科技	6 397 270.00	6 397 270.00			
4	市十四中	3 340 800.00	3 340 800.00			
5	湖南联通	859 680.00	859 680.00			
6	昇通科技	9 288 800.00	9 288 800.00			
7	湘楚集团	9 239 100.00	9 239 100.00			
8	友谊宾馆	4 700 800.00	4 700 800.00			
9	安邦制药	－70 000.00	－70 000.00			
10	新印汽贸	4 700 800.00	4 700 800.00			
11	辉达公司	390 000.00	390 000.00			
	合计	43 211 980.00	43 211 980.00			

（2）获取红字发票备查文件。

❶ 开具红字发票（开具红字增值税专用发票申请单及通知单略），如表 5-49、表 5-50 所示。

❷ 作废发票，如表 5-51、表 5-52 所示。

表 5 - 49

湖南增值税专用发票

发票联

NO 01534027

开票日期：2023 年 01 月 12 日

购买方	名　　称：长沙新印汽车贸易公司 纳税人识别号：2200032309363117 地址、电话：长沙市人民路 158 号 0731 - 89955123 开户行及账号：中国工商银行长沙人民路支行 2200000098638990122					密码区	（略）		
货物或应税劳务名称 西服 合　计	规格型号	单位 件	数量 －8 000	单价 520	金　额 －4 160 000.00 ￥－4 160 000.00		税率 13％		税　额 －540 800.00 ￥－540 800.00
价税合计（大写）		⊗（负数）肆佰柒拾万零捌佰圆整				（小写）￥－4 700 800.00			
销售方	名　　称：长沙超世服饰有限公司 纳税人识别号：91430100585715036Q 地址、电话：长沙市雨花区韶山中路 81 号 0731 - 85537584 开户行及账号：中国工商银行长沙东塘支行 105045872859401					备注	长沙超世服饰有限公司 91430100585715036Q 发票专用章		

收款人：杨凤平　　　　复核：张明华　　　　开票人：周 慧　　　　销售方：（章）

第三联：发票联 购货方记账凭证

表 5 - 50

湖南增值税专用发票

抵扣联

01534027

开票日期：2023 年 1 月 12 日

购买方	名　　称：长沙新印汽车贸易公司 纳税人识别号：2200032309363117 地址、电话：长沙市人民路 158 号 0731 - 89955123 开户行及账号：中国工商银行长沙人民路支行 2200000098638990122					密码区	（略）		
货物或应税劳务名称 西服 合　计	规格型号	单位 件	数量 －8 000	单价 520	金　额 －4 160 000.00 ￥－4 160 000.00		税率 13％		税　额 －540 800.00 ￥－540 800.00
价税合计（大写）		⊗（负数）肆佰柒拾万零捌佰圆整				（小写）￥－4 700 800.00			
销售方	名　　称：长沙超世服饰有限公司 纳税人识别号：91430100585715036Q 地址、电话：长沙市雨花区韶山中路 81 号 0731 - 85537584 开户行及账号：中国工商银行长沙东塘支行 105045872859401					备注	长沙超世服饰有限公司 91430100585715036Q 发票专用章		

收款人：杨凤平　　　　复核：张明华　　　　开票人：周 慧　　　　销售方：（章）

第二联：抵扣联 购货方抵税凭证

表 5 - 51

湖南增值税专用发票

发票联

NO 01534024

开票日期：2022 年 12 月 31 日

购买方	名　　称：长沙新印汽车贸易公司 纳税人识别号：2200032309363117 地址、电话：长沙市人民路 158 号 0731 - 89955123 开户行及账号：中国工商银行长沙人民路支行 2200000098638990122					密码区	（略）		
货物或应税劳务名称 西服 合　计	规格型号	单位 件	数量 －8 000	单价 520	金　额 －4 160 000.00 ￥－4 160 000.00		税率 13％		税　额 －540 800.00 ￥－540 800.00
价税合计（大写）		⊗（负数）肆佰柒拾万零捌佰元整				（小写）￥－4 700 800.00			
销售方	名　　称：长沙超世服饰有限公司 纳税人识别号：91430100585715036Q 地址、电话：长沙市雨花区韶山中路 81 号 0731 - 85537584 开户行及账号：中国工商银行长沙东塘支行 105045872859401					备注	作废		

收款人：杨凤平　　　　复核：张明华　　　　开票人：周 慧　　　　销售方：（章）

第三联：发票联 购货方记账凭证

表 5-52

湖南增值税专用发票
抵扣联

NO 01534024
开票日期：2022 年 12 月 31 日

购买方	名　　　称：长沙新印汽车贸易公司 纳税人识别号：2200032309363117 地　址、电　话：长沙市人民路 158 号 0731-89955123 开户行及账号：中国工商银行长沙人民路支行 2200000098638990122	密码区	（略）

货物或应税劳务名称	规格型号	单位	数量	单价	金　额	税率	税　额
西服		件	-8 000	520	-4 160 000.00	17%	-540 800.00
合　计					￥-4 160 000.00		￥-540 800.00

价税合计（大写）	⊗（负数）肆佰柒拾万零捌佰元整	（小写）￥-4 700 800.00

销售方	名　　　称：长沙超世服饰有限公司 纳税人识别号：91430100585715036Q 地　址、电　话：长沙市雨花区韶山中路 81 号 0731-85537584 开户行及账号：中国工商银行长沙东塘支行 105045872859401	备注	作废

收款人：杨凤平　　　　复核：张明华　　　　开票人：周慧　　　　销售方：（章）

（3）长沙超世服饰有限公司 2022 年没有与关联方发生任何往来交易。

（4）2023 年 1 月 8 日对应收账款进行函证。函证结果如下：

❶ 联盛科技、昇通科技、友谊宾馆、天健实业四家公司回函表示函证结果相符。

❷ 湘楚集团和辉达公司回函表示函证结果不符。

湘楚集团回函内容如下："所购 11 000 条西裤金额 6 215 000.00 元系目的地交货，所以截至 2022 年 12 月 31 日，本公司只欠贵公司 3 024 100.00 元。"

辉达公司回函内容如下："我公司于 2022 年 12 月 31 日预付 6 000 条西裤货款 3 000 000.00 元，至今尚未收到所购货物，所以截至 2022 年 12 月 31 日我公司并未欠贵公司 390 000.00 元。"

❸ 无法获得应收账款的债务人新印汽贸公司通信地址及联系方式。

任务二　了解销售与收款循环的内部控制及执行控制测试

工作任务

1. 了解与评价长沙超世服饰公司销售与收款循环内部控制。
2. 进行销售与收款循环控制测试。

知识储备

一、销售与收款循环的内部控制

对于大多数企业而言，销售与收款循环通常是重大的业务循环，企业通常从以下方面设计和执行内部控制。

(一) 适当的职责分离

适当的职责分离有助于防止各种有意或无意的错误。例如，如果主营业务收入明细账由记录应收账款之外的员工独立登记，并由另一位不负责账簿记录的员工定期调节总账和明细账，就构成了一种交互牵制关系。规定负责主营业务收入和应收账款记账的员工不得经手货币资金，也是防止舞弊的一项重要控制措施。

在销售与收款循环中，为了确保销售与收款业务的不相容岗位相互分离、制约和监督，一个企业销售与收款业务相关职责适当分离的基本要求通常包括：❶ 企业应当分别设立办理销售、发货、收款三项业务的部门（或岗位）；❷ 企业在销售合同订立前，应当指定专门人员就销售价格、信用政策、发货及收款方式等具体事项与客户进行谈判。谈判人员应在两人以上，并与订立合同的人员相分离；❸ 编制销售发票通知单的人员与开具发票的人员相互分离；❹ 销售人员应当避免接触销货现款；❺ 企业应收票据的取得和贴现必须经由保管票据以外的主管人员的书面批准。

(二) 恰当的授权审批

对于授权审批问题，应当关注以下四个关键点上的审批程序：❶ 在销售发生之前，赊销已经正确审批。❷ 非经正确审批，不得发出货物。❸ 销售价格、销售条件、运费、折扣等必须经过审批。❹ 审批人员应当根据销售与收款授权批准制度的规定，在授权范围内进行审批，不得超越审批权限。超过企业既定销售政策和信用政策规定范围的特殊销售交易，需要经过适当的授权。前两项控制的目的在于防止企业因向虚构或者无力支付货款的客户发货而蒙受损失；第三项审批的目的在于保证销售交易按照企业定价政策规定的价格开票收款；第四项审批的目的则在于防止因审批人决策失误而产生严重损失。

(三) 充分的凭证和记录

充分的凭证和记录有助于企业执行各项控制措施以控制目标。例如，企业在收到客户订购单后，编制一份预先编号的一式多联的销售单，分别用于批准赊销、审批发货、记录发货数量以及向客户开具发票等。在这种制度下，通过定期清点销售单和销售发票，企业可以避免漏开发票或漏记销售的情况。

(四) 凭证的预先编号

对凭证预先进行编号，旨在防止企业销售以后遗漏向客户开具发票或登记入账，也可防止重复开具发票或重复记账。当然，如果对凭证的编号不作清点，预先编号就会失去其控制意义。定期检查全部凭证的编号，并调查凭证缺号或重号的原因，是实施这项控制的关键点。

(五) 按月寄出对账单

由不负责现金出纳和销售及应收账款记账的人员按月向客户寄发对账单，能促使客户在发现应付账款余额不正确后及时反馈有关信息。为了使这项控制更加有效，企业最好将账户余额中出现的所有核对不符的账项，指定一位既不掌管货币资金也不记录主营业务收入和应收账款账目的主管人员处理，然后由独立人员按月编制对账情况汇总报告并交管理层审阅。

(六) 内部核查程序

由内部审计人员或其他独立人员核查销售交易的处理和记录，是实现内部控制目标所不可缺少的一项控制措施。销售与收款内部控制检查的主要内容包括：

(1) 销售与收款交易相关岗位及人员的设置情况。重点检查是否存在销售与收款交易不相容职务混岗的现象。

(2) 销售与收款交易授权批准制度的执行情况。重点检查授权批准手续是否健全,是否存在越权审批行为。

(3) 销售的管理情况。重点检查信用政策、销售政策的执行是否符合规定。

(4) 收款的管理情况。重点检查单位销售收入是否及时入账,应收账款的催收是否有效,坏账核销和应收票据的管理是否符合规定。

(5) 销售退回的管理情况。重点检查销售退回手续是否齐全、退回货物是否及时入库。

二、了解销售与收款循环内部控制的实施程序

(1) 询问参与销售与收款流程各业务活动的被审计单位人员,一般包括销售部门、仓储部门和财务部门的员工与管理人员。

(2) 获取并阅读企业的相关业务流程图或内部控制手册等资料。

(3) 观察销售与收款流程中特定控制的运用。例如,观察仓储部门人员是否以及如何将装运的商品与销售单上的信息进行核对。

(4) 检查文件资料。例如,检查销售单、发运凭证、客户对账单等。

(5) 实施穿行测试,即追踪销售交易从发生到最终被反映在财务报表中的整个处理过程。例如,选取一笔已收款的销售交易,追踪该笔交易从接受客户订购单直至收回货款的整个过程。

三、销售与收款循环存在的重大错报风险

与销售与收款循环相关的财务报表项目主要为营业收入和应收账款,此外还有应收票据、预收款项、长期应收、应交税费、税金及附加等。以制造业的赊销销售为例,相关交易和余额存在的重大错报风险通常包括以下方面。

(1) 收入确认存在的舞弊风险。收入是利润的来源,直接关系到企业的财务状况和经营成果。有些企业往往为了达到粉饰财务报表的目的而采用虚增或隐瞒收入等手段进行舞弊。

(2) 收入的复杂性可能导致的错误。例如,被审计单位可能针对一些特定的产品或者服务提供一些特殊的交易安排(例如特殊的退货约定等),但管理层可能对这些不同安排下所涉及的交易风险缺乏判断经验,在收入确认上就容易发生错误。

(3) 发生的收入交易未能得到准确记录。

(4) 期末收入交易和收款交易可能未记录于正确的期间,包括销售退回交易的截止错误。

(5) 收款未及时入账或记入不正确的账户,因而导致应收账款(或应收票据等)的错报。

(6) 应收账款坏账准备的计提不准确。

四、销售与收款循环内部控制的测试

(一) 控制测试的原理

在对被审计单位销售与收款循环的相关内部控制实施测试时,注册会计师需要注意以下方面。

(1) 控制测试所使用的审计程序的类型主要包括询问、观察、检查和重新执行,其提供的

保证程度依次递增。审计时需要根据所测试的内部控制的特征及需要获得的保证程度选用适当的测试程序。

(2) 如果在期中实施了控制测试,应当在年末审计时实施适当的前推程序,就控制在剩余期间的运行情况获取证据,以确定控制是否在整个被审计期间持续运行有效。

(3) 控制测试的范围取决于需要通过控制测试获取的保证程度。

(4) 如果拟信赖的内部控制是由计算机执行的自动化控制,除了测试自动化应用控制的运行有效性,还需要就相关的信息技术一般控制的运行有效性获取审计证据。

上述有关实施销售与收款循环控制时的基本原理,对其他业务循环的控制测试同样适用,因此,后面其他业务循环将不再重复论述。

(二) 销售与收款循环的控制测试

通常情况下,销售与收款循环存在的重大错报风险及实施的控制测试如表 5-53 所示。

表 5-53　　　　　　　　销售与收款循环的风险及控制测试

可能发生错报的环节	内部控制测试程序
可能向没有获得赊销授权或超出其信用额度的客户赊销	1. 询问员工销售单的生成过程,检查是否所有生成的销售单均有对应的客户订购单为依据 2. 检查系统中自动生成销售单的生成逻辑,是否确保满足客户范围及其信用控制的要求 3. 对于系统外授权审批的销售单,检查是否经过适当批准
可能在没有批准发货的情况下发出了商品	1. 检查系统内发运凭证的生成逻辑以及发运凭证是否连续编号 2. 询问并观察发运时保安人员的放行检查
发运商品与客户销售单可能不一致	检查例外报告和暂缓发货的清单
已发出商品可能与发运凭证上的商品种类和数量不符	检查发运凭证上相关员工及客户的签名,作为发货一致的证据
已销售商品可能未实际发运给客户	检查发运凭证上客户的签名,作为收货的证据
商品发运可能未开具销售发票或已开出发票没有发运凭证的支持	1. 检查系统生成发票的逻辑 2. 检查例外报告及跟进情况
定价或产品摘要不正确,以及销售单或发运凭证或销售发票代码输入错误,可能导致销售价格不正确	1. 检查文件以确定价格更改是否经授权 2. 重新执行以确定打印出的更改后价格与授权是否一致 3. 通过检查 IT 的一般控制和收入交易的应用控制,确定正确的定价主文档版本是否已被用来生成发票 4. 如果发票由手工填写,检查发票中价格复核人员的签名。通过核对经授权的价格清单与发票上的价格,重新执行该核对过程
发票上的金额可能出现计算错误	1. 检查与发票计算金额正确性相关人员的签名 2. 重新计算发票金额,证实其是否正确
销售发票入账的会计期间可能不正确	1. 重新执行销售截止检查程序 2. 检查客户质询信件并确定问题是否已得到解决

(续表)

可能发生错报的环节	内部控制测试程序
销售发票入账的金额可能不正确	1. 对于调节项目进行检查,并调查原因是否合理 2. 检查客户质询信件并确定问题是否已得到解决
销售发票可能被记入不正确的应收账款明细账户	1. 检查应收账款客户主文档中明细余额汇总金额的调节结果与应收账款总分类账是否核对相符,以及负责该项工作的员工签名 2. 检查客户质询信件并确定问题是否已得到解决
应收账款记录的收款与银行存款可能不一致	1. 检查核对每日收款汇总表、电子版收款清单和银行存款清单的核对记录和核对人签名 2. 检查银行存款余额调节表和负责编制的员工的签名 3. 检查客户质询信件并确定问题是否已被解决
收款可能被记入不正确的应收账款账户	1. 检查客户质询信件并确定问题是否已被解决 2. 检查管理层对应收账款账龄分析表的复核及跟进措施
坏账准备的计提可能不充分	1. 询问管理层如何复核坏账准备计提表的计算,检查是否有复核人员的签字 2. 检查坏账核销是否经过管理层的恰当审批
登记入账的现金收入与企业已经实际收到的现金不符	1. 实地观察收银台、销售点的收款过程,并检查在这些地方是否有足够的物理监控 2. 检查收款台打印销售小票和现金销售汇总表的程序设置和修改权限设置 3. 检查盘点记录和结算记录上负责计算现金和与销售汇总表相调节工作的员工的签名 4. 检查银行存款单和销售汇总表上的签名,证明已实施复核 5. 检查银行存款余额调节表的编制和复核人员的审核记录

表5-53列示的是销售与收款循环中一些较为常见的控制测试程序,但并未包括该循环所有的控制测试,也并不意味着审计实务应当按此执行。一方面,被审计单位所处行业不同、规模不一、内部控制制度的设计和执行方式不同,以前期间接受审计的情况也各不相同;另一方面,受审计时间、审计成本的限制,审计时除了确保审计质量、审计效果外,还需要提高审计效率,尽可能地消除重复的测试程序,保证在检查某一凭证时能够一次完成对该凭证的全部审计测试程序,并按照最有效的顺序实施审计测试。

任务三 审计营业收入

工作任务

审计长沙超世服饰有限公司营业收入,并编制相应审计工作底稿。

知识储备

一、营业收入的审计目标

(1) 确定利润表中记录的营业收入已发生,且与被审计单位有关。
(2) 确定所有应当记录的营业收入均已记录,应当包括在财务报表中的相关披露均已包括。
(3) 确定与营业收入有关的金额及其他数据已恰当记录,相关披露已得到恰当计量和描述。
(4) 确定营业收入已记录于正确的会计期间。
(5) 确定营业收入已记录于恰当的账户。
(6) 确定营业收入已按照企业会计准则的规定在财务报表中作出恰当的列报和披露。
营业收入审计目标与认定对应关系如表 5-54 所示。

表 5-54　　　　　　　　　　营业收入审计目标与认定对应关系表

审 计 目 标	财务报表认定					
	发生	完整性	准确性	截止	分类	列报
(1) 确定利润表中记录的营业收入已发生,且与被审计单位有关	√					
(2) 确定所有应当记录的营业收入均以记录,应当包括在财务报表中的相关披露均已包括		√				
(3) 确定与营业收入有关的金额及其他数据已恰当记录,相关披露已得到恰当计量和描述			√			
(4) 确定营业收入已记录于正确的会计期间				√		
(5) 确定营业收入已记录于恰当的账户					√	
(6) 确定营业收入已按照企业会计准则的规定在财务报表中作出恰当的列报和披露						√

二、营业收入的实质性程序

(一) 主营业务收入的实质性程序

(1) 获取或编制主营业务收入明细表,复核加计是否正确,并与总账数和明细账合计数核对是否相符,与其他业务收入科目与报表数核对是否相符。

(2) 执行实质性分析程序。

❶ 将本期的主营业务收入与上期的主营业务收入进行比较,分析产品销售的结构和价格变动是否异常,并分析异常变动的原因。

❷ 计算本期重要产品的毛利率,与上期比较,检查是否存在异常,各期之间是否存在重大波动,如果有,注册会计师应查明原因。

❸ 比较本期各月各类主营业务收入的波动情况,分析其变动趋势是否正常,是否符合被审计单位季节性、周期性的经营规律,查明异常现象和重大波动的原因。

❹ 将本期重要产品的毛利率与同行企业进行对比分析,检查是否存在异常。

❺ 根据增值税纳税申报表,估算全年收入,与实际收入金额比较。

(3) 检查主营业务收入的确认条件、方法是否符合企业会计准则的规定,前后期是否一致。

❶ 判断被审计单位的合同履约业务是在某一时段内履行还是某一时点履行的。

❷ 对于附有销售退回条件的商品销售,评估对退货部分的估计是否合理,确定其是否按估计不会退货部分确认收入。

❸ 对于售后回购,了解回购安排属于远期安排、企业拥有回购选择权还是客户拥有回售选择权,确定企业是否根据不同的安排进行了恰当的会计处理。

❹ 对于以旧换新销售,确定销售的商品是否按照商品销售的方法确认收入,回收的商品是否作为购进商品处理。

❺ 对于出口销售,根据交易的定价和成交方式(离岸价格、到岸价格或成本加运费价格等),并结合合同(包括购销合同和运输合同)中有关货物运输途中风险承担的条款,确定收入确认的时点和金额。

(4) 检查与收入交易相关的原始凭证与会计分录。

以主营业务收入明细账中的会计分录为起点,检查相关原始凭证,如订购单、销售单、发运凭证、发票等,评价已入账的主营业务收入是否真实发生。检查订购单和销售单,用以确认存在真实的客户购买要求,销售交易已经过适当的授权批准。销售发票上所列的单价,通常还要与经过批准的商品价目表进行比较核对,对其金额小计和合计数也要进行复算。发票中列出的商品的规格、数量和客户代码等,则应与发运凭证进行比较核对,尤其是由客户签收商品的客户联,确定已按合同约定履行了履约义务,可以确认收入。同时还要检查原始凭证中的交易日期,以确认收入计入正确的会计期间。

(5) 从发运凭证中选取样本,追查至主营业务收入明细账,以确定是否存在遗漏事项。

(6) 结合应收账款实施的函证程序,选择客户函证本期销售额。

(7) 执行主营业务收入截止测试。

实施截止测试,目的主要在于确定被审计单位主营业务收入的会计归属期是否正确,即应记入本期或下期的主营业务收入是否被推延至下期或提前至本期。注册会计师应关注三个日期:一是发票开具日期;二是记账日期;三是发货日期(或提供劳务日期)。检查三者是否归属于同一适当的会计期间是主营业务收入截止测试的关键点。通常测试方法有以下三种:

❶ 以账簿记录为起点。抽查资产负债表日前后几天的账簿记录,追查至记账凭证和客户签收的发运凭证,目的是证实已入账收入是否在同一期已发货并由客户签收,有无多记收入。

❷ 以销售发票为起点。抽查资产负债表日前后几天的发票存根,追查至装运单与账簿记录,以确定已开具发票的商品是否已发货并于同一会计期间确认收入。

❸ 以装运单为起点。抽查资产负债表日前后几天的装运单,追查至发票与账簿记录,以确定收入是否已记录于恰当的会计期间。

同时,注册会计师应当查阅销售合同,确定发货条款、了解货运条件(如交货地点),以确定转移商品所有权以及确认收入的合适时间。

(8) 检查销售退回与折让、商业折扣与现金折扣。检查相关手续是否符合规定,会计处理是否正确,并结合存货项目审计其真实性。

(9) 检查主营业务收入在财务报表中的列报和披露是否符合企业会计准则的规定。

主营业务收入审计目标与审计程序对应关系如表 5-55 所示。

表 5-55　　　　　　　　主营业务收入审计目标与审计程序对应关系表

审计目标	可供选择的审计程序	索引号
(3)	(1) 获取或编制主营业务收入明细表,复核加计数是否正确,并与总账数和明细账合计数核对是否相符,结合其他业务收入科目与报表数核对是否相符	
(1)(2)(3)	(2) 实质性分析程序(必要时)	
(1)(2)(3)(4)	(3) 检查主营业务收入的确认条件、方法是否符合企业会计准则的规定,前后期是否一致	
(3)	(4) 获取产品价格目录,抽查售价是否符合价格政策,并特别提醒销售给关联方或关系密切的重要客户的产品价格是否合理,有无以低价或高价结算的方法,相互之间有无转移利润的现象	
(1)(2)(3)(4)	(5) 抽取_____张发货单,审查出库日期、品名、数量等是否与发票、销售合同、记账凭证等一致	
(1)(3)(4)	(6) 结合对应收账款的审计,选择主要客户函证本期销售额	
(1)(3)	(7) 抽取_____笔销售交易,审查入账日期、品名、数量、单价、金额等是否与发票、发货单、销售合同等一致	

(二) 其他业务收入的实质性程序

(1) 获取或编制其他业务收入明细表,复核加计是否正确,并与总账数和明细账合计数核对是否相符,与主营业务收入科目与营业收入报表数核对是否相符。

(2) 计算本期其他业务收入与其他业务成本的比率,并与上期该比率进行比较,检查是否有重大波动,如果有,注册会计师应查明原因。

(3) 检查其他业务收入内容是否真实、合法,收入确认原则及会计处理是否符合规定,抽查原始凭证予以核实。

(4) 对异常项目,注册会计师应追查入账依据是否充分。

(5) 抽查资产负债表日前后一定数量的记账凭证,执行截止测试,追踪到发票、收据等,确定入账时间是否正确。

(6) 检查其他业务收入在财务报表中的列报是否恰当。

任务四　审计应收账款

工作任务

审计长沙超世服饰有限公司应收账款,并编制相应审计工作底稿。

知识储备

一、应收账款的审计目标

(1) 确定资产负债表中记录的应收账款是存在的。

(2) 确定所有应当记录的应收账款均已记录,应当包括在财务报表中的相关披露均已包括。

(3) 确定记录的应收账款由被审计单位拥有或控制。

(4) 确定应收账款以恰当的金额包括在财务报表中,与之相关的计价调整已恰当记录,相关披露已得到恰当计量和描述。

(5) 确定应收账款已记录于恰当的账户。

(6) 确定应收账款已按照企业会计准则的规定在财务报表中作出恰当的列报和披露。

应收账款审计目标与认定对应关系如表5-56所示。

表5-56 应收账款审计目标与认定对应关系

审计目标	财务报表认定					
	存在	完整性	权利和义务	准确性、计价和分摊	分类	列报
(1) 资产负债表中记录的应收账款是存在的	√					
(2) 所有应当记录的应收账款均已记录,应当包括在财务报表中的相关披露均已包括		√				
(3) 记录的应收账款由被审计单位拥有或控制			√			
(4) 应收账款以恰当的金额包括在财务报表中,与之相关的计价调整已恰当记录,相关的披露已得到恰当计量和描述				√		
(5) 应收账款已记录于恰当的账户					√	
(6) 应收账款已按照企业会计准则的规定在财务报表中作出恰当列报和披露						√

二、应收账款的实质性程序

(一) 获取或编制应收账款明细表

(1) 复核加计是否正确,并与总账数和明细账合计数核对是否相符;与坏账准备科目与报表数核对是否相符。

(2) 标识重要的欠款单位,计算其欠款合计数占应收账款余额的比例。

(二) 检查应收账款账龄分析是否正确

获取或编制应收账款账龄分析表,分析应收账款的账龄,以便了解应收账款的可收回性、坏账准备计提的充分性。

（三）实施实质性分析程序

（1）比较本年度与以前年度应收账款的余额，并查明异常情况的原因。

（2）比较本年度与以前年度应收账款的账龄，并查明异常情况的原因。

（3）分析应收账款与主营业务收入的比率，结合当前经济环境及信用政策判断其合理性。

（4）比较本年度与以前年度应收账款的回收期，结合当前经济环境及信用政策判断其合理性。

（5）比较本年度与以前年度坏账准备与主营业务收入的比率、坏账准备与应收账款的比率，并查明异常情况的原因。

（四）向债务人函证应收账款

1. 函证目的

函证的目的在于证实应收账款账户余额的存在与正确性。

2. 函证范围和对象

注册会计师应当对应收账款实施函证，除非有充分证据表明应收账款对财务报表不重要，或函证很可能无效（如注册会计师可能基于以前年度的审计经验，认为被询证者很可能不回函或即使回函也不可信）。如果不对应收账款函证，注册会计师应当在工作底稿中说明理由。如果认为函证很可能是无效的，注册会计师应当实施替代审计程序。

一般情况下，注册会计师应选择如下项目作为函证对象：数额较大或账龄较长的项目；与债务人发生纠纷的项目；关联方项目；主要客户（包括关系密切的客户）；可能产生重大错报或舞弊的非正常的项目。

3. 函证方式

注册会计师可采用积极的函证方式或消极的函证方式实施函证，也可将两种方式结合使用。

（1）积极函证方式。在运用积极函证方式时可以在询证函中列明拟函证的账户余额或其他信息，要求被询证者核对确认；也可以不在询证函中列明账户余额或其他信息，而要求被询证者填写有关信息或提供进一步信息。积极的询证函格式如表5-57所示。

表5-57　　　　　　　　　　积极的询证函格式

××（公司）：　　　　　　　　　　　　　　　　　　　　　　编号：

本公司聘请的××会计师事务所正在对本公司××年度财务报表进行审计，按照中国注册会计师审计准则的要求，应当询证本公司与贵公司的往来账项等事项。下列数据出自本公司账簿记录，如与贵公司记录相符，请在本函下端"信息证明无误"处签章证明；如有不符，请在"信息不符"处列明不符金额。回函请直接寄至××会计师事务所。

回函地址：

邮编：　　　　　　电话：　　　　　　传真：　　　　　　联系人：

1. 本公司与贵公司的往来账项列示如下：

单位：元

截止日期	贵公司欠	欠贵公司	备 注

2. 其他事项：

本函仅为复核账目之用，并非催款结算。若款项在上述日期之后已经付清，仍请及时函复为盼。

（公司盖章）

年　月　日

结论：1. 信息证明无误

（公司盖章）
年 月 日
经办人：

2. 信息不符，请列明不符的详细情况：

（公司盖章）
年 月 日
经办人：

（2）消极函证方式。在运用消极函证方式时，如果所函证的款项相符则不要求询证者回函，如果所函证的款项不符则要求询证者回函。消极的询证函格式如表5-58所示。

表5-58　　　　　　　　　　　　消极的询证函格式

××（公司）：　　　　　　　　　　　　　　　　　　　　　　　　　　　　编号：
本公司聘请的××会计师事务所正在对本公司××年度财务报表进行审计，按照中国注册会计师审计准则的要求，应当询证本公司与贵公司的往来账项等事项。下列数据出自本公司账簿记录，如与贵公司记录相符，则无须回复；如有不符，请直接通知××会计师事务所，并请在空白处列明贵公司认为是正确的信息。回函请直接寄至××会计师事务所。
回函地址：
邮编：　　　　　　电话：　　　　　　传真：　　　　　　联系人：
1. 本公司与贵公司的往来账项列示如下：

单位（元）

截 止 日 期	贵公司欠	欠贵公司	备　　注

2. 其他事项：
本函仅为复核账目之用，并非催款结算。若款项在上述日期之后已经付清，仍请及时核对为盼。

（公司盖章）
年 月 日

××会计师事务所：
信息不正确，差异如下：

（公司盖章）
年 月 日
经办人：

4. 函证的时间

注册会计师通常以资产负债表日为截止日，在资产负债表日后适当时间内实施函证。如果重大错报风险评估为低水平，也可选择资产负债表日前适当日期为截止日实施函证，并对所函证项目自该截止日起至资产负债表日止发生的变动实施进一步实质性程序，比如检查该期间发生的影响应收账款余额的交易。

5. 函证的实施与控制

当实施函证时，注册会计师应当对被询证者的选择、询证函的设计以及询证函的发出和收回保持控制，以确保函证有效。

（1）注册会计师应对函证实施过程采取如下控制措施：

❶ 将被询证者的名称、地址与被审计单位有关记录核对。

❷ 将询证函中列示的账户余额或其他信息与被审计单位有关资料核对。
❸ 在询证函中指明直接向会计师事务所回函。
❹ 询证函经被审计单位盖章后,由注册会计师直接发出。
❺ 将发出询证函的情况形成审计工作记录。
❻ 将收到的回函形成审计工作记录,并汇总统计函证结果。

(2) 如果被询证者以传真、电子邮件等方式回函,注册会计师应当直接接收,并要求被询证者寄回询证函原件。

(3) 如果采用积极的函证方式实施函证而未能收到回函,注册会计师应当考虑与被询证者联系,要求对方作出回应或再次寄发询证函。如果未能得到被询证者的回应,注册会计师应当实施替代审计程序,获得与实施函证具有同样效力的审计证据。

❶ 检查与销售有关的记录和文件,如销售合同、客户订单、销售发票及装运单等证明销售交易确定已经发生的证据。
❷ 检查应收账款日后收款的记录与凭证,如银行进账单、汇款证明、银行存款日记账等。
❸ 检查被审计单位与客户之间的函电记录,也有助于发现销售交易是否真实发生,双方是否存在争议。

(4) 如果有迹象表明收回的询证函不可靠,应当实施适当的审计程序予以证实或消除疑惑。例如,注册会计师可以通过直接打电话给被询证者等方式以验证回函的内容和来源。

6. 对不符事项的处理

如果发现了不符事项,注册会计师应当分析发生不符事项的原因,并作进一步核实。

存在不符事项的原因可能是由于双方登记入账时间不同,可能是由于一方或双方记账错误,也可能是被审计单位的舞弊行为。登记入账的时间不同而产生的不符事项主要表现为:

(1) 询证函发出时,债务人已经付款,而被审计单位尚未收到货款。
(2) 询证函发出时,被审计单位的货物已经发出并已作销售记录,但货物仍在途中,债务人尚未收到货物。
(3) 债务人由于某种原因将货物退回,而被审计单位尚未收到。
(4) 债务人对收到货物的数量、质量及价格等方面有异议而全部或部分拒付货款等。

如有不符事项构成错报,注册会计师应重新考虑实质性程序的性质、时间和范围。

7. 对函证结果的评价

注册会计师收回询证函后,应编制应收账款函证结果汇总表,对函证结果进行分析与评价。应收账款函证结果汇总表如表5-59所示。

表5-59　　　　　　　　　　应收账款函证结果汇总表

询证函编号	债务人名称	债务人地址及联系方式	账面金额	函证方式	函证日期 第一次	函证日期 第二次	回函日期	替代程序	确认余额	差异金额及说明	备注
		……							……	……	

注册会计师对函证结果可作如下评价:

(1) 如果函证结果没有差异,则可以据此合理推论,全部应收账款总体不存在重大错报。
(2) 如果函证结果存在差异,则应估算应收账款总体中可能的累计差错,可考虑进一步扩大函证范围。

(五)检查未回函及未函证的应收账款

对未回函及未函证的应收账款,注册会计师应抽查与销售有关的记录与文件,如销售合同、客户订单、销售发票副本及装运单等,以验证这些应收账款的真实性。

(六)检查坏账的确认和处理

对于发生的坏账损失,注册会计师应检查其原因是否合理,有无授权批准手续,是否采用备抵法核算;对做坏账处理后又重新收回的应收款项,应检查相应的会计处理是否正确。

(七)检查长期挂账的应收款项

注册会计师应查找有无长期挂账的应收款项,并分析其形成的原因,是双方发生了经济纠纷、记串户、入账时是假账、已付款但未销账,还是确定无法收回。根据不同情况,注册会计师应建议被审计单位作出适当的处理。

(八)分析应收账款明细账余额

应收账款明细账余额一般在借方,注册会计师如果发现应收账款明细账出现贷方余额,应查明原因,检查其在列报时是否正确分类。

(九)检查应收账款的质押或出售

结合银行存款和银行借款等询证函的回函、会议纪要、借款协议和其他文件,确定应收账款是否已被质押或出售,其会计处理是否正确。

(十)检查应收账款在财务报表中的列报是否恰当

根据实际情况,检查应收账款在财务报表中的列报是否恰当。

三、坏账准备的实质性程序

(1) 获取或编制坏账准备计算表,复核加计是否正确,与坏账准备总账数、明细账合计数核对是否相符。

(2) 实施实质性分析程序。通过计算坏账准备余额占应收款项余额的比例,并与以前期间的相关指标比较,分析有无异常情况,分析产生重大差异的原因。

(3) 核对坏账准备本期计提数与信用减值损失相应明细项目的发生额是否相符。

(4) 检查坏账准备的计提与转销及转回是否正确。

❶ 检查坏账准备计提的范围、方法、比例、账龄的划分,实际发生坏账时的转销是否合规,是否经股东大会、董事会或厂长(经理)会议或类似权力机构批准。

❷ 测算坏账准备本期计提金额是否正确、充分,有无多提或少提,坏账准备计提与转销、转回的相关会计处理是否正确。

(5) 检查坏账准备在财务报表中的列报是否恰当。

坏账准备审计目标与审计程序对应关系如表 5-60 所示。

表 5-60　　　　　　　　　审计目标与审计程序对应关系表

审计目标	可供选择的审计程序	索引号
(4)	1. 获取或编制应收款项明细表 (1) 复核加计是否正确,并与总账数和明细账合计数核对是否相符;与坏账准备科目与报表数核对是否相符 (2) 分析有贷方余额的项目,查明原因,必要时作重分类调整	

(续表)

审计目标	可供选择的审计程序	索引号
(1)(2)(4)	2. 检查涉及应收账款的相关财务指标 　(1) 复核应收账款借方累计发生额与主营业务收入是否配比,如存在差异,注册会计师应查明原因 　(2) 计算应收账款周转率、应收账款周转天数等指标,并与被审计单位以前年度指标、同行业同期相关指标对比分析,检查是否存在重大异常	
(4)	3. 获取或编制应收账款账龄分析表(目的在于了解应收账款的可收回性) 　(1) 测试计算的准确性,将加总数与应收账款总分类账余额相比较 　(2) 检查原始凭证,如销售发票、运输记录等,测试账龄核算的准确性 　(3) 请被审计单位协助,在应收账款明细表上标出至审计时已收回的应收账款金额,对已收回金额较大的款项进行常规检查,如核对收款凭证、银行对账单、销货发票等,并注意凭证发生日期的合理性,分析收款时间是否与合同相关要素一致	
(1)(3)(4)	4. 对应收账款进行函证(目的在于证实应收账款账户余额的存在等) 　注：❶ 除非有充分证据表明应收账款对财务报表不重要或函证很可能无效(如注册会计师可能基于以前年度的审计经验,认为被询证者很可能不回函或即使回函也不可信)。否则,应对应收账款进行函证。如果不对应收账款进行函证,应在工作底稿中说明理由。如果认为函证很可能无效,应当实施替代审计程序。❷ 通常以资产负债表日为截止日,在资产负债表日后适当时间内实施函证 　(1) 选取函证项目一般应选择大额或账龄较长的项目、与债务人发生纠纷的项目、关联方项目、主要客户(包括关系密切的客户)、可能产生重大错误或舞弊的非正常的项目 　(2) 对函证实施过程进行控制。核对询证函是否由注册会计师直接收发;被询证者以传真、电子邮件等方式回函的。应要求被询证者寄回询证函原件;如果未能收到积极式函证回函,应当考虑与被询证者联系,要求对方作出回应或再次寄发询证函 　(3) 编制应收账款函证结果汇总表,对函证结果进行评价。核对回函内容与被审计单位账面记录是否一致。如不一致,分析不符事项的原因,检查销售合同、发运单等相关原始单据,分析被审计单位对于回函与账面记录之间差异的解释是否合理,并检查支持性凭证	
(1)	5. 对未函证应收账款实施替代审计程序 　抽查有关原始凭据,如销售合同、销售订单、销售发票副本、发运凭证及回款单据等;实施期后收款测试,以验证与其相关的应收账款的真实性	
(1)	6. 抽查有无不属于结算业务的债权 　抽查应收账款明细账,并追查至有关原始凭证,查证被审计单位有无不属于结算业务的债权。如果有,应建议被审计单位作适当调整	
(4)	7. 评价坏账准备计提的适当性 　(1) 取得或编制坏账准备计算表,复核加计是否正确,与坏账准备总账数、明细账合计数核对相符。核对坏账准备本期计提数与信用减值损失相应明细项目的发生额是否相符 　(2) 复核应收账款坏账准备是否按经股东(大)会或董事会批准的方法和比例提取,其计算和会计处理是否正确	

(续表)

审计目标	可供选择的审计程序	索引号
	（3）从账龄分析表中,选取金额大于相应标准的账户,逾期超过相应天数账户,测试其期后收款情况。确定其可收回性,测算坏账准备计提是否正确、充分 （4）实际发生坏账损失的,检查转销依据是否符合有关规定,会计处理是否正确 （5）已经确认并转销的坏账重新收回的款项,检查其会计处理是否正确	
（4）	8. 检查应收账款中是否存在债务人破产或者死亡的情况,若存在,是否以其破产财产或者遗产清偿后仍无法收回。或者债务人是否存在长期未履行偿债义务的情况,如果是,应提请被审计单位处理	
（3）	9. 检查银行存款和银行贷款等询证的回函、会议纪要、借款协议和其他文件,确定应收账款是否已被质押或出售	
（5）	10. 检查应收账款是否在财务报表中作出恰当列报	

习题与实训

一、判断题

1. 销售发票是营业收入的主要凭证,审计时对其采用详查法进行审查。（　　）
2. 注册会计师应当对应收账款实施函证,除非有充分证据表明应收账款对财务报表不重要,或函证很可能无效。（　　）
3. 分析应收账款的账龄,可以了解应收账款的可回收性,但不能确定坏账准备计提是否充分。（　　）
4. 对主营业务收入实施截止测试,其目的主要在于确定主营业务收入的会计记录归属期是否正确。（　　）
5. 如果对应收账款实施函证不能获取充分适当的审计证据,注册会计师应当实施替代审计程序。（　　）
6. 对于未曾发货却将销货交易登记入账的情况,注册会计师可以从主营业务收入明细账中抽取几笔,追查有无装运单及其他凭证。（　　）
7. 为了测试被审计单位是否按月向顾客寄出对账单,审计人员可以实施有效的控制测试观察被审计单位指定人员寄送对账单以及检查顾客复函档案。（　　）
8. 企业规定赊销、发货均需要经过审批,主要目的在于保证销售交易按照企业定价政策规定的价格开票收款。（　　）
9. 在对主营业务收入进行截止测试时,若以账簿记录为起点,其目的是证实已入账收入是否在同一期间开具发票并发货,有无多计收入。（　　）
10. 一般情况下,审计人员不对交易频繁但期末余额较小甚至为零的项目进行函证。（　　）

二、单项选择题

1. 应收账款函证的时间通常为(　　)。
   A. 被审计年度期初　　　　　　　　B. 被审计年度期中
   C. 与资产负债表日接近的时间　　　D. 在资产负债表日后适当时间

2. 若在主营业务收入总账、明细账中登记并未发生的销售,存在错报的管理层认定是(　　)。
   A. 发生　　　　B. 完整性　　　　C. 权利和义务　　　　D. 分类

3. 注册会计师检查销售发票时,不需要核对的项目是(　　)。
   A. 相关的销售单　　　　　　　　B. 相关的顾客订单
   C. 相关的货运文件　　　　　　　D. 有关往来函件

4. 注册会计师执行应收账款函证程序的主要目的是(　　)。
   A. 符合专业标准的要求
   B. 确定应收账款能否收回
   C. 确定应收账款的存在
   D. 判定被审计单位入账的坏账损失是否适当

5. 应收账款询证函的签章者应当是(　　)。
   A. 客户　　　　B. 会计师事务所　　　　C. 注册会计师　　　　D. 客户的律师

6. 审计人员为了审查被审计单位是否有提前确认收入的情况,所采取的最有效的审计程序是(　　)。
   A. 以账簿记录为起点做销售业务的截止测试
   B. 以销售发票为起点做销售业务的截止测试
   C. 以发运凭证为起点做销售业务的截止测试
   D. 向债务人函证

7. 被审计单位管理人员、附属公司所欠款项应与客户的欠款分开记录,是被审计单位确保其关于应收账款(　　)认定的重要方法。
   A. 存在　　　　B. 完整性　　　　C. 权利和义务　　　　D. 分类

8. 对通过函证无法证实的应收账款,审计人员应当执行的最有效的审计程序是(　　)。
   A. 重新测试相关的内部控制
   B. 抽查有关原始凭据,如销售合同、销售订单、销售发票副本及发运凭证等
   C. 实施实质性程序
   D. 审查资产负债表日后的收款情况

9. 下列对询证函的处理方法中,正确的是(　　)。
   A. 在粘封询证函时进行统一编号
   B. 寄发询证函,并将重要的询证函复制给被审计单位进行催收
   C. 有部分询证函直接交给被审计单位的业务员,由其到被询证单位盖章后取回
   D. 有部分询证函要求被询证单位传真至被审计单位,并将原件盖章后寄至会计师事务所

10. 下列关于审计人员是否实施应收账款函证程序的说法中,正确的是(　　)。
    A. 对上市公司财务报表执行审计时,审计人员应当实施应收账款函证程序
    B. 如果在收入确认方面不存在舞弊导致的重大错报风险,审计人员可以不实施应收账款

函证程序

　　C. 如果有充分证据表明函证很可能无效，审计人员可以不实施应收账款函证程序

　　D. 对小型企业财务报表执行审计时，审计人员可以不实施应收账款函证程序

三、多项选择题

1. 如果应收账款账龄分析表是客户提供的，注册会计师应（　　）。

　　A. 弃之不用，重新独立编制

　　B. 复核其中的计算是否有误

　　C. 将分析表中的合计数与应收账款总账的余额相核对

　　D. 从分析表所列项目中抽出样本与应收账款明细账余额相核对

2. 下列各项中，属于应收账款的函证对象的有（　　）。

　　A. 账龄较长的项目　　　　　　　　B. 重大关联方交易

　　C. 可能存在争议的交易　　　　　　D. 金额较大的项目

3. 注册会计师可实施应收账款函证的替代程序包括（　　）。

　　A. 检查销售合同、顾客订单、销售发票及装运单等记录与文件

　　B. 检查应收账款日后收款的记录与凭证，如银行进账单

　　C. 检查被审计单位与客户之间的函电记录

　　D. 询问应收账款记账人员

4. 为了验证"登记入账的消费交易确系已经发货给真实的客户"，审计人员常用的控制测试包括（　　）。

　　A. 检查销售发票副联是否附有发运凭证及销售单

　　B. 检查客户的赊购是否经授权批准

　　C. 检查销售发票连续编号的完整性

　　D. 观察是否寄发对账单，并检查客户回函档案

5. 销售交易的不相容岗位分离通常不包括（　　）。

　　A. 企业在销售合同订立前，应当指定专门人员就销售价格、信用政策、发货及收款方式等具体事项与客户进行谈判，谈判人员应有两人以上，并与订立合同的人员相分离

　　B. 销售人员应当避免接触销货现款

　　C. 企业应收票据的取得和贴现必须经由报关票据以外的主管人员的书面批准

　　D. 赊销批准职能与销售职能的分离，也是一种理想的控制

6. 在对被审计单位的主营业务收入进行审计时，审计人员应重点关注的与被审计单位的主营业务收入的确认有密切关系的日期，具体包括（　　）。

　　A. 记账日期　　　　　　　　　　　B. 发货日期或提供劳务日期

　　C. 资产负债表日　　　　　　　　　D. 发票开具日期

7. 下列关于销售业务截止测试的说法中，正确的有（　　）。

　　A. 从资产负债表日前后若干天的账簿记录追查至记账凭证、检查发票存根与发运凭证，以查找有无多记收入的情况

　　B. 从资产负债表日前后若干天的发运凭证追查至记账凭证，检查发票存根与发运凭证，以查找有无少记收入的情况

　　C. 从资产负债表日前后若干天的发运凭证追查至销售记账凭证，检查发票存根与发运凭

证,以查找有无多记收入的情况

D. 从资产负债表日前后若干天的发运凭证追查至销售发票存根,检查记账凭证和账簿记录,以查找有无少记收入的情况

8. 在确定函证时间时,下列做法正确的有（　　）。

A. 如果被审计单位与应收账款相关认定的重大错报风险低,在预审时(资产负债表日前)函证

B. 在年终对存货监盘的同时,对应收款项进行函证

C. 项目小组进驻审计现场后,立即进行函证

D. 为减少函证回函差异,在执行其他审计程序后函证

9. 下列情形中,审计人员可考虑采用消极的函证方式的有（　　）。

A. 重大错报风险评估为较低　　　　B. 预期不存在大量的错误

C. 涉及大量余额较小的账户　　　　D. 重大关联方交易

10. 对被审计单位在被审计期间内发生的坏账损失,审计人员应检查（　　）。

A. 有无已进行坏账处理后又重新收回的应收账款

B. 前后各期是否一致

C. 发生坏账损失的原因是否清楚

D. 有无授权批准

四、实训题

1. 甲公司系公开发行 A 股的上市公司,审计人员于 2022 年年初对甲公司 2021 年度财务报表进行审计。经初步了解,甲公司 2021 年度的经营形势、管理及经营机构与 2020 年度比较未发生重大变化,且未发生重大重组行为。为确定重点审计领域,审计人员拟实施分析程序。甲公司 2021 年度未审利润表及 2020 年度已审利润表如表 5-61 所示。

表 5-61　　　　　　　　2020—2021 年度相关利润表数据　　　　　　金额单位:万元

项　　目	2021 年度(未审数)	2020 年度(审定数)
营业收入	104 300	58 900
减：营业成本	91 845	53 599
税金及附加	560	350
销售费用	2 800	1 610
管理费用	2 380	3 260
财务费用	180	150
营业利润	6 895	231
加：营业外收入	100	150
减：营业外支出	260	300
利润总额	6 735	81
减：所得税费用(税率25%)	800	0
净利润	5 935	81

要求：分析存在的问题，并提出审计建议。

2. 恒润公司主要从事汽车轮胎的生产和销售，其销售收入主要来源于国内销售和出口销售。仲桥会计师事务所负责恒润公司2021年度财务报表审计，并委派注册会计师李芳担任项目负责人。

资料一：

（1）恒润公司的收入确认政策：对国内销售，在将产品交付客户并取得客户签字的收货确认单时确认收入；对出口销售，在相关产品取得装船单时确认收入。

（2）恒润公司的会计信息系统中，国内客户和国外客户的编号分别以D和E开头。

（3）2021年12月31日，中国人民银行公布的人民币对美元汇率为1美元＝6.8元人民币。

资料二：

恒润公司编制的应收账款账龄分析表摘录如表5-62、表5-63所示。

表5-62　　　　　　　　　　　2021年12月31日账龄分析　　　　　　　　金额单位：万元

客户类别	原币	人民币	1年以内（含1年）	1～2年（含2年）	2～3年（含3年）	3年以上
国内客户		41 158	28 183	7 434	4 341	1 200
国外客户	美元2 046	15 345	10 981	2 164	2 200	0
合计		56 503	39 164	9 598	6 541	1 200

表5-63　　　　　　　　　　　2020年12月31日账龄分析　　　　　　　　金额单位：万元

客户类别	原币	人民币	1年以内（含1年）	1～2年（含2年）	2～3年（含3年）	3年以上
国内客户		31 982	23 953	4 169	3 860	0
国外客户	美元2 006	14 046	11 337	2 539	170	0
合计		46 028	35 290	6 708	4 030	0

要求：结合资料一，假定不考虑其他条件，指出资料二中应收账款账龄分析表存在哪些不当之处，并简单说明理由。

3. 在对A公司2021年度财务报表审计中，注册会计师了解和测试与应收账款相关的内部控制后，将控制风险评估为高水平；取得了2021年12月31日的应收账款明细表，并于2022年1月15日采用积极式的函证方式对所有重要客户寄发询证函。部分函证结果如表5-64所示。

表 5-64　　　　　　　　　　　与函证结果相关的重要异常情况汇总表

异常情况	函证编号	客户名称	询证金额（元）	回函日期	回函内容
(1)	22	甲公司	300 000	2022年1月22日	购买Y公司300 000元货物属实，但款项已于2021年12月25日用支票支付
(2)	56	乙公司	500 000	2022年1月19日	因产品质量不符合要求，根据购货合同，于2021年12月28日将货物退回
(3)	64	丙公司	800 000	2022年1月17日	大体一致
(4)	82	丁公司	550 000	2022年1月21日	贵公司12月30日的第585号发票（金额550 000元）系目的地交货，本公司收货日期为2022年1月6日，因此询证函所称12月31日欠贵公司账款之事与事实不符
(5)	134	戊公司	600 000	因地址错误，被邮局退回	—
(6)	161	己公司	580 000	2022年1月20日	本公司会计处理系统无法复核贵公司的对账单

要求：
模拟注册会计师处理客户复函中提出的意见。

五、案例分析题

1. 注册会计师李达负责审计甲公司2022年度财务报表。甲公司2022年12月31日应收账款余额为3 000万元。李达认为应收账款存在重大错报风险，决定选取金额较大以及风险较高的应收账款明细账户实施函证程序，选取的应收账款明细账户余额合计为1 800万元。

(1) 审计项目组成员要求被询证的甲公司客户将回函直接寄至会计师事务所，但甲公司客户X公司将回函直接寄至甲公司财务部，审计项目组成员取得该回函，将其归入审计工作底稿。

(2) 审计项目组成员根据甲公司财务人员提供的电子邮箱地址，向甲公司境外客户Y公司发送电子邮件，询证应收账款余额，并收到电子邮件回复。Y公司确认余额准确无误。审计项目组成员将电子邮件打印后归入审计工作底稿。

(3) 甲公司客户Z公司的回函确认金额比甲公司账面余额少150万元。甲公司销售部人员解释，甲公司于2022年12月末销售给Z公司的一批产品，在2022年年末尚未开具销售发票，Z公司因此未入账。李达认为该解释合理，未实施其他审计程序。

(4) 实施函证的1 800万元应收账款余额中，审计项目组未收到回函的余额合计950万元，审计项目组对此实施替代程序：对其中的500万元查看期后收款凭证；对没有期后收款记录的450万元，检查与这些余额相关的销售合同和发票，未发现例外事项。

(5) 鉴于对60%应收账款余额实施函证程序未发现错报，李达推断其余40%的应收账款余额也不存在错报，无须实行进一步审计程序。

要求：针对上述事项，逐项指出审计项目组的做法是否恰当。如不恰当，简要说明理由。

2. 注册会计师李萍在对润发公司的销售与收款循环的内部控制进行了解和测试时,注意到下列情况:

(1) 根据批准的顾客订单,销售部编制预先连续编号的一式三联现销或赊销销售单。经销售部被授权人员批准后,所有销售单的第一联直接送至仓库作为按销售单供货和发货给装运部门的授权依据,第二联交给开具账单部门,第三联由销售部留存。

(2) 仓库部门根据批准的销售单供货,装运部门将从仓库提取的商品与销售单核对无误后装运,并编制一式四联预先连续编号的发运单,其中三联及时分送开具账单部门、仓库和顾客,一联留存于装运部门。

(3) 开具账单部门在收到发运单并与销售单核对无误后,编制预先连续编号的销售发票,并将其连同发运单和销售单及时送交会计部门。会计部门在核对无误后由财务部门职员王某据以登记销售收入和应收账款明细账。

(4) 由负责登记应收账款备查簿的人员在每月末定期给顾客寄送对账单,并对顾客提出的异议进行专门追查。

要求:分析润发公司内部控制是否存在缺陷。如果有,请说明理由并提出改进建议。

项目六　审计采购与付款循环

思政案例导入

吉林利源精制股份有限公司(以下简称"利源精制"),主营铝型材及其深加工产品的研发、生产与销售业务,属有色金属冶炼和压延加工业,于2010年11月在深圳证券交易所上市。

自2010上市之后的8年时间内,利源精制业绩持续增长。2018年,利源精制业绩突变,判若"两司"。2019年2月19日,利源精制发布公告,公司因涉嫌信息披露违法违规,被证监会立案调查。

铝材行业以赚取稳定加工费为盈利模式,不同产品加工费差异巨大,从2 000元/吨~10 000万元/吨不等。通常来看,建筑型材产品最为低端、利润空间最低,工业型材次之,精深加工材(如轨道交通车辆等)利润空间较大、技术壁垒高。

利源精制通过固定资产投资虚增将资金流出体系外,再通过关联企业、贸易公司采购公司商品来虚增利润和经营性现金流。

固定资产投资造价高。公司于2015年启动的轨道交通车辆1 000辆项目,累计投资近100亿元;对比同行业投资情况,2018年北京市基础设施投资有限公司轨道交通机车制造项目一期总投资约45亿元,年产城市轨道交通列车1 300辆,并形成相关配套产品的生产能力。利源精制固定资产投资造价高出同行业一倍以上。

固定资产产能释放慢。利源精制轨道交通车辆项目规划的建设周期3年,应于2017年年末或2018年年中投产,但迟迟未实现产能释放;2017—2018年上半年,轨交车辆项目陆续转固;结合财务指标来看,2012年至2018年,公司固定资产周转率逐年下降,尤其2015年公司开始大规模投资轨道交通车辆项目后,固定资产周转率从2014年末的1.47倍下降到2018年9月的0.04倍,说明固定资产投资并未真实产生有效产能,资产营运能力和产能释放情况存疑。

资产负债表结构不符合行业特征。根据2018年6月末财报,利源精制"(固定资产+在建工程)/总资产"比例为0.85倍,为有色金属行业上市公司的最高水平,亦显著高于同为铝材加工的南山铝业、新疆众和等公司。

探索与讨论:

在本案例中,利源精制是如何操纵财务报表的,注册会计师应当怎样判断固定资产科目入账是否存在舞弊?

学习目标

【知识目标】

1. 了解采购与付款循环的主要业务活动和涉及的主要凭证。

2. 熟悉采购与付款循环的内部控制测试程序。
3. 掌握应付账款、固定资产的确认与计量的检查。
4. 掌握应付账款、固定资产的实质性程序。

【技能目标】
1. 能评估采购与付款循环的重大错报风险。
2. 能对采购与付款循环实施控制测试，找出内部控制存在的关键问题。
3. 能对应付账款、固定资产实施实质性程序，揭示其可能存在的重大错报。

【素质目标】
1. 通过对循环业务活动的学习，培养学生尽忠职守、廉洁自律的道德素养，学会树立正确的职业观、价值观。
2. 通过学习采购付款循环内部控制及其测试，强化学生的制度观和团结协作的精神，培养学生树立强烈的社会责任感和法制观念。
3. 通过学习应付账款审计，培养学生严谨的专业态度和锲而不舍的拼搏精神。
4. 通过学习固定资产审计，培养学生创新精神，创新审计思路和方法，充分发挥审计的建设性作用。

初级考试考点提醒

1. 采购与付款循环的业务流程、内部控制及控制测试。
2. 采购与付款循环的主要风险。
3. 应付账款、固定资产的审计目标和审计方法。

任务一　了解采购与付款业务循环

工作任务
了解长沙超世服饰有限公司的采购与付款循环。

6-1 了解采购与付款循环（微课）

知识储备

一、采购与付款循环涉及的业务活动

采购与付款交易通常要经过"请购—订货—验收—付款"这样的程序。以制造企业的商品采购为例，采购与付款循环通常涉及的主要业务活动有以下几个方面。

（一）制订采购计划

基于企业的生产经营计划，生产、仓库等部门定期编制采购计划，经部门负责人等适当的管理人员审批后提交采购部门，由采购部门具体安排商品及服务采购。

(二) 供应商认证及信息维护

企业通常对合作的供应商事先进行资质等审核,将通过审核的供应商信息录入系统,形成完整的供应商清单,并及时对其信息变更进行更新。采购部门只能向通过审核的供应商进行采购。

(三) 请购商品和劳务

生产部门根据采购计划、对需要购买的已列入存货清单的原材料等项目填写请购单,其他部门也可以对所需要购买的商品或劳务编制请购单。

(四) 编制订购单

采购部门收到请购单后,只能对经过恰当批准的请购单发出订购单。对每张订购单,采购部门应确定最佳的供应来源。对一些大额、重要的采购项目,采购部门应采取竞价方式来确定供应商,以保证供货的高质量、及时性和成本的低廉性。

(五) 验收和储存商品

有效的订购单代表企业已授权验收部门接受供应商发运来的商品。验收部门首先应比较所收商品与订购单上的要求是否相符,如商品的品名、摘要、数量、到货时间等,然后再盘点商品并检查商品有无损坏。

(六) 储存已验收的商品

验收后的商品被送入仓库存储。仓库根据购入物品的验收资料更新存货明细账资料,对不符合规格和质量要求的物品,则办理退货。

(七) 编制付款凭单

应付账款部门收到供应商寄来的发票后,先与请购单、订购单和验收单等凭证核对一致后,编制预先按顺序编号的付款凭单,并附上支持性凭证(如订购单、验收单、供应商发票等),这些支持性凭证的种类因交易对象的不同而不同。

(八) 确认与记录负债

会计部门收到已批准的未付款凭单后,据以编制有关记账凭证和登记有关账簿。对于月末尚未收到供应商发货单的情况,会计部门则需根据验收单和订购单暂估相关的负债。

(九) 支付货款

应付账款部门根据到期未付凭单确定在到期日付款,并且经授权批准后支付货款,出纳人员签发支票。

(十) 记录库存现金,银行存款支出

会计部门根据已签发的支票编制付款记账凭证,并据以登记银行存款日记账及其他相关账簿。

二、采购与付款循环涉及的凭证与记录

在内部控制比较健全的企业,处理采购与付款交易通常需要使用很多单据和会计记录。以制造企业为例,其典型的采购与付款循环所涉及的主要单据与会计记录主要有以下方面。

(一) 采购计划

企业以销售和生产计划为基础,考虑供需关系及市场计划变化等因素,制订采购计划,并经适当的管理层审批后执行。

(二)供应商清单

企业通过文件审核及实地考察等方式对合作的供应商进行认证,将通过认证的供应商信息进行手工或系统维护,并及时进行更新。

(三)请购单

请购单是由资产的使用部门或仓库管理部门填写并送交采购部门,它是申请购买商品、劳务或其他资产的书面凭据。请购单是证明有关采购交易的发生认定的凭据之一,也是采购交易轨迹的起点。

(四)订购单

订购单是由采购部门填写,经适当的管理层审核后发送给供应商,它是向供应商购买订购单上所指定的商品和劳务的书面凭证。

(五)验收单及入库单

验收单是收到商品时编制的凭据,列示通过质量检验的、从供应商处收到的商品的种类和数量等内容。入库单是由仓库管理人员填写的验收合格品入库的凭证。验收单是支持资产以及与采购有关的负债的存在或发生认定的重要凭证。

(六)卖方发票

卖方发票是供应商开具的,交给买方以载明发运的货物或提供的劳务、应付款金额和付款条件等事项的凭证。

(七)付款凭单

付款凭单是采购方企业的应付账款部门编制的,载明已收到商品、资产或接受劳务的厂商、应付款金额和付款日期的凭证,是企业内部记录和支付负债的授权证明文件。

(八)付款凭证和转账凭证

付款凭证包括现金付款凭证和银行存款付款凭证,是用来记录现金和银行存款支出业务的记账凭证。转账凭证是记录转账交易的记账凭证。它是根据有关转账交易的原始凭证编制的。

(九)应付账款明细账和库存现金、银行存款日记账

企业通常应按供货单位设置应付账款明细账,用来记录企业向各供货单位的赊购余额、货款支付及应付账款余额等内容。对货款的支付,企业应及时登记库存现金日记账和银行存款日记账。

(十)供应商对账单

供应商对账单是由供应商按月编制的、用于核对与采购企业往来款项的凭据,它通常标明期初余额、本期购买、本期支付给供应商的款项和期末余额等信息。供应商对账单是供应商对有关交易的陈述,如果不考虑买卖双方在收发货物上可能存在的时间差等因素,其期末余额通常与采购方相应的应付账款的期末余额一致。

三、本项目工作任务资料

(一)长沙超世服饰有限公司的采购付款制度

1. 采购商品

(1)采购申请。销售内勤按照月销售计划并结合系统反馈仓库月初库存量,修正计划并

在业务系统中生成连续编号的请购单,提交销售经理审核,审核后转采购经理复核,审批通过的请购单由系统转给采购员。

(2) 采购订单。根据经恰当审批的请购单,采购员向合作供应商询价并收集相关信息,采购内勤将请购单信息并输入业务系统,系统自动生成连续编号的采购订单(此时系统显示为"待处理"状态)并提交采购经理审批,订单采购金额在 80 万元以下直接由采购经理批准,金额在 80 万元(含)至 200 万元的,需经副总经理审批,采购金额超过 200 万元(含)的,则需由总经理审批。

(3) 采购合同。采购订单经审批后,由系统自动生成连续编号的格式条款采购合同(协议),提交采购经理审批,若供应商需修改合同条款,则合同应先经公司法务审核。采购员打印审批通过后的合同,与各供应商签署后交回采购部存档,业务员完成合同签订后,在系统内确认(此时系统显示采购订单为"待收货"状态)。每周,采购内勤核对本周内生成的采购订单,将请购单、采购订单以及采购合同提交采购经理复核,如有不一致应查明原因并处理,核对无误后整理归档。

2. 验收入库

(1) 采购专员根据系统显示的"待收货"采购订单信息及采购合同,安排供应商发货、通过系统通知质检员、仓库收货。

(2) 采购的商品运达后,质量检验员比较所收商品与采购订单的要求是否相符,并检查其质量等级,商品到货无经核准的采购订单不予验收入库。验收无误后,质量检验员在系统上签发预先编号的验收入库单,作为检验产品的依据。如发现采购商品的数量或质量存在问题,通知采购员联系供应商处理。

(3) 根据入库验收单,仓库管理员清点商品数量并在验收入库单确认,对已验收商品进行保管,仓储区应相对独立,限制无关人员接近。仓储部经理再次清点所入库产品并与采购订单、合同、验收单核对,核对无误后在系统中确认,系统将采购订单状态自动更改为"已收货"并更新库存商品明细台账。

3. 应付账款记录和核对、仓库盘点

(1) 记录应付账款。

❶ 收到供应商采购发票后,财务会计将发票所载信息和采购订单、购买合同、验收单进行核对。如所有单据核对一致,在发票上加盖"相符"印戳并将有关信息输入系统,此时系统自动生成记账凭证,凭证经财务审核批准后,凭证过至明细账和总账,采购订单的状态也由"已收货"自动更改为"已完成"。

❷ 每月终了,如果采购的材料未运达公司,供应商已提供采购发票,则财务会计将采购发票单独存放,待下一月份收到验收单时再按上述流程输入系统。如果采购的材料已经运达公司并验收,供应商未提供采购发票,财务会计则将系统内收货信息进行暂估,下月初冲回,待以后收到验收单时再按上述流程输入系统。

(2) 对账和调节。

每季度终了,财务会计与供应商财务人员对账,若有差异,及时进行处理。

(3) 仓库盘点

仓库分别于每月、每季和年度终了,对存货进行盘点,财务部门对盘点结果进行复盘。仓库管理员编制存货盘点明细表,发现差异及时处理,经采购经理、仓储经理、财务经理复核后调整入账。

4. 采购付款

(1) 在采购合同约定的付款日到期前(视付款期限而定),采购员在业务系统上发起付款申请,填写付款申请单并关联相关单据(如采购订单、采购发票及验收单等),提交采购经理审批。采购经理可以审批金额 80 万元以下的费用及采购;金额在 80 万元至 200 万元的费用由副总经理负责审批;金额在 200 万元以上的则需总经理审批。审批后系统将付款申请单交财务部门安排付款。

(2) 财务经理收到经过批准的付款申请单后,与应付账款明细账记录进行核对。如核对相符,则转给出纳办理付款,出纳完成付款后打印付款申请单并加盖"付讫"印戳,同时登记日记账。财务会计根据已付款的付款申请单,在系统中编制付款记账凭证,并附有关单据,提交财务经理审核,经核后系统自动过入应收账款明细账和总账。

(3) 每月末,由财务经理指定出纳员以外的人员核对银行存款日记账和银行对账单,编制银行存款余额调节表,并提交财务经理复核签字。

5. 维护供应商档案

每半年,采购员对供应商情况进行更新了解,如信息有变化,需对系统内的供应商信息作出修改,由采购员填写预先连续编号的更改申请表,填写变更信息并附有关证明材料,经采购经理审批后,由采购内勤负责在系统内进行更改。

(二) 长沙超世服饰有限公司资产管理流程

1. 购置固定资产/其他长期资产

(1) 资产使用部门在系统中填写资产采购申请表发起资产采购申请流程,提交部门经理复核批准,经审批后转至采购部。

(2) 采购专员根据资产采购申请将资产采购信息输入系统,在系统关联检查资产采购申请通过后自动生成连续编号的采购订单。采购经理复核采购订单信息,采购总额在人民币 10 万元以下的资产请购,可直接安排购置,无需进行采购招标;采购总额超过人民币 10 万元的请购,须经总经理审批,审批后由采购经理组织相关部门人员共同实施询价,确定采购合作方,拟定采购合同等。每月,采购信息管理员核对本月内生成的采购订单,并将采购订单存档管理。

(3) 总经理对重大固定资产采购合同进行审批,完成合同评审后授权采购部门签署合同。采购合同一式四份且连续编号。

2. 记录固定资产/其他长期资产

(1) 资产使用部门对固定资产进行验收,办理验收手续,出具验收单,并与采购合同、发货单等凭据、资料进行核对,核对相符后签署验收单。

(2) 财务部收到固定资产发票后,财务会计将发票所载信息和验收单、采购订单、采购合同等进行核对,如所有单证核对一致,财务会计在发票上加盖"相符"印戳并在系统中新增固定资产卡片,输入固定资产信息,此时系统自动生成记账凭证过至明细账和总账。如发现有差异,财务部将立即通知采购经理和资产使用部门经理进行处理。如采购和使用部门经理认为该项差异可合理解释并在发票上注明其解释及签字或差异经处理后,方可将该发票信息输入系统。

(3) 财务会计根据系统显示的信息记录当月增加的固定资产,并自下月起计提折旧。每月末,财务会计编制月度固定资产增、减变动情况分析报告,交至财务经理复核。

3. 折旧、摊销及减值

(1) 计提折旧、摊销。

❶ 公司制定并批准了固定资产折旧/无形资产摊销的会计政策,规定固定资产按实

际成本入账并采用直线法计提折旧,对当月增加的固定资产,次月起计提折旧;当月减少的固定资产,当月仍需计提折旧,从下月起停止计提折旧,资产提足折旧后,不管能否继续使用,均不再提取折旧。年度终了,对固定资产使用寿命、预计净残值和折旧方法进行复核。

❷ 公司资产折旧、摊销费用由系统自动计算并生成记账凭证,财务经理复核凭证后过入总账和明细账。

(2)计提资产减值。

❶ 年度终了,财务经理会同行政部门和资产使用部门,对固定资产的使用寿命、预计净残值、折旧方法进行复核,并检查固定资产是否出现减值迹象。行政部门根据复核和检查结果,编写固定资产价值分析报告。

❷ 财务经理根据固定资产价值分析报告,如果对固定资产的使用寿命、预计净残值预计数与事先的估计数额有较大差异的,或与固定资产有关经济利益预期实现方式有重大改变的,财务经理应编写会计估计变更建议;如果固定资产出现减值迹象,财务经理应对该固定资产进行减值测试,计算其可收回额,编制固定资产价值调整建议。

❸ 会计估计变更建议和固定资产价值调整建议经财务经理复核后,报总经理审批。只有经总经理批准后方可进行账务处理。

4. 保管、处置及转移

(1)每月末,资产使用部门对固定资产进行盘点,并编制固定资产盘点明细表,财务会计对盘点表复盘,如有差异,应查明差异原因并处理。

(2)固定资产内部调拨时,在系统中填制固定资产内部调拨单并由资产调入、调出部门及行政部门共同确认后,交财务会计进行账务处理。

(3)对报废的固定资产,由资产使用部门填写固定资产报废单,经部门负责人、财务经理及总经理审批后,财务会计根据经适当批准的固定资产报废单进行账务处理。

(三)长沙超世服饰有限公司资产核算制度

公司固定资产折旧和无形资产摊销采用年限平均法。固定资产折旧方法、折旧年限和无形资产摊销方法与税法规定一致。固定资产预计净残值率为10%,无形资产按30年摊销,无净残值。公司固定资产明细如表6-1所示。

表6-1　　　　　　　　　　2022年12月31日固定资产明细表

名　称	单位	数量	原值(元)	预计使用寿命(年)	预计净残值率(%)	已使用年限(月)	使用部门
房屋及建筑物							
办公楼	栋	1	2 010 680.00	30	10	49	综合部门
厂房一	座	1	6 100 000.00	30	10	49	西裤车间
厂房二	座	1	6 600 000.00	30	10	49	西服车间
材料仓库	座	1	100 000.00	30	10	49	综合部门
产品仓库	座	1	100 000.00	30	10	49	综合部门

(续表)

名　称	单位	数量	原值(元)	预计使用寿命(年)	预计净残值率(%)	已使用年限(月)	使用部门
机器设备							
门襟机	台	2	1 158 000.00	10	4	40	西裤车间
		2	1 158 000.00	10	4	40	西服车间
切领机	台	4	19 100.00	10	4	40	西裤车间
		4	19 100.00	10	4	10	西服车间
裁剪机	台	5	569 000.00	10	4	40	西裤车间
		5	569 000.00	10	4	40	西服车间
锁眼机	台	3	55 100.00	10	4	40	西裤车间
		3	55 100.00	10	4	40	西服车间
平缝机	台	3	869 200.00	10	4	40	西裤车间
		3	869 200.00	10	4	40	西服车间
撬边机	台	3	15 600.00	10	4	40	西裤车间
		3	15 600.00	10	4	40	西服车间
AI-1192 整烫机	台	1	3 943 000.00	10	4	40	西裤车间
CKB-1682 整烫机	台	1	3 861 000.00	10	4	40	西服车间
办公设备							
联想扬天电脑	台	90	675 000.00	5	1	28	综合部门
		50	365 000.00	5	1	28	西裤车间
		61	450 000.00	5	1	28	西服车间
联想 TP 笔记本		10	87 500.00	5	1	28	综合部门
HPLaserJet1022 打印机		10	25 000.00	5	1	28	综合部门
		6	15 000.00	5	1	28	西裤车间
		12	30 000.00	5	1	28	西服车间
佳能复印机	台	6	18 000.00	5	1	28	综合部门
		2	9 000.00	5	1	28	西裤车间
		2	9 000.00	5	1	28	西服车间

(续表)

名　称	单位	数量	原值(元)	预计使用寿命(年)	预计净残值率(%)	已使用年限(月)	使用部门
佳能多功能传真机	台	6	34 500.00	5	1	28	综合部门
		2	11 000.00	5	1	28	西裤车间
		2	11 000.00	5	1	28	西服车间
运输设备							
奥迪 A6 轿车	辆	2	900 000.00	8	4	31	综合部门
帕萨特 B5 轿车	辆	2	600 000.00	8	4	31	综合部门
金杯海狮面包车	辆	1	50 000.00	8	4	31	综合部门
金铃货车	辆	2	450 000.00	8	4	31	综合部门

(四)长沙超世服饰有限公司2022年12月部分会计凭证及账簿资料

2022年12月部分总账、明细账、记账凭证如表6-2至6-27所示。

表6-2　　　　　　　　　　　　　应付账款总账

科目：应付账款(2202)　　　　　　　　　　　　　　　　　　本币名称：人民币

2022年		凭证号	摘要	借方	贷方	借或贷	余额
月	日						
12	01		期初余额			贷	700 200.43
12	31		当前合计	3 044 760.43	7 452 290.00	贷	5 107 730.00
12	31		当前累计	4 700 272.46	9 342 041.05	贷	5 107 730.00
12	31		结转下年			贷	5 107 730.00

核算单位：长沙超世服饰有限公司　　　制表：陈静婷　　　打印日期：2022年12月31日

表6-3　　　　　　　　　　　　　固定资产总账

科目：固定资产(1601)　　　　　　　　　　　　　　　　　　本币名称：人民币

2022年		凭证号	摘要	借方	贷方	借或贷	余额
月	日						
12	01		期初余额			借	31 826 680.00
12	31		本月合计	0.00	0.00	借	31 826 680.00
12	31		本年累计	0.00	0.00	借	31 826 680.00
12	31		结转下年			借	31 826 680.00

核算单位：长沙超世服饰有限公司　　　制表：陈静婷　　　打印日期：2022年12月31日

表 6-4　　　　　　　　　　　　　累计折旧总账

科目：累计折旧(1602)　　　　　　　　　　　　　　　　本币名称：人民币

2022年 月	日	凭证号	摘要	借方	贷方	借或贷	余额
12	01		期初余额			贷	7 275 363.60
12	31		本月合计	0.00	191 394.70	贷	7 466 758.30
12	31		本年累计	0.00	2 296 736.40	贷	7 466 758.30
12	31		结转下年			贷	7 466 758.30

核算单位：长沙超世服饰有限公司　　　制表：陈静婷　　　打印日期：2022年12月31日

表 6-5　　　　　　　　　　　　　应付账款明细账

科目：应付账款/泰州吉泰(220201)　　　　　　　　　　本币名称：人民币

2022年 月	日	凭证号	摘要	借方	贷方	借或贷	余额
12	01		期初余额			贷	177 890.87
12	01	记-0008	支付前欠材料款	170 000.00		贷	7 890.87
12	08	记-0032	采购丝绵货款未付		440 700.00	贷	448 590.87
12	12	记-0053	支付前欠材料款	7 890.87		贷	440 700.00
12	31		当前合计	177 890.87	440 700.00	贷	440 700.00
12	31		当前累计	502 177.87	842 877.00	贷	440 700.00
12	31		结转下年			贷	440 700.00

核算单位：长沙超世服饰有限公司　　　制表：陈静婷　　　打印日期：2022年12月31日

表 6-6　　　　　　　　　　　　　应付账款明细账

科目：应付账款/阳光集团(220202)　　　　　　　　　　本币名称：人民币

2022年 月	日	凭证号	摘要	借方	贷方	借或贷	余额
12	01		期初余额			贷	48 830.94
12	05	记-0020	采购丝绵、精纺呢绒货款未付		4 068 000.00	贷	4 116 830.94
12	06	记-0024	预付材料款	48 830.94		贷	4 068 000.00
12	13	记-0054	采购贡丝锦货款未付		367 250.00	贷	4 435 250.00
12	31		当前合计	48 830.94	4 435 250.00	贷	4 435 250.00
12	31		当前累计	369 430.94	4 705 850.00	贷	4 435 250.00
12	31		结转下年			贷	4 435 250.00

核算单位：长沙超世服饰有限公司　　　制表：陈静婷　　　打印日期：2022年12月31日

表 6-7　　　　　　　　　　　2022 年 12 月份其余应付账款明细账信息

科目编码	明细科目	月初余额	借方发生额	贷方发生额	月末余额
220203	应付账款/株洲商贸	18 370.95	18 370.95	344 680.00	344 680.00
220204	应付账款/高诚布业	196 696.07	2 504 056.07	307 360.00	(2 000 000.00)
220205	应付账款/南通海盟	55 880.00	55 880.00	881 400.00	881 400.00
220206	应付账款/通达布业	156 800.00	156 800.00	1 005 700.00	1 005 700.00
220207	应付账款/南华物流	45 731.60	82 931.60	37 200.00	0.00

表 6-8　　　　　　　　　　　　累计折旧明细账

科目：累计折旧/房屋及建筑物(160201)　　　　　　　　　　　　本币名称：人民币

2022 年 月	日	凭证号	摘要	借方	贷方	借或贷	余额
12	01		期初余额			贷	1 789 281.60
12	29	记-0096	计提折旧		37 276.70	贷	1 826 558.30
12	31		本月合计	0.00	37 276.70	贷	1 826 558.30
12	31		本年累计	0.00	447 320.40	贷	1 826 558.30
12	31		结转下年			贷	1 826 558.30

核算单位：长沙超世服饰有限公司　　　　制表：陈静婷　　　　打印日期：2022 年 12 月 31 日

表 6-9　　　　　　　　　　　　累计折旧明细账

科目：累计折旧/机器设备(160202)　　　　　　　　　　　　　本币名称：人民币

2022 年 月	日	凭证号	摘要	借方	贷方	借或贷	余额
12	01		期初余额			贷	4 110 912.00
12	29	记-0096	计提折旧		105 408.00	贷	4 216 320.00
12	31		本月合计	0.00	105 408.00	贷	4 216 320.00
12	31		本年累计	0.00	1 264 896.00	贷	4 216 320.00
12	31		结转下年			贷	4 216 320.00

核算单位：长沙超世服饰有限公司　　　　制表：陈静婷　　　　打印日期：2022 年 12 月 31 日

表 6 - 10　　　　　　　　　　　　　　　累计折旧明细账

科目：累计折旧/办公设备(160203)　　　　　　　　　　　　　　本币名称：人民币

2022年 月	日	凭证号	摘要	借方	贷方	借或贷	余额
12	01		期初余额			贷	775 170.00
12	29	记-0096	计提折旧		28 710.00	贷	803 880.00
12	31		本月合计	0.00	28 710.00	贷	803 880.00
12	31		本年累计	0.00	344 520.00	贷	803 880.00
12	31		结转下年			贷	803 880.00

核算单位：长沙超世服饰有限公司　　　制表：陈静婷　　　打印日期：2022年12月31日

表 6 - 11　　　　　　　　　　　　　　　累计折旧明细账

科目：累计折旧/运输设备(160204)　　　　　　　　　　　　　　本币名称：人民币

2022年 月	日	凭证号	摘要	借方	贷方	借或贷	余额
12	01		期初余额			贷	600 000.00
12	29	记-0096	计提折旧		20 000.00	贷	620 000.00
12	31		本月合计	0.00	20 000.00	贷	620 000.00
12	31		本年累计	0.00	240 000.00	贷	620 000.00
12	31		结转下年			贷	620 000.00

核算单位：长沙超世服饰有限公司　　　制表：陈静婷　　　打印日期：2022年12月31日

表 6 - 12　　　　　　　　　　制造费用——西裤车间明细账　　　　　　本币名称：人民币

2022年 月	日	凭证号	摘要	借方 合计	略	折旧费	略
略	略	略	略	略	略	略	略
12	29	记-0096	计提固定资产折旧	74 882.00		74 882.00	
略	略	略	略	略	略	略	略
12	31		本月合计	11 020 752.00		74 882.00	
12	31		本年累计	110 917 674.14		898 584.00	

核算单位：长沙超世服饰有限公司　　　制表：陈静婷　　　打印日期：2022年12月31日

表 6-13　　　　　　　　　制造费用——西服车间明细账　　　　　　本币名称：人民币

2022年 月	日	凭证号	摘要	借方 合计	略	折旧费	略
略	略	略	略	略	略	略	略
12	29	记-0096	计提固定资产折旧	77 126.00		77 126.00	
略	略	略	略	略	略	略	略
12	31		本月合计	10 719 331.00		77 126.00	
12	31		本年累计	107 625 735.27		925 512.00	

核算单位：长沙超世服饰有限公司　　　制表：陈静婷　　　打印日期：2022年12月31日

表 6-14　　　　　　　　　管理费用明细账　　　　　　本币名称：人民币

2022年 月	日	凭证号	摘要	借方 合计	略	折旧费	略
略	略	略	略	略	略	略	略
12	29	记-0096	计提固定资产折旧	39 386.70		39 386.70	
略	略	略	略	略	略	略	略
12	31		本月合计	1 066 358.43		39 386.70	
12	31		本年累计	12 746 284.65		472 640.40	

核算单位：长沙超世服饰有限公司　　　制表：陈静婷　　　打印日期：2022年12月31日

表 6-15

记 账 凭 证

2022年12月05日　　　　　　　　　　　　　记字 0020 号

摘要	会计科目 总账科目	明细科目	借方金额	贷方金额	账页或√
采购原料货款未付	材料采购	丝绵	1 250 000.00		
采购原料货款未付	材料采购	精纺呢绒	2 350 000.00		
采购原料货款未付	应交税费	应交增值税/进项税额	468 000.00		
采购原料货款未付	应付账款	阳光集团		4 068 000.00	
合　计			¥4 068 000.00	¥4 068 000.00	

附件1张

财务主管：　　　记账：陈静婷　　　出纳：　　　审核：李贤良　　　制单：陈柳达

表 6-16

江苏增值税专用发票

发票联

No. 00022064

开票日期：2022 年 12 月 05 日

购买方	名　称：长沙超世服饰有限公司 纳税人识别号：91430100585715036Q 地址、电话：长沙市雨花区韶山中路 81 号 0731-85537584 开户行及账号：中国工商银行长沙东塘支行 105045872859401	密码区	（略）

货物或应税劳务名称	规格型号	单位	数量	单价	金　额	税率	税　额
精纺呢绒		米	5 000	470	2 350 000.00	13%	305 500.00
丝绸		米	5 000	250	1 250 000.00		162 500.00
合　计					¥3 600 000.00		¥468 000.00

价税合计（大写）	⊗肆佰零陆万捌仟圆整	（小写）¥4 068 000.00

销售方	名　称：江苏阳光集团 纳税人识别号：913201540507275010 地址、电话：江苏省南京市雨花经济开发区凤华路 18 号 13052589837 开户行及账号：交通银行南京支行 32000668671891 0146234	备注	江苏阳光集团 913201540507275010 发票专用章

收款人：杨凤平　　　复核：张明华　　　开票人：周　慧　　　销售方：

第三联：发票联购货方记账凭证

表 6-17

记 账 凭 证

2022 年 12 月 06 日　　　　　　　　　记字 0024 号

摘　要	会 计 科 目		借方金额	贷方金额	账页或 √
	总账科目	明细科目			
预付材料款	应付账款	阳光集团	48 830.94		
预付材料款	银行存款	工商银行		48 830.94	
合　计			¥48 830.94	¥48 830.94	

附件 1 张

财务主管：　　　记账：陈静婷　　　出纳：　　　审核：李贤良　　　制单：陈柳达

表 6-18

中国工商银行　　电汇凭证（回单）1

委托日期：2022 年 12 月 06 日

汇款人	全　称	长沙超世服饰有限公司	收款人	全　称	江苏阳光集团
	账　号	105045872859401		账　号	32000668671891 0146234
	汇出地点	湖南省　长沙市/县		汇入地点	江苏省南京市
	汇出行名称	中国工商银行长沙东塘支行		汇入行名称	交通银行南京支行

金额	人民币肆万捌仟捌佰叁拾元玖角肆分	千 百 十 万 千 百 十 元 角 分 ¥　　　4 8 8 3 0 9 4

中国工商银行长沙东塘支行　2022.12.06　转讫

汇出行签章：　　　　　　　票证

附加信息及用途：预付货款

复核：王汉明　　　记账：陈柳达

此联汇出行给汇款人的回单

表 6-19

记 账 凭 证

2022 年 12 月 06 日　　　　　　　　　　　记字 0032 号

摘要	会计科目		借方金额	贷方金额	账页或√
	总账科目	明细科目			
采购丝绵货款未付	材料采购	丝锦	390 000.00		
采购丝绵货款未付	应交税费	应交增值税/进项税额	50 700.00		
采购丝绵货款未付	应付账款	泰州吉泰		440 700.00	
合　计			¥440 700.00	¥440 700.00	

附件 1 张

财务主管：　　　　记账：陈静婷　　　　出纳：　　　　审核：李贤良　　　　制单：陈柳达

表 6-20

江苏增值税专用发票

发票联　　　　　　　　　　　　　　00625725

开票日期：2022 年 12 月 8 日

购买方	名　称：长沙超世服饰有限公司 纳税人识别号：91430100585715036Q 地　址、电话：长沙市雨花区韶山中路 81 号 0731-85537584 开户行及账号：中国工商银行长沙东塘支行 105045872859401	密码区	（略）

货物或应税劳务名称	规格型号	单位	数量	单价	金额	税率	税额
丝绵		米	5 000	78	390 000.00	13%	50 700.00
合　计					¥390 000.00		¥50 700.00

价税合计（大写）　⊗肆拾肆万零柒佰圆整　　　　　　　（小写）¥440 700.00

销售方	名　称：泰州吉泰毛纺有限公司 纳税人识别号：9132281000074434 地　址、电话：江苏省泰州市扬州路 164 号 0523-6601518 开户行及账号：中国建设银行泰州支行 666045872859401	备注	

收款人：杨凤平　　　复核：张明华　　　开票人：周慧　　　销售方：

第三联：发票联购货方记账凭证

表 6-21

记 账 凭 证

2022 年 12 月 12 日　　　　　　　　　　　记字 0053 号

摘要	会计科目		借方金额	贷方金额	账页或√
	总账科目	明细科目			
支付前欠货款	应付账款	泰州吉泰	7 890.87		
支付前欠货款	银行存款	工商银行		7 890.87	
合　计			¥7 890.87	¥7 890.87	

附件 1 张

财务主管：　　　　记账：陈静婷　　　　出纳：　　　　审核：李贤良　　　　制单：陈柳达

表 6-22

```
          中国工商银行
          转账支票存根
            04293676

附加信息
_____
_____
_____

出票日期：2022 年 12 月 12 日

收款人：泰州吉泰毛纺有限公司
金　额：¥7 890.87
用　途：支付前欠货款

单位主管              会计
```

表 6-23

记 账 凭 证

2022 年 12 月 13 日　　　　　　　　　　　　　记字 0054 号

摘 要	会计科目		借方金额	贷方金额	账页或√
	总账科目	明细科目			
采购无纺布货款未付	材料采购	无纺布	325 000.00		
采购无纺布货款未付	应交税费	应交增值税/进项税额	42 250.00		
采购无纺布货款未付	应付账款	阳光集团		367 250.00	
合　　计			¥367 250.00	¥367 250.00	

附件 1 张

财务主管：　　　　记账：陈静婷　　　　出纳：　　　　审核：李贤良　　　　制单：陈柳达

表 6-24

江苏增值税专用发票

发票联　　　　　　　　　　　　　　00022082

开票日期：2022 年 12 月 13 日

购买方	名　　称：长沙超世服饰有限公司 纳税人识别号：91430100585715036Q 地址、电话：长沙市雨花区韶山中路 81 号 0731-85537584 开户行及账号：中国工商银行长沙东塘支行 105045872859401	密码区	（略）

货物或应税劳务名称	规格型号	单位	数量	单价	金　额	税率	税　额
无纺布		米	5 000	65	325 000.00	13%	42 250.00
合　计					¥325 000.00		¥42 250.00

价税合计（大写）　⊗叁拾陆万柒仟贰佰伍拾圆整　　　　（小写）¥367 250.00

销售方	名　　称：江苏阳光集团 纳税人识别号：913201540507275010 地址、电话：江苏省南京市雨花经济开发区凤华路 18 号 13052589837 开户行及账号：交通银行南京支行 320006686718910146234	备注	江苏阳光集团 913201540507275010 发票专用章

收款人：杨凤平　　　复核：张明华　　　开票人：周慧　　　销售方：

第三联：发票联购货方记账凭证

表 6-25

记 账 凭 证

2022 年 12 月 29 日　　　　　　　　记字 0096 号 - 0001/0002

摘 要	会计科目		借方金额	贷方金额	账页或√
	总账科目	明细科目			
计提固定资产折旧	制造费用	西裤车间/折旧费	74 882.00		
计提固定资产折旧	制造费用	西服车间/折旧费	77 126.00		
计提固定资产折旧	管理费用	折旧费	39 386.70		
计提固定资产折旧	累计折旧	房屋及建筑物		37 276.70	
计提固定资产折旧	累计折旧	机器设备		105 408.00	
合 计					

附件 1 张

财务主管：　　　记账：陈静婷　　　出纳：　　　审核：李贤良　　　制单：陈柳达

表 6-26

记 账 凭 证

2022 年 12 月 29 日　　　　　　　　记字 0096 号 - 0002/0002

摘 要	会计科目		借方金额	贷方金额	账页或√
	总账科目	明细科目			
计提固定资产折旧	累计折旧	办公设备		28 710.00	
计提固定资产折旧	累计折旧	运输设备		20 000.00	
合 计			￥191 394.70	￥191 394.70	

附件 1 张

财务主管：　　　记账：陈静婷　　　出纳：　　　审核：李贤良　　　制单：陈柳达

表 6-27

固定资产折旧提取表

2022 年 12 月

项 目		月初应提折旧固定资产原值	折 旧	
			月折旧率	月折旧额
西裤车间	房屋及建筑物	6 100 000.00	0.250 0%	15 250.00
	机器设备	6 629 000.00	0.800 0%	53 032.00
	办公设备	400 000.00	1.650 0%	6 600.00
	小计	13 129 000.00		74 882.00
西服车间	房屋及建筑物	6 600 000.00	0.250 0%	16 500.00
	机器设备	6 547 000.00	0.800 0%	52 376.00
	办公设备	500 000.00	1.650 0%	8 250.00
	小计	13 647 000.00		77 126.00

(续表)

项　　目		月初应提折旧固定资产原值	折　旧	
			月折旧率	月折旧额
公司综合部门	房屋及建筑物	2 210 680.00	0.2500%	5 526.70
	办公设备	840 000.00	1.6500%	13 860.00
	交通设备	2 000 000.00	1.0000%	20 000.00
	小计	5 050 680.00		39 386.70
合计	房屋及建筑物	14 910 680.00	0.2500%	37 276.70
	机器设备	13 176 000.00	0.8000%	105 408.00
	办公设备	1 740 000.00	1.6500%	28 710.00
	交通设备	2 000 000.00	1.0000%	20 000.00
合计		31 826 680.00		191 394.70

（五）本项目相关审计情形

（1）检查固定资产相关权属证明。固定资产（房屋及建筑物）的产权证书齐全、真实，其中办公楼的产权证上有贷款抵押记载。

（2）经检查，固定资产无减值迹象。

（3）2022 年 12 月 31 日盘点固定资产，结果如表 6-28 所示。

表 6-28　　　　　　　　　　　固定资产盘点表

名　称	单　位	数　量	名　称	单　位	数　量
房屋及建筑物			办公设备		
办公楼	栋	1	联想扬天电脑	台	201
厂房一	座	1	联想 TP 笔记本	台	10
厂房二	座	1	HPLaserJet1022 打印机	台	28
库房（材料）	座	1	佳能复印机	台	10
库房（产品）	座	1	佳能多功能传真机	台	10
机器设备			运输设备		
门襟机	台	4	奥迪 A6 轿车	辆	2
切领机	台	8	帕萨特 B5 轿车	辆	2
裁剪机	台	10	金杯海狮面包车	辆	1
锁眼机		6	金铃货车	辆	2
平缝机		6			
撬边机	台	6			
AI-1192 整烫机	台	1			
CKB-1682 整烫机	台	1			

任务二　了解采购与付款循环的内部控制及执行控制测试

工作任务
1. 了解与评价长沙超世服饰公司采购与付款循环内部控制。
2. 进行采购与付款循环控制测试。

知识储备

一、采购与付款循环的内部控制

在内部控制的设置方面，采购与付款循环和项目五讲述的销售与收款循环存在很多类似之处。以下仅就采购与付款交易内部控制的特殊之处予以说明。

（一）适当的职责分离

企业应当建立采购与付款交易的岗位责任制，明确相关部门和岗位的职责、权限，确保办理采购与付款交易的不相容岗位相互分离、制约和监督。采购与付款交易不相容岗位至少包括：请购与审批；询价与确定供应商；采购合同的订立与审批；采购与验收；采购、验收与相关会计记录；付款审批与付款执行。

（二）恰当的授权审批

付款需要由经授权的人员审批，审批人员在审批前需检查相关支持文件，并对其发现的例外事项进行跟进处理。

（三）凭证的预先编号及对例外报告的跟进处理

通过对入库单的预先编号以及对例外情况的汇总处理，被审计单位可以应对存货和负债记录方面的完整性风险。被审计单位可以安排入库单编制人员以外的独立复核人员定期检查已经进行会计处理的入库单记录，确认是否存在遗漏或重复记录的入库单，并对例外情况进行跟进处理。

二、采购与付款循环存在的重大错报风险

（一）低估负债或相关准备

在承受反映较高盈利水平和营运资本的压力下，被审计单位管理层可能试图低估应付账款等负债或资产相关准备，包括低估对存货应提的跌价准备。

（1）遗漏交易，例如不确认已收取货物但尚未收到发票的采购相关的负债，或者不确认已经购买但尚未付款的服务支出。

（2）采用不正确的费用支出截止期，例如将本期的支出延迟到下期确认。

（3）将应当及时确认损益的费用性支出资本化，然后通过资产的逐步摊销予以消化等。

这些将对完整性、截止、发生、存在、准确性和分类认定产生影响。

(二) 管理层错报负债费用支出的偏好和动因

被审计单位管理层可能存在完成预算、满足业绩考核要求、保证从银行获得资金、吸引潜在投资者、误导股东、影响公司股价等动机，为此通过操纵负债和费用的确认控制损益。

（1）平滑利润。通过多计准备或少计负债和准备，把损益控制在被审计单位管理层希望的程度。

（2）利用特别目的实体把负债从资产负债表中剥离，或利用关联方之间的费用定价优势制造虚假的收益增长趋势。

（3）被审计单位管理层把私人费用计入企业费用，把企业资金当作私人资金运作。

(三) 费用支出的复杂性

被审计单位以复杂的交易安排购买一定期间的多种服务，管理层对于涉及的服务收益与付款安排所涉及的复杂性缺乏足够的了解，这可能导致费用支出分配或计提的错误。

(四) 不正确地记录外币交易

当被审计单位进口用于出售的商品时，可能由于采用不恰当的外币汇率而导致该项采购的记录出现差错。此外，还存在未能将诸如运费、保险费和关税等与存货相关的进口费用进行正确分摊的风险。

(五) 舞弊和盗窃的固有风险

如果被审计单位经营大型零售业务，所采购商品和固定资产的数量及支付的款项庞大，交易复杂，容易造成商品发运错误，员工和客户发生舞弊和盗窃的风险较高。

(六) 存在未记录的权利和义务

如果被审计单位存在未记录的权利和义务，可能导致资产负债表分类错误以及财务报表附注不正确或披露不充分。

三、采购与付款循环的内部控制测试

采购及付款循环的风险及控制测试程序如表6-29所示。

表6-29　　　　　　　　采购及付款循环的风险及控制测试程序

可能发生错报的环节	内部控制测试程序
采购计划未经适当审批	询问复核人员复核采购计划的过程，检查采购计划是否经复核人员恰当复核
新增供应商或供应商信息变更未经恰当的认证	询问复核人员复核供应商数据变更请求的过程，抽样检查变更需求是否有相关文件支持及有复核人员的复核确认。检查系统中采购订单的生成逻辑，确认是否存在供应商代码匹配的要求
录入系统的供应商数据可能未经恰当复核	询问复核人员对报告的检查过程，确认其是否签署
采购订单与有效的请购单不符	询问复核人员复核采购订单的过程，包括复核人员提出的问题及跟进记录。抽样检查采购订单是否有对应的请购单并确认复核人员是否签署

(续表)

可能发生错报的环节	内部控制测试程序
订单未被录入系统或在系统中重复录入	询问复核人对例外报告的检查过程,确认发现的问题是否及时得到了跟进处理
接收了缺乏有效采购订单或未经验收的商品	检查系统入库单编号的连续性,询问收货人员的收货过程,抽样检查入库单是否有对应一致的采购订单及验收单
临近会计期末的采购未被记录在正确的会计期间	询问复核人员对报告的复核过程,核对报告中的采购是否计提了相应的负债,检查复核人员是否签署确认
发票未被正确编码,导致在成本或费用之间的分类错误	询问复核人员对发票编号的复核过程,抽样检查相关发票是否被恰当分类到了相关费用
批准付款的发票上存在价格/数量错误或劳务尚未提供的情形	与复核人员讨论其复核过程,并进行抽样检查并确定是否存在管理层复核的证据,复核是否在合理的时间内完成,复核人提出的问题的跟进是否适当。抽样选取采购发票,检查其在价格、供应商、日期、描述及数量方面是否与入库单和采购订单所记载的一致
现金支付未记录或未记录在正确的供应商账户或金额不正确	询问复核人员对银行存款余额调节表的复核过程,抽样检查银行存款余额调节表;询问复核人对供应商对账结果的复核过程,抽样选取供应商对账单,检查其是否与应付账款明细账进行正确核对;若存在差异,差异是否得到了恰当的跟进处理
员工具有不适当的访问权利,使其能够实施违规交易或隐瞒错误	复核管理层的授权职责分配表,对不相容职位是否设置恰当的职责分离
总账与明细账中的记录不一致	核对总账与明细账的一致性,检查复核人员的复核及差异跟进记录

任务三　审计应付账款

工作任务
审计长沙超世服饰有限公司的应付账款,并编制相应审计工作底稿。

知识储备

一、应付账款的审计目标
(1)确定资产负债表中记录的应付账款是存在的。
(2)确定所有应当记录的应付账款是否均已记录,所有应当包括在财务报表中的相关披露均已包括。
(3)确定资产负债表中记录的应付账款是被审计单位应当履行的现时义务。
(4)确定应付账款以恰当的金额包括在财务报表中,与之相关的计价调整已恰当记录,相关的披露已得到恰当计量和描述。

(5) 确定应付账款已记录于恰当的账户。

(6) 应付账款已按照企业会计准则的规定在财务报表中作出恰当的列报和披露。

表 6-30　　　　　　　　　应收账款审计目标与认定对应关系

审计目标	财务报表认定						
	存在	完整性	权利和义务	准确性、计价和分摊	分类	列报
(1) 资产负债表中记录的应付账款是存在的	√					
(2) 所有应当记录的应付账款是否均已记录,所有应当包括在财务报表中的相关披露均已包括		√				
(3) 记录的应付账款是被审计单位应当履行的现时义务			√			
(4) 应付账款以恰当的金额包括在财务报表中,与之相关的计价调整已恰当记录,相关的披露已得到恰当计量和描述				√		
(5) 应付账款已记录于恰当的账户					√	
(6) 应付账款已按照企业会计准则的规定在财务报表中作出恰当的列报和披露						√

二、应付账款审计的实质性程序

(一) 获取或编制应付账款明细表

审计人员应向被审计单位索取或自行编制应付账款明细表,以确定被审计单位资产负债表上应付账款的数额与其明细表是否相符。将明细表上的数额复核汇总,并与报表金额、总账金额和明细账合计金额相核对,如不符,应查明原因,并作出相应的调整。审计人员还可抽查明细表中的一些项目,与应付账款明细账和应付账款总账相核对,看其内容是否一致。

(二) 实施实质性分析程序

审计人员执行实质性分析性程序的主要目的在于发现可能存在的问题及评价应付账款总体的合理性。常用的方法包括以下几种:

(1) 将应付账款本期期末余额与上期期末余额进行比较,分析其波动原因。

(2) 分析长期挂账的应付账款,要求被审计单位作出解释,判断被审计单位是否缺乏偿债能力或利用应付账款隐瞒利润。

(3) 计算各种比率,并同以前各期相比较,以发现需要关注的地方。常用的比率有:

应付账款占进货比率＝应付账款÷进货

应付账款占流动负债比率＝应付账款÷流动负债

应付账款周转率＝赊购净额÷应付账款

(4) 利用存货、主营业务收入和主营业务成本的增减变动幅度,判断应付账款增减变动的合理性。

(三) 函证应付账款

在一般情况下,审计人员不需要对应付账款进行函证,其主要原因是函证并不能保证查出未入账的应付账款,而查找未入账的应付账款(即防止低估)又是应付账款审计的重要目的。同时,债权人会主动来函询证,而且审计人员能够取得购货发票、运输单等外部凭证来证实应付账款的余额。但是,如果被审计单位内部控制风险较高,某些应付账款户金额较大或被审计单位处于经济困难阶段,则应进行应付账款的函证。

选择函证账户时,审计人员应注意以下事项。

(1) 在所选取的函证项目中,除了金额较大的账户,还应包括那些在资产负债表日金额不大,甚至为零,但为企业重要供货商的账户,因为这些账户较之金额较大的账户,更有可能被低估。

(2) 对于上一年度供应过货物而本年度又没有供货的,以及没有按月寄送对账单的供货商,应进行函证。

(3) 对存在关联方交易的账户,应进行函证。

函证最好采用积极式,在函证中不宜指明应付账款的余额,而由债权人填写。这样更能保证函证的有效性,以便于同应付账款进行比较和调节。同应收账款的函证一样,审计人员必须对函证的过程进行控制,并要求对方直接回函。根据回函情况,审计人员编制与分析函证结果汇总表,对未回函的,决定是否再次进行函证。如果存在未回函的重大项目,审计人员应采用替代审计程序,确定其是否真实。通常可以检查决算日后应付账款明细账及现金和银行存款日记账,核实其是否已支付,同时检查该笔债务的相关凭证资料,核实交易事项的真实性。

(四) 查找未入账的应付账款

查找未入账的应付账款是应付账款审计程序的重要补充程序,其目的是防止被审计单位低估应付账款。审计人员在审查被审计单位有无故意漏记应付账款时,应从以下几个方面考虑:

(1) 对本期发生的应付账款增减变动,检查至相关支持性文件,确认会计处理是否正确。

(2) 检查资产负债表日后应付账款明细账贷方发生额的相应凭证,关注其购货发票的日期,确认其入账时间是否合理。

(3) 获取并检查被审计单位与其供应商之间的对账单以及被审计单位编制的差异调节表,确定应付账款金额的准确性。

(4) 针对资产负债表日后付款项目,检查银行对账单及有关付款凭证(如银行汇款通知、供应商收据等),询问被审计单位内部或外部的知情人员,查找有无未及时入账的应付账款。

(5) 结合存货监盘程序,检查被审计单位在资产负债表日前后的存货入库资料(验收报告或入库单),检查相关负债是否计入了正确的会计期间。

如果审计人员通过上述程序发现某些未入账的应付账款,应将有关情况详细记入工作底稿,然后视其重要性程度决定是否需要建议被审计单位进行相应的调整。

(五) 审查应付账款是否存在借方余额

应付账款账户所属明细账户的借方余额应在资产负债表的"预付款项"项目进行反映。因此,审计人员应检查被审计单位是否存在应付账款借方余额,并决定是否进行重分类。一般情况下,如果应付账款明细账如果由于重复付款、付款后退款、预付货款导致某些明细账户出现较大的借方余额时，审计人员应将其重分类相应地列入其他应收款、预付账款等资产类账户。

（六）审查长期挂账的应付账款

审计人员应检查被审计单位有无长期挂账的应付账款，如有，应查明原因并作出记录，必要时建议被审计单位予以调整。

（七）确认应付账款在资产负债表上的披露是否恰当

一般来说，资产负债表中的"应付账款"项目应根据"应付账款"和"预付账款"账户所属明细账户的期末贷方余额的合计数填列。审计人员应将被审计单位资产负债表对应付账款的反映同会计准则规定相比较，以发现有无不当之处。

任务四　审计固定资产

工作任务

审计长沙超世服饰有限公司固定资产，并编制相应审计工作底稿。

知识储备

一、固定资产的审计目标

（1）确定资产负债表中记录的固定资产是存在的。
（2）确定所有应当记录的固定资产均已记录，应当包括在财务报表中的相关披露均已包括。
（3）确定记录的固定资产由被审计单位拥有或控制。
（4）确定固定资产以恰当的金额包括在财务报表中，与之相关的计价调整已恰当记录，相关的披露已得到恰当计量和描述。
（5）确定固定资产已记录于恰当的账户。
（6）固定资产已按照企业会计准则的规定在财务报表中作出恰当的列报和披露。

固定资产审计目标与认定对应关系如表 6-31 所示。

表 6-31　　　　　　　　　　审计目标与认定对应关系表

审计目标	财务报表认定					
	存在	完整性	权利和义务	准确性、计价和分摊	分类	列报
（1）资产负债表中记录的固定资产是存在的	√					
（2）所有应当记录的固定资产均已记录		√				
（3）记录的固定资产由被审计单位拥有或控制			√			

(续表)

审 计 目 标	财务报表认定					
	存在	完整性	权利和义务	准确性、计价和分摊	分类	列报
(4) 固定资产以恰当的金额包括在财务报表中,与之相关的计价调整已恰当记录,相关的披露已得到恰当计量和描述				√		
(5) 固定资产已记录于恰当的账户					√	
(6) 固定资产已按照企业会计准则的规定在财务报表中作出恰当的列报和披露						√

二、固定资产的实质性程序

(一) 索取或编制固定资产及累计折旧分类汇总表

固定资产及累计折旧分类汇总表是分析固定资产账户余额变动的依据之一,是固定资产审计的重要工作底稿。审计人员应将明细表上的数额复核汇总,并与报表金额、总账金额和明细账合计金额相核对是否相符。如果不相符,查明不符的原因。

(二) 实施实质性分析程序

对固定资产进行实质性分析程序,其目的主要在于确定固定资产账户可能出现的问题。根据被审计单位业务的性质,审计人员可选择以下方法对固定资产实施实质性分析程序:❶ 计算固定资产原值与本期产品产量的比率,并与以前期间比较,可能发现闲置固定资产或已减少固定资产未在账户上注销的问题;❷ 计算本期计提折旧额与固定资产总成本的比率,将此比率同上期比较,旨在发现本期折旧额计算上的错误;❸ 计算累计折旧与固定资产总成本的比率,将此比率同上期比较,旨在发现累计折旧核算上的错误;❹ 比较本期各月之间、本期与以前各期之间的修理及维护费用,旨在发现资本性支出和收益性支出区分上可能存在的错误;❺ 比较本期与以前各期的固定资产增加和减少情况。

(三) 审查固定资产的增加

对固定资产增加的审查主要应审查固定资产增加的合规性、计价的正确性及会计处理的适当性。具体来说,审查固定资产增加的合规性,就是审查固定资产购建计划是否合理、合法;审查固定资产购建合同是否严格执行;审查固定资产购建支出是否符合规定;审查固定资产利用程度是否符合规定的要求。审查固定资产增加计价的正确性就是审查固定资产是否按原始成本入账(在无法确定其原始成本时应按重置完全价值入账)。对被审计单位的会计处理,审计人员应严格按照会计准则和制度对固定资产入账的要求审计。

(四) 验证固定资产所有权

在审查各类固定资产增加额时,应同时检查其所有权。审计人员应当获取有关所有权的证明文件,确定固定资产的所有权是否属于被审计单位。固定资产的类型及来源不同,证明其所有权的文件也就有所不同。比如,对外购的机器设备等固定资产,审计人员通过审核采购发票、购货合同等予以确定;对于房地产类固定资产,审计人员尚需查阅有关的合同产权证明、财产税单、抵押借款的还款凭据、保险单等书面文件。

(五)审查固定资产的减少

审查固定资产的减少的主要目的是查明固定资产减少的合理性、合法性以及已减少的固定资产是否已作适当的会计处理。固定资产的减少主要包括出售、报废、毁损、向其他单位投资转出、盘亏等方式。由于固定资产减少的原因不同,审计人员应分辨不同情况,对各种固定资产的减少确定审计重点。

(六)实地观察购入的固定资产

审计人员实地观察固定资产的目的在于确定所记录的固定资产是否存在或有无未入账的固定资产。审计人员实地观察固定资产的重点是本年新增加的重要固定资产,必要时也可以扩大到以前期间增加的固定资产。观察范围的确定需要依据被审计单位内部控制的强弱、固定资产的重要性和审计人员的经验来判断。如为初次审计,审计人员则应适当扩大观察范围。

小资料

在固定资产审计实务中,如何实施实地检查审计程序?

实施实地观察审计程序时,审计人员可以固定资产明细账或固定资产卡片为起点,从中抽查一定的样本,进行实地观察,以证明会计记录中所列固定资产是否确实存在,并了解其目前的使用状况,还可发现高估资产的问题;也可以实地为起点,选取一定的实物追查至固定资产明细账,以获取实际存在的固定资产均已入账的证据和发现低估资产的问题。

(七)审查被审计单位估计的固定资产使用期限和预计净残值的合理性

固定资产使用期限和预计净残值直接影响各期应计提的折旧额。审计人员应获取有关固定资产使用期限和预计净残值的相关文件和资料,审查其是否根据固定资产的性质和使用情况确定,是否存在随意调整的现象。

(八)审查固定资产的租赁

获取租入、租出固定资产的相关证明文件,审查租赁是否签订了合同、租约,租入的固定资产是否确属企业必需,并检查其会计处理是否正确。审计人员重点审查租赁类型是否正确划分。

(九)调查未使用和不需用的固定资产

调查被审计单位有无已完工或已购建但尚未交付使用的新增固定资产、因改扩建等原因暂停使用的固定资产,以及多余或不适用的需要进行处理的固定资产。如果有,审计人员应作彻底调查,以确定其是否真实。同时,还应调查未使用、不需用固定资产的购建启用及停用时点,并作出记录。

(十)审查固定资产的抵押、担保情况

结合对银行借款等的检查,了解固定资产是否存在抵押、担保情况。如果存在,审计人员应取证、记录,并提请被审计单位作必要的披露。

(十一)审查固定资产的购置情况

检查固定资产的购置是否符合资本性支出标准,有无资本性支出与收益性支出不分的情况。如果有,应取证、记录,并提请被审计单位作必要的调整。

(十二) 确认固定资产是否已在资产负债表上恰当披露

在资产负债表上仅列示固定资产的账面价值,它受固定资产原值、累计折旧、固定资产减值准备等影响。而会计报表附注通常应说明固定资产的标准、分类、计价方法和折旧方法,各类固定资产的预计使用年限、预计净残值和折旧率,分类别披露固定资产在本期的增减变动情况,并应披露用作抵押、担保和本期从在建工程转入数、本期出售固定资产数、本期置换固定资产数等情况。审计人员应根据前述各项审计内容,结合累计折旧的审查,确定资产负债表上有关固定资产各项数据的正确性及其是否已在会计报表附注中进行恰当披露。

习题与实训

一、判断题

1. 一个良好的应付账款内部控制,在收到购货发票后,应立即送交会计部门登记入账。   (   )

2. 将"累计折旧"账户贷方的本期计提折旧额与相应的成本费用的折旧费用明细账户的借方相比较,可以查明本期计提折旧是否已全部摊入本期成本或费用之中。   (   )

3. 将本年计提折旧额与固定资产总成本的比率同上年比较,旨在发现累计折旧核算的错误。   (   )

4. 固定资产增加审计的主要目的在于审查固定资产增加的合规性、固定资产计价的正确性及会计处理的适当性。   (   )

5. 如果某一应付账款明细账户期末余额为0,注册会计师就不需要将其列为函证对象。
                                                              (   )

6. 内部控制良好的企业,在收到商品时应由负责验收的人员将商品同订单仔细核对后编制验收单。   (   )

7. 注册会计师在检查未入账应付账款的审计程序中,最有效的是函证应付账款。(   )

8. 由于多数舞弊企业在低估应付账款时,以漏记赊购业务为主,所以函证无法寻找未入账的应付账款。   (   )

9. 如果发生重复付款、付款后退货、预付货款等因素导致某些应付账款账户出现较大借方余额,审计人员除了在审计工作底稿中编制建议调整的重分类分录之外,还应建议被审计单位将这些借方余额在资产负债表中列示为资产。   (   )

10. 固定资产的保险不属于企业固定资产的内部控制范围,因此,审计人员在检查、评价企业的内部控制时,不需要了解固定资产的保险情况。   (   )

二、单项选择题

1. 注册会计师为了证实固定资产的完整性,最有效的程序是(   )。
    A. 以固定资产明细账为起点,进行实地追查
    B. 以实地为起点,追查至固定资产明细账
    C. 先从实地追查固定资产明细账,再从固定资产明细账追查至实地
    D. 先从固定资产明细账追查至实地,再从实地追查至固定资产明细账

2. 下列情况下,注册会计师可以初步判断被审计单位固定资产折旧计提不足的是(　　)。
　　A. 累计折旧与固定资产原值比率较大
　　B. 提取折旧的固定资产账面价值不大
　　C. 固定资产的投保价值大大超过账面价值
　　D. 经常发生大额的固定资产清理损失

3. 审查 A 公司应付账款项目,发现"应付账款"账户中包含本期估价入库的采购商品 300 万元。经审核,未附有供应商名称、商品品种、数量及金额计算等凭证。审计人员应采取的措施是(　　)。
　　A. 认可被审计单位的处理　　　　B. 取得估价入库的详细资料
　　C. 作为虚假事项处理　　　　　　D. 不必过问

4. 注册会计师函证资产负债表日应付账款余额或许是不必要的,其原因是(　　)。
　　A. 函证与采购截止测试重复
　　B. 资产负债表日前应付账款余额在审计完成前也许没有支付
　　C. 可与被审计单位法律顾问联系,从而获取因未付款而产生的可能损失的证据
　　D. 存在其他可靠的外部证据证实应付账款的真实性,如购货发票等

5. 一般情况下,注册会计师实地检查固定资产的重点是(　　)。
　　A. 企业的所有固定资产　　　　　B. 本年度增加的重要固定资产
　　C. 以前年度增加的固定资产　　　D. 在用固定资产

6. 下列程序中,属于测试采购与付款循环中内部控制"存在性"认定的是(　　)。
　　A. 检查企业验收单是否有缺号　　B. 检查付款凭单是否附有卖方发票
　　C. 检查卖方发票连续编号的完整性　　D. 审核采购价格和折扣的标志

7. 应付账款审计工作底稿中显示的以下准备实施的审计程序中,不恰当的是(　　)。
　　A. 因为函证应付账款不能保证查出未记录的应付账款,因此决定不实施函证程序
　　B. 因为应付账款控制风险较高,决定仍实施应付账款的函证程序
　　C. 因为正常情况下应付账款很少被高估,因此对应收账款一般不需要函证
　　D. 因为应付账款很容易被漏记,应对其进行函证

8. 下列各项审计程序中,不能证实被审计单位应付账款记录是否完整这一审计目标的是(　　)。
　　A. 结合存货监盘,检查公司资产负债表日是否存在有材料入库凭证但未收到购货发票的业务
　　B. 检查被审计单位本期应付账款明细账贷方发生额,核对相应的购货发票和验收单据,确认其入账时间是否正确
　　C. 检查被审计单位资产负债表日后收到的购货发票,确认其入账时间是否正确
　　D. 对已偿付的应付账款,追查至银行对账单、银行付款单据和其他原始凭证,检查其是否在资产负债表日前真实偿付

9. 审计人员向被审计单位生产负责人询问的以下事项中,最有可能获取审计证据的是(　　)。
　　A. 固定资产的抵押情况　　　　　B. 固定资产的报废或毁损情况
　　C. 固定资产的投保及其变动情况　D. 固定资产折旧的计提情况

10. 在查找已提前报废但尚未作出会计处理的固定资产时,注册会计师最有可能实施的审计程序是(   )。
   A. 以检查固定资产实物为起点,检查固定资产的明细账和投保情况
   B. 以分析折旧费用为起点,检查固定资产实物
   C. 以检查固定资产实物为起点,分析固定资产维修和保养费用
   D. 以检查固定资产明细账为起点,检查固定资产实物和投保情况

三、多项选择题

1. 下列审计程序中,有助于证实采购交易记录的完整性认定的有(   )。
   A. 从有效的订购单追查至验收单　　B. 从验收单追查至采购明细账
   C. 从付款单追查至购货发票　　　　D. 从购货发票追查至采购明细账

2. 审计人员在检查被审计单位已经发生的采购交易是否都入账时常用的控制测试有(   )。
   A. 检查订货单连续编号的完整性　　B. 检查卖方发票连续编号的完整性
   C. 检查验收单连续编号的完整性　　D. 检查注销凭证的标记

3. 计算固定资产原值与本期产品产量的比率,并与以前期间相关指标进行比较,审计人员可能发现(   )。
   A. 资本性支出和收益性支出区分的错误　　B. 闲置的固定资产
   C. 增加的固定资产尚未进行会计处理　　　D. 减少的固定资产尚未进行会计处理

4. 采购与付款业务不相容岗位包括(   )。
   A. 询价与确定供应商　　B. 请购与审批
   C. 付款审批与付款执行　D. 采购合同的订立与审批

5. 审计人员通过下列审计程序,可以找到被审计单位未入账的应付账款有(   )。
   A. 审查资产负债表日收到,但尚未处理的购货发票
   B. 审查应付账款函证的回函
   C. 审查资产负债表日后一段时间内的支票存根
   D. 审查资产负债表日已入库,但尚未收到发票商品的有关记录

6. 下列各项中,审计人员认为会引起固定资产账面价值发生增减变化的有(   )。
   A. 对固定资产计提折旧　　B. 发生固定资产改良支出
   C. 发生固定资产修理支出　D. 计提固定资产减值准备

7. 应付账款明细表由被审计单位编制时,注册会计师应采取的行为有(   )。
   A. 审核其计算的准确性　　　　　B. 核对该明细表与应付账款总账是否相符
   C. 审查明细表上应付账款分类准确性　D. 直接作为审计工作底稿

8. 注册会计师应获取不同的证据以确定固定资产是否确实归被审计单位所有,对于房地产类固定资产,需要查阅(   )。
   A. 合同、产权证明　　B. 财产税单
   C. 抵押借款的还款凭证　D. 保险单

9. 检查被审计单位固定资产折旧时应注意计提折旧范围不应包括(   )。
   A. 已提足折旧继续使用的固定资产　　B. 因改良停用的固定资产
   C. 已全额计提减值准备的固定资产　　D. 未使用的、不需用的固定资产

10. 在对固定资产入账价值进行审计时，注册会计师发现 L 公司存在以下处理情况，其中正确的有（　　　）。

A. 购置的不需要经过建造过程即可使用的甲固定资产，按实际支付的买价、包装费、运输费、安装成本、缴纳的有关税金等，作为入账价值

B. 盘盈的乙固定资产，按照前期会计差错进行处理，记入"以前年度损益调整"账户

C. 投资者投入的丙固定资产，按投资方原账面价值入账

D. 接收捐赠的丁固定资产，以有关凭证上的金额加相关税费作为入账价值

四、实训题

1. 2023 年 1 月，注册会计师李芳审查恒润公司 2022 年 12 月基本生产车间设备计提折旧情况，在审阅固定资产明细账和制造费用明细账时，发现如下记录：

（1）2022 年 11 月末该车间设备计提折旧额为 10 200 元，年折旧率为 6%。

（2）2022 年 11 月购入设备 1 台，原值 20 000 元，已安装完工交付使用。

（3）2022 年 11 月将原来未使用的 1 台设备投入车间使用，原值 10 000 元。

（4）2022 年 11 月份发外单位大修设备 1 台，原值 50 000 元。

（5）2022 年 11 月份进行技术改造设备 1 台，当月交付使用，该设备原值为 200 000 元。

（6）2022 年 12 月份该车间设备计提折旧 21 000 元。

要求：假定该公司 2022 年 11 月末计提折旧数正确，验证该企业当年 12 月份计提折旧数是否正确。如果不正确，请编制审计调整分录。

2. M 公司 2022 年 12 月 31 日资产负债表"应付账款"列示 8 000 000 元，注册会计师进行审计时发现：

（1）该公司 2022 年 12 月 31 日"应付账款"账户总账为贷方余额 8 000 000 元，其明细账余额如表 6－32 所示。

表 6－32　　　　　　　　　　　应付账款明细账余额　　　　　　　　　　　单位：元

账 户 名 称	余　　额
应付账款——A 公司	5 000 000
应付账款——B 公司	3 500 000
应付账款——C 公司	1 500 000（借方余额）
应付账款——D 公司	1 000 000
合计	8 000 000

（2）该公司有一笔确实无法支付的应付账款 300 000 元，列入资本公积。

（3）该公司于 2022 年 12 月 28 日购入甲材料，价值 500 000 元，已按规定纳入 12 月 31 存货盘点范围并进行了实物盘点。但卖方发票于次年 1 月 5 日才收到，并在次年的 1 月份进行了账务处理，本年度无其他进货和相应负债。该公司 2022 年年末作存货盘盈处理，冲减管理费用账户。

要求：分析该公司存在的问题，提出处理意见。

五、案例分析题

1. 审计人员于 2023 年 2 月 5 日至 10 日,对 B 公司采购与付款循环的内部控制进行了解和测试,发现下列情况:

(1) B 公司材料采购需要经过授权批准后才能进行。

(2) 采购部门根据经批准的请购单编制和发出订单、订购单没有编号。

(3) 货物运到后,由隶属于采购部门的验收人员根据订购单的要求验收货物,并编制一式多联的未连续编号的验收单。

(4) 仓库根据验收单验收货物,在验收单上签字后,将货物移送至仓库加以保管。

(5) 验收单上包含数量、品名、单价等内容。仓库将验收单一联交给采购部门登记材料明细账。

(6) 会计部门根据只附有验收单的付款凭单登记有关账簿。

要求:根据上述情况,指出 B 公司采购与付款交易内部控制方面存在的缺陷,作出简要评价,并提出相应的改进建议。

项目七　审计生产与存货循环

思政案例导入

2014年以前,獐子岛是大连的一家海产品养殖公司,主营业务是养殖虾夷扇贝和海参。在2006年于中小板上市前,其虾夷扇贝底播增殖面积和产量已经达到全国首位,此后养殖海域面积由上市时的65.63万亩上涨至230余万亩。作为海产品养殖企业,獐子岛的第一大资产是存货——主要包括播撒在230万亩茫茫海底的虾夷扇贝、海参等海珍品,它们在獐子岛集团资产中的比重约为30%,若扇贝等存货产量受损,公司资产势必大打折扣。

2014年10月,獐子岛集团宣布公司价值10亿元人民币的扇贝,全都跑了,因为扇贝的生长水域北黄海的水温异常冰冷。时隔半年后,"冷水团"事件再次被提及。2015年6月1日晚,獐子岛集团发布公告称,2015年5月15日启动春季底播虾夷扇贝抽测活动,抽测涉及2012年、2013年、2014年底播未收获的海域160余万亩,抽测调查结果显示,公司底播虾夷扇贝"尚不存在减值的风险"。这引起大量投资者质疑,"难道因冷水团失踪的扇贝又游回来了?"好戏没持续太久,2018年1月,獐子岛又公告说,因为海洋灾害导致扇贝"饿死",公司在年报中披露亏损7.23亿元。2019年一季度,獐子岛又说"扇贝跑了",公司亏了4 514万元。

翻看獐子岛财报,公司自2014年出现"扇贝跑路"事件之后的业绩,呈现出一年亏损一年盈利的特点,2015—2018年的归母公司净利润分别为—2.43亿元、7 959万元、—7.23亿元、3 211万元。根据深交所规定,中小板企业连续两年亏损被ST,连续3年亏损被暂停上市,连续亏损四年将被终止上市,而獐子岛却完美避开了这一点。在獐子岛戴上ST帽子、"连续三年亏损就退市"时,扇贝们表现稳定,"两年亏损,一年赚",严格服从组织安排,精准"走位",堪称"卡点精英"。

在獐子岛集团涉嫌的违规操作中,财会分析人士给出了许多可能性,其中最显著的是钻了"特殊存货不易监控"的空子。扇贝这类水产品生长在海底,做存货盘点的时候只能进行抽样检测,不能让审计人员套上潜水衣搞实地盘存。原因很简单,愿意潜水的审计人员既无法数清扇贝数量,更难以知道何时扇贝可能"跑路"、何时又会"饿死"。因此有财会人员说:"除非每个扇贝安装一个带4G物联网卡的无线摄像头,否则你无法证明獐子岛的解释是否正确"。

但真相是什么呢?2019年7月,证监会发布对獐子岛集团的调查结果:这家公司及其董事长等人涉嫌财务造假、虚假记载,董事长被证监会勒令终身市场禁入。

为了查办獐子岛案,证监会最终借助了北斗导航定位系统,委托专业机构中科宇图科技股份有限公司和中国水产科学研究院东海水产研究所,通过獐子岛采捕船卫星定位数据,还原了采捕船只的真实航行轨迹,进而复原了公司真实的采捕海域,最终揭开了獐子岛财务造假手段的谜底。

探索与讨论：

在本案例中，为什么獐子岛公司有操纵财务报表的机会，注册会计师应当怎样对存货实施监盘程序，尤其是应如何监盘特殊类存货？

学习目标

【知识目标】

1. 了解生产与存货循环的主要业务活动和涉及的主要凭证。
2. 熟悉生产与存货循环的内部控制测试程序。
3. 掌握存货、主营业务成本的确认与计量的检查。
4. 掌握存货、主营业务成本的实质性程序。

【技能目标】

1. 能评估生产与存货循环的重大错报风险。
2. 能对生产与存货循环实施控制测试，找出生产与存货内部控制存在的关键问题。
3. 能对存货、主营业务成本实施实质性程序，揭示其可能存在的重大错报。

【素质目标】

1. 通过对生产与存货循环业务活动的学习，培养学生深入细致了解业务的习惯，培养学生养成业财融合的工作方式。
2. 通过学习生产与存货循环的内部控制及其测试，培养学生沟通协作、能谋善断的综合素养以及善于发现问题、解决问题的能力。
3. 通过对存货审计的学习，培养学生认真敬业的工作态度和勤勤恳恳、广闻博学的工作精神。
4. 通过学习营业成本的审计，引导学生树立成本控制和成本节约意识，培养学生养成勤俭节约的良好品德。

初级考试考点

1. 生产与存货循环的业务流程、内部控制及控制测试。
2. 生产与存货循环的主要风险。
3. 存货、产品成本的审计目标和审计方法。

任务一　了解生产与存货循环

工作任务

了解长沙超世服饰有限公司的生产与存货循环。

知识储备

一、生产与存货循环涉及的业务活动

存货是企业的重要资产,存货的采购、使用和销售和企业的经营活动紧密相关,对企业的财务状况和经营成果具有重大而广泛的影响。原材料的采购入库在采购与付款循环中涉及,产成品的出库销售在销售与收款循环中涉及,本项目侧重于原材料入库之后至产成品发出之间的业务活动。

(一) 计划和安排生产

生产计划部门的职责是根据客户订单或者对销售预测和产品需求的分析来决定生产授权,如决定授权生产,即签发预先顺序编号的生产通知单。该部门通常应将发出的所有生产通知单顺序编号并加以记录控制。此外,通常该部门还需编制一份材料需求报告,列明所需的材料、零件及其库存情况。

(二) 发出原材料

仓库部门的责任是根据从生产部门收到的领料单发出原材料。领料单上必须列示所需的材料数量、种类以及领料部门的名称。领料单可以是一料一单,也可以是多料一单,通常是一式三联。仓库发出材料后,将其中一联连同材料交给领料部门(存根联),一联留在仓库登记材料明细账(仓库联),一联交会计部门进行材料收发核算和成本核算(财务联)。

(三) 生产产品

生产部门在收到生产通知单及领取原材料后,便将生产任务分解到每一个生产工人,并将所领取的原材料分配给生产工人,生产工人据以执行生产任务。生产工人在完成生产任务后,将完成的产品交给生产部门查点,然后转交检验员验收并办理入库手续;或者将其移交给下一个部门,进行进一步加工。

(四) 核算产品成本

为了正确地核算产品成本,对在产品进行有效控制,企业必须建立、健全成本会计制度,将生产控制和成本核算有机地结合起来。一方面,生产过程中的各种记录、生产通知单、领料单、计工单、入库单等文件资料都要汇集到会计部门,由会计部门进行审查和核对,以了解和控制生产过程中存货的实物流转;另一方面,会计部门要设置相应的会计账户,并会同有关部门对生产过程中的成本进行核算和控制。完善的成本会计制度应该提供原材料转为在产品、在产品转为产成品等所消耗的材料、人工和间接费用的分配和归集的详细资料。

(五) 产成品入库及储存

产成品入库,必须由仓储部门进行点验和检查,然后签收。签收后,将实际入库数量通知会计部门,据此,仓库部门确立了本身应承担的责任,并对验收部门的工作进行了验证。除此之外,仓库部门还应根据产成品的品质特征分类存放,并填制标签。

(六) 发出产成品

产成品的发出必须由独立的发运部门进行。装运产成品时,发运部门必须持有经有关部门核准的发运通知单,并根据此编制出库单。出库单一般为一式四联,一联交仓储部门,一联由发运部门留存,一联送交客户,一联作为开具发票的依据。

（七）存货盘点

管理人员编制盘点指令，安排适当人员对存货实物（包括原材料、在产品和产成品等所有存货类别）进行定期盘点，将盘点结果与存货账面数量进行核对，调查差异并进行适当调整。

（八）计提存货跌价准备

财务部门根据存货货龄分析表信息及相关部门提供的有关存货状况的信息，结合存货盘点过程中对存货状况的检查结果，对出现损毁、滞销、跌价等降低存货价值的情况进行分析计算，并计提存货跌价准备。

二、生产与存货循环涉及的主要凭证与会计记录

在内部控制比较健全的企业，处理生产和存货业务通常需要使用很多单据与会计记录。典型的生产与存货循环所涉及的主要单据与会计记录有以下几种（不同单位的单据可能有不同的名称）。

（一）生产指令

生产指令又称"生产任务通知单"，是企业下达制造产品等生产任务的书面文件，用以通知生产车间组织产品制造，供应部门组织材料发放，会计部门组织成本计算。广义的生产指令也包括用以指导产品加工的工艺规程，如机械加工企业的"路线图"等。

（二）领发料凭证

领发料凭证是企业为控制材料发出所采用的各种凭证，如材料发出汇总表、领料单、限额领料单、领料登记簿、退料单等。

（三）产量和工时记录

产量和工时记录是登记工人或生产班组在出勤时间内完成产品数量、质量和生产这些产品所耗费工时数量的原始记录。产量和工时记录的内容与格式是多种多样的，不同的生产企业，甚至同一企业的不同生产车间，由于生产类型不同，也可能采用不同格式的产量和工时记录。常见的产量和工时记录主要有工作通知单、工序进程单、工作班产量报告、产量通知单、产量明细表、废品通知单等。

（四）工薪汇总表及工薪费用分配表

工薪汇总表是为了反映企业全部工薪的结算情况，并据以进行工薪结算总分类核算和汇总整个企业工薪费用而编制的，它是企业进行工薪费用分配的依据。工薪费用分配表反映了各生产车间各产品应负担的生产工人工资及福利费等。

（五）材料费用分配表

材料费用分配表是用来汇总反映各生产车间各产品所耗费的材料费用的原始记录。

（六）制造费用分配汇总表

制造费用分配汇总表是用来汇总反映各生产车间各产品所应负担的制造费用的原始记录。

（七）成本计算单

成本计算单是用来归集某成本计算对象所应承担的生产费用，计算该成本计算对象的总成本和单位成本的记录。

(八) 产成品入库单和出库单

产成品入库单是产品生产完成并经检验合格后从生产部门转入仓库的凭证。产成品出库单是根据经批准的销售单发出产成品的凭证。

(九) 存货明细账

存货明细账是用来反映各种存货增减变动情况和期末库存数量及相关成本信息的会计记录。

(十) 存货盘点指令、盘点表及盘点标签

制造企业通常会定期对存货实物进行盘点,将实物盘点数量与账面数量进行核对,如果出现差异,要对差异进行分析调查,作账务调整,以确保账实相符。在实施存货盘点之前,管理人员通常编制存货盘点指令,对存货盘点的时间、人员、流程及后续处理等方面作出安排。在盘点过程中,通常会用盘点表记录盘点结果,使用盘点标签对已盘点存货及数量作出标识。

(十一) 存货货龄分析表

很多制造企业通过编制存货的货龄分析表,识别流动较慢或滞销的存货,并根据市场情况和经营预测,确定是否需要计提存货跌价准备。这对于管理具有保质期的存货来说尤其重要。

三、本项目工作任务资料

(一) 长沙超世服饰有限公司的存货核算制度

(1) 公司库存商品采用全月一次加权平均法确定实际成本,原材料采用计划成本核算。2022 年原材料计划价格,如表 7-1 所示。

表 7-1　　　　　　　　　　2022 年原材料计划价格

编 号	种 类 名 称	计 量 单 位	计划单价(元)
101	丝绵	米	230
102	无纺布	米	60
103	精纺呢绒	米	420
104	贡丝锦	米	73

(2) 每年年末对存货进行全面清查,及时查明各种存货的盘盈、盘亏和损毁的情况。

(3) 公司采用品种法计算产品成本,成本项目为直接材料、直接人工和制造费用。成本计算中单位成本及各分配率的计算保留四位小数,计算结果保留两位小数。

(4) 本月发生的直接材料费以各种产品材料消耗定额比例为标准在各种产品之间进行分配,本月发生的直接人工和制造费用按实际生产工时在各种产品之间进行分配。

(5) 月末在产品和完工产品之间费用的分配采用约当产量法,原材料在第一道工序开始时一次投入,直接人工费用和制造费用的完工程度分工序按定额生产工时计算,月末在产品在本工序的完工程度均为 50%。

(二)长沙超世服饰有限公司存货管理业务流程

1. 产品采购入库

详见采购与付款流程。

2. 产品销售出库

详见销售与收款流程。

3. 产品成本核算

(1) 产成品成本的结转。每月末,财务会计根据系统内显示状态为"已出库"的订单数量,编制销售成本结转凭证,结转相应的销售成本,经财务经理审核批准后进行账务处理。

(2) 成本分析。每月末,系统自动生成营业成本及毛利分析报告,列示每笔订单的毛利率,财务经理分别从销售价格、单位成本等方面进行综合分析,提交销售经理和总经理审阅。对于重大亏损订单,总经理将视根据亏损原因,要求销售经理进行调查。

4. 存货日常管理

(1) 存货盘点。仓库分别于每月、每季和年度终了,对存货进行盘点,财务部门对盘点结果进行复盘。仓库管理员编写存货盘点明细表,发现差异及时处理,经采购经理、仓储经理、财务经理复核后调整入账。

(2) 存货跌价。

❶ 系统设有存货库龄分析功能,对库龄超过1年的存货进行提示。在盘点时,盘点人员应关注是否存在存货跌价的迹象。

❷ 如果出现毁损、陈旧、过时及残次存货,仓库管理员编制不良存货明细表,经仓储经理复核后,交采购经理分析评估该等存货的可变现净值,如需计提存货跌价准备,由财务会计编制存货价值调整建议,由财务经理复核后进行账务处理。

(三)长沙超世服饰有限公司工薪人事管理流程

1. 员工聘用和离职

(1) 员工聘用。公司由各用人部门和人力资源部共同负责招聘工作。对决定录用的人员,人力资源部招聘专员填写入职审批表,经人力资源经理和用人部门经理复核,总经理签字批准。人力资源部负责与新员工签订劳动合同书。人事专员将新员工的信息输入系统建立员工档案,系统自动生成连续编号的入职通知单,由人力资源经理复核后交财务部门,作为发放工资的依据。

(2) 员工离职。员工离职时,在系统中填写离职申请表,经所在部门经理、人力资源经理审批后,申请人与公司解除、终止劳动合同,开具离职证明。人事专员根据经适当审批的离职申请表,将离职员工的信息输入系统,由系统自动生成连续编号的离职通知单,由人力资源经理复核后交财务部门,作为停止发放工资的依据。

2. 工时记录统计

员工每天上下班时在考勤机上打卡以便记录工作时间。人事专员次月初将考勤机的打卡记录导入系统,系统根据员工上下班打卡时间结合员工在系统提交的请假单、加班申请单、出差申请单等计算汇总月工时统计表,人事专员再次逐个复核无误后,提交人事经理审批。系统自动将已录入当月工作时间的员工名单和系统内员工花名册自动核对,如有遗漏或不符,系统将进行提示。人事专员将解决该项问题。

3. 工资计算

系统根据月工时统计表以及系统内预先设置的参数,自动计算所有员工的当月工资金额

(包括工资、加班费、奖金、各项补贴、社保公积金扣除金额、个人所得税扣除金额等),并汇总各部门员工的各项工资费用总额,生成"工资明细表"和"工资汇总表",对工资费用进行归集和分摊,按照预设的分摊工时和方法,自动分摊当月人工费用,生成记账凭证并过账至明细账和总账。

4. 工资支付

(1) 人事专员提交"工资支付审批表",经人事经理审批后,系统转财务部门审核,财务经理复核"工资明细表""工资汇总表"和"工资支付审批表",通过后转总经理批准,工资支付审批表经审批后转出纳办理工资支付。

(2) 出纳人员根据经审批的"工资支付审批表"在网银上办理批量付款,办结后及时登记银行存款日记账。并在打印的相关单证上加盖"付讫"印戳。财务会计根据经批准的工资支付审批表在系统中编制记账凭证,并附相关单证,提交财务经理审核,审核后过账至明细账和总账。

5. 数据维护

人事专员定期取得人社局公布的各项社保基金扣缴费比例(包括个人缴纳部分和公司缴纳部分)等信息,反馈给人事经理。如需修改员工档案(如工资账户账号、联系方式等),或社保基金的适用基数和扣除率以及调整员工工资及各项补贴标准、每小时加班费、公司缴纳社保费比率等基准,由人事专员在系统中发起申请提交人事经理批准,经审批后由人事专员将批准后信息录入系统。

工作实训资料

长沙超世服饰有限公司 2022 年 12 月部分会计凭证及账簿资料。

2022 年 12 月份本项目部分明细账,记账凭证及原始凭证,如表 7-2 至表 7-54 所示。

表 7-2　　　　　　　　　　　材料采购明细账

科目:材料采购/丝绵(140101)　　　　　　　　　　　　　　　　本币名称:人民币

2022年 月	日	凭证号	摘要	单价	借方 数量	借方 金额	贷方 数量	贷方 金额	方向	余额 数量	余额 单价	余额 金额
12	01		期初余额						借	11 650	243.000 00	2 830 950.00
12	05	记-0020	采购丝绵、精纺呢绒货款未付	250.000 00	5 000	1 250 000.00			借	16 650		4 080 950.00
12	05	记-0021	采购运费款项未付			9 300.00			借	16 650		4 090 250.00
12	12	记-0050	采购丝绵货款已付	250.000 00	5 000	1 250 000.00			借	21 650		5 340 250.00
12	22	记-0077	采购丝绵货款已付	250.000 00	2 000	500 000.00			借	23 650		5 840 250.00

(续表)

2022年		凭证号	摘要	单价	借方		贷方		方向	余额		
月	日				数量	金额	数量	金额		数量	单价	金额
12	29	记-0089	材料验收入库并结转差异	246.945 032			23 650	5 840 250.00	平			
12	31		本月合计		12 000	3 009 300.00	23 650	5 840 250.00	平			
12	31		本年累计		247 430	69 275 357.83	270 150	74 796 317.83	平			
			结转下年						平			

核算单位：长沙超世服饰有限公司　　　　制表：陈静婷　　　　打印日期：2022年12月31日

表7-3　　　　　　　　　　　　　　材料采购明细账

科目：材料采购/无纺布（140102）　　　　　　　　　　　　　　本币名称：人民币

2022年		凭证号	摘要	单价	借方		贷方		方向	余额		
月	日				数量	金额	数量	金额		数量	单价	金额
12	01		期初余额						借	3 570	71.500 00	2 400 255.00
12	10	记-0037	采购无纺布货款未付	66.000 00	5 000	330 000.00			借	38 570		2 730 255.00
12	10	记-0038	采购运费款项未付			8 370.00			借	38 570		2 738 625.00
12	13	记-0054	采购无纺布货款未付	65.000 00	5 000	325 000.00			借	43 570		3 063 625.00
12	13	记-0055	采购运费货款未付			4 650.00			借	43570		3 068 275.00
12	15	记-0061	采购无纺布货款未付	68.000 00	4 000	272 000.00			借	47 570		3 340 275.00
12	16	记-0064	采购无纺布货款未付	70.000 00	8 000	560 000.00			借	55 570		3 900 275.00
12	16	记-0065	采购运费尚未支付			1 860.00			借	55 570		3 902 135.00
12	29	记-0090	材料验收入库并结转差异	70.220 173			55 570	3 902 135.00	平			
12	31		本月合计		22 000	1 501 880.00	55 570	3 902 135.00	平			
12	31		本年累计		451 100	32 182 530.00	495 170	35 333 535.00	平			
			结转下年						平			

核算单位：长沙超世服饰有限公司　　　　制表：陈静婷　　　　打印日期：2022年12月31日

表 7-4　　　　　　　　　　　　　　原材料明细账

科目：原材料/丝绵(140301)　　　　　　　　　　　　　　本币名称：人民币

2022年		凭证号	摘要	单价	借方 数量	借方 金额	贷方 数量	贷方 金额	方向	余额 数量	余额 单价	余额 金额
月	日											
12	01		期初余额						借	18 700	230.000 00	4 301 000.00
12	29	记-0089	材料验收入库并结转差异	230.000 00	23 650	5 439 500.00			借	42 350		9 740 500.00
12	30	记-0102	生产领用原材料	230.000 00			20 000	4 600 000.00	借	22 350		5 140 500.00
12	31		本月合计		23 650	5 439 500.00	20 000	4 600 000.00	借	22 350	230.000 00	5 140 500.00
12	31		本年累计		270 150	62 134 500.00	266 800	61 364 000.00	借	22 350	230.000 00	5 140 500.00
12	31		结转下年						借	22 350	230.000 00	5 140 500.00

核算单位：长沙超世服饰有限公司　　　制表：陈静婷　　　打印日期：2022年12月31日

表 7-5　　　　　　　　　　　　　　原材料明细账

科目：原材料/无纺布(140302)　　　　　　　　　　　　　本币名称：人民币

2022年		凭证号	摘要	单价	借方 数量	借方 金额	贷方 数量	贷方 金额	方向	余额 数量	余额 单价	余额 金额
月	日											
12	01		期初余额						借	44 800	60.000 00	2 688 000.00
12	29	记-0090	材料验收入库并结转差异	60.000 00	55 570	3 334 200.00			借	100 370		6 022 200.00
12	30	记-0102	生产领用原材料	60.000 00			60 900	3 654 000.00	借	39 470		2 368 200.00
12	31		本月合计		55 570	3 334 200.00	60 900	3 654 000.00	借	39 470	60.000 00	2 368 200.00
12	31		本年累计		495 170	29 710 200.00	596 500	35 790 000.00	借	39 470	60.000 00	2 368 200.00
12	31		结转下年						借	39 470	60.000 00	2 368 200.00

核算单位：长沙超世服饰有限公司　　　制表：陈静婷　　　打印日期：2022年12月31日

表 7-6　　　　　　　　　　　　　　原材料明细账

科目：原材料/精纺呢绒(140303)　　　　　　　　　　　　本币名称：人民币

2022年		凭证号	摘要	单价	借方 数量	借方 金额	贷方 数量	贷方 金额	方向	余额 数量	余额 单价	余额 金额
月	日											
12	01		期初余额						借	7 100	42.000 00	2 982 000.00
12	29	记-0091	材料验收入库并结转差异	420.000 00	15 000	6 300 000.00			借	22 100		9 282 000.00

(续表)

2022年		凭证号	摘 要	单 价	借 方		贷 方		方向	余 额		
月	日				数量	金额	数量	金额		数量	单价	金额
12	30	记-0102	生产领用原材料	420.000 00			15 600	6 552 000.00	借	6 500		2 730 000.00
12	31		本月合计		15 000	6 300 000.00	15 600	6 552 000.00	借	6 500	42.000 00	2 730 000.00
12	31		本年累计		89 500	37 590 000.00	94 200	39 564 000.00	借	6 500	42.000 00	2 730 000.00
12	31		结转下年						借	6 500	42.000 00	2 730 000.00

核算单位：长沙超世服饰有限公司　　　　制表：陈静婷　　　　打印日期：2022年12月31日

表 7-7　　　　　　　　　　　　　　原材料明细账

科目：原材料/贡丝锦(140304)　　　　　　　　　　　　　　本币名称：人民币

2022年		凭证号	摘 要	单 价	借 方		贷 方		方向	余 额		
月	日				数量	金额	数量	金额		数量	单价	金额
12	01		期初余额						借	400	73.000 00	29 200.00
12	29	记-0092	材料验收入库并结转差异	73.000 00	19 460	1 420 580.00			借	19 860		1 449 780.00
12	30	记-0102	生产领用原材料	73.000 00			12 900	941 700.00	借	6 960		508 080.00
12	31		本月合计		19 460	1 420 580.00	12 900	941 700.00	借	6 960	73.000 00	508 080.00
12	31		本年累计		83 940	6 127 620.00	78 220	5 710 060.00	借	6 960	73.000 00	508 080.00
12	31		结转下年						借	6 960	73.000 00	508 080.00

核算单位：长沙超世服饰有限公司　　　　制表：陈静婷　　　　打印日期：2022年12月31日

表 7-8　　　　　　　　　　　　　　库存商品明细账

科目：库存商品/西裤(140501)　　　　　　　　　　　　　　本币名称：人民币

2022年		凭证号	摘 要	单 价	借 方		贷 方		方向	余 额		
月	日				数量	金额	数量	金额		数量	单价	金额
12	01		期初余额						借	16 300	410.300 000	6 687 890.00
12	31	记-0116	西裤完工入库	412.021 056	53 000	21 837 115.97			借	69 300		28 525 005.97
12	31	记-0121	结转西裤销售成本	412.021 056			55 000	22 661 158.08	借	14 300		5 863 847.89
12	31		本月合计		53 000	21 837 115.97	55 000	22 661 158.08	借	14 300	410.059 293	5 863 847.89
12	31		本年累计		464 000	190 625 195.97	475 000	194 987 158.08	借	14 300	410.059 293	5 863 847.89
12	31		结转下年						借	14 300	410.059 293	5 863 847.89

核算单位：长沙超世服饰有限公司　　　　制表：陈静婷　　　　打印日期：2022年12月31日

表 7-9　　　　　　　　　　　　　　　库存商品明细账

科目：库存商品/西服（140502）　　　　　　　　　　　　　　本币名称：人民币

2022年		凭证号	摘要	单价	借方 数量	借方 金额	贷方 数量	贷方 金额	方向	余额 数量	余额 单价	余额 金额
月	日											
12	01		期初余额						借	12 500	458.600 000	5 732 500.00
12	31	记-0117	西服完工入库	457.350 733	52 000	23 782 238.12			借	64 500		29 514 738.12
12	31	记-0121	结转西服销售成本	457.350 733			55 000	22 867 536.65	借	14 500		6 647 201.47
12	31		本月合计		52 000	23 782 238.12	50 000	22 867 536.65	借	14 500	458.427 688	6 647 201.47
12	31		本年累计		487 600	223 638 398.12	499 800	229 145 816.65	借	14 500	458.427 688	6 647 201.47
12	31		结转下年						借	14 500	458.427 688	6 647 201.47

核算单位：长沙超世服饰有限公司　　　制表：陈静婷　　　打印日期：2022年12月31日

表 7-10　　　　　　　　　　　　　　　生产成本明细账

科目：西裤（500101）　　　　　　　　　　　　　　　　　　　本币名称：人民币

2022年		凭证号	摘要	借方	贷方	方向	余额	余额 材料费	余额 薪酬费	余额 制造费用
月	日									
12	01		期初余额			借	5 019 099.08			
12	30	记-0097	计提职工薪酬	1 534 000.00		借	6 553 099.08		1 534 000.00	
12	30	记-0098	计提五险一金	615 134.00		借	7 168 233.08		615 134.00	
12	30	记-0099	计提工会经费	30 680.00		借	7 198 913.08		30 680.00	
12	30	记-0100	计提职工教育经费	23 010.00		借	7 221 923.08		23 010.00	
12	30	记-0102	生产领用原材料	6 358 500.00		借	13 580 423.08	6 358 500.00		
12	30	记-0103	结转材料成本差异	623 562.82		借	14 203 985.90	623 562.82		
12	30	记-0114	结转制造费用——西裤车间	11 020 752.00		借	25 224 737.90			11 020 752.00
12	30	记-0116	西裤完工入库		21 837 115.97	借	3 387 621.93			
12	31		本月合计	20 205 638.82	21 837 115.97	借	3 387 621.93	6 982 062.82	2 202 824.00	11 020 752.00
12	31		本年累计	189 259 585.24	190 625 195.97	借	3 387 621.93	73 627 496.77	4 714 414.33	110 917 674.14
12	31		结转下年			借	3 387 621.93	73 627 496.77	4 714 414.33	110 917 674.14

核算单位：长沙超世服饰有限公司　　　制表：陈静婷　　　打印日期：2022年12月31日

表 7-11　　　　　　　　　　　　　　生产成本明细账

科目：西服(500102)　　　　　　　　　　　　　　　　　　本币名称：人民币

2022年		凭证号	摘要	借方	贷方	方向	余额	余额		
月	日							材料费	薪酬费	制造费用
月	日		期初余额			借	6 358 649.40			
12	30	记-0097	计提职工薪酬	1 556 500.00		借	7 915 149.40		1 556 500.00	
12	30	记-0098	计提五险一金	624 156.50		借	8 539 305.90		624 156.50	
12	30	记-0099	计提工会经费	31 130.00		借	8 570 435.90		31 130.00	
12	30	记-0100	计提职工教育经费	23 347.50		借	8 593 783.40		23 347.50	
12	30	记-0102	生产领用原材料	7 669 200.00		借	16 262 983.40	7 669 200.00		
12	30	记-0103	结转材料成本差异	908 065.04		借	17 171 048.44	908 065.04		
12	30	记-0115	结转制造费用——西服车间	10 719 331.00		借	27 890 379.44			10 719 331.00
12	30	记-0117	西服完工入库		23 782 238.12	借	4 108 141.32			
12	31		本月合计	21 531 730.04	23 782 238.12	借	4 108 141.32	8 577 265.04	2 235 134.00	10 719 331.00
12	31		本年累计	221 393 433.88	223 638 398.12	借	4 108 141.32	87 622 504.36	26 145 194.25	107 625 735.27
12	31		结转下年			借	4 108 141.32	87 622 504.36	26 145 194.25	107 625 735.27

核算单位：长沙超世服饰有限公司　　　　制表：陈静婷　　　　打印日期：2022年12月31日

表 7-12　　　　　　　　　　　　　　主营业务成本明细账

科目：主营业务成本/西裤(640101)　　　　　　　　　　　　本币名称：人民币

2022年		凭证号	摘要	借方	贷方	方向	余额
月	日						
12	31	记-0121	结转西裤销售成本	22 661 158.08		借	22 661 158.08
12	31	记-0128	期间损益结转		22 661 158.08	平	
12	31		本月合计	22 661 158.08	22 661 158.08	平	
12	31		本年累计	194 987 158.08	194 987 158.08	平	
12	31		结转下年			平	

核算单位：长沙超世服饰有限公司　　　　制表：陈静婷　　　　打印日期：2022年12月31日

表 7-13　　　　　　　　　　　　　主营业务成本明细账

科目：主营业务成本/西服(640102)　　　　　　　　　　　　　本币名称：人民币

2022年 月	日	凭证号	摘要	借方	贷方	方向	余额
12	31	记-0122	结转西服销售成本	22 867 536.65		借	22 867 536.65
12	31	记-0128	期间损益结转		22 867 536.65	平	
12	31		本月合计	22 867 536.65	22 867 536.65	平	
12	31		本年累计	229 145 816.65	229 145 816.65	平	
12	31		结转下年			平	

核算单位：长沙超世服饰有限公司　　制表：陈静婷　　打印日期：2022年12月31日

表 7-14

记 账 凭 证

2022 年 12 月 16 日　　　　　　　　　　　　　　　记字第 0064 号

摘要	会计科目 总账科目	会计科目 明细科目	借方金额	贷方金额	账页或√
采购无纺布货款未付	材料采购	无纺布	560 000.00		
采购无纺布货款未付	应交税费	应交增值税/进项税额	72 800.00		
采购无纺布货款未付	应付账款	通达布业		632 800.00	
	合　计		¥632 800.00	¥632 800.00	

附件 1 张

财务主管：　　　记账：陈静婷　　出纳：　　　审核：李贤良　　制单：陈柳达

表 7-15

湖南增值税专用发票

发票联　　　　　　　　　　　　　　　01534991

开票日期：2022 年 12 月 16 日

购买方	名　称	长沙超世服饰有限公司	密码区	（略）
	纳税人识别号	91430100585715036Q		
	地址、电话	长沙市雨花区韶山中路81号 0731-85537584		
	开户行及账号	中国工商银行长沙东塘支行 105045872859401		

货物或应税劳务名称	规格型号	单位	数量	单价	金　额	税率	税　额
无纺布		米	8 000	70	560 000.00	13%	72 800.00
合　计					¥560 000.00		¥72 800.00

价税合计（大写）　⊗陆拾叁万贰仟捌佰元整　　　　　（小写）¥632 800.00

销售方	名　称	长沙通达布业有限责任公司	备注	
	纳税人识别号	914305001855693238		
	地址、电话	长沙市雨花区经济开发区		
	开户行及账号	中国建设银行雨花区支行 43050175550458728594		

收款人：杨凤平　　复核：张明华　　开票人：周慧　　销售方：

第三联：发票联 购货方记账凭证

表 7-16

记 账 凭 证

2022 年 12 月 22 日　　　　　　　　　　　记字 0077 号

摘　要	会计科目		借方金额	贷方金额	账页或√
	总账科目	明细科目			
采购丝绵货款已付	材料采购	丝绵	500 000.00		
采购丝绵货款已付	应交税费	应交增值税/进项税额	65 000.00		
采购丝绵货款已付	银行存款	工商银行		565 000.00	
合　计			¥565 000.00	¥565 000.00	

附件 2 张

财务主管：　　　记账：陈静婷　　　出纳：　　　审核：李贤良　　　制单：陈柳达

表 7-17

江苏增值税专用发票

发票联　　　　　　　　　　　　　　　　　01534064

开票日期：2022 年 12 月 22 日

购买方	名　称	长沙超世服饰有限公司	密码区	(略)
	纳税人识别号	91430100585715036Q		
	地址、电话	长沙市雨花区韶山中路 81 号 0731-85537584		
	开户行及账号	中国工商银行长沙东塘支行 105045872859401		

货物或应税劳务名称	规格型号	单位	数量	单价	金　额	税率	税　额
丝绵		米	2 000	250	500 000.00	13%	65 000.00
合　计					¥500 000.00		¥65 000.00

价税合计(大写)	⊗伍拾陆万伍仟圆整	(小写) ¥565 000.00

销售方	名　称	江苏阳光集团	备注	
	纳税人识别号	913201540507275010		
	地址、电话	江苏省南京市雨花经济开发区凤华路 18 号 13052589837		
	开户行及账号	交通银行南京支行 320006686718910146234		

收款人：杨凤平　　　复核：张明华　　　开票人：周慧　　　销售方：

第三联：发票联购货方记账凭证

表 7-18

中国工商银行　　电汇凭证(回单)1

委托日期：2022 年 12 月 22 日

汇款人	全　称	长沙超世服饰有限公司	收款人	全　称	江苏阳光集团
	账　号	105045872859401		账　号	320006686718910146234
	汇出地点	湖南省　长沙市/县		汇入地点	江苏省南京市
	汇出行名称	中国工商银行东塘支行		汇入行名称	交通银行南京支行

金额	伍拾陆万伍仟元整	千百十万千百十元角分 ¥ 5 6 5 0 0 0 0 0

票证安全码

附加信息及用途：采购原材料

复核：王汉明　　　记账：陈柳达

汇出行签章：中国工商银行长沙东塘支行 2022.12.22 转讫

此联汇出行给汇款人的回单

表 7-19

记 账 凭 证

2022 年 12 月 29 日　　　　　　　　　　　　　　　　记字第 0089 号

摘　要	会 计 科 目		借方金额	贷方金额	账页或√
	总账科目	明细科目			
材料验收入库	原材料	丝绵	5 439 500.00		
材料验收入库	材料采购	丝绵		5 840 250.00	
材料验收入库	材料成本差异		400 750.00		
合　　计			￥5 840 250.00	￥5 840 250.00	

附件 6 张

财务主管：　　　　　记账：陈静婷　　　出纳：　　　　　审核：李贤良　　　制单：陈柳达

表 7-20

收料凭证汇总表

2022 年 12 月 29 日

材料编号	材料名称	本 月 购 入			
		数　量	实际成本	计划成本	成本差异
101	丝绵	23 650	5 840 250.00	5 439 500.00	400 750.00
合计		23 650	5 840 250.00	5 439 500.00	400 750.00

制单人：刘小林

表 7-21

收料单

2022 年 12 月 02 日　　　　　　　　　　　　　　　　编码：53301

编号	材料名称	规格	材质	单位	数 量		实际单价	材料金额	运费	（合计）材料实际成本
					发票	实收				
101	丝绵			米	5000	5000	243.00	1 215 000.00	0.00	1 215 000.00
供货单位	高诚布业				合同号			计划单价		材料计划成本	
备注									230.00		1 150 000.00	

②财务记账联

主管：贺永红　　　　质量检验员：刘 月　　　　仓库验收：李华建　　　　经办人：

表 7-22

收料单

2022 年 12 月 03 日　　　　　　　　　　　　　　　　编码：53302

编号	材料名称	规格	材质	单位	数 量		实际单价	材料金额	运费	（合计）材料实际成本
					发票	实收				
101	丝绵			米	6 650	6 650	243.00	1 615 950.00	0.00	1 615 950.00
供货单位	高诚布业				合同号			计划单价		材料计划成本	
备注									230.00		1 529 500.00	

②财务记账联

主管：赵 丹　　　　质量检验员：刘 月　　　　仓库验收：李华建　　　　经办人：

表 7 - 23

收料单

2022 年 12 月 07 日　　　　　　　　　　　　　　　编码：53306

材料编号	材料名称	规格	单位	数量 发票	数量 实收	实际单价	材料金额	运费	（合计）材料实际成本
101	丝绵		米	5 000	5 000	250.00	1 250 000.00	9 300.00	1 259 300.00
供货单位	阳光集团		合同号			计划单价		材料计划成本	
备注	发票号		01534064			230.00		1 150 000.00	

②财务记账联

主管：贺永红　　　质量检验员：刘 月　　　仓库验收：李华建　　　经办人：

表 7 - 24

收料单

2022 年 12 月 15 日　　　　　　　　　　　　　　　编码：53311

编号	材料名称	规格	材质	单位	数量 发票	数量 实收	实际单价	材料金额	运费	（合计）材料实际成本
101	丝绵			米	5 000	5 000	250.00	1 250 000.00	0.00	1 250 000.00
供货单位	高诚布业			合同号			计划单价		材料计划成本	
备注							230.00		1 150 000.00	

②财务记账联

主管：贺永红　　　质量检验员：刘 月　　　仓库验收：李华建　　　经办人：

表 7 - 25

收料单

2022 年 12 月 23 日　　　　　　　　　　　　　　　编码：53316

材料编号	材料名称	规格	材质	单位	数量 发票	数量 实收	实际单价	材料金额	运费	（合计）材料实际成本
101	丝绵				2 000	2 000	250.00	500 000.00	0.00	500 000.00
供货单位	阳光集团			合同号			计划单价		材料计划成本	
备注	发票号			01534064			230.00		460 000.00	

②财务记账联

主管：贺永红　　　质量检验员：刘 月　　　仓库验收：李华建　　　经办人：

表 7 - 26

记 账 凭 证

2022 年 12 月 29 日　　　　　　　　　　　　　　　记字第 0090 号

摘　要	会计科目 总账科目	会计科目 明细科目	借方金额	贷方金额	账页或√
材料验收入库	原材料	无纺布	3 334 200.00		
材料验收入库	材料采购	无纺布		3 902 135.00	
材料验收入库	材料成本差异		567 935.00		
合　　计			￥3 902 135.00	￥3 902 135.00	

附件 7 张

财务主管：　　　记账：陈柳达　　　出纳：　　　审核：李贤良　　　制单：陈柳达

表 7-27　　　　　　　　　　　　　　　　收料凭证汇总表
2022 年 12 月 29 日

材料编号	材料名称	本月购入		
		数量	实际成本	计划成本	成本差异
102	无纺布	55 570	3 902 135.00	3 334 200.00	567 935.00
	合计	55 570	3 902 135.00	3 334 200.00	567 935.00

制单人：刘小林

表 7-28　　　　　　　　　　　　　　　　收料单
2022 年 12 月 03 日　　　　　　　　　　　　　　　编码：53303

材料编号	材料名称	规格	材质	单位	数量		实际单价	材料金额	运费	（合计）材料实际成本
					发票	实收				
102	无纺布			米	20 000	20 000	71.50	1 430 000.00		1 430 000.00
供货单位	高诚布业			合同号				计划单价	材料计划成本	
备注								60.00	1 200 000.00	

主管：贺永红　　　　质量检验员：刘 月　　　　仓库验收：李华建　　　　经办人：

②财务记账联

表 7-29　　　　　　　　　　　　　　　　收料单
2022 年 12 月 05 日　　　　　　　　　　　　　　　编码：53304

材料编号	材料名称	规格	材质	单位	数量		实际单价	材料金额	运费	（合计）材料实际成本
					发票	实收				
102	无纺布			米	13 570	13 570	71.50	970 255.00		970 255.00
供货单位	高诚布业			合同号				计划单价	材料计划成本	
备注								60.00	814 200.00	

主管：贺永红　　　　质量检验员：刘 月　　　　仓库验收：李华建　　　　经办人：

②财务记账联

表 7-30　　　　　　　　　　　　　　　　收料单
2022 年 12 月 11 日　　　　　　　　　　　　　　　编码：53308

材料编号	材料名称	规格	材质	单位	数量		实际单价	材料金额	运费	（合计）材料实际成本
					发票	实收				
102	无纺布			米	5 000	5 000	66.00	330 000.00	8 370.00	338 370.00
供货单位	阳光集团			合同号				计划单价	材料计划成本	
备注								60.00	300 000.00	

主管：贺永红　　　　质量检验员：刘 月　　　　仓库验收：李华建　　　　经办人：

②财务记账联

表 7-31

收料单

2022 年 12 月 15 日　　　　　　　　　　　　　　编码：53312

材料编号	材料名称	规格	材质	单位	数量 发票	数量 实收	实际单价	材料金额	运费	（合计）材料实际成本
102	无纺布			米	5 000	5 000	65.00	325 000.00	4 650.00	329 650.00
供货单位	阳光集团			合同号			计划单价		材料计划成本	
备注	发票号			01534066			60.00		300 000.00	

② 财务记账联

主管：贺永红　　　质量检验员：刘　月　　　仓库验收：李华建　　　经办人：

表 7-32

收料单

2022 年 12 月 17 日　　　　　　　　　　　　　　编码：53313

材料编号	材料名称	规格	材质	单位	数量 发票	数量 实收	实际单价	材料金额	运费	（合计）材料实际成本
102	无纺布			米	4 000	4 000	68.00	272 000.00		272 000.00
供货单位	高诚布业			合同号			计划单价		材料计划成本	
备注							60.00		240 000.00	

② 财务记账联

主管：贺永红　　　质量检验员：刘　月　　　仓库验收：李华建　　　经办人：

表 7-33

收料单

2022 年 12 月 18 日　　　　　　　　　　　　　　编码：53315

材料编号	材料名称	规格	材质	单位	数量 发票	数量 实收	实际单价	材料金额	运费	（合计）材料实际成本
102	无纺布			米	8 000	8 000	70.00	560 000.00	1 860.00	561 860.00
供货单位	通达布业			合同号			计划单价		材料计划成本	
备注	发票号			01534991			60.00		480 000.00	

② 财务记账联

主管：贺永红　　　质量检验员：刘　月　　　仓库验收：李华建　　　经办人：

表 7-34

记 账 凭 证

2022 年 12 月 29 日　　　　　　　　　　　　　　记字第 0091 号

摘　要	会计科目 总账科目	会计科目 明细科目	借方金额	贷方金额	账页或 √
材料验收入库	原材料	精纺呢绒	6 300 000.00		
材料验收入库	材料采购	精纺呢绒		7 168 600.00	
材料验收入库	材料成本差异		868 600.00		
合　计			¥7 168 600.00	¥7 168 600.00	

附件 3 张

财务主管：　　　记账：陈柳达　　　出纳：　　　审核：李贤良　　　制单：陈柳达

表 7-35

收料凭证汇总表

2022 年 12 月 29 日

材料编号	材料名称	本 月 购 入			
		数 量	实际成本	计划成本	成本差异
103	精纺呢绒	15 000	7 168 600.00	6 300 000.00	868 600.00
	合计	15 000	7 168 600.00	6 300 000.00	868 600.00

制单人：刘小林

表 7-36

收料单

2022 年 12 月 07 日　　　　　　　　　　　　　　　　编码：53305

材料编号	材料名称	规格	材质	单位	数 量		实际单价	材料金额	运费	（合计）材料实际成本
					发票	实收				
103	精纺呢绒			米	5 000	5 000	470.00	2 350 000.00	9 300.00	2 359 300.00
供货单位		阳光集团		合同号			计划单价		材料计划成本	
备注		发票号		01534064			420.00		2 100 000.00	

②财务记账联

主管：贺永红　　　质量检验员：刘　月　　　仓库验收：李华建　　　经办人：

表 7-37

收料单

2022 年 12 月 13 日　　　　　　　　　　　　　　　　编码：53309

材料编号	材料名称	规格	材质	单位	数 量		实际单价	材料金额	运费	（合计）材料实际成本
					发票	实收				
103	精纺呢绒			米	10 000	10 000	480.00	4 800 000.00	9 300.00	4 809 300.00
供货单位		阳光集团		合同号			计划单价		材料计划成本	
备注		发票号					420.00		4 200 000.00	

②财务记账联

主管：贺永红　　　质量检验员：刘　月　　　仓库验收：李华建　　　经办人：

表 7-38

记 账 凭 证

2022 年 12 月 17 日　　　　　　　　　　　　　　　　记字第 0092 号

摘 要	会 计 科 目		借方金额	贷方金额	账页或 ✓
	总账科目	明细科目			
材料验收入库	原材料	贡丝锦	1 420 580.00		
材料验收入库	材料采购	贡丝锦		1 511 270.00	
材料验收入库	材料成本差异		90 690.00		
合　　计			￥1 511 270.00	￥1 511 270.00	

附件 4 张

财务主管：　　　记账：陈柳达　　　出纳：　　　审核：李贤良　　　制单：陈柳达

表 7 – 39   收料凭证汇总表

2022 年 12 月 29 日

材料编号	材料名称	本 月 购 入			
		数　量	实际成本	计划成本	成本差异
104	贡丝锦	19 460	1 511 270.00	1 420 580.00	90 690.00
合计		19 460	1 511 270.00	1 420 580.00	90 690.00

制单人：刘小林

表 7 – 40   收料单

2022 年 12 月 17 日   编码：53314

材料编号	材料名称	规格	材质	单位	数量		实际单价	材料金额	运费	（合计）材料实际成本	
					发票	实收					②财务记账联
104	贡丝锦			米	5 000	5 000	79.00	395 000.00	0.00	395 000.00	
供货单位	南通海盟		合同号			计划单价		材料计划成本			
备注							73.00		365 000.00			

主管：贺永红   质量检验员：刘　月   仓库验收：李华建   经办人：

表 7 – 41   收料单

2022 年 12 月 10 日   编码：53307

材料编号	材料名称	规格	材质	单位	数量		实际单价	材料金额	运费	（合计）材料实际成本	
					发票	实收					②财务记账联
104	贡丝锦			米	5 000	5 000	78.00	390 000.00	0.00	390 000.00	
供货单位	泰州吉泰		合同号			计划单价		材料计划成本			
备注	发票号			01534065		73.00		365 000.00			

主管：贺永红   质量检验员：刘　月   仓库验收：李华建   经办人：

表 7 – 42   收料单

2022 年 12 月 11 日   编码：53310

材料编号	材料名称	规格	材质	单位	数量		实际单价	材料金额	运费	（合计）材料实际成本	
					发票	实收					②财务记账联
104	贡丝锦			米	9 460	9 460	76.50	723 690.00	2 580.00	726 270.00	
供货单位	泰州吉泰		合同号			计划单价		材料计划成本			
备注	发票号						73.00		690 580.00			

主管：贺永红   质量检验员：刘　月   仓库验收：李华建   经办人：

表 7-43

记 账 凭 证

2022 年 12 月 30 日　　　　　　　　　　　　　　记字 0102-1/2 号

摘 要	会计科目 总账科目	会计科目 明细科目	借方金额	贷方金额	账页或✓
生产领用原材料	生产成本	西裤/材料费	6 358 500.00		
生产领用原材料	生产成本	西服/材料费	7 669 200.00		
销售原材料	其他业务成本	丝绵	460 000.00		
销售原材料	其他业务成本	精纺呢绒	1 260 000.00		
合　计					

附件 1 张

财务主管：　　　　记账：陈静婷　　　出纳：　　　　审核：李贤良　　　制单：陈柳达

表 7-44

记 账 凭 证

2022 年 12 月 30 日　　　　　　　　　　　　　　记字 0102-2/2 号

摘 要	会计科目 总账科目	会计科目 明细科目	借方金额	贷方金额	账页或✓
生产领用原材料	原材料	精纺呢绒		6 552 000.00	
生产领用原材料	原材料	无纺布		3 654 000.00	
生产领用原材料	原材料	丝绵		4 600 000.00	
生产领用原材料	原材料	贡丝锦		941 700.00	
合　计			¥15 747 700.00	¥15 747 700.00	

附件 1 张

财务主管：　　　　记账：陈静婷　　　出纳：　　　　审核：李贤良　　　制单：陈柳达

表 7-45　　　　　　　　　　　　　　发出材料汇总表

2022 年 12 月 30 日

材料费 领用部		丝 绵 数量	丝 绵 计划单价	丝 绵 金额小计	无 纺 布 数量	无 纺 布 计划单价	无 纺 布 金额小计	精 纺 呢 绒 数量	精 纺 呢 绒 计划单价	精 纺 呢 绒 金额小计	贡 丝 锦 数量	贡 丝 锦 计划单价	贡 丝 锦 金额小计	合计
西裤车间	西裤	18 000	230	4 140 000	31 500	60	1 890 000				4 500	73	328 500	6 358 500
西服车间	西服				29 400	60	1 764 000	12 600	420	5 292 000	8 400	73	613 200	7 669 200
对外出售	精纺呢绒							3 000	420	1 260 000				1 260 000
对外出售	丝绵	2 000	230	460 000										460 000
合计		20 000	230	4 600 000	60 900	60	3 654 000	15 600	420	6 552 000	12 900	73	941 700	15 747 700

制表：林敏

注：领料单略。

表 7-46

记 账 凭 证

2022 年 12 月 30 日　　　　　　　　　　记字 0103-1/2 号

摘 要	会 计 科 目		借方金额	贷方金额	账页或√
	总账科目	明细科目			
结转材料成本差异	生产成本	西裤/材料费	623 562.82		
结转材料成本差异	生产成本	西服/材料费	908 065.04		
结转材料成本差异	其他业务成本	精纺呢绒	142 197.28		
结转材料成本差异	其他业务成本	丝绵	34 768.74		
结转材料成本差异	材料成本差异	精纺呢绒		739 425.88	
合　　计					

附件 2 张

财务主管：　　　　记账：陈静婷　　　　出纳：　　　　审核：李贤良　　　　制单：陈柳达

表 7-47

记 账 凭 证

2022 年 12 月 30 日　　　　　　　　　　记字 0103-2/2 号

摘 要	会 计 科 目		借方金额	贷方金额	账页或√
	总账科目	明细科目			
结转材料成本差异	材料成本差异	无纺布		557 282.02	
结转材料成本差异	材料成本差异	丝绵		347 687.37	
结转材料成本差异	材料成本差异	贡丝锦		64 198.61	
合　　计			¥1 708 593.88	¥1 708 593.88	

附件 2 张

财务主管：　　　　记账：陈静婷　　　　出纳：　　　　审核：李贤良　　　　制单：陈柳达

表 7-48

记 账 凭 证

2022 年 12 月 30 日　　　　　　　　　　记字 0121 号

摘 要	会 计 科 目		借方金额	贷方金额	账页或√
	总账科目	明细科目			
结转西服销售成本	主营业务成本	西裤	22 661 158.08		
结转西服销售成本	库存商品	西裤		22 661 158.08	
结转衬衫销售成本	主营业务成本	西服	22 867 536.65		
结转衬衫销售成本	库存商品	西服		22 867 536.65	
合　　计			¥45 528 694.73	¥45 528 694.73	

附件 1 张

财务主管：　　　　记账：陈静婷　　　　出纳：　　　　审核：李贤良　　　　制单：陈柳达

表 7-49　材料计划成本、实际成本与材料成本差异计算表

2022年12月30日

名称	月初数 数量	月初数 计划成本	月初数 成本差异	本月购入 数量	本月购入 计划成本	本月购入 实际成本	本月购入 成本差异	合计 数量	合计 计划成本	合计 成本差异	成本差异率/%
丝绸	18 700	4 301 000.00	335 478.00	23 650	5 439 500.00	5 840 250.00	400 750.00	42 350	9 740 500.00	736 228.00	7.56
无纺布	44 800	2 688 000.00	350 528.00	55 570	3 334 200.00	3 902 135.00	567 935.00	100 370	6 022 200.00	918 463.00	15.25
精纺呢绒	7 100	2 982 000.00	178 920.00	15 000	6 300 000.00	7 168 600.00	868 600.00	22 100	9 282 000.00	1 047 520.00	11.29
贡丝锦	400	29 200.00	8 146.00	19 460	1 420 580.00	1 511 270.00	90 690.00	19 860	1 449 780.00	98 836.00	6.82
合计	—	10 000 200.00	873 072.00	—	16 494 280.00	18 422 255.00	1 927 975.00	—	26 494 480.00	2 801 047.00	10.57

制表：林敏

表 7-50　发出原材料差异汇总表

2022年12月

领用部门	材料费	丝绸 金额	丝绸 差异率(%)	丝绸 差异额	无纺布 金额	无纺布 差异率(%)	无纺布 差异额	精纺呢绒 金额	精纺呢绒 差异率(%)	精纺呢绒 差异额	贡丝锦 金额	贡丝锦 差异率(%)	贡丝锦 差异额	差异合计
西裤车间	西裤	4 140 000.00	7.56	312 918.63	1 890 000.00	15.25	288 249.32				328 500.00	6.82	22 394.86	623 562.81
西服车间	西服			—	1 764 000.00	15.25	269 032.70	5 292 000.00	11.29	597 228.60	613 200.00	6.82	41 803.75	908 065.05
对外出售	精纺呢绒			—				1 260 000.00	11.29	142 197.28				142 197.28
	丝锦	460 000.00	7.56	34 768.74										34 768.74
合计		4 600 000.00		347 687.37	3 654 000.00	0.152 512 869	557 282.02	6 552 000.00	11.29	739 425.88	941 700.00	6.82	64 198.61	1 708 593.88

制表：林敏

表 7-51 已售产品成本计算表

2022 年 12 月

产品种类	月初存货成本			本月单位生产成本			已售产品成本			月末产品成本		
	数量	单位成本	成本总额	数量	单位成本	成本总额	数量	单位成本	成本总额	数量	单位成本	成本总额
西裤	16 300	410.300	6 687 890.00	53 000	412.021 056	21 837 115.97	55 000	412.021 056	22 661 158.08	14 300	410.059	5 863 847.89
西服	12 500	458.600	5 732 500.00	52 000	457.350 733	23 782 238.12	50 000	457.350 733	22 867 536.65	14 500	458.428	6 647 201.47
合计			12 420 390.00			45 619 354.08			45 528 694.73			12 511 049.35

制表：邹昊天

（六）本项目相关审计情形

（1）获取因发票未到，2022 年 12 月未入账的收料单，如表 7-52，表 7-53 所示。

表 7-52 收料单

2022 年 12 月 26 日　　　　　　　　　　　编码：53317

材料编号	材料名称	规格	材质	单位	数量		实际单价	材料金额	运费	（合计）材料实际成本	②财务记账联
					发票	实收					
101	丝绵			米		2 000					
供货单位	阳光集团	结算方法		合同号			计划单价	材料/计划成本			
备注							230.00	460 000.00			

主管：贺永红　　　　　质量检验员：刘　月　　　　　仓库验收：李华建　　　　　经办人：

表 7-53 收料单

2022 年 12 月 26 日　　　　　　　　　　　编码：53318

材料编号	材料名称	规格	材质	单位	数量		实际单价	材料金额	运费	（合计）材料实际成本	②财务记账联
					发票	实收					
102	无纺布			米		2 000					
供货单位	阳光集团	结算方法		合同号			计划单价	材料/计划成本			
备注							60.00	120 000.00			

主管：贺永红　　　　　质量检验员：刘　月　　　　　仓库验收：李华建　　　　　经办人：

（2）经测试，确定 2022 年末存货未发生跌价。

（3）2022 年 12 月 31 日监盘存货。存货盘点表如表 7-54 所示。

表 7-54　　　　　　　　　　　　存货盘点表

❶ 库存商品仓库			❷ 原材料仓库		
名　称	单　位	数　量	名　称	单　位	数　量
西裤	条	14 300	精纺呢绒	米	6 500
西服	件	14 500	无纺布	米	41 470
			丝绵	米	24 350
			贡丝锦	米	6 960

任务二　了解生产与存货循环的内部控制及执行控制测试

工作任务

1. 了解与评价长沙超世服饰公司生产与存货循环内部控制。
2. 进行生产与存货循环控制测试。

知识储备

一、生产与存货循环的内部控制

对于制造企业而言,生产和存货通常是重大的业务循环,审计时需要在计划阶段了解该循环业务活动涉及的相关内部控制。

(一) 计划和安排生产

一般单位的内部控制要求,根据经审批的月度生产计划书,由生产计划经理签发预先按顺序编号的生产通知单。

(二) 发出原材料

(1) 领料单应当经生产主管批准,仓库管理员凭经过批准的领料单发料。领料单一式三联,分别是生产部门存根联、仓库联和财务联。

(2) 仓库管理员应把领料单编号、领用数量、规格等信息输入计算机系统,经仓储经理复核并以电子签名方式确认后,系统自动更新材料明细台账。

(三) 生产产品和核算产品成本

(1) 生产成本记账员应根据原材料领料单财务联,编制原材料领用日报表,与计算机系统自动生成的生产记录日报表核对材料耗用和流转信息;在原材料领用日报表被会计主管审核无误后,相关人员据此生成记账凭证并过账至生产成本及原材料明细账和总分类账。

(2)生产部门记录生产各环节所耗用工时数,包括人工工时数和机器工时数,并将工时信息输入生产记录日报表。

(3)每月末,由生产车间与仓库核对原材料和产成品的转出和转入记录,如有差异,仓库管理员应编制差异分析报告,经仓储经理和生产经理签字确认后交会计部门进行调整。

(4)每月末,由计算机系统对生产成本中各项组成部分进行归集,按照预设的分摊公式和方法,自动将当月发生的生产成本在完工产品和在产品之间按比例分配,同时,将完工产品成本在各不同产品类别之间分配,由此生成产品成本计算表和生产成本分配表,由生产成本记账员编制成生产成本结转凭证,经会计主管审核批准后进行账务处理。

(四)产成品入库和储存

(1)产成品入库时,质量检验员应检查并签发预先按顺序编号的产成品验收单,由生产小组将产成品送交仓库,仓库管理员应检查产成品验收单,并清点产成品数量,填写预先顺序编号的产成品入库单。经质检经理、生产经理和仓储经理签字确认后,由仓库管理员将产成品入库单信息输入计算机系统,计算机系统自动更新产成品明细台账并与采购订购单编号核对。

(2)存货存放在安全的环境中(如上锁、使用监控设备),只有经过授权的工作人员可以接触及处理存货。

(五)发出产成品

(1)产成品出库时,由仓库管理员填写预先顺序编号的出库单,并将产成品出库单信息输入计算机系统,经仓储经理复核并以电子签名方式确认后,计算机系统自动更新产成品明细台账并与发运通知单编号核对。

(2)产成品装运发出前,由运输经理独立检查出库单、销售订购单和发运通知单,确定从仓库提取的商品附有经批准的销售订购单,并且所提取商品的内容与销售订购单一致。

(3)每月末,生产成本记账员根据计算机系统内状态为"已处理"的订购单数量,编制销售成本结转凭证,结转相应的销售成本,经会计主管审核批准后进行账务处理。

(六)盘点存货

(1)生产部门和仓储部门在盘点日前对所有存货进行清理和归整,便于盘点顺利进行。

(2)每一组盘点人员中应包括仓储部门以外的其他部门人员,即不能由负责保管存货的人员单独负责盘点存货;单位应安排不同的工作人员分别负责初盘和复盘。

(3)盘点表和盘点标签事先连续编号,部门将其发放给盘点人员时登记领用人员;盘点结束后回收并清点所有已使用和未使用的盘点表和盘点标签。

(4)为防止存货被遗漏或重复盘点,所有盘点过的存货贴盘点标签,注明存货品名、数量和盘点人员,盘点人员完成盘点前确认现场所有存货均已贴上盘点标签。

(5)将不属于本单位的代其他方保管的存货单独堆放并作标识;将盘点期间需要领用的原材料或出库的产成品分开堆放并作标识。

(6)相关人员汇总盘点结果,与存货账面数量进行比较,调查分析差异原因,并对认定的盘盈和盘亏提出账务调整,经仓储经理、生产经理、财务经理和总经理复核批准后入账。

(七)计提存货跌价准备

(1)定期编制存货货龄分析表,管理人员复核该分析表,确定是否有必要对滞销存货计提存货跌价准备,并计算存货可变现净值,据此计提存货跌价准备。

(2) 生产部门和仓储部门每月上报冷背残次的存货明细,采购部门和销售部门每月上报原材料和产成品最新价格信息,财务部门据此分析存货跌价风险并计提跌价准备,由财务经理和总经理复核批准并入账。

二、生产和存货循环内部控制的实施程序

(1) 询问参与生产和存货循环各业务活动的被审计单位人员,一般包括生产部门、仓储部门、人事部门和财务部门的员工和管理人员。

(2) 获取并阅读企业的相关业务流程图或内部控制手册等资料。

(3) 观察生产和存货循环中特定控制的运用,例如观察生产部门如何将完工产品移送入库并办理手续。

(4) 检查文件资料,例如检查原材料领料单、成本计算表、产成品出入库单等。

(5) 实施穿行测试,即追踪一笔交易在财务报告信息系统中的处理过程。例如选取某种产成品,追踪该产品制定生产计划、领料生产、成本核算、完工入库的整个过程。

三、生产和存货循环存在的重大错报风险

以制造业为例,影响生产和存货循环交易和余额的风险因素可能包括以下几个方面。

(1) 交易的数量和复杂性。制造企业交易的数量庞大,业务复杂,增加了错误和舞弊的风险。

(2) 成本核算的复杂性。制造企业的成本核算比较复杂,虽然原材料和直接人工等直接成本的归集和分配比较简单,但间接费用的分配可能较为复杂,并且同一行业中的不同企业也可能采用不同的认定和计量基础。

(3) 产品的多元化。这可能要求聘请专家来验证其质量、状况或价值。另外,计算库存存货数量的方法也可能是不同的。例如,计量煤堆、筒仓里的谷物或糖、黄金或贵重宝石、化工品和药剂产品的存储量的方法都可能不一样。这并不是要求注册会计师每次清点存货都需要专家配合,如果存货容易辨认、存货数量容易清点,就无须专家帮助。

(4) 某些存货项目的可变现净值难以确定。例如,对于价格受全球经济供求关系影响的存货,其可变现净值难以确定,会影响存货采购价格和销售价格的确定,并将影响注册会计师对与存货计价和分摊认定有关风险的评估。

(5) 将存货存放在很多地点。大型企业可能将存货存放在很多地点,并且可以在不同的地点之间配送存货,这将增加商品途中毁损或遗失的风险,或者导致存货在两个地点被重复列示,也可能产生转移定价的错误或舞弊。

(6) 寄存的存货。有时候存货虽然还存放在企业,但可能已经不归企业所有。反之,企业的存货也可能被寄存在其他企业。

由于存货与企业各项经营活动的紧密联系,存货的重大错报风险往往与财务报表其他项目的重大错报风险紧密相关。例如,收入确认、采购交易的错报风险往往与存货的错报风险共存;存货成本核算的错报风险与营业成本的错报风险共存等。

综上所述,制造企业的存货的重大错报风险通常包括:❶ 存货实物可能不存在(存在认定);❷ 属于被审计单位的存货可能未在账面反映(完整性认定);❸ 存货的所有权可能不属于被审计单位(权利和义务认定);❹ 存货的单位成本可能存在计算错误(计价和分摊认定、准

确性认定);❺ 存货的账面价值可能无法实现,即跌价损失准备的计提可能不充分(计价和分摊认定)。

四、生产与存货循环的控制测试

从总体上看,生产与存货循环的内部控制主要包括存货数量的内部控制和存货单价的内部控制两个方面。审计时通常以识别的重大错报风险为起点来实施控制测试,表 7-55 列示了通常情况下对生产和存货循环实施的控制测试。

表 7-55　　　　　　　　　生产和存货循环实施的控制测试

可能发生错报的环节	内部控制测试程序
原材料的发出可能未经授权	选取领料单,检查是否有生产主管的签字授权
发出的原材料可能未正确计入相应产品的生产成本中	检查生产主管核对材料成本明细表的记录,并询问其核对过程及结果
生产工人的人工成本可能未得到准确反映	检查系统中员工的部门代码设置是否与其实际职责相符。询问并检查财务经理复核工资费用分配表的过程和记录
发生的制造费用可能没有得到完整归集	检查系统的自动归集设置是否符合有关成本和费用的性质,是否合理。询问并检查成本会计复核制造费用明细表的过程和记录,检查财务经理对调整制造费用的分录的批准记录
生产成本和制造费用分配可能不正确	询问财务经理如何执行复核及调查。选取产品成本计算表及相关资料,检查财务经理的复核记录
已完工产品的生产成本可能没有转移到产成品中	询问和检查成本会计将产成品收发存报表与成本计算表进行核对的过程和记录
销售发出的产成品的成本可能没有准确转入营业成本	检查系统设置的自动结转功能是否正常运行,成本结算方式是否符合公司成本核算政策。询问和检查财务经理和总经理进行毛利率分析的过程和记录,并对异常波动的调查和处理结果进行核实
可能存在冷背残次的存货,影响存货的价值	询问财务经理识别减值风险并确定减值准备的过程,检查总经理的复核批准记录

注册会计师在完成上述程序之后,应根据所收集的证据,对生产循环的内部控制运行的有效性评价,以确定生产和存货循环实质性程序的性质、时间和范围。

任务三　审计存货

工作任务

审计长沙超世服饰有限公司的存货,并编制相应审计工作底稿。

知识储备

一、存货的审计目标

(1)确定资产负债表中记录的存货是存在的。

(2)确定所有应当记录的存货均已记录,应当包括在财务报表中的相关披露均已包括。

(3)确定记录的存货由被审计单位拥有或控制。

(4)确定存货以恰当的金额包括在财务报表中,与之相关的计价调整是否已恰当记录,相关的披露已得到恰当计量和描述。

(5)确定存货已记录于恰当的账户。

(6)确定存货已按照企业会计准则的规定在财务报表中作出恰当列报和披露。

存货审计目标与认定对应关系如表7-56所示。

表7-56 审计目标与认定对应关系表

审计目标	财务报表认定					
	存在	完整性	权利和义务	准确性、计价和分摊	分类	列报
(1)资产负债表中记录的存货是存在的	√					
(2)所有应当记录的存货均已记录,应当包括在财务报表中的相关披露均已包括		√				
(3)记录的存货由被审计单位拥有或控制			√			
(4)存货以恰当的金额包括在财务报表中,与之相关的计价调整已恰当记录,相关的披露已得到恰当计量和描述				√		
(5)存货已记录于恰当的账户					√	
(6)存货已按照企业会计准则的规定在财务报表中作出恰当列报和披露						√

二、存货审计的实质性程序

(一)获取或编制存货项目明细表

审计人员应获取或编制各项存货项目明细表,复核加计是否正确,并与总账数和明细账合计数核对是否相符;同时抽查各存货明细账与仓库台账、卡片记录,核对其是否相符。

(二)实施实质性分析程序

(1)审计人员分类编制与上年对应的存货增减变动表,分析其变动规律,并与上期比较,如果存在差异,分析原因。

(2)审计人员编制全年每个月存货产销计划与执行情况对照表,对重大波动进行分析。

(3) 计算存货周转率,分析是否存在冷背残次存货和超额库存等不合理现象。

(4) 计算毛利率,与上期或同业比较,确定期末存货的价值或销售成本的计算是否正确。

(5) 按供货商或货物分类,比较各期购货数量,分析异常购货(数额大或次数多)产生的原因。

(6) 对主要存货项目如原材料、库存商品的本年内各月及上年的单位成本进行比较,分析其波动原因,对异常项目进行调整并记录。

(三) 进行存货监盘

监盘是存货审计的必要程序。

1. 监盘目的

监盘目的包括:❶确定存货是否存在;❷确定被审计单位拥有的存货是否都已完整记录;❸确定存货是否归被审计单位所有;❹确定存货的状况(如毁损、陈旧、残次等)是否恰当描述。验证存货的完整性与所有权还需要实施其他审计程序。

2. 监盘计划

监盘计划应当包括存货监盘的目标、范围及时间安排,存货监盘的要点及关注事项,参加存货监盘人员的分工,抽盘存货的范围等。在可能的情况下,盘点时间应尽量安排在接近年终结账日的时间内。盘点人员应包括各级领导和供应、存储、财务及生产等部门的有关人员。盘点前存货要分类摆放,并编制连续编号的盘点标签。对存放在不同地点的相同存货项目要同时盘点。

3. 监盘程序

监盘程序包括观察程序和检查程序。

(1) 观察程序。在被审计单位盘点存货前,注册会计师应当观察盘点现场,确定应纳入盘点范围的存货是否已经适当整理和排列,并附有盘点标识,防止遗漏或重复盘点。对未纳入盘点范围的存货,注册会计师应当查明原因。

对所有权不属于被审计单位的存货,注册会计师应当取得其规格、数量等有关资料,并确定这些存货是否已分别存放、标明,且未纳入盘点范围。

观察被审计单位盘点人员是否遵守盘点计划,并准确地记录存货的数量和状况。当发现重大盘点错误时,注册会计师应考虑扩大监盘范围。

(2) 检查程序。对已盘点的存货进行适当检查,将检查结果与被审计单位盘点记录相核对。需要注意的是,注册会计师应避免让被审计单位预见到将检查的存货项目。

在检查已盘点的存货时,注册会计师应当从存货实物中选取项目追查至存货盘点记录,以测试存货盘点记录的准确性;注册会计师还应当从存货实物中选取项目追查至存货盘点记录,以测试存货盘点记录的完整性。

如果检查时发现差异,应当查明原因,及时提请被审计单位更正。如果差异较大,应当扩大检查范围或提请被审计单位重新盘点。

❶ 特别关注的问题。a. 关注存货的移动情况,防止遗漏或重复盘点;b. 关注存货的状况,观察被审计单位是否已经恰当区分所有毁损、陈旧、过时及残次的存货;c. 关注存货的截止,获取盘点日前后存货收发及移动的凭证,检查库存记录与会计记录期末截止是否正确。

❷ 特殊类型存货的监盘。对某些特殊类型的存货,它们或者没有标签,或者其数量难以估计,或者其质量难以确定,或者盘点人员无法对其移动实施控制。在这种情况下,注册会计师需

要运用职业判断,根据存货的实际情况,设计恰当的审计程序,对存货的数量和状况实施监盘。

> **案例7-1**
>
> 注册会计师对明光公司进行存货监盘时,面临以下问题:❶ 木材、电缆线、镀锌水管不能确定结存的数量或等级;❷ 煤、废钢材在估计存货数量时存在困难;❸ 液体、气体谷类粮食、流体存货等在估计存货数量,确定存货质量时存在困难;❹ 贵金属、玉器、艺术品与收藏品在存货辨认与质量确定方面存在困难;❺ 牲畜、高山中的木材蓄积量在存货辨认与数量确定方面存在困难,可能无法对此类存货的移动实施控制;❻ 使用磅秤的存货项目在估计存货数量时存在困难。
>
> 在此情况下,注册会计师应如何进行存货的监盘?
>
> 分析:
>
> 在此情况下,注册会计师进行存货监盘的方法包括:❶ 可利用被审计单位内有经验的人员。❷ 可运用工程估测、几何计算、高空作业调研。如果存货货堆不高,可进实地盘点,或通过旋转货堆加以估计。❸ 使用容器进行盘点,几何计算加以确定。❹ 选择样品进行化验与分析,或利用专家进行工作。❺ 通过高空摄影证实其存在性,并提供不同时点的比较,信赖永续盘存记录。❻ 在盘点前和盘点过程中均应检验磅秤的精确度、留意磅秤的位置移动与重新调校程序,并与重新称量程序相结合,检查单位的换算问题。

4. 盘点结束时的后续工作

注册会计师应当再次观察现场并检查盘点表单,确定其是否连续编号;复核盘点结果汇总记录;关注盘点日与资产负债表日之间存货的变动情况。

> **小资料**
>
> **在审计实务中,审计人员如何处理盘点日不是资产负债表日的情况?**
>
> 如果存货盘点日不是资产负债表日,审计人员应当实施适当的审计程序,确定盘点日与资产负债表日之间存货的变动是否已作出恰当的记录,并将盘点数倒推至资产负债表日,以检查记录的准确性。

5. 特殊情况的处理

如果由于被审计单位存货的性质或位置等原因无法实施存货的监盘,注册会计师应当考虑实施替代审计程序,来获取有关期末存货数量和状况的充分、适当的审计证据。

存货监盘的替代审计程序主要包括:❶ 检查进货交易凭证或生产记录以及其他相关资料;❷ 检查资产负债表日后发生的销货交易凭证;❸ 向客户或供应商函证。

(四)进行存货计价测试

1. 选择测试样本

注册会计师取得标有数量、单价、金额的存货明细表,从中选择计价测试样本。重点选择结存余额较大且价格变化较频繁的项目,一般采用分层抽样法。

2. 确定计价方法

注册会计师应了解企业存货的计价方法,确定选用的方法是否符合企业会计准则、是否适合自身特点、前后期是否一致。

3. 进行计价测试

（1）结合采购及生产与存货循环审计，对存货价格的组成予以测试，比如将其单位成本与购货发票或生产成本计算单核对。

（2）结合销售及生产与存货循环审计，对发出存货进行计价测试。检查发出存货的计价方法前后期是否一致，并复核其计算是否正确。将测试结果与账面记录对比，编制对比分析表，分析形成差异的原因。

若存货以计划成本计价，还应检查材料成本差异账户的发生额、转销额是否正确，以及年末余额是否正确。

（3）对期末存货进行计价测试，具体包括以下几个方面：

❶ 检查资产负债表日存货是否按成本与可变现净值孰低计量。

❷ 检查存货可变现净值的确定是否正确并有确凿证据，是否充分考虑持有存货的目的、资产负债表日后事项的影响等。

❸ 检查存货跌价准备计提依据和计提方法是否合理，是否按单个存货项目计提。

❹ 已计提存货跌价准备是否恰当。

❺ 存货跌价准备的计提、转回和结账的会计处理是否正确。

此外，应获取存货盘盈盘亏调整和损失处理记录，对于重大存货盘盈盘亏和损失情况，应该查明原因，检查相关的会计处理是否经授权审批，是否正确及时地入账。

（五）执行存货截止测试

1. 截止测试目的

截止测试目的在于检查截止到资产负债日，存货实物纳入盘点范围的时间与存货引起的借贷账户的入账时间是否处于同一会计期间。

2. 截止测试的方法

截止测试的方法主要包括以下两种：

（1）抽查截止日前后的购货发票（或销货发票），并与验收单或入库单（或出库单）核对，每张发票均附有验收单或入库单（或出库单）。

例如，如果12月底入账的购货发票附有12月31日或之前的验收单（或入库单），则存货已入库并包括在本年的存货盘点范围内；如果验收单日期为次年1月份，则存货可能未纳入本年盘点范围。

同样，如果12月底入账的销货发票附有12月31日或之前的出库单，则存货不会包括在本年的存货盘点范围内；如果出库单日期为次年1月份，则存货可能纳入本年盘点范围。

（2）检查验收部门验收单（或仓库的入库单、出库单），凡是接近年底（包括次年年初）购入与销售的货物，必须查明其相对应的购货发票（或销货发票）是否在同期入账；对于年底未收到购货发票的入库存货，注册会计师应检查是否将入库单分开存放，每一验收单（或入库单）上面是否加盖暂估入库印章，并以暂估价计入当年存货账内，待次年年初以红字冲销。对年底尚未开具销货发票的出库单，注册会计师应检查其是否纳入了本年盘点范围。

在确定截止样本时，注册会计师一般以截止日为界限，分别向前倒推或向后顺推若干日，按顺序选取较大金额购货发票（或销货发票）、验收单或入库单（或出库单）作样本。

（六）检查存货在财务报表中的列报是否恰当

注册会计师应注意判断周转材料与固定资产的划分依据是否合理；注意附注披露是否恰

当、完整,例如存货的主要类别是否披露、存货成本核算方法是否在附注中恰当说明。

任务四　审计营业成本

工作任务
审计长沙超世服饰有限公司的营业成本,并编制相应审计工作底稿。

知识储备

一、营业成本的审计目标

(1)确定利润表中记录的营业成本已发生,且与被审计单位有关。

(2)确定所有应当记录的营业成本均已记录,应当包括在财务报表中的相关披露均已包括。

(3)确定与营业成本有关的金额及其他数据是否已恰当记录,相关披露已得到恰当计量和描述。

(4)确定营业成本已记录于正确的会计期间。

(5)确定营业成本已记录于恰当的账户。

(6)确定营业成本已按照企业会计准则的规定在财务报表中作出恰当的列报和披露。

营业成本审计目标与认定对应关系如表7-57所示。

表7-57　　　　　　审计目标与认定对应关系表

审计目标	财务报表认定					
	发生	完整性	准确性	截止	分类	列报
(1)确定利润表中记录的营业成本已发生,且与被审计单位有关	√					
(2)确定所有应当记录的营业成本均已记录,应当包括在财务报表中的相关披露均已包括		√				
(3)确定与营业成本有关的金额及其他数据已恰当记录,相关披露已得到恰当计量和描述。			√			
(4)确定营业成本已记录于正确的会计期间				√		
(5)确定营业成本已记录于恰当的账户					√	
(6)确定营业成本已按照企业会计准则的规定在财务报表中作出恰当的列报和披露						√

二、生产成本审计的实质性程序

(一) 直接材料成本审计

对直接材料的成本审计一般应从审阅材料和生产成本明细账入手,抽查有关的费用凭证,验证企业产品耗用直接材料的数量、计价和材料费用分配是否真实、合理。

1. 审查直接材料耗用量的真实性

(1) 审查材料用途。抽查领料凭证,并与发料凭证汇总表核对是否相符,审查材料是否按用途分配。检查有无将在建工程、福利部门支出、捐赠支出等非生产用材料计入直接材料费用。

(2) 注意已领未用材料是否办理了假退料手续;废料、边角料是否办理了退库或变价处理,并冲减了本期耗用量。

2. 审查直接材料计价的正确性

(1) 对直接材料按实际成本计价的,注册会计师应审查其计价方法前后期是否一致,有关计算是否正确。

(2) 对直接材料按计划成本计价的,注册会计师应重点审查材料成本差异的形成和分配。检查材料成本差异的发生额是否正确,有无将不应计入材料采购成本的费用计入材料采购成本;抽查若干月发出材料汇总表,检查材料成本差异是否按月分摊,使用的差异率是否为当月实际差异率,检查差异率的计算是否正确,差异的分配是否正确,分配方法前后期是否一致。

3. 审查直接材料费用分配的正确性

审查发料凭证汇总表、成本计算单、生产成本明细账,检查直接材料成本的计算、分配标准、分配方法、分配结果及有关账务处理的正确性,检查直接材料费用是否与材料费用分配表中该产品分摊的直接费用相符,并注意分配标准是否合理和前后一致。

4. 执行分析程序

将同一产品本年度的直接材料成本与上年度比较,将本年度若干期的直接材料成本进行对比分析检查有无异常波动。

(二) 直接薪酬费用的审计

(1) 获取劳动人事资料、薪酬结算汇总表、薪酬费用分配表、成本计算单、生产成本明细账、产量或工时记录、考勤记录等,检查并计算。

检查有无将非产品生产人员的薪酬计入直接薪酬费用。

(2) 结合应付职工薪酬的审查,检查薪酬的计算及汇总是否正确。

(3) 检查直接薪酬费用的分配标准与计算方法的合理性、分配率和分配结果计算的正确性,注意是否与薪酬费用分配表相符。

(4) 审查直接薪酬费用账务处理的正确性。

(5) 将同一产品本年度的直接薪酬费用与上年度比较,将本年度若干期的直接薪酬费用进行对比分析,检查有无重大变动。

(三) 制造费用的审计

1. 获取或编制制造费用汇总表,并与明细账、总账核对是否相符

(1) 审查制造费用的组成项目是否合规,有无将非本部门的制造费用和不应列入成本费用的支出计入制造费用。

(2) 抽查制造费用中的数额大、升降幅度大的项目,注意是否存在异常会计事项。

(3) 检查企业有无故意多提或少提制造费用以调节成本的现象。

(4) 必要时,对制造费用实施截止测试,确定有无跨期入账的情况。

2. 审查制造费用分配的正确性

审查制造费用分配方法是否适合企业自身的生产特点,是否体现受益原则,前后各期是否一致,分配率和分配额的计算是否正确。

3. 执行分析程序

将本年度的制造费用及其构成项目与上年度比较,对本年度各期的制造费用以及各组成项目所占比例进行对比分析,检查有无重大变动。

三、生产费用在完工产品和月末在产品之间分配的审计

(一) 审查完工产品入库数量的真实性

检查产品入库凭证与完工记录是否相符,仓库的记录与财务部门的记录在品种、数量上是否相符,查明其数量的真实性。检查产品入库凭证是否附有产品检验合格证明,有无将未经检验产品或不合格产品充当合格产品入库的现象。

(二) 审查月末在产品数量的真实性

检查主要产品在产品台账,计算、核实月末在产品的数量,并注意审查在产品的加工程度、投料程度及耗用工时记录,以查明其数量的真实性。

(三) 审查是生产费用在完工产品与月末在产品之间分配的合理性

注册会计师审查产品成本计算单、在产品台账及生产成本明细账,核对成本计算单中完工产品的品种数量、在产品的品种数量、加工程度和投料程度是否和产品入库凭证、在产品台账记录相符;检查其分配方法的选用是否符合企业的生产工艺特点和管理上的要求,审查成本计算方法的合理性、一致性,验证成本计算数据的正确性;检查产成品入库的实际成本是否与生产成本账户的结转额相符;审查有无高估或低估在产品数量、在产品的加工程度以调节成本的现象。

四、营业成本的实质性程序

(一) 主营业务成本的实质性程序

(1) 获取或编制主营业务成本明细表,复核加计是否正确,并与总账和明细账合计数核对是否相符,与其他业务成本账户与营业成本报表数核对是否相符。

(2) 编制生产成本及主营业务成本倒轧表,并与总账核对是否相符。

(3) 检查主营业务成本的内容和计算方法是否符合有关规定、前后期是否一致,尤其应注意发出商品的计价方法是否恰当,有无随意变更。

(4) 对主营业务成本执行实质性分析程序,检查本期内各月间及前期同一产品的单位成本是否存在异常波动,是否存在调节成本的现象。

(5) 抽取若干月份的主营业务成本结转明细清单,结合生产成本的审计,检查销售成本结转数额的正确性,比较计入主营业务成本的商品品种、规格、数量与计入主营业务收入的口径是否一致。

(6) 检查主营业务成本重大调整事项(如销售退回事项)的会计处理是否正确。

(7) 在采用计划成本、定额成本、标准成本核算存货的情况下,检查产品成本差异的计算、分配和会计处理是否正确。

(8) 结合期间费用的审计,判断有无通过将应计入生产成本的支出计入期间费用,或将应计入期间费用的支出计入生产成本等手段调节生产成本,从而调节主营业务成本的现象。

(9) 检查主营业务成本在财务报表中的列报是否恰当。

(二) 其他业务成本的实质性程序

(1) 获取或编制其他业务成本明细表,复核加计是否正确,与总账数和明细账合计数核对是否相符;与主营业务成本账户与营业成本报表数核对是否相符。

(2) 复核其他业务成本明细表的正确性,并与相关账户交叉核对。

(3) 检查其他业务成本是否有相应的收入,并与上期其他业务收入、其他业务成本比较,检查是否有重大波动,如果有,应查明原因。

(4) 检查其他业务成本内容是否真实,计算是否正确,会计处理是否正确,配比是否恰当,并抽查原始凭证予以核实。

(5) 对异常项目,应追查入账依据及有关法律文件是否充分。

(6) 检查除主营业务活动以外的其他经营活动发生的相关税费是否违规记入本账户。

(7) 检查其他业务成本在财务报表中的列报是否恰当。

习题与实训

一、判断题

1. 抽查存货盘点目的是证实被审计单位制订盘点计划是否恰当。（   ）

2. 定期盘点存货,合理确定存货的数量和状况是被审计单位管理层的责任。实施存货监盘,获取有关期末存货数量和状况的充分、适当的审计证据是注册会计师的责任。（   ）

3. 在抽查存货盘点结果时,注册会计师可从存货实物中选取项目追查至存货盘点记录,以测试存货盘点记录的真实性。（   ）

4. 如果被审计单位存货的性质或位置等因素导致无法实施存货监盘,注册会计师应当直接发表保留意见或无法表示意见。（   ）

5. 被审计单位财务负责人认为本公司存货采用永续盘存制,因此可不必对存货进行实地盘点。（   ）

6. 在检查已盘点的存货时,注册会计师应当从存货盘点记录中选取项目追查至存货实物,以测试存货盘点记录的完整性。（   ）

7. 存货监盘不仅对期末结存数量和状况予以确认,还能检验财务报表上存货余额的真实性、准确性。（   ）

8. 注册会计师可以通过查阅以前年度的存货监盘工作底稿,来了解被审计单位的存货情况、存货盘点程序以及其他在以前年度审计中遇到的重大问题。（   ）

9. 注册会计师对存货监盘过程进行检查,目的仅在于证实被审计单位的存货实物总额。（   ）

二、单项选择题

1. 注册会计师对(   )的核实,与被审计单位管理当局关于存货"权利与义务"认定的关系最为密切。

  A. 代其他公司保管或来料加工的材料   B. 残次的存货
  C. 未作账务处理而置于其他单位的存货   D. 抵押的存货

2. 对存货实施监盘程序最主要的目的是（ ）。

  A. 审查存货的质量   B. 确定存货的所有权
  C. 确定存货保管的情况   D. 确定存货是否实际存在

3. 注册会计师在企业存货的盘点工作中，应当（ ）。

  A. 亲自进行独立的存货盘点
  B. 参与企业盘点，并对盘点工作进行适当的观察和检查
  C. 观察企业盘点，完全不必亲自盘点
  D. 制订盘点计划，由企业进行盘点，将盘点结果汇入工作底稿

4. 下列属于被审计单位健全有效的存货内部控制需要由独立的采购部门负责的是（ ）。

  A. 编制购货订单   B. 编制请购单
  C. 检验购入货物的数量、质量   D. 控制存货水平以免出现积压

5. 产成品完工后，除了交生产部门查点外，还应对产品进行验收。下列说法中，不正确的是（ ）。

  A. 对产品的查点应由本车间负责生产质量的专门人员实施
  B. 产品入库前应由车间或仓库人员验收，并填制验收单
  C. 产品入库前应由仓库人员点验和检查，并填制入库单
  D. 入库单应事先连续编号，并在产品入库后交给会计部门

6. 某被审计单位对期末存货采用成本与可变现净值孰低法计价。2022年12月31日，库存用于生产甲产品的原材料实际成本为50万元，预计进一步加工所需费用为16万元。预计销售费用及税金为10万元。该原材料加工完成后的产品预计销售价格为60万元。假定该公司以前年度未计提存货跌价准备。则注册会计师认为该公司2022年12月31日该项存货应计提的跌价准备（ ）万元。

  A. 0   B. 4   C. 16   D. －16

7. 注册会计师在检查某公司存货时，注意到某些存货项目实际盘点的数量大于用于盘存记录中的数量。假定不考虑其他因素，以下各项中，最可能导致这种情况的是（ ）。

  A. 公司向客户提供销售折扣   B. 公司已将购买的存货退给供应商
  C. 供应商向公司提供购货折扣   D. 客户已将购买的存货退给公司

8. 注册会计师在对被审计单位存货进行审计时，下列各项中，不应计入存货实际成本中的是（ ）。

  A. 发出委托加工物资的运输费用
  B. 商品流通企业外购商品时所支付的相关费用
  C. 用于直接对外销售的委托加工应税消费品所支付的消费税
  D. 用于继续生产应税消费品的委托加工物资所支付的消费税

9. 注册会计师对乙公司实施存货监盘程序时，下列做法中，不恰当的是（ ）。

  A. 对受托代存货，实施向存货所有权人函证等审计程序
  B. 乙公司相关人员完成存货盘点程序后，注册会计师进入存货存放地点对已盘点存货实

施检查程序

C. 对于已作质押的存货,向债权人函证与质押存货相关的内容

D. 对因具有特殊性质而无法监盘的存货,实施向顾客或供应商函证等程序

10. 下列对制造费用的审计调整建议中,正确的是(　　)。

A. 对公司本年度生产设备的租赁费,由制造费用调整至管理费用

B. 对公司本年度发生的生产设备修理费用,由制造费用调整至管理费用

C. 对公司本年度根据车间管理人员工资计提的工会经费,由制造费用调整至管理费用

D. 对公司本年度生产用固定资产大修理期间的停工损失,由制造费用调整至管理费用

三、多项选择题

1. 存货通常具有较高水平的重大错报风险,影响重大错报风险的因素具体包括(　　)。

A. 存货的数量和种类　　　　　　B. 成本归集的难易程度

C. 更新换代的速度或易损坏程度　　D. 遭受失窃的难易程度

2. 被审计单位将存货账面余额全部转入当期损益,注册会计师认可的情况有(　　)。

A. 已霉烂变质的存货

B. 企业使用该项原材料生产的产品的成本大于产品的销售价格

C. 已过期不可退货的存货

D. 生产中已不再需要,并且无转让价值的存货

3. 注册会计师应当根据(　　)来编制存货监盘计划,对存货监盘进行合理安排。

A. 被审计单位存货的特点　　　　B. 被审计单位的盘存制度

C. 评价被审计单位存货盘点计划　　D. 被审计单位存货内部控制的有效性

4. 在对存货进行监盘的过程中,下列说法错误的有(　　)。

A. 注册会计师应当特别关注存货的状况,观察被审计单位是否已经恰当区分所有毁损、陈旧、过时及残次的存货

B. 在检查已盘点的存货时,注册会计师应当从存货盘点记录中选取项目追查至存货实物,以测试盘点记录的完整性

C. 注册会计师应当从存货实物中选取项目追查至存货盘点记录,以测试存货盘点记录的完整性

D. 注册会计师关注存货的移动情况不能防止遗漏或重复盘点

5. 在对存货实施抽查程序时,注册会计师的以下做法中,不正确的有(　　)。

A. 尽量将难以盘点的存货或隐蔽性较大的存货纳入抽查范围

B. 事先就拟抽取测试的存货项目与被审计单位沟通,以提高存货监盘的效率

C. 从存货盘点记录中选取项目追查至存货实物,以测试盘点记录的真实性

D. 如果盘点记录与存货实物存在差异,要求被审计单位更正盘点记录

6. K公司的一部分产品存放在尼泊尔的一家重要的分公司中,由于该国没有注册会计师审计业务,无法委托当地会计师事务所进行审计。对这部分存货,注册会计师决定采取以下措施。其中,你认可的措施有(　　)。

A. 审计小组派人前往尼泊尔实施监盘程序

B. 以审计范围受限为由发表非无保留意见

C. 委托当地公证机构观察盘点出具公证书

D. 由独立机构对分公司职员盘点情况全程录像

7. 由于存货的性质或位置而无法实施监盘程序，注册会计师对存货监盘实施替代的审计程序主要包括（　　）。

　　A. 检查进货交易凭证或生产记录以及其他相关资料
　　B. 检查资产负债表日后发生的销货交易凭证
　　C. 向顾客或供应商函证
　　D. 对存货进行截止测试

8. 注册会计师在对被审计单位营业成本项目进行审计时，下列有关处理中，正确的有（　　）。

　　A. 被审计单位销售已计提跌价准备的存货，在结转存货跌价准备时，应借记存货跌价准备，贷记资产减值损失
　　B. 被审计单位发生的销售退回，冲减相应的主营业务收入，同时冲减主营业务成本
　　C. 被审计单位发生的销售退回，冲减相应的主营业务收入，没有冲减主营业务成本
　　D. 被审计单位发生的销售折让，冲减相应的主营业务收入，没有冲减主营业务成本

9. 直接材料成本实质性程序的主要内容包括（　　）。

　　A. 审查直接材料耗用量的真实性
　　B. 审查直接材料的计价
　　C. 审查直接材料费用的分配
　　D. 分析同一产品前后年度的直接材料成本，看有无重大变动

10. 存货截止测试的方法包括（　　）。

　　A. 抽查存货截止日前后的购货发票，并与验收单核对
　　B. 检查验收部门验收单，查明其相对应的购货发票是否在同期入账
　　C. 检查成本计算单
　　D. 检查材料费用分配表

四、实训题

1. 注册会计师对 M 公司 2022 年度财务报表进行审计时，发现报告日前后所发生的业务事项如下：

（1）2023 年 1 月 5 日，收到价值为 10 000 元的货物，入账日期为 2023 年 1 月 8 日，发票上注明由供应商负责运送，异地交货，开票日期为 2022 年 12 月 18 日。

（2）实地盘点时，M 公司有一批价值 5 000 元的产品已放在装运处，因包装纸上注明"待发运"字样而未计入存货。经调查发现，顾客的订货单日期为 2022 年 12 月 18 日，顾客于 2023 年 1 月 6 日收到货款后付款。

（3）2023 年 1 月 6 日收到价值为 9 000 元的物品，并于当天登记入账。该物品于 2022 年 12 月 26 日按供货商离厂交货条件运送，因 2022 年 12 月 31 日尚未收到，故未计入报告日存货。

（4）按顾客订单制作的某产品，于 2022 年 12 月 31 日完工并送至装运部门，顾客已于该日付款。该产品于 2023 年 1 月 5 日送出，但未包括在 2022 年 12 月 31 日存货内。

要求：分析上述四种情况下的物品是否应包括在 2022 年 12 月 31 日的存货内，并说明理由。

2. 中兴公司主要从事小型电子消费品的生产和销售。甲注册会计师负责审计中兴公司

2022 年度财务报表。

资料一：甲在审计工作底稿中记录了所了解的中兴公司情况及其环境，部分内容摘要如下：

2022 年年初，中兴公司董事会决定将每月薪酬发放日由当月最后 1 日推迟到次月 5 日，同时将员工薪酬水平平均上调 10%。中兴公司 2022 年员工队伍基本稳定。

资料二：甲在审计工作底稿中记录了中兴公司合并财务数据，部分内容摘录如表 7-58 所示。

表 7-58　　　　　　　　　　中兴公司相关财务数据　　　　　　　　　单位：万元

项　目	2022 年未审数 A 产品	2022 年未审数 B 产品	2022 年未审数 其他产品	2021 年已审数 A 产品	2021 年已审数 B 产品	2021 年已审数 其他产品
营业收入	3 000	6 000	140 000	0	5 000	118 000
营业成本	2 000	5 700	111 000	0	4 600	90 000
存货账面余额	180	600	30 000	0	500	23 000
减：存货跌价准备	0	0	0	0	0	0
存货账面价值	180	600	30 000	0	500	23 000
固定资产原值	298 000			265 500		
减：累计折旧	177 200			154 700		
减：固定资产减值准备	400			400		
固定资产账面价值	120 400			110 400		
商誉——购入丙公司形成	600			0		
预付款项						
基本广告服务费	20			0		
追加广告服务费	100			0		
年末余额	120			0		
应付职工薪酬	6			5		
预计负债——产品质量保证	100			90		
销售费用——运输费	120			0		

要求：假定不考虑其他条件，指出资料一所列事项是否可能表明存在重大错报风险。如果认为存在，简要说明理由，并说明该风险主要与哪些财务报表项目相关。

五、案例分析题

1. 注册会计师李达负责对乙公司 2022 年度财务报表进行审计。乙公司为玻璃制造企业,2022 年年末存货余额占资产总额比重较大。存货包括玻璃、煤炭、烧碱、石英砂,其中 60% 的玻璃存放在外地公用仓库。乙公司对存货核算采用永续盘存制,与存货相关的内部控制比较薄弱。乙公司于 2022 年 11 月 25 日至 27 日盘点存货,盘点工作和盘点监督工作分别由熟悉相关业务且具有独立性的人员执行,不同类型的存货安排不同的盘点小组。乙公司存货盘点计划的部分内容摘录如下:

(1) 存货盘点类型、地点和时间安排如表 7-59 所示。

表 7-59　　　　　　　　　　存货盘点类型、地点和时间安排表

地　　点	存货类型	估计占存货总额的比例	盘 点 时 间
A 仓库	烧碱、煤炭	烧碱 10%,煤炭 5%	2021 年 11 月 25 日
B 仓库	烧碱、石英砂	烧碱 10%,石英砂 10%	2021 年 11 月 26 日
C 仓库	玻璃	玻璃 26%	2021 年 11 月 27 日
外地公用仓库	玻璃	玻璃 39%	

(2) 存放在外地公用仓库的检查。对存放在外地公用仓库的玻璃,检查公用仓库签收单,请公用仓库自行盘点,并提供 2022 年 11 月 27 日的盘点清单。

(3) 存货数量的确定方法。对烧碱、煤炭和石英砂等堆积型存货,采用观察以及检查相关的收、发、存凭证和记录的方法,确定存货数量;对存放在 C 仓库的玻璃,按照包装箱标明的规格和数量进行盘点,并辅以适当的开箱检查。

(4) 盘点标签的设计、使用和控制。对存放在 C 仓库玻璃的盘点,设计预先编号的一式两联的盘点标签。使用时,由于负责盘点存货的人员将一联粘贴在已盘点的存货上,另一联由其留存;盘点结束后,连同存货盘点表交付财务部门。

(5) 盘点结束后,对出现盘盈或盘亏的存货,由仓库保管员将存货实物数量和仓库存货记录调节相符。

要求:逐项判断上述存货盘点计划是否存在缺陷。如果存在缺陷,简要提出改进建议。

2. 注册会计师张兴负责审计甲公司 2022 年度财务报表。甲公司主要从事服装的制造和销售,2022 年末未审计财务报表存货余额 10 000 万元。存货存放在下属乙制造厂和全国 60 家直营店。审计项目组确定财务报表整体的重要性为 1 000 万元。审计项目组实施存货监盘的部分事项如下:

(1) 审计工作底稿中记录,存货监盘目标为获取有关甲公司资产负债表日存货数量的审计证据。

(2) 审计项目组按 2022 年年末各存放地点存货余额进行排序,选取存货余额最大的 20 个地点(合计占年末存货余额的 60%)实施监盘。审计项目组根据选取地点的监盘结果,认为甲公司年末存货盘点结果良好。

(3) 因天气原因,审计项目组成员未能按计划在 2022 年 12 月 31 日到达某直营店实施监盘。经与管理层协商,改在 2023 年 1 月 5 日实施监盘,并对 2022 年 12 月 31 日至 2023 年 1 月 5 日期间的存货变动情况实施审计程序。

(4) 乙制造厂存货品种繁多,存放拥挤。为保证监盘工作顺利进行,张兴提前两天将拟抽

盘项目清单发给乙制造厂财务部人员,要求其做好准备工作。

（5）甲公司委托恒润公司加工服装饰品,年末存放在恒润公司的存货金额约为 1 200 万元。审计项目组成员向恒润公司寄发询证函,未收到回函。审计项目组成员通过电话取得恒润公司对其保管的甲公司存货的确认,作为未取得回函的替代程序。

要求：假定不考虑其他条件,逐项指出审计项目组的处理是否恰当。如不恰当,简要说明理由。

项目八　审计货币资金

思政案例导入

康美药业财务造假案

康美药业是一家集药品、中药饮片、中药材和医疗器械等供销一体化的大型医药民营企业。2001年在上海证券交易所挂牌上市。2019年5月17日,证监会通报了康美药业财务报告造假及涉嫌虚假陈述等违法违规行为。市值曾达千亿元的康美药业,如今市值降到百亿元级别。然而从其财务数据来看,康美财务造假似乎早有预谋。

在2018年上半年,康美药业还是A股资本市场上的一个白马神话,曾创下市值1390亿元的历史纪录。这年年底,随着中国证监会的一纸调查令,康美药业的白马形象逐渐瓦解,市场对公司"高毛利率""存贷双高"以及"坐庄"等质疑声不绝于耳,虽然公司公告辟谣,但股价一直"跌跌不休"。2019年4月,康美药业发布2018年年报的同时,发布了一份会计差错更正说明,称2018年以前营业收入、营业成本、费用及款项收付方面存在账实不符的情况,其中货币资金多计299.44亿元,营业收入多计88.98亿元,营业成本多计76.62亿元。公告一出,市场哗然。货币资金凭空消失近300亿元,康美药业的这一行为令市场震惊。

据证监会调查,2016年1月1日至2018年12月31日,康美药业通过财务不记账、虚假记账、伪造、变造大额定期存单或银行对账单,配合营业收入造假伪造销售回款等方式,虚增货币资金。康美药业在2016年、2017年、2018年半年报和2018年年报中虚增营业收入89.99亿元、100.32亿元、84.84亿元和16.13亿元,虚增营业利润6.56亿元、12.51亿元、20.29亿元和1.65亿元,累计虚增营业收入291.28亿元,累计虚增营业利润39.36亿元。最匪夷所思的是货币资金项目,康美药业货币资金数额及占比一直较高,也未做任何理财投资,但却频繁举债。康美药业2016年虚增货币资金225.49亿元,占公司披露总资产的41.13%和净资产的76.74%,2017年虚增货币资金299.44亿元,占公司披露总资产的43.57%和净资产的93.18%,2018年上半年虚增货币资金361.88亿元,占公司披露总资产的45.96%和净资产的108.24%。这意味着,两年半内,公司累计虚增货币资金886.8亿元,虚增营业收入291.28亿元。

探索与讨论：
(1) 在本案例中,康美药业是采用何种手段进行财务造假的?
(2) 该公司货币资金内部控制存在哪些缺陷?
(3) 注册会计师应当怎样对货币资金进行审计?

学习目标

【知识目标】
1. 了解货币资金涉及的主要业务活动和会计记录。
2. 熟悉货币资金的内部控制及内控测试程序。
3. 掌握库存现金、银行存款的确认与计量的检查。
4. 掌握库存现金、银行存款的实质性程序。

【技能目标】
1. 能评估货币资金的重大错报风险。
2. 能对货币资金实施控制测试,找出货币资金内部控制存在的关键问题。
3. 能对库存现金、银行存款实施实质性程序,揭示其可能存在的重大错报。

【素质目标】
1. 通过对货币资金审计业务活动的学习,培养学生形成健康的价值观和正确的金钱观。
2. 通过学习货币资金的内部控制及其测试,引导学生形成遵纪守法、一丝不苟、严谨细致的职业态度。
3. 通过对库存现金审计的学习,培养学生勤于思考、尊重他人、友善、严谨、耐心、细致的综合素养。
4. 通过学习银行存款的审计,引导学生树立"细节决定成败,态度决定一切"的意识,使学生养成重视小事、关注细节的职业素养。

初级考试考点

1. 货币资金的业务流程、内部控制及控制测试。
2. 货币资金的主要风险。
3. 库存现金、银行存款的审计目标和审计方法。

任务一 了解货币资金

工作任务
了解长沙超世服饰有限公司的货币资金主要业务活动。

知识储备

一、货币资金

货币资金是指处于货币形态的资金,它是企业流动资产的重要组成部分,是企业进行生产经营的基本条件,也是企业的重要支付手段和流通手段。根据存放地点和用途不同,货币资金分为现金、银行存款和其他货币资金。

二、货币资金涉及的主要业务活动

货币资金与收款与销售、采购与付款、生产与存货、筹资与投资的所有业务循环都直接相关。下面以制造企业为例,介绍本书其他业务循环中没有说明的与货币资金业务相关的主要业务活动。

(一) 现金管理

出纳人员每日对库存现金自行盘点,编制现金报表,计算当日现金收入、支出及结余额,并将结余额与实际库存额进行核对,如有差异应及时查明原因。会计主管应不定期检查现金日报表。

(二) 银行存款管理

1. 银行账户管理

企业银行账户的开立、变更或注销须经财务经理审核,报总经理审批。

2. 编制银行存款余额调节表

每月月末,会计主管指定出纳员以外的人员核对银行存款日记账和银行对账单,编制银行存款余额调节表,使银行存款账面余额与银行对账单调节相符。如果调节不符,查明原因。会计主管复核银行存款余额调节表,对需要进行调整的调节项目及时进行处理。

3. 票据管理

财务部门设置银行票据登记簿,防止票据遗失或盗用。出纳员登记银行票据的购买、领用、背书转让及注销等事项。空白票据存放在保险柜中。每月月末,会计主管指定出纳员以外的人员对空白票据、未办理收款和承兑的票据进行盘点,编制银行票据盘点表,并与银行票据登记簿进行核对。会计主管复核银行票据盘点表,如果存在差异,应查明原因。

4. 印章管理

企业的财务专用章由财务经理保管,办理相关业务中使用的个人名章由出纳员保管。

三、货币资金涉及的主要单据与会计记录

货币资金涉及的主要单据与会计记录,主要包括:

❶ 库存现金盘点表;❷ 银行对账单;❸ 银行存款余额调节表;❹ 款项收入凭证与款项付出凭证;❺ 库存现金、银行存款日记账和总账;❻ 其他相关原始凭证与账簿,如支票及支票存根簿。

四、本项目工作任务资料

(一) 长沙超世服饰有限公司的货币资金核算制度

1. 现金管理

(1) 出纳员每日对库存现金自行盘点,编制库存现金日记账,计算当日现金收入、支出及结余额,并将结余额与实际库存额进行核对,如有差异及时查明原因,财务经理不定期检查现金日报表,并与明细账进行核对。

(2) 每月月末,由不负责现金的财务人员监盘现金库存,与账面结存核对,对存在的差异,调查原因,及时处理。

(3) 库存现金实行限额管理,核定的库存现金限额为 10 000 元。现金的适用范围按《现金管理暂行条例》的规定执行。

2. 银行存款管理

（1）账户管理。

❶ 公司开户银行为中国工商银行长沙东塘支行,基本存款账户。公司一般存款账户为中国建设银行长沙东塘支行。企业在银行的预留印鉴为"财务专用章＋法人章"。银行结算制度规定,异地银行承兑贴现需另增加异地贴现期3天。

❷ 财务经理对所有银行存款户的开设和终止进行审批,且妥善保存开户许可证。出纳员对银行账户的使用情况进行定期汇报,对确定不再使用的账户,上报财务经理核准后办理注销。

❸ 每月月末,由财务经理指定出纳员以外的人员核对银行存款日记账和银行对账单,编制银行存款余额调节表,如调节不符查明原因,并提交财务经理复核签字。

（2）印章管理。

涉及银行相关的印章（财务专用章）由财务经理保管,日常各部门需要使用时,应在系统中提交用印申请表,填报印章用途,经财务经理审核批准后方能予以盖章。

3. 其他货币资金管理

公司在证券公司开设证券资金账户,其款项用于购买股票与债券。公司不设外币存款账户,所发生外币资金的收付及债权、债务业务,按当日的市场汇率折合人民币记账。

4. 备用金管理

采购员采用定额备用金制度,其他人员出差预支差旅费,回公司后一次结清。

（二）长沙超世服饰有限公司 2022 年 12 月会计凭证及账簿资料

2022 年 12 月份本项目部分总账、日记账、记账凭证等,如表 8-1 至表 8-40 所示。

表 8-1　　　　　　　　　　　　库存现金总账

科目：库存现金(1001)　　　　　　　　　　　　　　　　　　本币名称：人民币

2022 年		凭证号	摘要	借方	贷方	借或贷	余额
月	日						
12	01		期初余额			借	8 800.80
12	31		本月合计	35 000.00	34 189.60	借	9 611.20
12	31		本年累计	213 528.00	213 296.60	借	9 611.20
12	31		结转下年			借	9 611.20

核算单位：长沙超世服饰有限公司　　　　制表：陈静婷　　　　打印日期：2022 年 12 月 31 日

表 8-2　　　　　　　　　　　　银行存款总账

科目：银行存款(1002)　　　　　　　　　　　　　　　　　　本币名称：人民币

2022 年		凭证号	摘要	借方	贷方	借或贷	余额
月	日						
12	01		期初余额			借	33 115 930.70
12	31		本月合计	49 474 703.55	58 601 048.66	借	23 989 585.59

(续表)

2022年 月	日	凭证号	摘 要	借 方	贷 方	借或贷	余 额
12	31		本年累计	86 306 570.85	69 928 782.99	借	23 989 585.59
12	31		结转下年			借	23 989 585.59

核算单位：长沙超世服饰有限公司　　　制表：陈静婷　　　打印日期：2022年12月31日

表8-3　　　　　　　　　　　库存现金日记账

科目：库存现金(1001)　　　　　　　　　　　　　　　　　　本币名称：人民币

2022年 月	日	凭证号	摘 要	借 方	贷 方	借或贷	余 额
12	01		月初余额			借	8 800.80
略	略	略	略	略	略	略	略
12	19	记-0072	支付停车费用		600.00	借	3 557.00
12	21	记-0074	提现	5 000.00		借	8 557.00
12	31	记-0104	提现	9 000.00		借	17 557.00
12	31	记-0105	报销办公用品费用		7 945.80	借	9 611.20
12	31		本月合计	35 000.00	34 189.60	借	9 611.20
12	31		本年累计	213 528.00	213 296.60	借	9 611.20
12	31		结转下年			借	9 611.20

核算单位：长沙超世服饰有限公司　　　制表：陈静婷　　　打印日期：2022年12月31日

表8-4　　　　　　　　　　　银行存款日记账

科目：银行存款/工商银行(100201)　　　　　　　　　　　　　本币名称：人民币

2022年 月	日	凭证号	摘 要	借 方	贷 方	借或贷	余 额
12	01		月初余额			借	32 815 930.70
略	略	略	略	略	略	略	略
12	29	记-0094	支付汽油费		2 016.00	借	22 248 608.36
12	29	记-0095	支付保险费用		10 000.00	借	22 238 608.36
12	30	记-0101	发放职工薪酬		3 106 243.79	借	19 132 364.57
12	31	记-0104	提现		9 000.00	借	19 123 364.57

(续表)

2022年		凭证号	摘 要	借 方	贷 方	借或贷	余 额
月	日						
12	31	记-0106	支付运费		82 931.60	借	19 040 432.97
12	31	记-0107	收到活期存款利息	5 803.55		借	19 046 236.52
12	31	记-0108	缴纳五险一金		1 772 399.15	借	17 273 837.37
12	31	记-0109	收到销售西裤预订款	3 000 000.00		借	20 273 837.37
12	31	记-0112	收回前欠货款	4 000 000.00		借	24 273 837.37
12	31	记-0118	收回前欠货款	1 400 000.00		借	25 673 837.37
12	31	记-0119	收回前欠货款	3 888 900.00		借	29 562 737.37
12	31	记-0126	预付采购材料款		2 000 000.00	借	27 562 737.37
12	31	记-0131	缴纳所得税		3 873 151.78	借	23 689 585.59
12	31		本月合计	39 474 703.55	48 601 048.66	借	23 689 585.59
12	31		本年累计	75 406 570.85	59 128 782.99	借	23 689 585.59
12	31		结转下年			借	23 689 585.59

核算单位：长沙超世服饰有限公司　　　制表：陈静婷　　　打印日期：2022年12月31日

表8-5　　　　　　　　　　　　　银行存款日记账

科目：银行存款/建设银行(100202)　　　　　　　　　　　本币名称：人民币

2022年		凭证号	摘 要	借 方	贷 方	借或贷	余 额
月	日						
12	01		月初余额			借	100 000.00
12	08	记-0030	取得短期借款	10 000 000.00		借	10 100 000.00
12	08	记-0031	建行存款转存工行		10 000 000.00	借	100 000.00
12	31		本月合计	10 000 000.00	10 000 000.00	借	100 000.00
12	31		本年累计	10 700 000.00	10 800 000.00	借	100 000.00
12	31		结转下年			借	100 000.00

核算单位：长沙超世服饰有限公司　　　制表：陈静婷　　　打印日期：2022年12月31日

表 8－6 　　　　　　　　　　　　　　银行存款日记账

科目：银行存款/工商银行　定期　　　　　　　　　　　　　　　本币名称：人民币

2022年 月	日	凭证号	摘 要	借 方	贷 方	借或贷	余 额
12	01		月初余额			借	200 000.00
12	31		本月合计			借	200 000.00
12	31		本年累计	200 000.00		借	200 000.00
12	31		结转下年			借	200 000.00

核算单位：长沙超世服饰有限公司　　　制表：陈静婷　　　　打印日期：2022年12月31日

表 8－7

记 账 凭 证

2022 年 12 月 19 日　　　　　　　　　　　　　　　　　　　记字 0072 号

摘 要	会 计 科 目		借方金额	贷方金额	账页或√
	总账科目	明细科目			
支付停车费用	管理费用	其他费用	600.00		
支付停车费用	库存现金			600.00	
合　　计			￥600.00	￥600.00	

附件 1 张

财务主管：　　　记账：陈静婷　　　出纳：　　　审核：胡浪平　　　制单：陈柳达

表 8－8

湖南省长沙市机动车停车收费统一发票

发票联

客户名称：长沙超世服饰有限公司

代码：521806673129
No.601358062

人民币拾元整　￥10.00

收款人：
收款单位：　　　　　　　　　　　　　　　　　　　　　2022 年 12 月 19 日

发票共计 60 张。

表 8-9

记 账 凭 证

2022 年 12 月 21 日　　　　记字 0074 号

摘 要	会计科目		借方金额	贷方金额	账页或 ✓
	总账科目	明细科目			
提现	库存现金		5 000.00		
提现	银行存款	工商银行		5 000.00	
合 计			5 000.00	5 000.00	

附件 1 张

财务主管：　　　记账：陈静婷　　　出纳：　　　审核：李贤良　　　制单：陈柳达

表 8-10

中国工商银行
现金支票存根

04293676

附加信息：
_____
_____
_____

出票日期：2022 年 12 月 21 日

| 收款人：长沙超世服饰有限公司 |
| 金　额：¥5 000.00 |
| 用　途：备用 |

单位主管　　　　　　会计

表 8-11

记 账 凭 证

2022 年 12 月 29 日　　　　记字 0094 号

摘 要	会计科目		借方金额	贷方金额	账页或 ✓
	总账科目	明细科目			
支付汽油费	管理费用	公司经费	2 016.00		
支付汽油费	银行存款	工商银行		2 016.00	
合 计			2 016.00	2 016.00	

附件 2 张

财务主管：　　　记账：陈静婷　　　出纳：　　　审核：李贤良　　　制单：陈柳达

项目八 审计货币资金

表8-12

湖南增值税专用发票

发票联

01534991

开票日期：2022年12月29日

购买方	名　　称：长沙超世服饰有限公司 纳税人识别号：91430100585715036Q 地　址、电　话：长沙市雨花区韶山中路81号 0731-85537584 开户行及账号：中国工商银行长沙东塘支行 105045872859401	密码区	（略）

货物或应税劳务名称	规格型号	单位	数量	单价	金　额	税率	税　额
汽油		升	300	5.946 9	1 784.07	13%	231.93
合计					¥1 784.07		¥231.93

价税合计（大写）	⊗贰仟零壹拾陆元整	（小写）¥2 016.00

销售方	名　　称：中国石化销售有限公司湖南石油分公司 纳税人识别号：91430000717050312N 地　址、电　话：长沙市开福区湘春路113号 开户行及账号：中国建设银行湘春路支行 4307285988880458	备注	（发票专用章）

收款人：杨凤平　　　复核：张明华　　　开票人：周慧　　　销售方：（章）

第三联：发票联 购货方记账凭证

表8-13

中国工商银行
现金支票存根
04293677

附加信息：_____

出票日期：2022年12月29日

收款人：长沙市经济开发区石油公司

金　额：¥2 016.00

用　途：支付汽油费

单位主管　　　　　会计

表8-14

记　账　凭　证
2022年12月29日　　　　　　　　　　记字0095号

摘　要	会计科目		借方金额	贷方金额	账页或√
	总账科目	明细科目			
支付保险费用	管理费用	财产保险费	10 000.00		
支付保险费用	银行存款	工商银行		10 000.00	
合　计			¥10 000.00	¥10 000.00	

附件1张

财务主管：　　　记账：陈静婷　　　出纳：　　　审核：李贤良　　　制单：陈柳达

表 8 - 15

中国工商银行
转账支票存根
00093681

附加信息：_____

出票日期：2022 年 12 月 29 日

收款人：中国平安保险公司长沙分公司

金　额：¥10 000.00

用　途：支付保险费

单位主管：　　　会计：

表 8 - 16

记 账 凭 证

2022 年 12 月 31 日　　　　　　　　　　　记字 0104 号

摘　要	会计科目		借方金额	贷方金额	账页或√
	总账科目	明细科目			
提现	库存现金		9 000.00		
提现	银行存款	工商银行		9 000.00	
合　计			¥9 000.00	¥9 000.00	

附件 1 张

财务主管：　　记账：陈静婷　　出纳：　　审核：李贤良　　制单：陈柳达

表 8 - 17

中国工商银行
现金支票存根
04293678

附加信息：_____

出票日期：2022 年 12 月 31 日

收款人：长沙超世服饰有限公司

金　额：¥9 000.00

用　途：提现

单位主管　　　　会计

项目八　审计货币资金

表 8－18

记 账 凭 证

2022 年 12 月 31 日　　　　　　　　　　　　　　　　　记字 0105 号

摘要	会计科目		借方金额	贷方金额	账页或√
	总账科目	明细科目			
报销办公费	制造费用	西裤车间	865.60		
报销办公费	制造费用	西服车间	910.20		
报销办公费	管理费用	办公费	5 590.00		
报销办公费	销售费用		580.00		
报销办公费	库存现金			7 945.80	
合　　计			7 945.80	7 945.80	

附件 2 张

财务主管：　　　　记账：陈静婷　　　出纳：　　　　审核：李贤良　　　制单：陈柳达

表 8－19　　　　　　　　　　　　　办公用品分配表　　　　　　　　　　　　　单位：元

使用单位	分配金额
西裤车间	865.60
西服车间	910.20
销售部门	580.00
管理部门	5 590.00
合计	7 945.80

表 8－20

湖南增值税普通发票

NO 00562208

发票联　　　　　　　　　　　　　　　　开票日期：2022 年 12 月 08 日

购买方	名　称：长沙超世服饰有限公司 纳税人识别号：914301005857150 36Q 地　址、电　话：长沙市雨花区韶山中路 81 号，0731－85537584 开户行及账号：中国工商银行长沙东塘支行 105045872859401	密码区	2489—1＜9—7—615962848＜032/52＞9/ 29533—49741626＜8—3024＞82906—2457 —47—62＊—/＞＊＞6931/8－4＋5605－27 ＊850＜7＞5/＞＋1568399058274＋＋ 38—/＜＊1792/2＞		
货物或应税劳务名称	计量单位	数量	单价	金　额	税率	税　额
办公用品	箱	20	351.59	7 031.68	13％	914.12
合　计				¥7 031.68		¥914.12
价税合计（大写）	⊗柒仟玖佰肆拾伍元捌角整				（小写）¥7 945.80	
销售方	名　称：长沙金辉办公用品有限公司 纳税人识别号：91430105668574379A 地　址、电　话：长沙市开福区芙蓉中路 378 号 198 号，0731－84558168 开户行及账号：中国农业银行长沙金霞支行 18078101050000683	备注				

第三联：发票联购货单位记账凭证

收款人：　　　　　　　复核：　　　　　　　开票人：杨艺　　　　　　　销售方（章）

表 8-21

记 账 凭 证

2022 年 12 月 31 日　　　　　　　记字 0106 号

摘　要	会 计 科 目		借方金额	贷方金额	账页或 ✓
	总账科目	明细科目			
支付运费	应付账款	南华物流	82 931.60		
支付运费	银行存款	工商银行		82 931.60	
合　　计			￥82 931.60	￥82 931.60	

附件 1 张

财务主管：　　　记账：陈静婷　　　出纳：　　　审核：李贤良　　　制单：陈柳达

表 8-22

**中国工商银行
转账支票存根**

00093682

附加信息：
＿＿＿＿＿＿＿＿＿＿＿＿＿＿＿
＿＿＿＿＿＿＿＿＿＿＿＿＿＿＿
＿＿＿＿＿＿＿＿＿＿＿＿＿＿＿

出票日期：2022 年 12 月 31 日

| 收款人：长沙南华物流有限公司 |
| 金　额：￥82 931.60 |
| 用　途：支付运费 |

单位主管　　　　　　会计

表 8-23

记 账 凭 证

2022 年 12 月 31 日　　　　　　　记字 0107 号

摘　要	会 计 科 目		借方金额	贷方金额	账页或 ✓
	总账科目	明细科目			
收到活期存款利息	银行存款	工商银行	5 803.55		
收到活期存款利息	财务费用			5 803.55	
合　　计			￥5 803.55	￥5 803.55	

附件 1 张

财务主管：　　　记账：陈静婷　　　出纳：　　　审核：李贤良　　　制单：陈柳达

254　项目八　审计货币资金

表 8－24　　　　　　**中国工商银行湖南省分行存(贷)款利息回单**

币种：人民币(本位币)　　　单位：元　　　2022 年 12 月 31 日　　　No.08966

付款单位	户名	中国工商银行长沙东塘支行		收款单位	户名	长沙超世服饰有限公司
	账号				账号	105045872859401

实收(付)金额	￥5 803.55	计息户账户	105045872859401
借据编号		借据序号	

备注	起息日期	止息日期	积数总余	利率	利息
	2022 年 10 月 1 日	2022 年 12 月 31 日			5 803.55
	调整利息：0.00		冲正利息：0.00		
	应收(付)利息合计人民币：伍仟捌佰零叁元伍角伍分				

（印章：中国工商银行长沙东塘支行 2022.12.31 转讫）

　　　　　　　　银行章　　　　　　　　　　经办人：

表 8－25　　　　　　　　　　　**记 账 凭 证**

　　　　　　　　　　　　　　2022 年 12 月 31 日　　　　　　　　　　　　记字第 0109 号

摘要	会计科目		借方金额	贷方金额	账页或√
	总账科目	明细科目			
收到西裤预订款	银行存款	工商银行	3 000 000.00		
收到西裤预订款	应收账款	辉达公司	390 000.00		
收到西裤预订款	主营业务收入	西裤		3 000 000.00	
收到西裤预订款	应交税费	应交增值税/销项税额		390 000.00	
合　计			￥3 390 000.00	￥3 390 000.00	

附件 2 张

财务主管：　　　　记账：陈静婷　　　　出纳：　　　　审核：李贤良　　　　制单：陈柳达

表 8－26　　　　　　**中国工商银行进账单(收账通知)**　③

出票人	全称	长沙辉达有限责任公司	收款人	全称	长沙超世服饰有限公司
	账号	11000000986389161 35		账号	105045872859401
	开户银行	中国工商银行长沙王府井支行		开户银行	中国工商银行长沙东塘支行

金额	人民币(大写)	叁佰万元整	亿	千	百	十	万	千	百	十	元	角	分
					￥	3	0	0	0	0	0	0	0

票据种类	转账支票	票据张数	1
票据号码	21876528		
复核		记账	

（印章：中国工商银行长沙东塘支行 2022.12.31 转讫）

收款人开户银行盖章

此联是收款人开户银行交给收款人的收账通知

表 8-27

记 账 凭 证

2022 年 12 月 31 日　　　　　记字 0112 号

摘要	会计科目 总账科目	会计科目 明细科目	借方金额	贷方金额	账页或√
收回前欠货款	银行存款	工商银行	4 000 000.00		
收回前欠货款	应收账款	联盛科技		4 000 000.00	
合　计			¥4 000 000.00	¥4 000 000.00	

附件 1 张

财务主管：　　记账：陈静婷　　出纳：　　审核：李贤良　　制单：陈柳达

表 8-28

中国工商银行进账单（收账通知） ③

出票人	全称	长沙市联盛科技有限公司	收款人	全称	长沙超世服饰有限公司
	账号	19011021109889921200		账号	105045872859401
	开户银行	中国工商银行长沙曙光大邸支行		开户银行	中国工商银行长沙东塘支行

金额	人民币（大写）	肆佰万元整	亿 千 百 十 万 千 百 十 元 角 分
			¥ 4 0 0 0 0 0 0 0 0

票据种类	转账支票	票据张数	1
票据号码		21876528	
复核		记账	

收款人开户银行盖章：中国工商银行长沙东塘支行　转讫　2022.12.31

此联是收款人开户银行交给收款人的收账通知

表 8-29

记 账 凭 证

2022 年 12 月 31 日　　　　　记字 0118 号

摘要	会计科目 总账科目	会计科目 明细科目	借方金额	贷方金额	账页或√
收回前欠货款	银行存款	工商银行	1 400 000.00		
收回前欠货款	应收账款	市十四中		1 400 000.00	
合　计			1 400 000.00	1 400 000.00	

附件 1 张

财务主管：　　记账：陈静婷　　出纳：　　审核：李贤良　　制单：陈柳达

表 8-30

中国工商银行进账单（收账通知）

出票人	全 称	长沙市十四中		收款人	全 称	长沙超世服饰有限公司
	账 号	19019109112389000012			账 号	105045872859401
	开户银行	中国工商银行长沙西街花园支行			开户银行	中国工商银行长沙东塘支行
金额	人民币（大写）	壹佰肆拾万元整				￥ 1 4 0 0 0 0 0 0
票据种类	转账支票	票据张数	1			
票据号码		35701527				
复核		记账				

（收款人开户银行盖章：中国工商银行长沙东塘支行 2022.12.31 转讫）

此联是收款人开户银行交给收款人的收账通知

表 8-31

记 账 凭 证

2022 年 12 月 31 日   记字 0119 号

摘 要	会计科目		借方金额	贷方金额	账页或√
	总账科目	明细科目			
收回前欠货款	银行存款	工商银行	3 888 900.00		
收回前欠货款	应收账款	湘楚集团		3 888 900.00	
合　　计			￥3 888 900.00	￥3 888 900.00	

附件 1 张

财务主管：　　　　　　记账：陈静婷　　　　出纳：　　　　　审核：李贤良　　　　制单：陈柳达

表 8-32

中国工商银行进账单（收账通知）

出票人	全 称	湖南湘楚集团		收款人	全 称	长沙超世服饰有限公司
	账 号	09730000000986009912			账 号	105045872859401
	开户银行	中国工商银行长沙西街花园支行			开户银行	中国工商银行长沙东塘支行
金额	人民币（大写）	叁佰捌拾捌万捌仟玖佰元整				￥ 3 8 8 8 9 0 0 0 0
票据种类	转账支票	票据张数	1			
票据号码		23671908				
复核		记账				

（收款人开户银行盖章：中国工商银行长沙东塘支行 2022.12.31 转讫）

此联是收款人开户银行交给收款人的收账通知

表 8-33

记 账 凭 证

2022 年 12 月 31 日　　　　　　　　　　　记字 0126 号

摘 要	会计科目 总账科目	会计科目 明细科目	借方金额	贷方金额	账页或√
预付材料款	应付账款	高诚布业	2 000 000.00		
预付材料款	银行存款	工商银行		2 000 000.00	
合　　计			¥2 000 000.00	¥2 000 000.00	

附件 1 张

财务主管：　　　记账：陈静婷　　　出纳：　　　　审核：李贤良　　　制单：陈柳达

表 8-34

**中国工商银行
转账支票存根**

00093683

附加信息
_____
_____
_____

出票日期：2022 年 12 月 31 日

收款人：	长沙高诚布业有限责任公司
金　额：	¥2 000 000.00
用　途：	预付材料款

单位主管　　　　　会计

表 8-35

记 账 凭 证

2022 年 12 月 31 日　　　　　　　　　　　记字 0131 号

摘 要	会计科目 总账科目	会计科目 明细科目	借方金额	贷方金额	账页或√
缴纳所得税	应交税费	应交所得税	3 873 151.78		
缴纳所得税	银行存款	工商银行		3 873 151.78	
合　　计			¥3 873 151.78	¥3 873 151.78	

附件 1 张

财务主管：　　　记账：陈静婷　　　出纳：　　　　审核：李贤良　　　制单：陈柳达

表8-36　　　　　　　　　　　电子缴税付款凭证

征收机关：国家税务总局长沙市雨花区税务局　　　　　　　　　　　转账日期：2022/12/31

纳税人名称	长沙超世服饰有限公司		
纳税人识别号	91430100585715036Q	收缴国库（银行）名称	国家金库长沙市雨花支库
付款人全称	长沙超世服饰有限公司		
付款人账号	105045872859401	付款人开户银行	中国工商银行长沙东塘支行
税（费）名称		税款所属期	实缴金额
企业所得税		2022年度	3 873 151.78
金额合计（大写）	叁佰捌拾柒万叁仟壹佰伍拾壹元柒角捌分	小写：	3 873 151.78
本付款凭证与银行对账单付款记录一致方才有效		上述款项已扣缴，请与银行对账单核对一致	
征收机关（章）			扣款单位（章）

（三）本项目审计情形

（1）2022年12月31日盘点库存现金，情况如表8-37所示。

表8-37　　　　　　　　　　　2022年12月31日实有现金

面值	一百元	五十元	二十元	十元	五元	一元	五角	一角	合计
张（枚）数	60	40	50	60	0	10	2	2	—
金额	6 000	2 000	1 000	600	0	10	1	0.2	9 611.20

（2）获取银行存款定期存单一张，如表8-38所示。

表9-38　　　　　　　　　中国工商银行储蓄存单（整存整取）

INDUSTRIAL AND COMMERCIAL BANK OF CHINA　　　　　　湘 A10350499

存入日	起息日	存期	到期日	利率	到期利息
2020-02-01	2020-02-01	036	2023-02-01	4.500 000	27 000.00

¥200 000.00　　　　　　　印密　　　通兑　　　　　操作
　　　　　　　　　　　　　密　　　　　　　　　　　03192

账号　105045872858143　　　户名　长沙超世服饰有限公司

存入金额　RBM　贰拾万元整

银行签章

（3）获取2022年12月31日中国工商银行银行对账单（账号：105045872859401），如表8-39所示；12月31日中国建设银行对账单（账号：43050175553600100535）余额为100 000.00元（对账单略）；12月31日工商银行对账单（账号：105045872858143）余额为200 000.00元（对账单略）。

表 8-39　　　　　　　　　　　　中国工商银行对账单
2022年12月31日

户名：长沙超世服饰有限公司　　　账号：105045872859401　　　　　　货币：人民币

序号	2022年 月	2022年 日	摘要	结算号	借方（支出）	贷方（存入）	余　额
略	略	略	略	略	略	略	略
63	12	30	现金支票00124589		2 016.00		22 248 608.36
64	12	30	转账支票00066464		10 000.00		22 238 608.36
65	12	31	现金支票00124590		3 106 243.79		19 132 364.57
66	12	31	现金支票00124591		9 000.00		19 123 364.57
67	12	31	转账支票00066465		82 931.60		19 040 432.97
68	12	31	活期存款利息2021.12.31			5 803.55	19 046 236.52
69	12	31	转账支票00066466		1 772 399.15		17 273 837.37
70	12	31	转账支票565975M6			3 000 000.00	20 273 837.37
71	12	31	转账支票90910021			4 000 000.00	24 273 837.37
72	12	31	转账支票53002810			1 400 000.00	25 673 837.37
73	12	31	转账支票00219010			3 888 900.00	29 562 737.37

（4）2023年1月5日函证银行存款，情况如下：

❶ 中国工商银行发函信息：涉及两个账号9401与8143；2023年1月7日回函，其函证结果相符。

❷ 中国建设银行发函信息：涉及账号0535与长期借款（含抵押贷款，信息见长期借款明细表及抵押贷款合同）；2023年1月8日回函，其函证结果相符。

（5）2023年1月13日检查被审计单位银行存款余额调节表，如表8-40所示。

表 8-40　　　　　　　　　　　　银行存款余额调节表

单位名称：长沙超世服饰有限公司　　　2022年12月31日

账号：105045872859401(工行)　　编制人：李贤良　　日期2023年01月08日　　复核人：胡浪平　日期 2023 年 1 月 15 日

(1)企业银行日记账12月余额			23 678 705.59		(4)银行对账单12月余额			29 553 857.37	
(2)加：银行已列账,列账单位未列账的收入凭证			(3)减：银行已列账,列账单位未列账的付出凭证			(5)加：单位已列账,银行尚未列账的收入凭证			(6)减：单位已列账,银行尚未列账的付出凭证		
月	日	摘要	金额	月	日	摘要	金额	月	日	摘要	金额	月	日	摘要	金额
												12	31	预付购料款	2 000 000.00
												12	31	缴纳所得税	3 873 151.78
		合计				合计				合计				合计	5 873 151.78
调整后余额：(1)+(2)-(3)			23 678 705.59	调整后余额：(4)+(5)-(6)								23 678 705.59			

任务二　了解货币资金内部控制及执行控制测试

工作任务

(1)了解与评价长沙超世服饰公司货币资金内部控制。
(2)进行货币资金控制测试。

知识储备

一、货币资金的内部控制

货币资金是企业流动性最强的资产,企业必须加强对货币资金的管理,建立良好的货币资金内部控制,从而：❶确保全部应收取的货币资金均能收取,并及时正确地予以记录；❷确保全部货币资金支出是按照经批准的用途进行的,并及时正确地予以记录；❸确保库存现金、银行存款报告正确,并得以恰当保管；❹确保正确预测企业正常经营所需的货币资金收支额,确保企业有充足又不过剩的货币资金余额。

在审计实务中,库存现金、银行存款和其他货币资金的转换比较频繁,三者的内部控制目标、内部控制制度的制定与实施大致相似。一般而言,一个良好的货币资金内部控制应该达到：❶货币资金收支与记账的岗位分离；❷货币资金收支要有合理、合法的凭据；❸全部收支及时准确入账,并且资金支付应严格履行审批、复核制度；❹控制现金坐支,当日收入现金应及时送存银行；❺按月盘点现金,编制银行存款余额调节表,以做到账实相符；❻对货币资金进行内部审计。

尽管企业的性质、所处行业、企业规模以及内部控制健全程度等各有不同,使得其与货币资金相关的内部控制内容有所不同,但以下要求是通常应当共同遵循的。

(一) 岗位分工及授权批准

(1) 企业应当建立货币资金业务的岗位责任制,明确相关部门和岗位的职责权限,确保货币资金业务的不相容岗位相互分离、制约和监督。出纳人员不得兼管稽核、会计档案保管和收入、支出、费用、债权和债务账目的登记工作。企业不得由一人办理货币资金业务的全部过程。

(2) 企业应当对货币资金业务建立严格的授权审批制度,明确审批人对货币资金业务的授权批准方式、权限、程序、责任和相关控制措施,规定经办人办理货币资金业务的职责范围和工作要求。审批人应当根据货币资金授权批准制度的规定,在授权范围内进行审批,不得超越审批权限。经办人应当在职责范围内,按照审批人的批准意见办理货币资金业务。对审批人超越授权范围审批的货币资金业务,经办人员有权拒绝办理,并及时向审批人的上级授权部门报告。

(3) 企业应当按照规定的程序办理货币资金支付业务。

❶ 支付申请。企业有关部门或个人用款时,应当提前向审批人提交货币资金支付申请,注明款项的用途、金额、预算、支付方式等内容,并附有效经济合同或相关证明。

❷ 支付审批。审批人根据其职责、权限和相应程序对支付申请进行审批,审核付款业务的真实性、付款金额的准确性,以及申请人提交票据或者证明的合法性,严格监督资金支付。对不符合规定的货币资金支付申请,审批人应当拒绝批准。

❸ 支付复核。财务部门收到经审批人审批签字的相关凭证或证明后,应再次复核业务的真实性、金额的准确性,以及相关票据的齐备性,相关手续的合法性和完整性,并签字认可。复核无误后,交由出纳人员办理支付手续。

❹ 办理支付。出纳人员应当根据复核无误的支付申请,按规定办理货币资金支付手续,及时登记库存现金和银行存款日记账。

(4) 企业对于重要货币资金支付业务,应当实行集体决策和审批,并建立责任追究制度,防范贪污、侵占、挪用货币资金等行为。

(5) 企业应严禁未经授权的机构或人员办理货币资金业务或直接接触货币资金。

(二) 现金和银行存款的管理

(1) 企业应当加强现金库存限额的管理,超过库存限额的现金应及时存入银行。

(2) 企业必须根据《现金管理暂行条例》的规定,结合本企业的实际情况,确定本企业现金的开支范围。对不属于现金开支范围的业务,企业应当通过银行办理转账结算。

企业借出款项必须执行严格的授权批准程序,严禁擅自挪用、借出货币资金。

(3) 企业必须将取得的货币资金收入必须及时入账,不得私设"小金库",不得账外设账,严禁收款不入账。

(4) 企业应当严格按照《支付结算办法》等国家有关规定,加强对银行账户的管理,严格按照规定开立账户,办理存款、取款和结算业务。银行账户的开立应当符合企业经营管理实际需要,不得随意开立多个账户,禁止企业内设管理部门自行开立银行账户。

企业应当定期检查、清理银行账户的开立及使用情况,发现问题应及时处理。

企业应当加强对银行结算凭证的填制、传递及保管等环节的管理与控制。

(5) 企业应当严格遵守银行结算纪律,不准签发没有资金保证的票据或远期支票,套取银行信用;不准签发、取得和转让没有真实交易和债权债务的票据,套取银行和他人资金;不准违反规定开立和使用银行账户。

(6) 企业应当指定专人定期核对银行账户(每月至少核对一次),编制银行存款余额调节表,使银行存款账面余额与银行对账单调节相符。如果调节不符,应查明原因,及时处理。

出纳人员一般不得同时从事银行对账单的获取、银行存款余额调节表的编制工作。确需出纳人员办理上述工作的,企业应当指定其他人员定期进行审核、监督。

(7) 企业应当定期和不定期地进行现金盘点,确保现金账面余额与实际库存相符。如果发现不符,及时查明原因并作出处理。

(三) 票据及有关印章的管理

(1) 企业应当加强与货币资金相关的票据管理,明确各种票据的购买、保管、领用、背书转让、注销等环节的职责权限和程序,并专设登记簿进行记录,防止空白票据的遗失和被盗用。

对填写、开具失误或者其他原因导致作废的法定票据,企业应当按规定予以保存,不得随意处置或销毁。对超过法定保管期限、可以销毁的票据,企业在履行审核手续后进行销毁,但应当建立销毁清册并由授权人员监销。

(2) 企业应当加强银行预留印鉴的管理。财务专用章应由专人保管,个人名章必须由本人或其授权人员保管。严禁一人保管支付款项所需的全部印章。

对于按规定需要有关负责人签字或盖章的经济业务,企业必须严格执行签字或盖章手续。

(四) 监督检查

(1) 企业应当建立对货币资金业务的监督检查制度,明确监督检查机构或人员的职责权限,定期或不定期地进行检查。

(2) 货币资金监督检查的内容主要包括:

❶ 货币资金业务相关岗位及人员的设置情况。重点检查是否存在货币资金业务不相容岗位职责未分离的现象。

❷ 货币资金授权批准制度的执行情况。重点检查货币资金支出的授权批准手续是否健全,是否存在越权审批行为。

❸ 支付款项印章的保管情况。重点检查是否存在办理付款业务所需的全部印章交由一人保管的现象。

❹ 票据的保管情况。重点检查票据的购买、领用、保管手续是否健全,票据保管是否存在漏洞。

(3) 对监督检查过程中发现的货币资金内部控制中的薄弱环节,应当及时采取措施,加以纠正和完善。

二、货币资金相关的重大错报风险

货币资金业务交易、账户余额和列报的认定层次重大错报风险可能包括:

(1) 被审计单位存在虚假的货币资金余额或交易,因而导致银行存款余额的存在性或交易的发生存在重大错报风险。

(2) 被审计单位存在大额的外币交易和余额,可能存在外币交易或余额未被准确记录的风险。例如,对于有外币现金或外币银行存款的被审计单位而言,企业有关外币交易的增减变动或年底余额可能因未采用正确的折算汇率而导致计价错误。

(3) 银行存款的期末收支存在大额的截止性错误。例如,被审计单位期末存在金额重大且异常的银付企未付,企收银未收事项。

(4) 被审计单位可能存在未能按照企业会计准则的规定对货币资金作出恰当披露的风险。例如,被审计单位期末持有使用受限制的大额银行存款,但在编制财务报表时未在财务报表附注中对其进行披露。

三、货币资金内部控制测试

如果在评估认定层次重大错报风险时预期控制的运行是有效的,或仅实施实质性程序不能提供认定层次充分、适当的审计证据,应当实施控制测试,以就与认定相关的控制在相关期间或时点的运行有效性获取充分、适当的审计证据。

(一) 了解内部控制情况,初步评价控制风险

注册会计师可通过观察、询问等调查方法收集必要的资料,来了解货币资金内部控制制度是否建立并得到严格执行。

下面以调查表的形式说明对货币资金的内部控制的了解,其格式如表 8-41 所示。

表 8-41　　　　　　　　　　货币资金内部控制调查表

调查内容	是	否	不适用	备注
1. 出纳人员是否不兼任相关总账和明细账的记账员				
2. 全部现金收入是否及时入账				
3. 收取现金后是否开出收款收据				
4. 是否控制现金坐支,收到的现金是否及时存入银行,现销是否分设销货员和收款员				
5. 支出是否均有核准手续				
6. 是否有独立的人员对现金付款记录进行复核				
7. 收支款后是否在收支款凭证上加盖"收讫""付讫"戳记				
8. 现金是否妥善保管,是否做到日清月结,做到账实相符				
9. 是否存在白条抵充现金的现象				
10. 公司是否使用保险柜				
11. 企业除零星支付的支出是否通过银行结算				
12. 是否建立报销制度				
13. 是否有支票申领、签发制度				
14. 签发支票的印章是否妥善保管				
15. 未使用的支票是否妥善保管,且签发被严格控制				
16. 是否存在出租、出借银行账户的情况				
17. 是否禁止签发空白支票				
18. 银行账户与支票签字是否需由高级管理层授权				
19. 填制支票或汇款单之前是否经过适当批准				
20. 是否由一个独立的人负责定期清点现金				
21. 一旦支票签发出去,是否会及时准确入账				
22. 银行存款日记账是否逐笔序时登记				

(续表)

调 查 内 容	是	否	不适用	备注
23. 是否每月末将银行存款日记账与总账核对相符				
24. 是否按规定编制银行存款余额调节表,并对差异进行解释				
25. 调节表的编制工作是否与复核工作分开				
26. 编制银行存款调节表的人员是否独立于现金收支工作				
27. 是否对员工取得借款加以限制				
28. 备用金支出是否被正式授权,并定期与相关账户进行核对				
29. 备用金账户是否保持一个合理水平				
30. 现金备用金余额能否满足需求				
31. 所有的备用金支出是否都有相关的附件和批准				
32. 现金支票与支票印鉴是否规定分别保管				
33. 支付现金是否有规定审批手续				

通过了解货币资金相关的内部控制,确定存在的薄弱环节,并且对现金内部控制的控制风险作出初步评价,确定是否应该依赖内部控制,以判断是否继续实施测试。

(二) 货币资金内部控制测试

(1) 对某些资金流程进行重点抽查。对现金的收支、费用的开支、备用金的管理等应按制度规定的程序作重点的抽查。例如,审查库存现金日记账、银行存款日记账,看其是否存在计算错误,是否有不正当的费用支出,是否存在有非正常的重要货币资金收支等。

(2) 对某些重要的业务内容进行验算。例如,对银行存款调节表进行复算,核对调节表是否正确,在途存款是否调整,对购进业务和销售业务进行追踪检查,检查每一环节是否按制度规定进行货币资金的收支业务,是否按规定办理审批和复核工作,是否执行《现金管理暂行条例》和《银行结算制度》。

(3) 结合销售与收款业务循环的控制测试,抽查收款凭证,并与销售发票、库存现金及银行存款日记账,应收账款明细账的有关记录核对,看日期和金额是否相符;核对收款凭证与银行对账单是否相符。

(4) 结合采购与付款业务循环的控制测试,抽查付款凭证,并与购货发票、库存现金及银行存款日记账,银行对账单、应付账款明细账的有关记录核对,看日期和金额是否相符;检查付款的授权批准手续是否符合规定。

(5) 抽取一定期间的库存现金、银行存款日记账,检查其计算加总是否正确,并与库存现金、银行存款、应收账款及应付账款的总分类账核对,查看是否相符。

(6) 抽取一定期间的现金盘点表,审验其是否定期盘点库存现金。

(7) 抽取一定期间的银行存款余额调节表,审验其是否按月正确编制并复核银行存款余额调节表。

(8) 抽取银行结算凭证。检查被审计单位的支票、付款委托书和汇出款项等银行结算凭证的存根和回单。应查明有无签发空头支票、远期支票的现象;银行结算凭证是否及时入账;支票丢失是否及时向银行挂失。

(9) 了解实际的操作过程。例如,支付款项是否核对凭证,开具支票是否符合规定手续等。

(10) 对有外币货币资金的单位,检查外币资金的折算方法是否符合有关规定、是否与上年度一致。

任务三　审计库存现金

工作任务

审计长沙超世服饰有限公司的库存现金,并编制相应审计工作底稿。

知识储备

一、库存现金的审计目标

(1) 确定资产负债表中记录的货币资金项目中的库存现金是存在的。

(2) 确定所有应当记录的库存现金均已记录,所有应当包括在财务报表中的相关披露均已包括。

(3) 确定记录的库存现金由被审计单位拥有或控制。

(4) 确定库存现金以恰当的金额包括在资产负债表的货币资金项目中,与之相关的计价调整是否已恰当记录,相关披露已得到恰当计量和描述。

(5) 确定库存现金已记录于恰当的账户。

(6) 确定库存现金已按照企业会计准则的规定在财务报表中作出恰当列报和披露。

库存现金审计目标与认定对应关系如表 8-42 所示。

表 8-42　　　　　　　　　审计目标与认定对应关系表

审计目标	财务报表认定					
^	存在	完整性	权利和义务	准确性、计价和分摊	分类	列报
(1) 确定资产负债表中记录的货币资金项目中的库存现金是存在的	√					
(2) 确定所有应当记录的库存现金均已记录,所有应当包括在财务报表中的相关披露均已包括		√				
(3) 确定记录的库存现金由被审计单位拥有或控制			√			
(4) 确定确定库存现金以恰当的金额包括在资产负债表的货币资金项目中,与之相关的计价调整是否已恰当记录,相关披露已得到恰当计量和描述				√		

(续表)

审 计 目 标	财务报表认定					
	存在	完整性	权利和义务	准确性、计价和分摊	分类	列报
(5) 确定库存现金已记录于恰当的账户					√	
(6) 确定库存现金已按照企业会计准则的规定在财务报表中作出恰当列报和披露						√

二、库存现金的实质性程序

(一) 账账核对

核对库存现金日记账与总账的余额是否相符。

(二) 监盘库存现金

监盘库存现金是证实资产负债表中所列库存现金是否存在的一项重要程序。

(1) 监盘目的。证实库存现金是否存在。

(2) 监盘范围。企业各部门经管的全部库存现金。

(3) 参加人员。通常有注册会计师、被审计单位的出纳人员和会计机构负责人参加。

(4) 监盘时间。最好选在上午上班前或下午下班后进行,尽量不影响被审计单位正常营业。

(5) 监盘方式。采用突击方式以便增强监盘结果的可信度。

(6) 监盘库存现金的步骤。具体包括:❶ 要求出纳人员把已办妥手续的收付款凭证登入库存现金日记账,并结出余额;❷ 检查库存现金日记账,并与现金收付凭证核对,看其内容、金额和日期是否相符;❸ 监盘库存现金,编制库存现金监盘表。

在监盘中要注意以下几点:

(1) 若有冲抵库存现金的借条、未提现的支票、已支付但未入账的原始凭证(如报销单),必须在盘点表中注明或作必要的调整。

(2) 应该对各处保管的库存现金同时进行盘点,防止移库遮掩现金短缺。可以由出纳人员将库存现金集中存入保险柜,或者将各处库存现金就地封存。

(3) 同时进行库存金融资产的盘点,防止其用金融资产作质押换取库存现金来弥补缺库。

(4) 在资产负债表日后进行盘点时,应调整推算至资产负债表日的金额。

(5) 将盘点金额与库存现金日记账余额进行核对,如有差异,应查明原因,并进行记录。

(6) 确定库存现金日记账余额是否经常超过库存限额。

(三) 抽查大额现金收支款项

抽查大额现金收支的原始凭证,检查内容是否完整,有无授权批准,并核对相关账户的进账情况,如果有与被审计单位经营无关的收支事项,注册会计师应查明原因,并作出相应的调整。在审计实务中通常编制大额现金收支抽查表来抽查大额现金收支,具体如表 8-43 所示。

表 8-43　　　　　　　　　　　　大额现金收支抽查表

抽查凭证内容					测 试 内 容			
日期	凭证号	摘要	对方科目	金额	1	2	3	4

测试内容：
1. 原始凭证的内容是否完整
2. 有无授权批准
3. 账务处理是否正确
4. 与生产经营有无关系

（四）库存现金收支的截止测试

注册会计师应对截止日前后一段时期内的现金收支凭证进行审计，检查是否存在跨期事项，以确定库存现金余额是否正确。

（五）检查库存现金在财务报表中的列报是否恰当

注册会计师应根据实际情况，检查库存现金在财务报表中的列报是否恰当。

任务四　审计银行存款

工作任务

审计长沙超世服饰有限公司的银行存款，并编制相应审计工作底稿。

知识储备

一、银行存款的审计目标

（1）确定资产负债表中记录货币资金项目中的银行存款是存在的。

（2）确定所有应当记录的银行存款均已记录，应当包括在财务报表中的相关披露均已包括。

（3）确定记录的银行存款为被审计单位拥有或控制。

（4）确定银行存款是否以恰当的金额包括在财务报表的货币资金项目中，与之相关的计价调整已恰当记录，相关披露已得到恰当计量和描述。

（5）确定银行存款已记录于恰当的账户。

（6）确定银行存款已按照企业会计准则的规定在财务报表中作出恰当列报和披露。

银行存款审计目标与认定对应关系如表 8-44 所示。

表 8-44　　　　　　　　　　　　审计目标与认定对应关系表

审计目标	财务报表认定					
	存在	完整性	权利和义务	准确性、计价和分摊	分类	列报
(1) 确定资产负债表中货币资金项目中的银行存款是存在的	√					
(2) 确定所有应当记录的银行存款均已记录，应当包括在财务报表中的相关披露均已包括		√				
(3) 确定记录的银行存款由被审计单位拥有或控制			√			
(4) 确定银行存款以恰当的金额包括在财务报表的货币资金项目中，与之相关的计价调整已恰当记录，相关披露已得到恰当计量和描述				√		
(5) 确定银行存款已记录于恰当的账户					√	
(6) 确定银行存款已按照企业会计准则的规定在财务报表中作出恰当列报和披露						√

二、银行存款的实质性程序

(一) 账账核对

核对银行存款日记账与总账的余额是否相符。

(二) 实施实质性分析程序

计算银行存款的累计余额应收利息收入，分析比较应收利息收入与实际利息收入的差异是否正常，评估利息收入的合理性，检查是否存在高息资金拆借的情况，确认银行存款余额是否存在，利息收入是否已经完整记录。

(三) 检查银行存单

编制银行存单检查表，检查是否与账面记录金额一致，是否被质押或限制使用，存单是否为被审计单位所拥有。

(四) 取得并检查银行对账单和银行存款余额调节表

1. 目的

取得并检查银行对账单和银行存款余额调节表的目的是证实银行存款的存在以及完整性。

2. 程序

(1) 取得被审计单位的银行对账单，并与银行询证函回函核对，确认是否一致，抽查核对账面记录的已付金额及存款金额是否与对账单记录一致。

(2) 获取资产负债表日的银行存款余额调节表，重新计算调节表中加计数是否正确，查看调节后银行存款日记账余额与银行对账单余额是否一致。

（3）检查调整事项是否合理。

❶ 检查是否存在跨期收支和跨行转账的调整事项。编制跨行转账业务明细表，检查跨行转账业务是否同时对应转入和转出，未在同一期间完成的转账业务是否反映在银行存款余额调节表的调整事项中。

❷ 检查大额在途存款和未兑付支票。

a. 检查在途存款的日期，查明发生在途存款的具体原因，追查期后银行对账单存款记录日期，确定被审计单位与银行记账时间差异是否合理，确定在资产负债表日是否需进行审计调整。

b. 检查被审计单位的未兑付支票明细清单，查明被审计单位未及时入账的原因，确定账簿记录时间晚于银行对账单的日期是否合理。

c. 检查被审计单位未兑付支票明细清单中有记录，但截至资产负债表日银行对账单无记录且金额较大的未付支票，获取票据领取人的书面说明，确认资产负债表日是否需要进行调整。

d. 检查资产负债表日后银行对账单是否完整地记录了调节事项中银行未兑付支票金额。

（4）检查是否存在未入账的利息收入和利息支出。

（5）检查是否存在其他跨期收支事项。

（6）检查银行存款余额调节表中支付异常的领款（包括没有载明收款人）、签字不全、收款地址不清、票据金额较大的调整事项，确认是否存在舞弊。

（五）函证银行存款

（1）函证目的。注册会计师函证的目的在于证实资产负债表所列银行存款是否存在，了解企业欠银行的债务，而且还能发现企业未登记的银行借款及未披露的或有负债。

（2）函证对象。注册会计师应向被审计单位在本期存过款的所有银行发函，包括零账户和账户已结清的银行，因为有可能仍有银行借款或其他负债存在。注册会计师已直接从某一银行取得了银行对账单和所有已付支票，也应向这一银行函证。

（3）函证的控制与评价。注册会计师直接向银行发询证函，并直接从银行获取回函，将银行确认的余额与银行存款余额调节表、银行对账单的余额核对，同时确定回函中银行所提供的相关信息已在报表中得到披露。询证函的格式如表 8-45 所示。

表 8-45　　　　　　　　　　　　银行询证函　　　　　　　　　　编号：

××（银行）：

本公司聘请的××会计师事务所正在对本公司＿＿＿＿年度（或期间）的财务报表进行审计，按照中国注册会计师审计准则的要求，应当询证本公司与贵行相关的信息。下列第 1—14 项信息出自本公司的记录：

（1）如与贵行记录相符，请在本函"结论"部分签字、签章；

（2）如有不符，请在本函"结论"部分列明不符项目及具体内容，并签字和签章。

本公司谨授权贵行将回函直接寄至××会计师事务所，地址及联系方式如下：

回函地址：

联系人：　　　　　　电话：　　　　　　传真：　　　　　　邮编：

电子邮箱：

本公司谨授权贵行可从本公司××账户支取办理本询证函回函服务的费用。

截至＿＿＿＿年＿＿月＿＿日，本公司与贵行相关的信息列示如下：

1. 银行存款

账户名称	银行账号	币种	利率	账户类型	余额	起止日期	是否用于担保或存在其他使用限制	备注

除上述列示的银行存款外,本公司并无在贵行的其他存款。

注:"起止日期"一栏仅适用于定期存款,如为活期或保证金存款,可只填写"活期"或"保证金"字样;"账户类型"列明账户性质,如基本户、一般户等。

2. 银行借款

借款人名称	银行账号	币种	余额	借款日期	到期日期	利率	抵(质)押品/担保人	备注

除上述列示的银行借款外,本公司并无自贵行的其他借款。

注:如存在本金或利息逾期未付行为,在"备注"栏中予以说明。

3. 自_____年___月___日起至_____年___月___日期间内注销的账户

账户名称	银行账号	币 种	注销账户日

除上述列示的注销账户外,本公司在此期间并未在贵行注销其他账户。

4. 本公司作为贷款方的委托贷款

账户名称	银行账号	资金借入方	币种	利率	余额	贷款起止日期	备注

除上述列示的委托贷款外,本公司并无通过贵行办理的其他委托贷款。

注:如资金借入方存在本金或利息逾期未付行为,在"备注"栏中予以说明。

5. 本公司作为借款方的委托贷款

账户名称	银行账号	资金借出方	币种	利率	余额	贷款起止日期	备注

除上述列示的委托贷款外,本公司并无通过贵行办理的其他委托贷款。
注：如存在本金或利息逾期未付行为,在"备注"栏中予以说明。

6. 担保(包括保函)

(1) 本公司为其他单位提供的、以贵行为担保受益人的担保。

被担保人	担保方式	担保余额	担保到期日	担保合同编号	备 注

除上述列示的担保外,本公司并无其他以贵行为担保受益人的担保。
注：如采用抵押或质押方式提供担保的,应在"备注"栏中说明抵押或质押物情况；如被担保方存在本金或利息逾期未付行为,在"备注"栏中予以说明。

(2) 贵行向本公司提供的担保。

被担保人	担保式	担保金额	担保到期日	担保合同编号	备 注

除上述列示的担保外,本公司并无贵行提供的其他担保。

7. 本公司为出票人且由贵行承兑而尚未支付的银行承兑汇票

银行承兑汇票号码	承兑银行名称	结算账户账号	票面金额	出票日	到期日

除上述列示的银行承兑汇票外,本公司并无由贵行承兑而尚未支付的其他银行承兑汇票。

8. 本公司向贵行已贴现而尚未到期的商业汇票

商业汇票号码	付款人名称	承兑人名称	票面金额	出票日	到期日	贴现日	贴现率	贴现净额

除上述列示的商业汇票外,本公司并无向贵行已贴现而尚未到期的其他商业汇票。

9. 本公司为持票人且由贵行托收的商业汇票

商业汇票号码	承兑人名称	票面金额	出票日	到期日

除上述列示的商业汇票外,本公司并无由贵行托收的其他商业汇票。

10. 本公司为申请人,由贵行开具的、未履行完毕的不可撤销信用证

信用证号码	受益人	信用证金额	到期日	未使用金额

除上述列示的不可撤销信用证外,本公司并无由贵行开具的、未履行完毕的其他不可撤销信用证。

11. 本公司与贵行之间未履行完毕的外汇买卖合约

类　　别	合约号码	买卖币种	未履行的 合约买卖金额	汇　率	交收日期
贵行卖予本公司					
本公司卖予贵行					

除上述列示的外汇买卖合约外,本公司并无与贵行之间未履行完毕的其他外汇买卖合约。

12. 本公司存放于贵行托管的有价证券或其他产权文件

有价证券或其他产权文件名称	产权文件编号	数　量	金　额

除上述列示的有价证券或其他产权文件外,本公司并无存放于贵行托管的其他有价证券或其他产权文件。

13. 本公司购买的由贵行发行的未到期银行理财产品

产品名称	产品类型	认购金额	购买日	到期日	币　种

除上述列示的银行理财产品外,本公司并无购买其他由贵行发行的理财产品。

14. 其他

注:此项应填列注册会计师认为重大且应予函证的其他事项,如欠银行的其他负债或者或有负债、除外汇买卖外的其他衍生交易、贵金属交易等。

(预留印鉴)

　　年　　月　　日　　经办人:　　　　职　务:　　　　电　话:
_____以下由被询证银行填列_____

结论：

经本行核对，所函证项目与本行记载信息相符，特此函复。

   年 月 日   经办人：   职务：   电话：
                  复核人：   职务：   电话：
                  （银行盖章）

经本行核对，存在以下不符之处。
   年 月 日   经办人：   职务：   电话：
                  复核人：   职务：   电话：
                  （银行盖章）

说明：

（1）本询证函（包括回函）中所列信息应严格保密，仅用于注册会计师审计目的。

（2）注册会计师可根据审计的需要，从本函所列第1—14项中选择所需询证的项目，对于不适用的项目，应当将该项目中的表格用斜线划掉。

（3）本函应由被审计单位加盖骑缝章。

（六）抽查大额银行存款的收支

抽查大额银行存款收支的原始凭证，检查原始凭证是否齐全、记账凭证与原始凭证是否相符、账务处理是否正确、是否记录于恰当的会计期间等项内容。检查是否存在非常营业目的的大额货币资金转移，并核对相关账户的进账情况；如果有与被审计单位生产经营无关的收支事项，注册会计师应查明原因并作相应的记录。

（七）银行存款收支的截止测试

（1）清点支票及支票存根，确定各银行账户最后一张支票的号码，同时查实该号码之前的所有支票均已开出并入账。

（2）从截止日后一个月的银行对账单中挑选大额的支票付款记录，追查至支票存根以确认出票日，是否延期记入银行存款账中；挑选大额的收款记录，检查其有无提前记入银行存款账款中，从而夸大流动性的现象。

（3）检查截止日前后各银行账户之间是否发生转账业务，并记录于同一会计期间，以发现是否存在腾挪资金现象，即是否存在转入账户存款日前记增加，而转出账户存款日前不记减少的现象。

（八）检查银行存款在资产负债表中的列报是否恰当

注册会计师应关注是否存在质押、冻结等对变现有限制或存在境外的款项，如有，是否对其正确分类。

习题与实训

一、判断题

1. 由于库存现金余额较小，产生的错弊金额也很小，因此注册会计师可以不进行实质性

程序。（　　）

2. 监盘库存现金必须有出纳人员和被审计单位会计机构负责人参加，并由注册会计师亲自进行盘点。（　　）

3. 通过对银行存款余额调节表的审查，可以验证期末存款的真正余额。（　　）

4. 监盘库存现金是证实资产负债表中所列库存现金是否存在的一项重要程序。（　　）

5. 若被审计单位某一银行账户已结清，注册会计师可不再向此银行进行函证。（　　）

6. 支票和印章仅由一人保管或名义上由两人保管而实际上已预先在支票上盖章，则该业务环节内部控制仍然有效。（　　）

7. 库存现金的盘点一般不能在资产负债表日之后进行，因为盘点的目的是证实资产负债表日库存现金的实际库存数。（　　）

8. 监盘库存现金的盘点范围包括未存入银行的已收现金、零用金、找换金及各部门人员领用的备用金。（　　）

9. 银行存款账户余额为零，但只要存在本期发生额，审计人员就应进行函证。（　　）

10. 审计人员在对银行存款进行控制测试时，可以抽取适当收款凭证检查收款凭证金额是否与销售发票、经批准的销售单、销售明细账以及银行存款日记账的相关金额一致。（　　）

二、单项选择题

1. 核实银行存款的实有数额，采用（　　）或派人到开户银行取得资产负债表日银行存款数额的证明。

  A. 询问　　　　　　B. 函证　　　　　　C. 重新计算　　　　D. 监盘

2. 如果被审计单位的某开户银行账户余额为0，注册会计师（　　）。

  A. 不需要再向该银行函证

  B. 仍需要向该银行函证

  C. 可根据需要确定是否函证

  D. 可根据审计业务约定书的要求确定是否函证

3. 被审计单位资产负债表上的库存现金数额，应以（　　）为准。

  A. 结账日实有数额　　　　　　　　B. 结账日账面数额

  C. 盘点时账面数额　　　　　　　　D. 盘点时实有数额

4. 注册会计师测试库存现金余额的起点是（　　）。

  A. 盘点库存现金

  B. 核对库存现金日记账与总账的余额是否相符

  C. 抽查大额现金收支

  D. 审查现金收支的截止

5. 货币资金内部控制的以下关键环节中，存在重大缺陷的是（　　）。

  A. 财务专用章由专人保管，个人名章由本人或其授权人员保管

  B. 对重要货币资金支付业务，实行集体决策

  C. 指定专人定期核对银行账户，每月核对一次，编制银行存款余额调节表，使银行存款账面余额与银行对账单调节相符

  D. 现金收入及时存入银行，特殊情况下，经主管领导审查批准方可坐支现金

6. 向开户银行函证,可以证实若干项目标,其中最基本的目标是(　　)。
   A. 银行存款的存在　　　　　　　B. 是否有欠银行的债务
   C. 是否有漏列的负债　　　　　　D. 是否有充作抵押担保的存货
7. 下列情形中,不违反货币资金"不相容岗位相互分离"控制原则的是(　　)。
   A. 由出纳人员兼任固定资产明细账的登记工作
   B. 由出纳人员兼任会计档案保管工作
   C. 由出纳人员兼任收入总账和明细账的登记工作
   D. 由出纳人员保管签发支票所需全部印章
8. 如果审计人员在资产负债表日后对库存现金进行监盘,应当根据盘点数与资产负债表日至(　　)的现金收支数,倒推计算资产负债表上所包含的库存现金数是否正确。
   A. 审计报告日　　　　　　　　　B. 资产负债表日
   C. 盘点日　　　　　　　　　　　D. 审计工作完成日
9. 在对银行存款进行审计时,如果某银行账户银行对账单余额与银行存款日记账余额不符,最有效的审计程序是(　　)。
   A. 重新测试相关的内部控制
   B. 检查银行对账单中记录的资产负债表日前后的收付情况
   C. 检查银行存款日记账中记录的资产负债表日前后的收付情况
   D. 检查该银行账户的银行存款余额调节表
10. 审计人员实施的下列各项关于银行存款的实质性程序中,能够证实银行存款是否存在最有效的是(　　)。
    A. 分析非银行金融机构的存款占银行存款比例
    B. 检查银行存款余额调节表
    C. 函证银行存款余额
    D. 检查银行存款收支的正确截止

三、多项选择题

1. 下列各项审计程序中,能够证实银行存款是否存在的有(　　)。
   A. 分析定期存款占银行存款的比例　　B. 检查银行存款余额调节表
   C. 函证银行存款余额　　　　　　　　D. 分析银行存款占货币资金的比例
2. 资产负债表日后盘点库存现金时,注册会计师应(　　)调整至资产负债表日的金额。
   A. 扣减资产负债表日至盘点日库存现金增加额
   B. 扣减资产负债表日至盘点日库存现金减少额
   C. 加计资产负债表日至盘点日库存现金增加额
   D. 加计资产负债表日至盘点日库存现金减少额
3. 审计人员拟对货币资金实施的以下审计程序中,不属于实质性程序的有(　　)。
   A. 检查银行预留印鉴的保管情况
   B. 检查银行存款余额调节表中未达账项在资产负债表日后的进账情况
   C. 检查现金交易中存在应通过银行办理转账支付的项目
   D. 检查外币银行存款年末余额是否按年末汇票折合为记账本位币金额

4. 审计人员在执行库存现金审计时通常需对现金相关的内部控制进行了解,一般而言,一个良好的现金内部控制体现为(　　)。

　　A. 全部现金收入及时准确入账,并且支出要有标准手续

　　B. 现金收支要有合理、合法的凭证,控制现金坐支

　　C. 现金收支与记账的岗位分离,按月盘点现金

　　D. 加强对现金收支业务的内部审计

5. 下列描述的情况中,符合现金监盘要求的有(　　)。

　　A. 参与盘点的人员必须有出纳员、被审计单位会计主管和注册会计师

　　B. 盘点之前应将已办理现金收付款的收付凭证计记入现金日记账

　　C. 对不同存放地点的现金应同时进行盘点

　　D. 盘点时间必须安排在当日现金收付业务的进行过程中,采取突击盘点方式

6. 在进行年度财务报表审计时,为了证明被审计单位在临近 12 月 31 日签发的支票未予入账,审计人员可以实施的审计程序有(　　)。

　　A. 函证 12 月 31 日的银行存款余额　　B. 审查 12 月份的支票存根

　　C. 审查 12 月 31 日的银行对账单　　D. 审查 12 月 31 日的银行存款余额调节表

7. 2022 年 12 月末银行存款余额调节表显示存在 80 000 元的未达账项,其中包括企业已付而银行未付的材料采购款 40 000 元。注册会计师执行的以下审计程序中,可能为该材料采购款未达账项的真实性提供审计证据的有(　　)。

　　A. 就 2022 年 12 月末银行存款余额向银行询证

　　B. 向相关的原材料供应商寄发询证函询证该笔购货业务

　　C. 检查 2023 年 1 月份的银行对账单中是否存在该笔支出

　　D. 检查相关的合作合同,供应商销售发票和相应的验收报告及付款审批手续

8. 下列关于银行存款函证的说法中,不正确的有(　　)。

　　A. 审计人员对银行存款的函证,可以采用积极式和消极式

　　B. 审计人员审计银行存款时不需要对账户余额为 0 的事项进行函证

　　C. 审计人员向被审计单位在本年存过款的所有银行发函,其中包括企业存款账户已结清的银行,因为有可能存款账户已结清,但仍有银行借款或其他负债存在

　　D. 向银行函证企业的银行存款,能够证实企业银行存款的真实性,不能证实企业银行存款的完整性

9. 审计人员在执行 A 公司银行存款余额函证程序时提出了以下观点,其中正确的有(　　)。

　　A. 以 A 公司的名义寄发银行询证函

　　B. 由 A 公司代为填写银行询证函后,交由注册会计师发出并收回

　　C. 如果银行询证函回函结果表明没有差异,则可以认定银行存款余额是正确的

　　D. 除余额为 0 的银行账户以外,必须对 A 公司所有银行存款账户实施函证程序

10. 对库存现金实有数额的审计不应通过对库存现金实施(　　)来进行。

　　A. 函证　　B. 重新计算　　C. 分析程序　　D. 监盘

四、实训题

1. 注册会计师对 W 公司银行存款进行审计。经查该公司 2022 年 12 月 31 日银行存款日

记账余额为53 360元;银行存款对账单余额为50 800元(经核对是正确的)

经核对发现2022年12月存在如下未达账项:
(1) 15日,收到银行收款通知单,金额为7 700元,公司入账时误记为7 000元。
(2) 29日,委托银行收款5 000元,银行已入账,收款通知尚未到达企业。
(3) 31日,银行已代付企业电费1 000元,银行已入账,企业尚未收到付款通知。
(4) 31日,企业收到外单位转账支票一张,金额为7 200元,企业已收款入账,银行尚未记账。
(5) 31日,企业开出一张金额为1 600元现金支票,企业已减少存款,银行尚未入账。

要求:
(1) 根据上述情况编制银行存款余额调节表。
(2) 假定银行存款对账单中存款余额无误。请问:
❶ 编制的调节表中发现的错误数额是多少?
❷ 这种错记属于何种性质的错误?
❸ 2022年12月31日银行存款日记账的正确余额是多少?
❹ 如果2022年12月31日资产负债表上的"货币资金"项目中的银行存款余额为56 000元,请问是否真实?
❺ 应该使用什么审计方法证明银行存款的真实性?执行过程要注意哪些问题?

2. 2023年1月8日16时,注册会计师对A公司的库存现金进行突击盘点。相关记录如下:
(1) 人民币:100元币11张,50元币9张,20元币5张,10元币16张,5元币19张,2元币22张,1元币25张,5角币38张,1角币4张,硬币5角8分。
(2) 已收款尚未入账的收款凭证2张,计130元。
(3) 已付款尚未入账的付款凭证3张,计820元,其中有500元白条.
(4) 2023年1月8日库存现金日记账余额为1 890.20元;2023年1月1日至2023年1月8日收入现金4 560.16元,支出现金3 730元;2022年12月31日库存现金账面余额为1 060.04元。
(5) 开户银行核定的库存限额为1 000元。

要求:根据上述资料编制库存现金盘点表,指出该公司管理中存在的问题。

五、案例分析题

1. 仲桥事务所注册会计师何梅作为外勤负责人审计天星公司2022年度的财务报表。通过与前任注册会计师的沟通及对被审计单位的了解,拟信赖客户的内部控制,为此决定对相关内部控制进行了解和控制测试。通过了解发现以下情况:

(1) 鑫盛公司是天星公司的长期客户,由鑫盛公司每年预付一定的货款给天星公司用于生产鑫盛公司需要的A类产品,由于2022年生产A类产品的原料受到进口限制全年停产,因此鑫盛公司要求天星公司将预付款退回,但在退款函中要求天星公司将该笔款项直接转到成双公司以偿还其在成双公司采购的A类产品的替代品款,天星公司于2022年年末将该笔款项转入了成双公司。

(2) 关于货币资金支付的规定:部门或个人用款时,应提前向审批人提交申请,注明款项的用途、金额、支付方式、经济合同或相关证明;金额在10 000元以下的用款申请,必须经过财务副经理的审批,金额在10 000元以上的用款申请,应经过财务经理的审批;出纳人员根据已经批准的支付申请,按规定货币资金支付手续,及时登记现金和银行存款日记账;货币资金支付后,应由专职复核人员进行复核,复核货币资金的批准范围、权限、程序、手续、金额、支付方式、时间等,发现问题后及时纠正。

要求：分析天星公司内部控制中存在的问题并提出改进建议。

项目九 撰写审计报告

思政案例导入

近年,最有名的审计失败案例非"疫苗之王"长生生物莫属。2017年11月3日,国家食品药品监督管理总局披露长生生物2016年某批次的疫苗效价指标不符合标准规定,并通告和责令长生生物查明药物的使用单位,停止使用该批次疫苗。2018年7月15日,国家药监局通报了长生生物子公司长春长生狂犬病疫苗生产记录造假问题。次日,长生生物召回全部批次的狂犬病疫苗,上海、广州等地暂停使用并就地封存。2018年7月17日,长春长生发声,涉事疫苗未出厂销售,已销售疫苗均符合国家标准。但随后的媒体曝出长春长生及武汉生物的两个批次的百白破疫苗效价指标不合格,同时根据相关媒体披露,被查出有问题批次的疫苗高达65万支。随后,在对其立案调查之后发现,在过去十多年中,长生生物及其子公司至少涉及的12起受(行)贿案件中,为了得到更多的销售订单,公司销售人员经常通过回扣等方式贿赂采购单位相关人员。2018年10月16日,证监会、国家药监局和吉林省食药监局等多部门宣布了对长生生物的处罚,除了罚款91亿元外,还对多名涉案人员追究刑事责任。2019年1月14日,长生生物收到深交所对该公司股票实施重大违法强制退市的决定书,这宣告了历时近一年半的长生生物疫苗事件的基本结束。

长生生物2017年的财务报告,被发现两个可疑问题:其一,在长生生物的财务报告中,2017年公司实现营业收入15.53亿元,同比增长52.60%;净利润为5.66亿元,同比增长33.28%;销售费用约为5.83亿元,增幅高达152.52%,在上述销售费用中,推广服务费超过4.42亿元,占销售费用的75.95%,这表明了长生生物企业销售费用过高;其二,长生生物自2016年2月3日起,其董事长、总经理、财务负责人均为高俊芳一人担任,这表明了长生生物的企业内部控制存在一定问题。然而,在长生生物明显存在销售费用过高及内部控制缺陷的情况下,致同会计师事务所对长生生物出具了标准无保留意见的审计报告。

探索与讨论:

在出具审计报告之前,注册会计师以及会计师事务所需要完成哪些工作来保证审计质量?

学习目标

【知识目标】

1. 掌握评价审计过程中发现的错报。
2. 熟悉审计工作底稿复核内容。
3. 了解审计报告的含义、作用与类型。

4. 掌握审计报告的内容、格式与撰写措辞。
5. 掌握不同意见类型审计报告的出具条件。

【技能目标】
1. 能根据审计的具体情况编制审计调整分录。
2. 能根据审计情况判断审计报告意见类型并撰写审计报告。

【素质目标】
1. 通过对完成审计工作的学习,培养学生综合考虑的战略意识和全局观。
2. 通过学习形成书面声明,培养学生严格树立责任和担当意识。
3. 通过对撰写审计报告的学习,引导学生养成独立思考的能力和批判精神,培养学生的职业责任和社会责任感。
4. 通过学习管理会计师事务所审计档案,引导学生树立保密意识,坚守底线,确保国家秘密和审计工作秘密安全,坚决维护审计行业健康发展。

初级考试考点

1. 财务报告审计目标
2. 财务报告内部控制
3. 资产负债表审计的内容与方法
4. 利润表审计的内容与方法

任务一　完成审计工作

工作任务

请完成审计工作,并编制相应审计工作底稿。

知识储备

审计完成阶段是审计的最后一个阶段。注册会计师按业务循环完成各财务报表项目的审计测试和一些特殊项目的审计工作后,在审计完成阶段汇总审计测试结果,进行更具综合性的审计工作,例如评价审计中的重大发现,评价审计过程中发现的错误,关注期后事项对财务报表的影响,复核审计工作底稿和财务报表等。在此基础上,评价审计结果,在与客户沟通以后,获取管理层声明,确定应出具的审计报告的意见类型和措辞,进而编制并致送审计报告,终结审计工作。

一、评价审计中的重大发现

在审计完成阶段,项目合伙人和审计项目组考虑重大发现和事项。具体包括:
(1) 中期复核中的重大发现及其对审计方法的相关影响。

(2) 涉及会计政策的选择、运用和一贯性的重大事项,包括相关的披露。
(3) 就特别审计目标识别的重大风险,对审计策略和计划的审计程序所作的重大修正。
(4) 在与管理层和其他人员讨论重大发现和事项时得到的信息。
(5) 与注册会计师的最终审计结论相矛盾或不一致的信息。

注册会计师在审计计划阶段对重要性的判断与其在评估审计差异时对重要性的判断是不同的。如果在审计完成阶段确定的修订后的重要性水平远远低于在计划阶段确定的重要性水平,注册会计师应重新评估已获取的审计证据的充分性和适当性。

二、评价审计过程中发现的错报

(一) 错报的沟通和更正

及时与适当层级的管理层沟通错报事项是重要的,因为这能使管理层评价这些事项是否为错报,并采取必要行动,如有异议,管理层则告知审计人员。在沟通时需要关注以下几方面:

1. 编制审计调整分录

注册会计师并不是被审计单位的会计,不能直接调整被审计单位的会计账项,调整的对象是存在错报的财务报表项目,因此,注册会计师编制调整分录遵循调表不调账的原则,即仅针对财务报表项目进行调整,而不是针对具体的账户进行调整。

注册会计师应将上述调整分录以会计分录形式记录在审计工作底稿中,由于审计中发现的错误往往不止一两项,为便于审计项目的各级负责人综合判断、分析和决定,注册会计师通常需要将这些建议调整的不符事项汇总至审计调整分录汇总表,其格式如表 9-1 所示。

表 9-1　　　　　　　　　　审计调整分录汇总表

序号	内容及说明	索引号	调整内容				影响利润表+(-)	影响资产负债表+(-)
			借方项目	借方金额	贷方项目	贷方金额		

与被审计单位的沟通:
参加人员:
被审计单位:
审计项目组:
被审计单位的意见:
结论:
是否同意上述审计调整:
被审计单位授权代表签字:　　　　　　　　　　日期:

2. 编制重分类分录

重分类错误的会计核算是正确的,只是编制的财务报表在项目分类方面不符合会计准则的规定。

❶ 资产和负债重新分类。例如,一年内到期的长期借款,在编制报表时应单独列示至一年内到期的非流动负债,应重新分类:

借:长期借款
　　贷:一年内到期的非流动负债

❷ 往来款项的重新分类。应收账款、预收账款、合同资产、合同负债、应付账款、预付账款等,在期末填制资产负债表时,如果这些账户某个明细账出现与正常余额借贷相反的记录,而又不是记账错误,注册会计师就应将这些账户重新归类。比如,"应付账款"明细账借方余额实质是一项资产,应重分类到"预付款项"项目。

案例 9-1

某公司的应付账款明细账期末借方余额为:应付账款——H公司2 000万元。

应付账款账户通常为贷方余额,可能是实际付款大于采购款,其实质应属预付账款,应调整会计分录:

借:预付款项——H公司　　　　　　　　　　　　　　　　　2000
　　贷:应付账款——H公司　　　　　　　　　　　　　　　　2000

同样,审计人员应将上述重分类调整分录汇总至重分类调整分录汇总表,其格式如表9-2所示。

表 9-2　　　　　　　　　　　　重分类调整分录汇总表

序　号	内容及说明	索引号	调整项目和金额			
			借方项目	借方金额	贷方项目	贷方金额

与被审计单位的沟通:
参加人员:
被审计单位:
审计项目组:
被审计单位的意见:
结论:
是否同意上述审计调整:
被审计单位授权代表签字:　　　　　　　　　　日期:

3. 汇总未更正错报

管理层更正所有错报,能够保持会计账簿和记录的准确性,降低重大错报的风险。若被审计单位拒绝调整,注册会计师则应对未更正错报进行汇总,考虑其对报表的影响。未更正错报汇总表的格式如表9-3所示。

表 9-3　　　　　　　　　　　　　　　未更正错报汇总表

序号	内容及说明	索引号	未调整内容				备　注
			借方项目	借方金额	贷方项目	贷方金额	

未更正错报的影响：
项目金额百分比　　　　　计划百分比
1. 总资产
2. 净资产
3. 销售收入
4. 费用总额
5. 毛利
6. 净利润
结论：
被审计单位授权代表签字：　　　　　　　　日期：

注册会计师确定了核算错误和重分类错误后，应以书面方式及时征求被审计单位的意见。若被审计单位予以采纳，应取得被审计单位同意调整的书面确认；若被审计单位不予采纳，应分析原因，并根据错报的性质和重要程度，确定是否在审计报告中予以反映以及如何反映。

（二）编制试算平衡表

试算平衡表(trial balance)，简称 TB 表，是注册会计师在被审计单位提供的未审财务报表的基础上，考虑账项调整分录、重分类分录等内容以确定已审数与报表披露数的表式。注册会计师认可的财务报表最终反映的数额应以试算平衡表调整后的审定数为准。有关资产负债表和利润表的试算平衡表的参考格式如表 9-4 和 9-5 所示。

表 9-4　　　　　　　　　　　　　　　资产负债表试算平衡表

项　目	期末未审数	账项调整		重分类调整		期末审定数	项　目	期末未审数	账项调整		重分类调整		期末审定数
		借	贷	借	贷				借	贷	借	贷	
流动资产：							流动负债：						
货币资金							短期借款						
交易性金融资产							应付账款						
应收账款							预收款项						
其他应收款							应付职工薪酬						

(续表)

项 目	期末未审数	账项调整 借	账项调整 贷	重分类调整 借	重分类调整 贷	期末审定数	项 目	期末未审数	账项调整 借	账项调整 贷	重分类调整 借	重分类调整 贷	期末审定数
预付款项							应交税费						
存货							其他应付款						
一年内到期的长期债权投资							一年内到期的非流动负债						
其他流动资产							其他流动负债						
流动资产合计							流动负债合计						
非流动资产：							非流动负债合计：						
债权投资							长期借款						
其他债权投资							递延所得税负债						
长期股权投资							非流动负债合计						
长期应收款							负债合计						
固定资产							所有者权益：						
无形资产							实收资本						
开发支出							资本公积						
长期待摊费用							盈余公积						
递延所得税资产							其他综合收益						
非流动资产合计							未分配利润						
							所有者权益合计						
资产总计							负债和所有者权益总计						

表 9-5　　　　　　　　　　　　　利润表试算平衡表

项 目	未审数	调整金额 借方	调整金额 贷方	审定数	索引号
一、营业收入					
减：营业成本					
税金及附加					

(续表)

项　　目	未审数	调整金额 借方	调整金额 贷方	审定数	索引号
销售费用					
管理费用					
研发费用					
财务费用					
其中：利息费用					
利息收入					
加：其他收益					
投资收益（损失以"－"号填列）					
其中：对联营企业与合营企业的投资收益					
以摊余成本计量的金融资产终止确认收益（损失以"－"号填列）					
公允价值变动收益（损失以"－"号填列）					
信用减值损失（损失以"－"号填列）					
资产减值损失（损失以"－"号填列）					
资产处置收益（损失以"－"号填列）					
二、营业利润（亏损以"－"号填列）					
加：营业外收入					
减：营业外支出					
三、利润总额（亏损总额以"－"号填列）					
减：所得税费用					
四、净利润（净亏损以"－"号填列）					
五、其他综合收益的税后净额					
六、综合收益总额					
七、每股收益					

　　注册会计师在编制试算平衡表时，有关"未审数"栏，应根据被审计单位提供的未审计的财务报表数填列。如果审计差异调整所做会计分录多次涉及某些财务报表项目，在编制试算平衡表前，可先通过按财务报表项目设置的"丁"字账户，区分账项调整与重分类调整分录进行汇

总,然后将按财务报表项目汇总后的借、贷方发生额分别过入试算平衡表的"账项调整"与"重分类调整"栏内。在编制完试算平衡表后,应注意核对相应的勾稽关系。例如,资产负债表试算平衡表左边的期末未审数、期末审定数的合计数应分别等于其右边的相应合计数;资产负债表试算平衡表左边的账项调整栏中的借方合计数与贷方合计数之差应等于右边的账项调整栏中的贷方合计数与借方合计数之差;资产负债表试算平衡表左边的重分类调整栏中的借方合计数与贷方合计数之差应等于右边的重分类调整栏中的贷方合计数与借方合计数之差等。

(三) 评价未更正错报的影响

1. 重评重要性

在评价未更正错报的影响之前,注册会计师可能有必要根据实际的财务结果对重要性作出修改。如果注册会计师对重要性或重要性水平进行的重新评价导致需要确定较低的金额,则应重新考虑实际执行的重要性和进一步审计程序的性质、时间安排和范围的适当性,以获取充分、适当的审计证据,作为发表审计意见的基础。

2. 评价未更正错报

未更正错报,是指注册会计师在审计过程中累积的且被审计单位未予更正的错报。

(1) 累积错报。

错报的汇总数=已识别的具体错报+推断错报=事实错报+判断错报+抽样推断错报

(2) 单项错报。

如果注册会计师认为某一单项错报是重大的,则该项错报不太可能被其他错报抵销。但对于同一账户余额或同一类别的交易内部的错报,这种抵销可能是适当的。

(3) 分类错报。

确定一项分类错报是否重大,注册会计师需要进行定性评估。

❶ 即使分类错报超过了在评价其他错报时运用的重要性水平,注册会计师可能仍然认为该分类错报对财务报表整体不产生重大影响。

❷ 即使某些错报低于财务报表整体的重要性,但由于与这些错报相关的某些情况影响,在将其单独或连同在审计过程中累积的其他错报一并考虑时,注册会计师也可能将这些错报评价为重大错报。

(四) 书面声明

注册会计师应当要求管理层和治理层(如果适用)提供书面声明,说明其是否认为未更正错报单独或汇总起来对财务报表整体的影响不重大。但即使获取了这一声明,注册会计师仍需要对未更正错报的影响形成结论。

三、复核审计工作底稿和财务报表

(一) 对财务报表总体合理性实施分析程序

在审计结束或临近结束时,注册会计师运用分析程序的目的是确定经审计调整后的财务报表整体是否与对被审计单位的了解一致,是否具有合理性。

在运用分析程序进行总体复核时,如果识别出以前未识别的重大错报风险,注册会计师应当重新考虑对全部或部分各类交易、披露评估的风险是否恰当,并在此基础上重新评价之前计划的审计程序是否充分,是否有必要追加审计程序。

（二）复核审计工作底稿

审计工作底稿复核分为项目组内部复核和项目质量控制复核两个层次。

1. 项目组内部复核（表9-6）

表9-6　　　　　　　　　　　项目组内部复核的内容

项目	内容
复核人员	（1）总原则：应当由项目组内经验较多的人员复核经验较少的人员的工作 （2）项目组需要在制订审计计划时确定复核人员的指派，以确保所有工作底稿均得到适当层级人员的复核 （3）对一些较为复杂、审计风险较高的领域，例如：舞弊风险的评估与应对、重大会计估计及其他复杂的会计问题、审核会议记录和重大合同、关联方关系和交易、持续经营存在的问题等，需要指派经验丰富的项目组成员执行复核，必要时可以由项目合伙人执行复核
复核范围	（1）所有的审计工作底稿至少要经过一级复核 （2）执行复核时，复核人员需要考虑的事项包括： ❶ 审计工作是否已按照职业准则和适用的法律法规的规定执行； ❷ 重大事项是否已提请进一步考虑； ❸ 相关事项是否已进行适当咨询，由此形成的结论是否已得到记录和执行； ❹ 是否需要修改已执行审计工作的性质、时间安排和范围； ❺ 已执行的审计工作是否支持形成的结论，并已得到适当记录； ❻ 已获取的审计证据是否充分、适当； ❼ 审计程序的目标是否已实现
复核时间	审计项目复核贯穿审计全过程，随着审计工作的开展，复核人员在审计计划阶段、执行阶段和完成阶段及时复核相应的工作底稿
项目合伙人复核	（1）根据审计准则的规定：项目合伙人应当对会计师事务所分派的每项审计业务的总体质量负责；项目合伙人应当对项目组按照会计师事务所复核政策和程序实施的复核负责 （2）项目合伙人复核的内容包括： ❶ 对关键领域的判断，尤其是执行业务过程中识别出的疑难问题或争议事项； ❷ 特别风险； ❸ 项目合伙人认为重要的其他领域。 （3）项目合伙人无须复核所有审计工作底稿

2. 项目质量控制复核（表9-7）

表9-7　　　　　　　　　　　项目质量控制复核的内容

项目	内容
复核人员	会计师事务所应当制定政策和程序，解决项目质量控制复核人员的委派问题，明确项目质量控制复核人员的资格要求： （1）履行职责需要的技术资格，包括必要的经验和权限 （2）在不损害其客观性的前提下，能够提供业务咨询的程序 例如：有一定执业经验的合伙人，或专门负责质量控制复核的注册会计师等，可以作为复核人员，但独立的项目质量控制复核不能减轻项目组内部复核的责任

(续表)

项　目	内　　容
复核范围	项目质量控制复核人员应当客观评价项目组作出的重大判断以及在编制审计报告时得出的结论： (1) 与项目合伙人讨论重大事项 (2) 复核财务报表和拟出具的审计报告 (3) 复核选取的与项目组作出的重大判断和得出的结论相关的审计工作底稿 (4) 评价在编制审计报告时得出的结论，并考虑拟出具审计报告的恰当性
复核时间	(1) 只有完成项目质量控制的复核，才能签署审计报告 (2) 项目质量控制复核人员应在业务过程中的适当阶段及时实施项目质量控制复核，而非在出具审计报告前才实施复核

四、期后事项

期后事项是指财务报表日至审计报告日之间发生的事项，以及注册会计师在审计报告日后知悉的事实。期后事项的种类如表9-8所示。

表9-8　　　　　　　　　　　期后事项的种类

	财务报表日后调整事项	财务报表日后非调整事项
特征	对财务报表日已经存在的情况提供证据	对财务报表日后发生的情况提供证据
处理	如果金额重大，应提请被审计单位对本期财务报表及相关的账户金额进行调整	必要时在财务报表中予以适当披露

对期后事项的划分和责任定位，如表9-9、表9-10所示。

表9-9　　　　　　　　　　　对期后事项的划分

时　段	划　分　依　据
第一时段	财务报表日至审计报告日之间发生的事项
第二时段	审计报告日后至财务报表报出日前发现的事实
第三时段	财务报表报出日后知悉的事实

表9-10　　　　　　　　　　　对期后事项的责任定位

时　段	责任定位	责任的具体体现
第一时段	主动识别	应当设计专门的审计程序来识别这些期后事项，并根据这些事项的性质判断其对财报的影响，进而确定是进行调整还是披露

(续表)

时　段	责任定位	责任的具体体现
第二时段	被动识别	❶ 第二阶段知悉了某事实,且若在审计报告日知悉可能导致修改审计报告,注册会计师应与管理层和治理层(如适用)讨论该事项 ❷ 确定财报是否需要修改 ❸ 如果需要修改,询问管理层将如何在财报中处理该事项
第三时段	没有义务识别	同第二时段

任务二　形成书面声明

工作任务
获取长沙超世服饰有限公司管理层的书面声明书。

知识储备

书面声明,是指管理层向注册会计师提供的书面陈述,用以确认某些事项或支持其他审计证据。书面声明不包括财务报表及其认定,以及支持性账簿和相关记录。在本节中单独提及管理层时,应当理解为管理层和治理层(如适用)。管理层负责按照适用的财务报表编制基础编制财务报表并使其实现公允反映。

书面声明是注册会计师在财务报表审计中需要获取的必要信息,是审计证据的重要来源。尽管书面声明提供了必要的审计证据,但其本身并不为所涉及的任何事项提供充分、适当的审计证据。而且,管理层已提供可靠书面证明的事实,并不影响注册会计师就管理层责任履行情况或具体认定获取的其他审计证据的性质和范围。

一、针对管理层责任的书面声明

针对财务报表的编制,注册会计师应当要求管理层提供书面声明,确认其根据审计业务约定条款,履行了按照适用的财务报表编制基础编制财务报表,并使其实现公允反映(如果适用)的责任。

针对提供的信息和交易的完整性,注册会计师应当要求管理层就下列事项提供书面声明：❶ 按照审计业务约定条款,已向注册会计师提供所有相关信息,并允许注册会计师不受限制地接触所有相关信息以及被审计单位内部人员和其他相关人员;❷ 所有交易均已记录并反映在财务报表中。

如果未从管理层获取其确认已履行责任的书面声明,注册会计师在审计过程中获取的有关管理层已履行这些责任的其他审计证据是不充分的。

二、其他书面声明

如果注册会计师认为有必要获取一项或多项其他书面声明,以支持与财务报表或者一项或多项具体认定相关的其他审计证据,注册会计师应当要求管理层提供以下书面声明:

(1) 关于财务报表的额外书面声明。

(2) 与向注册会计师提供信息有关的额外书面证明。

(3) 关于特定认定的书面声明。

三、书面声明的日期和涵盖期间

书面声明的日期应当尽量接近对财务报表出具审计报告的日期,但不得在审计报告日后。书面说明应当涵盖审计报告针对的所有财务报表和期间。

由于书面声明是必要的审计证据,在管理层签署书面声明前,注册会计师不能发表审计意见,也不能签署审计报告。而且由于注册会计师关注截至审计报告日发生的、可能需要在财务报表中作出相应调整或披露的事项,书面声明的日期应当尽量接近财务报表出具审计报告的日期但不得在其之后。

四、书面声明的形式

书面声明应当以声明书的形式致送达注册会计师。参考格式 9-11 所示。

表 9-11 　　　　　　　　　　　　　　　　**书面声明**

(致注册会计师)

本声明书是针对你们审计 ABC 公司截至 2022 年 12 月 31 日的年度财务报表而提供的。审计的目的是对财务报表发表意见,以确定财务报表是否在所有重大方面已按照企业会计准则的规定编制,并实现公允反映。

尽我们所知,并在所做出了必要的查询和了解后,我们确认:

一、财务报表

1. 我们已履行[插入日期]签署的审计业务约定书中提及的责任,及根据企业会计准则的规定编制财务报表,并对财务报表进行公允反映。

2. 在作出会计估计时使用的重大假设(包括与公允价值计量相关的假设)是合理的。

3. 已按照企业会计准则的规定在关联方关系及其交易作出了恰当的会计处理和披露。

4. 根据企业会计准则的规定,所有需要调整或披露的资产负债表日后事项都已得到调整或披露。

5. 未更正错报,无论是单独还是汇总起来,对财务报表整体的影响均不重大。未更正错报汇总表附在本说明书后。

6. [插入注册会计师可能认为适当的其他任何事项]。

二、提供的信息

7. 我们已向你们提供下列工作条件:

(1) 允许接触我们特别提醒到的、与财务报表编制相关的所有信息(如记录、文件和其他事项)。

(2) 提供你们基于审计目的要求我们提供的其他信息。

(3) 允许在获取审计证据时不受限制的接触你们认为必要的本公司内部人员和其他相关人员。

8. 所有交易均已记录并反映在财务报表中。

9. 我们已向你们披露了我们特别提醒到的、可能影响本公司的舞弊或舞弊现已相关的所有信息,这些信息涉及本公司的:

(1) 管理层;

(2)在内部控制中承担重要职责的员工;
(3)其他人员(在舞弊行为导致财务报表重大错报的情况下)。

10. 我们已向你们披露了从现任和前任员工、分析师、监管机构等方面获知的、影响财务报表的舞弊指控或无比嫌疑的所有信息。

11. 我们已向你们披露了所有已知的、在编制财务报表时应当考虑其影响的违反或涉嫌违反法律法规的行为。

12. 我们已向你们披露了我们特别提醒到的关联方的名称和特征、所有关联方关系及其交易事项。

13. [插入注册会计师可能认为必要的其他任何事项]。

附:未更正错报汇总表

ABC 公司	ABC 公司管理层
(盖章)	(签名并盖章)
中国××市	二〇二三年×月×日

五、对书面声明可靠性的考虑

(一) 书面声明可靠性

如果对管理层的胜任能力、诚信、道德价值观或勤勉尽责存在疑虑,或者对管理层在这些方面的承诺或贯彻执行存在疑虑,注册会计师应当确定这些疑虑对书面或口头声明和审计证据总体的可靠性可能产生的影响。

(1)注册会计师可能认为,管理层在财务报表中作出不实陈述的风险很大,以至于审计工作无法进行。在这种情况下,除非治理层采取适当的纠正措施,否则注册会计师可能需要考虑解除业务约定(如果法律法规允许)。

(2)如果书面声明与其他审计证据不一致,注册会计师应当实施审计程序以设法解决这些问题。

注册会计师可能需要考虑风险评估结果是否仍然适当。如果认为不适当,注册会计师需要修正风险评估结果,并确定进一步审计程序的性质、时间安排和范围,以应对评估的风险。如果问题仍未解决,注册会计师应当重新考虑对管理层的胜任能力、诚信、道德价值观或勤勉尽责的评估,或者重新考虑对管理层在这些方面的承诺或贯彻执行的评估。

(3)注册会计师应当确定书面声明与其他审计证据的不一致对书面或口头声明和审计证据总体的可靠性可能产生的影响。如果认为书面声明不可靠,注册会计师应当采取适当措施,包括确定其对审计意见可能产生的影响。

(二) 未获得书面声明

(1)如果管理层不提供要求的一项或多项书面声明,注册会计师应当采取适当的应对措施:❶与管理层讨论该事项;❷重新评价管理层的诚信,并评价该事项对书面或口头声明和审计证据总体的可靠性可能产生的影响;❸采取适当措施,包括确定该事项对审计意见可能产生的影响。

(2)如果存在下列情形之一,注册会计师应当对财务报表发表无法表示意见:❶注册会计师对管理层的诚信产生重大疑虑,以至于认为其作出的书面声明不可靠;❷管理层不提供与其编制财务报表责任及提供交易信息完整性的书面声明。

如果注册会计师认为有关这些事项的书面声明不可靠,或者管理层不提供有关这些事项的书面声明,则注册会计师无法获取充分、适当的审计证据。

这对财务报表的影响可能是广泛的,并不局限于财务报表的特定要素、账户或项目。在这种情况下,注册会计师需要对财务报表发表无法表示意见。

任务三　撰写审计报告

工作任务
撰写长沙超世服饰有限公司审计报告。

知识储备

一、审计报告的含义、特征及作用

(一)审计报告的含义
审计报告是指注册会计师根据审计准则的规定,在执行审计工作的基础上,对财务报表发表审计意见的书面文件。

(二)审计报告的特征
审计报告是注册会计师在完成审计工作后向委托人提交的最终产品,具有以下特征:
(1)注册会计师应当按照审计准则的规定执行审计工作。
(2)注册会计师应在实施审计工作的基础上才能出具审计报告。
(3)注册会计师应通过对财务报表发表意见,履行业务约定书约定的责任。
(4)注册会计师应当以书面形式出具审计报告。

(三)审计报告的作用
注册会计师签发的审计报告,主要具有鉴证、保护和证明三方面的作用。

1. 鉴证作用
注册会计师签发的审计报告是以超然独立的第三者身份,对被审计单位财务报表合法性、公允性发表意见。股份制企业的股东主要依据注册会计师的审计报告来判断被投资企业的财务报表是否公允地反映了财务状况和经营成果,以进行投资决策等。

2. 保护作用
注册会计师通过审计,可以对被审计单位财务报表出具不同类型审计意见的审计报告,以提高或降低财务报表使用者对财务报表的信赖程度,能够在一定程度上对被审计单位的财产、债权人和股东的权益及企业利害关系人的利益起到保护作用。

3. 证明作用
审计报告是可以表明审计工作的质量并明确注册会计师的审计责任。通过审计报告,可以证明注册会计师对审计责任的履行情况,并证明其在审计过程中是否实施了必要的审计程序,是否以审计工作底稿为依据发表审计意见,发表的审计意见是否与被审计单位的实际情况相一致,审计工作的质量是否符合要求。

二、审计意见类型

(一) 审计意见的形成

注册会计师应当评价根据审计证据得出的结论,将其作为对财务报表形成审计意见的基础。在对财务报表形成审计意见时,注册会计师应当根据已获取的审计证据,评价是否已对财务报表整体不存在重大错报获取合理保证。

(1) 评价是否已获取充分、适当的审计证据。
(2) 评价未更正错报单独或汇总起来是否构成重大错报。
(3) 评价财务报表是否在所有重大方面均按照适用的财务报告编制基础编制。
(4) 评价财务报表是否实现公允反映。
(5) 评价财务报表是否恰当提及或说明适用的财务报告编制基础。

(二) 审计意见的类型

注册会计师的目标是在评价根据审计证据得出的结论的基础上,对财务报表形成审计意见,并通过书面报告的形式清楚地表达审计意见。

审计意见的类型分为无保留意见和非无保留意见两大类。

无保留意见审计报告,是指财务报表在所有重大方面按照适用的财务报告编制基础,编制并实现公允反映从而形成审计意见的报告。非无保留意见,是指对财务报表发表的保留意见、否定意见或无法表示意见。

如果认为财务报表在所有重大方面按照适用的财务报告编制基础编制并实现公允反映,注册会计师应当发表无保留意见。当存在下列情形之一时,注册会计师应当在审计报告中发表非无保留意见:❶ 根据获取的审计证据,得出财务报表整体存在重大错报的结论;❷ 无法获取充分、适当的审计证据,不能得出财务报表整体不存在重大错报的结论。

如果财务报表没有实现公允反映,注册会计师应当就该事项与管理层讨论,并根据适用的财务报告编制基础的规定和该事项得到解决的情况,决定是否有必要在审计报告中发表非无保留意见。

三、审计报告的基本内容

审计报告应包括以下要素:

(一) 标题

审计报告应当具有标题,统一规范为"审计报告"。

(二) 收件人

审计报告的收件人是指注册会计师按照业务约定书的要求致送审计报告的对象,一般是指审计业务的委托人。审计报告应当按照审计业务的约定载明收件人的全称。

注册会计师应当与委托人在业务约定书中约定致送审计报告的对象,以防止在此问题上发生分歧或审计报告被委托人滥用。针对整套通用目的财务报表出具的审计报告,审计报告的致送对象通常为被审计单位的股东或治理层。

(三) 审计意见

审计意见部分由两部分构成。第一部分指出已审计财务报表,应当包括下列方面:
(1) 指出被审计单位的名称。

(2) 说明财务报表已经审计。

(3) 指出构成整套财务报表的每一财务报表的名称。

(4) 提及财务报表附注。

(5) 指明构成整套财务报表的每一财务报表的日期或涵盖的期间。

第二部分应当说明注册会计师发表的审计意见。如果对财务报表发表无保留意见，除非法律法规另有规定，审计意见应当使用"我们认为，财务报表在所有重大方面按照〔适用的财务报告编制基础（如企业会计准则等）〕编制，公允反映了……"的措辞。审计意见说明财务报表在所有重大方面按照适用的财务报告编制基础编制，公允反映了财务报表旨在反映的事项。

（四）形成审计意见的基础

审计报告应当包含标题为"形成审计意见的基础"的部分。该部分提供关于审计意见的重要背景，应当紧接在审计意见部分之后，并包括下列内容：

(1) 说明注册会计师按照审计准则的规定执行了审计工作。

(2) 提及审计报告中用于描述审计准则规定的注册会计师责任部分。

(3) 声明注册会计师按照与审计相关的职业道德要求对被审计单位保持了独立性，并履行了职业道德方面的其他责任。声明中应当指明适用的职业道德要求，如中国注册会计师职业道德守则。

(4) 说明注册会计师是否相信获取的审计证据是否充分、适当的，为发表审计意见提供了基础。

（五）管理层对财务报表的责任

审计报告应当包含标题为"管理层对财务报表的责任"的部分，其中应当说明管理层负责下列方面：

(1) 按照适用的财务报表编制基础编制财务报表，使其实现公允反映，并设计、执行和维护必要的内部控制，以使财务报表不存在由于舞弊或错误导致重大错报。

(2) 评估被审计单位的持续经营能力和使用持续经营假设是否适当，并披露与持续经营相关的事项（如适用）。对管理层评估责任的说明应当包括描述在任何情况下使用持续经营假设是适当的。

（六）注册会计师对财务报表审计的责任

审计报告应当包含标题为"注册会计师对财务报表审计的责任"的部分，该部分应当包括下列内容：

(1) 说明注册会计师的目标是对财务报表整体是否不存在由于舞弊或错误导致的重大错报获取合理保证，并出具保函审计意见的审计报告。

(2) 说明合理保证是高水平的保证，但按照审计准则执行的审计并不能保证一定会发现存在的重大错报。

(3) 说明错报可能由于舞弊或错误导致。在说明错报可能由于舞弊或错误导致时，注册会计师应当从下列两种做法中选取一种：

❶ 描述如果合理预期错报单独或汇总起来，可能影响财务报表使用者依据财务报表作出的经济决策，则通常认为错报是重大的。

❷ 根据适用的成本报告编制基础，提供关于重要性的定义或描述。

注册会计师对财务报表审计的责任部分还应当包括下列内容：

(1) 说明在按照审计准则执行审计工作的过程中,注册会计师运用职业判断,并保持职业怀疑。

(2) 通过说明注册会计师的责任,对审计工作进行描述。这些责任包括:

❶ 识别和评估由于舞弊或错误导致的财务报表重大错报风险,设计和实施审计程序以应对这些风险,并获取充分、适当的审计证据,作为发表审计意见的基础。由于舞弊可能涉及串通、伪造、故意遗漏、虚假陈述或凌驾于内部控制之上,未能发现由于舞弊导致的重大错报的风险高于未能发现由于错误导致的重大错报的风险。

❷ 了解与审计相关的内部控制,以设计恰当的审计程序,但目的并非对内部控制的有效性发表意见。注册会计师有责任在财务报表审计的同时对内部控制的有效性发表意见时,应当列举上述"目的并非对内部控制的有效性发表意见"的表述。

❸ 评价管理层选用会计政策的恰当性和作出会计估计及相关披露的合理性。

❹ 对管理层使用的持续经营假设的恰当性得出结论。同时,根据获取的审计证据,就可能导致被审计单位持续经营能力产生重大疑虑的事项或情况是否存在重大不确定性得出结论。如果注册会计师得出结论认为存在重大不确定性,审计准则要求注册会计师在审计报告中提请报表使用者,关注财务报表中的相关披露;如果披露不充分,注册会计师应当发表非无保留意见。注册会计师的结论基于截至审计报告日可获得的信息,然而未来的事项或情况可能导致被审计单位不能持续经营。

❺ 评价财务报表的总体列报、结构和内容(包括披露),并评价财务报表是否公允反映相关交易事项。

注册会计师对财务报表审计的责任部分还应当包括下列内容:

(1) 说明注册会计师与治理层就计划的审计范围、时间安排和重大审计发现等事项进行沟通,包括沟通注册会计师在审计中识别的值得关注的内部控制缺陷。

(2) 对于上市实体财务报表审计,指出注册会计师就已遵守与独立性相关的职业道德要求向治理层提供声明,并与治理层沟通可能被合理认为影响注册会计师独立性的所有关系和其他事项,以及相关的防范措施(如适用)。

(3) 对于上市实体财务报表审计,以及决定按照准则的规定沟通关键审计事项的其他情况,说明注册会计师从已与治理层沟通的事项中确定哪些事项对本期财务报表审计最为重要,因而构成关键审计事项。注册会计师应当在审计报告中描述这些事项,除非法律法规禁止公开披露这些事项,或在极少数情形下,注册会计师合理预期在审计报告中沟通某事项造成的负面后果超过在公众利益方面产生的益处,因而决定不应在审计报告中沟通该事项。

(七) 按照相关法律法规的要求报告的事项(如适用)

除审计准则规定的注册会计师对财务报表出具审计报告的责任外,相关法律法规可能对注册会计师设定了其他报告责任。

在某些情况下,相关法律法规可能要求或允许注册会计师将针对这些其他责任的报告作为对财务报表出具的审计报告的一部分。在另外一些情况下,相关法律法规可能要求或允许注册会计师在单独出具的报告中进行报告。

如果注册会计师在对财务报表出具的审计报告中履行其他报告责任,应当在审计报告中将其单独作为一部分。并以"按照相关法律法规的要求报告的事项"为标题。此时,审计报告应当区分为"对财务报表出具的审计报告"和"按照相关法律法规的要求报告的事项"两部分,以便将其同注册会计师的财务报表报告责任明确区分。

（八）注册会计师的签名和盖章

审计报告应当由项目合伙人和另一名负责该项目的注册会计师签名和盖章。在审计报告中指明项目合伙人有助于进一步增强对审计报告使用者的透明度，有利于增强项目合伙人的个人责任感。因此对上市实体整套通用目的财务报表出具的审计报告应当注明项目合伙人。

（九）会计师事务所的名称、地址和盖章

审计报告应当载明会计师事务所的名称和地址，并加盖会计师事务所公章。

根据《中华人民共和国注册会计师法》的规定，注册会计师承办业务，由其所在的会计师事务所统一受理并与委托人签订委托合同。因此，审计报告除了应由注册会计师签名和盖章外，还应载明会计师事务所的名称和地址，并加盖会计师事务所公章。

注册会计师在审计报告中载明会计师事务所地址时，标明会计师事务所所在的城市即可。

（十）报告日期

审计报告应当注明报告日期。审计报告日不应早于注册会计师获取充分、适当的审计证据（包括管理层认可对财务报表的责任且已批准财务报表的证据），并在此基础上对财务报表形成审计意见的日期。在确定审计报告日时，注册会计师应当确信已获取下列两方面的审计证据：❶ 构成整套财务报表的所有报表（包括相关附注）已编制完成；❷ 被审计单位的董事会、管理层或类似机构已经认可其对财务报表负责。

审计报告的日期向审计报告使用者表明，注册会计师已考虑其知悉的、截至审计报告日发生的事项和交易的影响。审计报告的日期非常重要。注册会计师对不同时段的财务报表日后事项有着不同的责任，而审计报告的日期是划分时段的关键时点。由于审计意见是针对财务报表发表的，并且编制财务报表是管理层的责任，所以，只有在注册会计师获取证据证明构成整套财务报表的所有报表（包括相关附注）已经编制完成，并且管理层已认可其对财务报表的责任的情况下，注册会计师才能得出已经获取充分、适当的审计证据的结论。在审计实务中，注册会计师在正式签署审计报告前，通常把审计报告草稿和已审计财务报表草稿一同提交给管理层。如果管理层批准并签署已审计财务报表，注册会计师即可签署审计报告。注册会计师签署审计报告的日期通常与管理层签署已审计财务报表的日期为同一天，或者晚于管理层签署已审计财务报表的日期。

四、撰写无保留意见审计报告

无保留意见，是指当注册会计师认为财务报表在所有重大方面按照适用的财务报告编制基础编制并实现公允反映时发表的审计意见。无保留意见审计报告参考格式如表 9-12 所示。

表 9-12　　　　　　　　　　　　　　审计报告

ABC 股份有限公司全体股东：

一、对财务报表出具的审计报告

（一）审计意见

我们审计了 ABC 股份有限公司（以下简称"ABC 公司"）财务报表，包括 2022 年 12 月 31 日的资产负债表，2022 年度的利润表、现金流量表、股东权益变更表以及相关财务报表附注。

我们认为，后附的财务报表在所有重大方面按照企业会计准则的规定编制，公允反映了 ABC 公司 2022 年 12 月 31 日的财务状况以及 2022 年度的经营成果和现金流量。

（二）形成审计意见的基础

我们按照中国注册会计师审计准则的规定执行了审计工作。审计报告的"注册会计师对财务报表审计的责任"部分进一步阐述了我们在这些准则下的责任。按照中国注册会计师职业道德守则，我们独立于ABC公司，并履行了职业道德方面的其他责任。我们相信，我们获取的审计证据是充分、适当的，为发表审计意见提供了基础。

（三）关键审计事项

关键审计事项是根据我们的职业判断，认为对本期财务报表审计最为重要的事项。这些事项是在对财务报表整体进行审计并形成意见的背景下进行处理的，我们不对这些事项提供单独的意见。

……

（四）管理层和治理层对财务报表的责任

管理层负责按照企业会计准则的规定编制财务报表，使其实现公允反映，并设计、执行和维护必要的内部控制，以使财务报表不存在由于舞弊或错误导致的重大错误。在编制财务报表时，管理层负责评估ABC公司的持续经营能力，披露与持续经营相关的事项（如适用），并运用持续经营假设，除非计划清算ABC公司、停止营运或别无其他现实的选择。

治理层负责监督ABC公司的财务报表过程。

（五）注册会计师对财务报表审计的责任

我们的目标是对财务报表整体是否不存在由于舞弊或错误导致的重大错误获取合理保证，并出具包含审计意见的审计报告。合理保证是高水平的保证，但并不能保证按照审计准则执行的审计在某一重大错报存在时总能发现。错报可能是由于舞弊或错误导致，如果合理预期错报单独或汇总起来可能影响财务报表使用者依据财务报表作出的经济决策，则通常认为错报是重大的。

在按照审计准则执行审计的过程中，我们运用了职业判断，保持了职业怀疑。我们同时做到了以下几点：

（1）识别和评估由于舞弊或错误导致的财务报表重大错报风险；对这些风险有针对性地设计和实施审计程序获取充分、适当的审计证据，作为发表审计意见的基础。由于舞弊可能涉及串通、伪造、故意遗漏、虚假陈述或凌驾于内部控制之上，因而未能发现由于舞弊导致的重大错报的风险高于未能发现由于错误导致的重大错报的风险。

（2）了解与审计相关的内部控制，以设计恰当的审计程序，但目的并非对内部控制的有效性发表意见。

（3）评价管理层选用会计政策的恰当性和作出会计估计及相关披露的合理性。

（4）对管理层使用持续经营假设的恰当性得出结论。同时，根据获取的审计证据，就可能导致对ABC公司持续经营能力产生重大疑虑的事项或情况是否存在重大不确定性得出结论。如果我们得出结论认为存在重大不确定性，审计准则要求我们在审计报告中提请报表使用者特别注意财务报表中的相关披露；如果披露不充分，我们应当发表非无保留意见。我们的结论基于审计报告日可获得的信息。然而，未来的事项或情况可能导致ABC公司不能持续经营。

（5）评价财务报表的总体列报、结构和内容（包括披露），并评价财务报表是否公允反映相关交易和事项。

我们与治理层就计划的审计范围、时间安排和重大审计发现（包括我们在审计中识别的值得关注的内部控制缺陷）等事项进行沟通。

我们还就遵守关于独立性的相关职业道德要求向治理层提供声明，并就可能被合理认为影响我们独立性的所有关系和其他事项，以及相关的防范措施（如适用）与治理层进行沟通。

从与治理层沟通的事项中，我们确定哪些事项对本期财务报表审计最为重要，因而构成关键审计事项。我们在审计报告中描述这些事项，除非法律法规禁止公开披露这些事项，或在极其罕见的情形下，如果合理预期在审计报告中沟通某事项造成的负面后果超过在公众利益方面产生的益处，我们确定不应在审计报告中沟通该事项。

二、按照相关法律法规的要求报告的事项

……

××会计师事务所	中国注册会计师：×××（项目合伙人）
（盖章）	（签名并盖章）
	中国注册师会计：×××
	（签名并盖章）
中国××市	二〇二三年×月×日

五、撰写非无保留意见审计报告

(一) 非无保留意见的含义

非无保留意见是指保留意见,否定意见或无法表示意见。

当存在下列情形之一时,注册会计师应当在审计报告中发表非无保留意见:

(1) 根据获取的审计证据,得出财务报表整体存在重大错报的结论。

为了形成审计意见,针对财务报表整体是否不存在由于舞弊或错误导致的重大错报。注册会计师应当得出结论,确定是否已就此获取合理保证,在得出结论时,注册会计师需要评价未更正错报对财务报表的影响。

错报是指某一财务报表项目的金额、分类、列报或披露,与按照适用的财务报告编制基础应当列示的金额、分类、列报或披露之间存在的差异。财务报表的重大错报可能源于以下几个方面。

❶ 选择会计政策的恰当性。在选择的会计政策的恰当性方面,当出现下列情形时,财务报表可能存在重大错报:

a. 选择的会计政策与适用的财务报告编制基础不一致。

b. 财务报表(包括相关附注)没有按照公允列报的方式反映交易和事项。

财务报告编制基础通常包括对会计处理、披露和会计政策变更的要求,如果被审计单位变更了重大会计政策,且没有遵守这些要求,财务报告可能存在重大错报。

❷ 对所选择的会计政策的运用。在对所选择的会计政策的运用方面,当出现下列情形时,财务报表可能存在重大错报:

a. 管理层没有按照适用的财务报表编制基础的要求一贯运用所选择的会计政策,包括管理层未在不同会计期间或对相似的交易和事项一贯运用所选择的会计政策(运用的一致性)。

b. 不当运用所选择的会计政策(运用中的无意错误)。

❸ 财务报表的恰当性或充分性。在财务报表披露的恰当性和充分性方面当出现下列情形时,财务报表可能存在重大错报:

a. 财务报表没有包括适用的财务报告编制基础要求的所有披露。

b. 财务报告的披露没有按照适用的财务报告编制基础列报。

c. 财务报告没有作出必要的披露已实现公允反映。

(2) 无法获取充分、适当的审计证据,不能得出财务报表整体不存在重大错误的结论。

如果注册会计师能够通过实施替代程序获取充分、适当的审计证据,则无法实施特定的程序并不构成对审计范围的限制。

下列情形可能导致注册会计师无法获取充分、适当的审计证据(也称为审计范围受到限制)。

❶ 超出被审计单位控制的情形。超出被审计单位控制的情形包括:a. 被审计单位的会计记录已被毁坏;b. 重要组成部分的会计记录以被政府有关机构无限期查封。

❷ 与注册会计师工作的性质或时间安排相关的情形。与注册会计师工作的性质或时间安排相关的情形包括:a. 被审计单位需要使用权益法对联营企业进行核算。注册会计师无法获取有关联营企业财务信息的充分、适当的审计证据已评价是否恰当运用了权益法;b. 注册会计师接受审计委托的时间安排、使注册会计师无法实施存货监盘;c. 注册会计师确定仅实施实质性程序是不充分的,但被审计单位的控制是无效的。

❸ 管理层施加限制的情形。管理层对审计范围施加的限制致使注册会计师无法获取充分、适当的审计证据的情形包括：a. 管理层阻止注册会计师实施存货监盘；b. 管理层阻止注册会计师对特定账户余额实施函证。

管理层施加的限制可能对审计产生其他影响，如注册会计师对舞弊风险的评估以及对业务保持的考虑。

（二）确定非无保留意见的类型

注册会计师确定恰当的非无保留意见类型取决于下列事项：❶ 导致非无保留意见的事项的性质，是财务报表存在重大错报，还是在无法获取充分、适当的审计证据的情况下财务报表可能存在重大错报；❷ 注册会计师就导致非无保留意见的事项对财务报表产生或可能产生影响的广泛性作出的判断。

广泛性是描述错报影响的术语，用以说明错报对财务报表的影响，或者由于无法获取充分、适当的审计证据而未发现的错误（如果存在）对财务报表可能产生的影响。根据注册会计师的判断，对财务报表的影响具有广泛性的情形包括：❶ 不限于对财务报表的特定要素、账户或项目是或可能是财务报表的主要组成部分；❷ 当与披露相关时，产生的影响对财务报表使用者理解财务报表至关重要。

表 9-13 列示了注册会计师对导致发表非无保留意见的事项的性质和这些事项对财务报表产生或可能产生影响的广泛性作出的判断，以及注册会计师的判断对审计意见类型的影响。

表 9-13　导致发表非无保留意见的事项的性质及其广泛性判断

导致发表非无保留意见的事项的性质	这些事项对财务报表产生或可能产生影响的广泛性	
	重大但不具有广泛性	重大且具有广泛性
（1）财务报表存在重大错报	保留意见	否定意见
（2）无法获取充分、适当的审计证据	保留意见	无法表示意见

1. 发表保留意见

当存在下列情形之一时注册会计师应当发表保留意见：

（1）在获取充分、适当的审计证据后，注册会计师认为错报单独或汇总起来对财务报表影响重大，但不具有广泛性。

注册会计师在获取充分、适当的审计证据后，只有当认为财务报表就整体而言是公允的，但还存在对财务报表产生重大影响的错报时，才能发表保留意见。如果注册会计师认为错报对财务报表产生的影响极为严重且具有广泛性，则应发表否定意见。因此，保留意见被视为注册会计师在不能发表无保留意见情况下最不严厉的审计意见。

（2）注册会计师在无法获取充分适当的审计证据，以作为形成审计意见的基础，但认为未发现的错报（如存在）对财务报表可能产生的影响重大，但不具有广泛性。

注册会计师因审计范围受到限制而无法保留意见，还是无法表示意见取决于无法获取的审计证据对形成审计意见的重要性。注册会计师在判断重要性时，应当考虑有关事项影响的性质和范围以及在财务报表中的重要程度。只有当未发现的错报（如果存在）对财务报表可能产生的影响重大但不具有广泛性时，才能发表保留意见。

2. 发表否定意见

在获取充分、适当的审计证据后，如果认为错报单独或汇总起来对财务报表的影响重大且具有广泛性，注册会计师应当发表否定意见。

3. 发表无法表示意见

如果无法获取充分、适当的审计证据，以作为形成审计意见的基础，但认为未发现的错报（如存在）对财务报表可能产生的影响重大且具有广泛性，注册会计师应当发表无法表示意见。

在极其特殊的情况下，可能存在多个不确定事项，即使注册会计师对每个单独的不确定事项获取了充分、适当的审计证据，但由于不确定事项可能存在相互影响，以及可能对财务报表产生累积影响，因而注册会计师不可能对财务报表形成审计意见，在这种情况下，注册会计师应当发表无法表示意见。

在确定非无保留意见的类型时还需注意以下两点。

(1) 在承接审计业务后，如果注意到管理层对审计范围施加限制，且认为这些限制可能导致对财务报表发表保留意见或无法表示意见，注册会计师应当要求管理层消除这些限制，如果管理层拒绝消除限制，除非治理层全部成员参与管理被审计单位，注册会计师应当就此事项与治理层沟通，并确定能否实施替代程序以获取充分、适当的审计证据。如果无法获取充分、适当的审计证据，注册会计师应当通过以下列方式确定其影响：❶ 如果未发现的错报存在可能对财务报表产生的影响重大，但不具有广泛性，应当发表保留意见。❷ 如果未发现的错报（如果存在）可能对财务报表产生的影响重大且具有广泛性，以至于发表保留意见不足以反映情况的严重性，应当行使解除业务约定（除非法律法规禁止）。当然，注册会计师应当在解除业务及约定前，与管理层沟通在审计过程中发现的、将会导致发表非无保留意见的所有错报事项。如果在出具审计报告之前解除业务约定被禁止或不可行，应当发表无法表示意见。

在某些情况下，如果法律法规要求注册会计师继续执行审计业务，则注册会计师可能无法解除审计业务约定。这种情况可能包括：❶ 注册会计师接受委托审计公共部门实体的财务报表；❷ 注册会计师接受委托审计涵盖特定期间的财务报表，或者接受一定期间的委托，在完成财务报表审计前或在受委托期间结束前，不允许解除审计业务规定，在这些情况下注册会计师，可能认为审计在需要在审计报告中增加其他事项段。

(2) 如果认为有必要对财务报表整体发表否定意见或无法表示意见，注册会计师不应在同一审计报告中，对按照相同财务报告编制基础编制的单一财务报表或者财务报表特定要素账户或项目发表无保留意见，在同一审计报告中包含无保留意见，将与对财务报表整体发表的否定意见或无法表示意见相矛盾。

当然，对经营成果、现金流量（如相关）发表无法表示意见，而对财务状况发表无保留意见，这种情况可能是被允许的，因为在这种情况下，注册会计师并没有对财务报表整体发表无法表示意见。

（三）非无保留意见的审计报告的格式和内容

1. 形成审计意见的基础

(1) 审计报告格式和内容的一致性。

审计报告格式和内容的一致性有助于提高使用者的理解和识别存在的异常情况。因此，尽管不可能统一非无保留意见的措辞和对导致非无保留意见的事项的说明，但仍有必要保持审计报告格式和内容的一致性。

如果对财务报表发表非无保留意见，注册会计师应当将审计报告中"形成审计意见的基础"部分的标题修改为恰当的标题,如"形成保留意见的基础""形成否定意见的基础""形成无法表示意见的基础",说明导致发表非无保留意见的事项。

如果对财务报表发表保留意见或否定意见,注册会计师应当修改"形成保留(否定)审计意见的基础"部分的描述,以说明注册会计师获取的审计证据是充分、适当的,为发表保留(否定)意见提供了基础。

如果对财务报表发表无法表示意见,注册会计师应当修改"形成无法表示意见的基础"部分的表述,不应提及审计报告中用于描述注册会计师责任的部分,也不应说明注册会计师是否已获取充分、适当的审计证据以作为形成审计意见的基础。

(2) 量化财务影响。

如果财务报表中存在与具体金额(包括定量披露)相关的重大错报,注册会计师应当在导致非无保留意见的事项段中说明并量化该错误的财务影响。举例来说,如果存货被高估,注册会计师就可以在审计报告的导致非无保留意见的事项中说明该重大错报的财务影响,即量化其对所得税税前利润、净利润和所有者权益的影响。如果无法量化财务影响,注册会计师应当在形成非无保留意见的基础部分说明这一情况。

(3) 存在与叙述性披露相关的重大错报。

如果财务报表中存在与叙述性披露相关的重大错报,注册会计师应当在形成非无保留意见的基础部分解释该错报错在何处。

(4) 存在与应披露而未披露信息相关的重大错报。

如果财务报表中存在与应当被披露而未披露信息相关的重大错报,注册会计师应当做到:❶ 与治理层讨论未披露信息的情况;❷ 在形成非无保留意见的基础部分描述未披露信息的性质;❸ 如果可行并且已针对未披露信息获取了充分、适当的审计证据,在形成非无保留意见的基础部分包含对未披露信息的披露(除非法律法规禁止)。

如果存在下列情形之一,则在形成非法保留意见的基础部分披露已遗漏的信息是不可行的:❶ 管理层还没有作出这些披露,或管理层已作出但注册会计师不易获取这些披露;❷ 根据注册会计师的判断,在审计报告中披露该事项过于庞杂。

(5) 无法获取充分适当的审计证据。

如果因无法获取充分、适当的审计证据而导致发表非无保留意见,注册会计师应当在形成非无保留意见的基础部分说明无法获取审计证据的原因。

(6) 披露其他事项。

即使发表了否定意见或无法表示意见,注册会计师也应当在形成非无保留意见的基础部分说明注意到的、将导致发表非无保留意见的所有其他事项及其影响。这是因为注册会计师注意到的其他事项的披露,可能与财务报表使用者的信息需求相关。

2. 审计意见部分

(1) 标题。

在发表非无保留意见时,注册会计师应当对审计意见部分使用恰当的标题,如"保留意见""否定意见"或"无法表示意见"。审计意见部分的标题能够使财务报表使用者清楚注册会计师发表非无保留意见,并能够表明非无保留意见的类型。

(2) 发表保留意见。

当由于财务报表存在重大错报而发表保留意见时,注册会计师应当根据适用的财务报告编制基础在审计意见部分中加以说明。注册会计师认为,除了形成保留意见的基础部分所述事项产生影响外,财务报表在所有重大方面按照适用的财务报告编制基础编制并实现公允反映。

当无法获取充分、适当的审计证据而导致发表保留意见时,注册会计师应当在审计意见部分中使用"除……可能产生的影响外"等措辞。

当注册会计师发表保留意见时,注册会计师在审计意见部分中使用"由于上述解释"或"受……影响"等措辞是不恰当的,因为这些措辞不够清晰或没有足够的说服力。

(3) 发表否定意见。

当发表否定意见时,注册会计师应当根据适用的财务报表编制基础,在审计意见部分中加以说明。注册会计师认为,由于形成否定意见的基础部分所述事项的重要性,因而财务报表没有在所有重大方面按照适用的财务报表编制基础编制,未能实现公允反映。

(4) 发表无法表示意见。

当由于无法获取充分、适当的审计证据而发表无法表示意见时,注册会计师应当在审计意见部分加以说明。注册会计师不对后附的财务报表发表审计意见,并说明:由于形成无法表示意见的基础部分所述事项的重要性,注册会计师无法获取充分、适当的审计证据以为发表审计意见提供基础。同时,注册会计师应当将有关财务报表已经审计的说明,修改为注册会计师接受委托审计财务报表。

3. 注册会计师对财务报表审计的责任部分

当由于无法获取充分、适当的审计证据而发表无法表示意见时,注册会计师应当对无保留意见审计报告中注册会计师对财务报表审计的责任部分的表述进行修改,使之仅包含下列内容:

(1) 注册会计师的责任是按照中国注册会计师审计准则的规定,对被审计单位财务报表执行审计工作并出具审计报告。

(2) 由于形成无法表示意见的基础部分所述的事项,注册会计师无法获取充分、适当的审计证据,以作为发表审计意见的基础。

(3) 声明注册会计师在独立性和职业道德方面的其他责任。

(四) 非无保留意见的审计报告的参考格式

1. 由于财务报表存在重大错报而发表保留意见的审计报告

保留意见审计报告参考格式如表 9-14 所示。

表 9-14　　　　　　　　　　　　审计报告

ABC 股份有限公司全体股东:

一、对财务报表出具的审计报告

(一) 保留意见

我们审计了 ABC 股份有限公司(以下简称"ABC 公司")财务报表,包括 2022 年 12 月 31 日的资产负债表,2022 年的利润表、现金流量表、股东权益变动表以及相关财务报表附注。

我们认为,除"形成保留意见的基础"部分所述事项产生的影响外,后附的财务报表在所有重大方面按照企业会计准则的规定编制,公允反映了 ABC 公司 2022 年 12 月 31 日的财务状况以及 2022 年度的经营成果和现金流量。

(二) 形成保留意见的基础

ABC 公司 2022 年 12 月 31 日资产负债表中存货的列示金额为×元。管理层根据成本对存货进行计量,而没有根据成本与可变现净值孰低的原则进行计量,这不符合企业会计准则的规定。ABC 公司的会计记录显示,如果管理层以成本与可变现净值孰低原则来计量存货,存货列示金额将减少×元。相应地资产减值损失将增加××元,所得税、净利润和股东权益将分别减少×元、×元和×元。

我们按照中国注册会计师审计准则的规定执行了审计工作。审计报告的"注册会计师对财务报表审计的责任"部分进一步阐述了我们在这些准则下的责任。按照中国注册会计师职业道德守则,我们独立于ABC公司,并履行了职业道德方面的其他责任。我们相信,我们获取的审计证据是充分、适当的,为发表保留意见提供了基础。

(三)关键审计事项

关键审计事项是根据我们的职业判断,认为对本期财务报表审计最为重要的事项。这些事项是在对财务报表整体进行审计并形成意见的背景下进行处理的。我们不对这些事项提供单独的意见。除"形成保留意见的基础"部分所述事实外,我们确定下列事项是需要在审计报告中沟通的关键审计事项。

……

(四)管理层和治理层对财务报表的责任

……

(五)注册会计师对财务报表审计的责任

……

二、按照相关的法律法规的要求报告的事项

……

×××会计师事务所	中国注册会计师 ×××(项目合伙人)
(盖章)	(签名并盖章)
	中国注册会计师:×××
	(签名并盖章)
中国××市	二〇二三年×月×日

2. 由于合并财务报表存在重大错报而发表否定意见的审计报告

否定意见审计报告参考格式如表9-15所示。

表9-15　　　　　　　　　　　　　　审计报告

ABC股份有限公司全体股东:

一、对合并财务报表出具的审计报告

(一)否定意见

我们审计了ABC股份有限公司及其子公司(以下简称"ABC集团")的合并财务报表,包括2022年12月31日的合并资产负债表,2022年度的合并利润表、合并现金流量表、合并股东权益变动表以及相关合并财务报表附注。

我们认为,由于"形成否定意见的基础"部分所述事项的重要性,后附的合并财务报表没有在所有重大方面按照××财务报告编制基础的规定编制,未能公允反映ABC集团2022年12月31日的合并财务状况以及2022年度的合并经营成果和合并现金流量。

(二)形成否定意见的基础

如财务报表附注×所述,2022年ABC集团通过非同一控制下的企业合并获得对XYZ公司的控制权,因未能取得购买日XYZ公司某些重要资产和负债的公允价值,故未将XYZ公司纳入合并财务报表的范围。按照××财务报告编制基础的规定,该集团应将这一子公司纳入合并范围,并以暂估金额为基础核算该项收购。如果将XYZ公司纳入合并财务报表的范围,后附的ABC集团合并财务报表的多个报表项目将受到重大影响。但我们无法确定未将XYZ公司纳入合并范围对合并财务报表产生的影响。

我们按照中国注册会计师审计准则的规定执行了审计工作。审计报告的"注册会计师对财务报表审计的责任"部分进一步阐述了我们在这些准则下的责任。按照中国注册会计师职业道德守则,我们独立于ABC集团,并履行了职业道德方面的其他责任。我们相信,我们获取的审计证据是充分、适当的,为发表否定意见提供了基础。

（三）关键审计事项

除"形成保留意见的基础"部分所述事项外，我们认为，没有其他需要在我们的报告中沟通的关键审计事项。

（四）管理层和治理层对合并财务报表的责任

（五）注册会计师对合并财务报表审计的责任

……

二、按照相关的法律法规的要求报告的事项。

……

×××会计师事务所	中国注册会计师 ×××（项目合伙人）
（盖章）	（签名并盖章）
	中国注册会计师：×××
	（签名并盖章）
中国××市	二〇二三年×月×日

3. 由于注册会计师无法针对财务报表多个要素获取充分、适当的审计证据而发表无法表示意见的审计报告

无法表示意见审计报告参考格式如表9-16所示。

表9-16　　　　　　　　　　　　　　　审计报告

ABC股份有限公司全体股东

一、对财务报表出具的审计报告

（一）无法表示意见

我们接受委托，审计ABC股份有限公司（以下简称"ABC公司"）财务报表，包括2022年12月31日的资产负债表，2022年的利润表、现金流量表、股东权益变动表以及相关财务报表附注。

我们不对后附的ABC公司财务报表发表审计意见。由于"形成无法表示意见的基础"部分所述事项的重要性，我们无法获取充分、适当的审计证据以作为对财务报表发表审计意见的基础。

（二）形成无法表示意见的基础

我们于2023年1月接受ABC公司的审计委托，因而未能对ABC公司2022年初金额为×元的存货和年末金额为×元的存货实施监盘程序。此外我们也无法实施替代审计程序获取充分、适当的审计证据。并且，ABC公司于2022年9月采用新的应收账款电算化系统，由于存在系统缺陷导致应收账款出现大量错误，截至报告日，管理层仍在纠正系统缺陷并更正错误，我们也无法实施替代审计程序。以对截至2022年12月31日的应收账款总额×元获取充分、适当的审计证据。因此，我们无法确定是否有必要对存货、应收账款以及财务报表其他项目作出调整，也无法确定应调整的金额。

（三）管理层和治理层对财务报表的责任

……

（四）注册会计师对财务报表审计的责任

我们的责任是按照中国注册会计师审计准则的规定，对ABC公司的财务报表执行审计工作，以出具审计报告。但由于"形成无法表示意见的基础"部分所述的事项，我们无法获取充分、适当的审计证据以作为发表审计意见的基础。

按照中国注册会计师职业道德守则，我们独立于ABC公司，并履行了职业道德方面的其他责任。

二、对其他法律和监管要求的报告

……

×××会计师事务所	中国注册会计师 ×××（项目合伙人）
（盖章）	（签名并盖章）
	中国注册会计师：×××
	（签名并盖章）
中国××市	二〇二三年×月×日

任务四 管理会计师事务所审计档案

> **工作任务**
> 将长沙超世服饰有限公司审计工作底稿归档管理。

知识储备

一、审计档案的概念和分类

审计档案,是指会计师事务所按照法律法规和执业准则要求形成的审计工作底稿和具有保存价值、应当归档管理的各种形式和载体的其他历史记录。一般情况下,审计档案分为永久性档案和当期档案两大类。

(一) 永久性档案

永久性档案是指那些记录内容相对稳定,具有长期使用价值,并对以后审计工作具有重要影响和直接作用的审计档案。永久性档案分为以下几类:

1. 审计项目管理信息资料

审计项目管理信息资料包括被审计单位地址、主要联系人、职位、电话,对分支机构执行审的注册会计师或专家的姓名和地址,审计业务约定书原件,各期审计档案清单(如对各期财务报表审计业务,记录共有几本审计档案、存放地点等)。

2. 被审计单位背景资料

被审计单位背景资料包括组织结构、各投资方简介、管理层和财务人员(名单、职责)、董事会成员清单、历史发展资料、业务介绍、关联方资料、会计手册、员工福利政策等。

3. 法律事项资料

法律事项资料包括有关设立、经营的文件的复印件(如公司章程、批准证书、营业执照等),验资报告,股东(大)会及董事会会议纪要,影响财务报表的重要合同、协议等文件的复印件(如所得税减免批准证明、银行借款合同和担保协议等),有关土地、建筑物、厂房和设备等资产文件的复印件(如资产评估报告、土地使用权证、房产证等)。

(二) 当期档案

当期档案是指那些记录内容经常变化,主要供当期审计和下期审计使用的审计档案。

1. 审计计划阶段工作底稿

审计计划阶段工作底稿包括总体审计策略和具体审计计划,对内部审计职能的评价,对外部专家的评价,对服务机构的评价,被审计单位提交资料清单,审计项目负责人的指示,前期审计报告和经审计的财务报表,预备会会议纪要等。

2. 审计实施阶段工作底稿

审计实施阶段工作底稿包括风险评估工作底稿,进一步审计程序表,控制测试工作底稿,实质性程序工作底稿(如分析表、问题备忘录、询证函回函、审计程序核对表、有关重大事项的往来信件、对被审计单位文件记录的摘要或复印件等)。

3. 审计终结阶段工作底稿

审计终结阶段工作底稿包括审计工作完成核对表,管理层声明原件,重大事项概要,错报汇总表,被审计单位财务报表和试算平衡表,有关列报的工作底稿(如现金流量表、关联方和关联交易的披露等),财务报表所属期间的董事会会议纪要,总结会会议纪要等。

4. 沟通和报告相关工作底稿

沟通和报告相关工作底稿包括审计报告和经审计的财务报表,与审计项目负责人的沟通和报告,与治理层的沟通和报告,与管理层的沟通和报告,管理建议书等。

二、审计档案的管理

会计师事务所应当结合自身经营管理实际需要,建立健全审计档案管理制度,采用可靠的防护技术和措施,确保审计档案妥善保管和有效利用。

审计档案应当由会计师事务所总所及其分所分别集中管理,接受所在地省级财政部门和档案行政管理部门的监督和指导。

会计师事务所首席合伙人或法定代表人对审计档案工作负领导责任。

会计师事务所应当明确一名负责人(合伙人、股东等)分管审计档案工作,该负责人对审计档案工作负分管责任。

会计师事务所应当设立专门岗位或指定专人具体管理审计档案并承担审计档案管理的直接责任。审计档案管理人员应当接受档案管理业务培训,具备良好的职业道德和专业技能。

会计师事务所从事境外发行证券与上市审计业务的,应当严格遵守境外发行证券与上市保密和档案管理相关规定。

三、审计档案的归档

会计师事务所从业人员应当按照法律法规和执业准则的要求,及时将审计业务资料按审计项目整理立卷。

审计档案管理人员应当对接收的审计档案及时进行检查、分类、编号、入库保管,并编制索引目录或建立其他检索工具。

会计师事务所不得任意删改已经归档的审计档案。按照法律法规和执业准则规定可以对审计档案作出变动的,应当履行必要的程序,并保持完整的变动记录。

四、审计档案的保管与利用

会计师事务所自行保管审计档案的,应当配置专用、安全的审计档案保管场所,并配备必要的设施和设备。

会计师事务所可以向所在地国家综合档案馆寄存审计档案,或委托依法设立、管理规范的档案中介服务机构(以下简称中介机构)代为保管。

会计师事务所应当按照法律法规和执业准则的规定,结合审计业务性质和审计风险评估情况等因素合理确定审计档案的保管期限,最低不得少于 10 年。

审计档案管理人员应当定期对审计档案进行检查和清点,发现损毁、遗失等异常情况,应当及时向分管负责人或经其授权的其他人员报告并采取相应的补救措施。

会计师事务所应当严格执行审计档案利用制度,规范审计档案查阅、复制、借出等环节的工作。

会计师事务所对审计档案负有保密义务,一般不得对外提供。确需对外提供且符合法律法规和执业准则规定的,应当严格按照规定办理相关手续。手续不健全的,会计师事务所有权不予提供。

五、审计档案的权属与处置

审计档案所有权归属会计师事务所并由其依法实施管理。

会计师事务所合并的,合并各方的审计档案应当由合并后的会计师事务所统一管理。

会计师事务所分立后原会计师事务所存续的,在分立之前形成的审计档案应当由分立后的存续方统一管理。

会计师事务所分立后原会计师事务所解散的,在分立之前形成的审计档案,应当根据分立协议,由分立后的会计师事务所分别管理,或由其中一方统一管理,或向所在地国家综合档案馆寄存,或委托中介机构代为保管。

会计师事务所因解散、依法被撤销、被宣告破产或其他原因终止的,应当在终止之前将审计档案向所在地国家综合档案馆寄存或委托中介机构代为保管。

会计师事务所分所终止的,应当在终止之前将审计档案交由总所管理,或向所在地国家综合档案馆寄存,或委托中介机构代为保管。

会计师事务所交回执业证书但法律实体仍存续的,应当在交回执业证书之前将审计档案向所在地国家综合档案馆寄存或委托中介机构代为保管。

有限责任制会计师事务所及其分所因组织形式转制而注销,并新设合伙制会计师事务所及分所的,转制之前形成的审计档案由新设的合伙制会计师事务所及分所分别管理。

会计师事务所及分所委托中介机构代为保管审计档案的,应当签订书面委托协议,并在协议中约定审计档案的保管要求、保管期限以及其他相关权利义务。

会计师事务所及分所终止或会计师事务所交回执业证书但法律实体仍存续的,应当在交回执业证书时将审计档案的处置和管理情况报所在地省级财政部门备案。委托中介机构代为保管审计档案的,应当提交书面委托协议复印件。

六、审计档案的鉴定与销毁

会计师事务所档案部门或档案工作人员所属部门(以下统称档案管理部门)应当定期与相关业务部门共同开展对保管期满的审计档案的鉴定工作。

经鉴定后,对确实需继续保存的审计档案应重新确定保管期限;对不再具有保存价值且不涉及法律诉讼和民事纠纷的审计档案应当登记造册,经会计师事务所首席合伙人或法定代表人签字确认后予以销毁。

会计师事务所销毁审计档案,应当由会计师事务所档案管理部门和相关业务部门共同派员监销。销毁电子审计档案的,会计师事务所信息化管理部门应当派员监销。

审计档案销毁决议或类似决议、审批文书和销毁清册(含销毁人、监销人签名等)应当长期保存。

七、审计档案的信息化管理

会计师事务所应当加强信息化建设，充分运用现代信息技术手段强化审计档案管理，不断提高审计档案管理水平和利用效能。

会计师事务所对执业过程中形成的具有保存价值的电子审计业务资料，应当采用有效的存储格式和存储介质归档保存，建立健全防篡改机制，确保电子审计档案的真实、完整、可用和安全。

会计师事务所应当建立电子审计档案备份管理制度，定期对电子审计档案的保管情况、可读取状况等进行测试、检查，发现问题及时处理。

八、审计档案的监督管理

会计师事务所从业人员转所执业的，离所前应当办理完结审计业务资料交接手续，不得将属于原所的审计业务资料带至新所。

禁止会计师事务所及其从业人员损毁、篡改、伪造审计档案，禁止任何个人将审计档案据为己有或委托个人私存审计档案。

会计师事务所违反本办法规定的，由省级以上财政部门责令限期改正。逾期不改的，由省级以上财政部门予以通报，列为重点监管对象或依法采取其他行政监管措施。

会计师事务所审计档案管理违反国家保密和档案管理规定的，由保密行政管理部门或档案行政管理部门分别依法处理。

习题与实训

一、判断题

1. 管理层声明书是一种独立来源的说明书，因此可作为可靠的审计证据，代替其他证据。（   ）

2. 若律师声明书表面或暗示律师拒绝提供信息，或隐瞒信息，或对被审计单位叙述的情况不加修正，注册会计师一般应认为这是审计范围受到限制，不能发表无保留意见。（   ）

3. 在任何情况下，注册会计师都应当只要求被审计单位管理层就已识别的重大的错报调整财务报表。（   ）

4. 无法表示意见，就意味着注册会计师不愿意发表意见。（   ）

5. 审计报告必须采用统一格式和措辞，以便于报告使用者正确理解。（   ）

6. 注册会计师在按照业务循环完成各财务报表项目的审计后，应立即出具审计报告，以确保发表恰当的审计意见。（   ）

7. 试算平衡表中的"未审数"栏，应根据被审计单位提供的未审计财务报表填列。（   ）

8. 注册会计师明知应当出具否定意见的审计报告时，为了规避风险，可以用无法表示意见的审计报告代替。（   ）

9. 将财务报表与审计报告一同提交给财务报表使用者，可以减少被审计单位管理层对财务报表的真实性、合法性所负的责任。（   ）

10. 因审计范围受到限制,未能取得充分、适当的审计证据,未发现的错报可能影响重大,但不广泛,则注册会计师应当发表保留意见。（　　）

二、单项选择题

1. 下列关于书面声明的说法中,错误的是(　　)。
   A. 书面声明能够为其所涉及的事项提供充分、适当的审计证据
   B. 书面声明不包括财务报表及其认定,以及支持性账簿和相关记录
   C. 书面声明的日期应当尽量接近对财务报表出具审计报告的日期,但不得在审计报告日后
   D. 书面声明应当以声明书的形式致送注册会计师

2. 下列有关复核审计工作底稿的表述中,错误的是(　　)。
   A. 对审计工作底稿的复核可分为两个层次,包括项目组内部复核和项目合伙人的质量控制复核
   B. 审计项目经理对审计工作底稿的复核是最详细的复核
   C. 由项目经理对工作底稿的复核属于第一级复核,该级复核通常在审计现场完成,以便及时发现和解决问题,争取审计工作的主动
   D. 项目质量控制复核并不能减轻项目合伙人的责任,更不能替代项目合伙人的责任

3. 注册会计师对于管理层提供的书面声明的可靠性产生疑虑,认为其在财务报表中作出不实陈述的风险很大,以至于审计工作无法进行。在这种情况下,治理层并没有采取适当的纠正措施,注册会计师的做法中,正确的是(　　)。
   A. 发表否定意见审计报告
   B. 视为审计范围受限,发表保留或者否定意见审计报告
   C. 视为审计范围受限,发表保留或者无法表示意见审计报告
   D. 考虑解除业务约定

4. 注册会计师在出具审计报告时,存在以下事项,其中不正确的是(　　)。
   A. 审计报告采用书面形式
   B. 审计报告由不是注册会计师的项目经理签字盖章
   C. 审计报告应当具有标题,统一规范为"审计报告"
   D. 审计报告应当按照审计业务约定的要求载明收件人

5. 下列对审计报告作用的理解中,不恰当的是(　　)。
   A. 由于注册会计师是以超然独立的第三方身份,对被审计单位财务报表的合法性、公允性发表意见,因此这种意见具有鉴证作用
   B. 审计报告可以提高或降低财务报表使用者对财务报表的信赖程度,在一定程度上对利害关系人的利益起到保护作用
   C. 审计报告可以对审计工作质量是否符合准则要求起证明作用,从而达到消除审计风险的目的
   D. 通过审计报告,可以证明注册会计师对审计责任的履行情况

6. 注册会计师实施替代程序无法获取有关存货的存在和状况的充分适当的审计证据,但项目组认为未发现的错报对财务报表可能产生的影响重大,但不具有广泛性,那么注册会计师应发表的审计意见是(　　)。

A. 保留意见　　　B. 否定意见　　　C. 无法表示意见　　　D. 无保留意见

7. 下列情况中,不属于审计范围受到限制的情况是(　　)。

A. 管理层阻止注册会计师实施存货监盘

B. 被审计单位的会计记录已被损坏

C. 注册会计师由于应收账款函证时间过长,决定不进行函证

D. 注册会计师接受审计委托的时间安排,使注册会计师无法实施存货监盘

8. 会计核算错报通过(　　)汇总。

A. 账项调整分录汇总表　　　　　　B. 重分类调整分录汇总表

C. 附注披露调整汇总表　　　　　　D. 未更正错报汇总表

9. 会计师事务所对某股份有限公司的财务报表进行审计,审计报告的收件人应为(　　)。

A. 全体职工　　　B. 全体股东　　　C. 董事会　　　D. 董事长

10. 在我国,注册会计师的审计报告的标题统一为(　　)。

A. 会计师事务所审计报告　　　　　B. 查账报告

C. 审计报告　　　　　　　　　　　D. 注册会计师审计报告

三、多项选择题

1. 下列有关获取书面声明的说法中,正确的有(　　)。

A. 书面声明属于来自被审计单位内部的证据,证明力较弱

B. 对获取的管理层对重大事项的声明,注册会计师在必要时,应将对声明事项的重要性的理解告知管理层

C. 书面声明的日期通常为财务报告公布日

D. 注册会计师不应以管理层声明替代能够合理预期获取的其他审计证据

2. 注册会计师应提请被审计单位对本期财务报表及相关的账户金额进行调整的期后事项有(　　)。

A. 被审计单位由于某种原因在资产负债表日前被起诉,法院于财务报表日后判决被审计单位应赔偿对方损失

B. 财务报表日后不久的销售情况显示库存商品在财务报表日已发生了减值

C. 财务报表日后发生火灾导致甲产品仓库烧毁

D. 财务报表日后企业合并

3. 下列属于注册会计师在判断错报的性质是否重要时,应该考虑的情况有(　　)。

A. 错报对增加管理层报酬的影响程度

B. 相对于注册会计师所了解的以前向报表使用者传达的信息而言,错报的重大程度

C. 错报对财务报表中列报的分部信息的影响程度

D. 与被审计单位发生交易的外部单位是否与被审计单位管理层的成员有关联

4. 下列各项中,可能导致财务报表的重大错报的有(　　)。

A. 选择的会计政策与适用的财务报告编制基础不一致

B. 财务报表没有按照公允列报的方式反映交易和事项

C. 管理层随意变更会计政策

D. 财务报表没有作出必要的披露以实现公允反映

5. 下列关于审计报告的说法中,错误的有(　　)。
A. 对于业务比较简单的被审计单位的来说,不执行审计工作也可以出具审计报告
B. 注册会计师应当按照审计准则的规定执行审计工作
C. 注册会计师应当以书面形式或电子形式出具审计报告
D. 对于非无保留意见的审计报告,注册会计师可以不在审计报告上签名盖章

6. 下列情形中,对财务报表的影响具有广泛性的有(　　)。
A. 错报汇总起来大于重要性水平
B. 不限于对财务报表的特定要素、账户或项目产生影响
C. 虽然仅对财务报表的特定要素、账户或项目产生影响,但这些要素、账户或项目是或可能是财务报表的主要组成部分
D. 当与披露相关时,产生的影响对财务报表使用者理解财务报表至关重要。

7. 下列各项中,通常包括在管理层声明书里的有(　　)。
A. 管理层认可其对财务报表的编制责任
B. 注册会计师应对财务报表的可靠程度提供绝对的保证
C. 对财务报表具有重大影响的重大不确定事项
D. 管理层声明财务会计资料已全部提供给注册会计师

8. 注册会计师在审计计划阶段已确定了审计风险的可接受水平,在终结阶段,如果实际审计风险高于可接受审计风险水平,即注册会计师认为审计风险不能接受,注册会计师应当(　　)。
A. 考虑实施的审计程序是否充分　　　B. 执行项目质量控制复核
C. 说服被审计单位做必要的调整　　　D. 发表无保留意见

9. 在对重要性进行最终评价时,确定的财务报表项目可能错报金额的汇总数包括(　　)。
A. 已更正的已识别错报　　　　　　B. 未更正的已识别错报
C. 推断错报　　　　　　　　　　　D. 上期未更正错报对本期报表的影响

10. 审计范围受到限制可能是由于(　　)。
A. 客观环境造成的限制　　　　　　B. 审计成本过高造成的限制
C. 管理层造成的限制　　　　　　　D. 审计抽样造成的限制

四、实训题

1. 资料:某会计师事务所的注册会计师张扬作为项目经理带领项目组已于2023年4月10日完成了对ABC有限责任公司2022年财务报表的审计工作,获取了充分、适当的审计证据。合伙人李力作为项目负责人复核了底稿。注册会计师确定的财务报表层次重要性水平为5万元。在审计过程中,发现如下问题:

(1) 2022年12月预付2023年财产保险费5 000元,全部作当月管理费用处理。该公司没有接受注册会计师的调整建议。

(2) 2022年1月从二级市场购入10万元股票,将其列入"管理费用"账户,造成资产、利润、所得税反映失真。注册会计师提出了调整建议,该公司拒绝采纳。

(3) 该公司管理层拒绝注册会计师参加存货盘点,该存货占总资产的50%,注册会计师无法对存货运用替代审计程序。

要求：

(1) 分别根据上述第一、二、三种情况,说明注册会计师应发表何种审计意见,并简要说明理由。

(2) 假如只存在第一种情况,编写一份审计报告。

2. 资料：某会计师事务所注册会计师对 ABC 股份有限公司 2022 年度财务报表进行了审计,于 2023 年 2 月 28 日完成了审计工作,获取了充分、适当的审计证据。2023 年 3 月 5 日审计报告完稿。A 为项目经理,B 为负责该项目的合伙人。注册会计师确定的财务报表层次重要性水平为 10 万元。复核底稿时发现下列问题：

(1) 该公司对年度应调整的应收账款 500 万元作了调整,但对注册会计师提出调整建议的其他应收款 2 万元未予调整。

(2) 该公司对机器设备计提折旧以前一直采用平均年限法,由于行业技术进步较快,自 2022 年 1 月 1 日起改为加速折旧法,此项变更已在财务报表附注中作了说明。

要求：

(1) 分别根据上述事项,说明注册会计师应出具何种审计报告,请简要说明理由。

(2) 编写一份审计报告。

主要参考文献

[1] 中国注册会计师协会.审计[M].北京:中国财政经济出版社,2023.
[2] 中国注册会计师协会.会计[M].北京:中国财政经济出版社,2023.
[3] 中国注册会计师协会.中国注册会计师执业准则及应用指南[M].北京:中国财政经济出版社,2023.
[4] 马春静,张晓瑜,刘艳梅.新编审计原理与实务[M].5版.大连:大连理工大学出版社,2014.
[5] 夏灿华,张笑,皮军华.会计舞弊审计实务与案例分析[M].长沙:湖南人民出版社,2016.

郑重声明

高等教育出版社依法对本书享有专有出版权。任何未经许可的复制、销售行为均违反《中华人民共和国著作权法》，其行为人将承担相应的民事责任和行政责任；构成犯罪的，将被依法追究刑事责任。为了维护市场秩序，保护读者的合法权益，避免读者误用盗版书造成不良后果，我社将配合行政执法部门和司法机关对违法犯罪的单位和个人进行严厉打击。社会各界人士如发现上述侵权行为，希望及时举报，我社将奖励举报有功人员。

反盗版举报电话　（010）58581999　58582371
反盗版举报邮箱　dd@hep.com.cn
通信地址　北京市西城区德外大街4号　高等教育出版社法律事务部
邮政编码　100120

教学资源服务指南

仅限教师索取

感谢您使用本书。为方便教学，我社为教师提供资源下载、样书申请等服务，如贵校已选用本书，您只要关注微信公众号"高职财经教学研究"，或加入下列教师交流QQ群即可免费获得相关服务。

"高职财经教学研究"公众号

资源下载： 点击"**教学服务**"—"**资源下载**"，或直接在浏览器中输入网址（http://101.35.126.6/），注册登录后可搜索相应的资源并下载。（建议用电脑浏览器操作）

样书申请： 点击"**教学服务**"—"**样书申请**"，填写相关信息即可申请样书。

样章下载： 点击"**教学服务**"—"**教材样章**"，即可下载在供教材的前言、目录和样章。

题库申请： 点击"**题库申请**"，填写相关信息即可申请题库或下载试卷。

师资培训： 点击"**师资培训**"，获取最新会议信息、直播回放和往期师资培训视频。

联系方式

会计QQ3群：473802328　　　会计QQ2群：370279388　　　会计QQ1群：554729666

（以上3个会计QQ群，加入任何一个即可获取教学服务，请勿重复加入）

联系电话：（021）56961310　　　电子邮箱：3076198581@qq.com

在线试题库及组卷系统

我们研发有十余门课程试题库："基础会计""财务会计""成本计算与管理""财务管理""管理会计""税务会计""税法""税收筹划""审计基础与实务""财务报表分析""EXCEL在财务中的应用""大数据基础与实务""会计信息系统应用""政府会计""内部控制与风险管理"等，平均每个题库近3000题，知识点全覆盖，题型丰富，可自动组卷与批改。如贵校选用了高教社沪版相关课程教材，我们可免费提供给教师每个题库生成的各6套试卷及答案（Word格式难中易三档，索取方式见上述"题库申请"），教师也可与我们联系咨询更多试题库详情。